Hermínio C. Miranda

A MEMÓRIA
E O TEMPO

© 1993 by Herminio Correa de Miranda

Direitos de publicação cedidos pelo autor ao
Instituto Lachâtre
Rua Dom Bosco, 44, Mooca – CEP 03105-020
São Paulo – SP
Telefone: 11 2277-1747
Site: www.lachatre.org.br
E-mail: editora@lachatre.org.br

Produção Gráfica da Capa
Andrei Polessi

9ª edição – Janeiro de 2021
Do 39.001º ao 41.000º exemplar

Esta edição foi impressa Assahi Gráfica e Editora Ltda., São Bernardo do Campo, SP, para o Instituto Lachâtre, sendo tiradas duas mil cópias, todas em formato fechado 155x225mm e com mancha de 115x183mm. Os papéis utilizados foram o Off-set Chambril 63g/m² para o miolo e o Cartão Ningbo 300g/m² para a capa. O texto foi composto em Adobe Garamond Pro 11/12,1, os títulos foram compostos ITC Berkeley Oldstyle Std 18/19,8, as citações e as notas, em Adobe Garamond Pro 9,5/12,1.

A reprodução parcial ou total desta obra, por qualquer meio,
somente será permitida com a autorização por escrito da Editora.
(Lei nº 9.610 de 19.02.1998)

Impresso no Brasil
Presita en Brazilo

CIP-Brasil. Catalogação na fonte

M642m   Miranda, Herminio Correia de, 1920-2013   .
           A memória e o tempo / Herminio C Miranda. – 9ª edição. São Paulo, SP: Instituto Lachâtre, 2021.
           288p.

           Bibliografia
           1.Espiritismo. 2.História da psicologia. 3.Magnetismo animal 4. Regressão de memória. 5.Reencarnação. I. Título.

CDD 133.913   CDU 133.7
154

Sumário

Introdução, p. 5
1) Aiksa, a pequena flor da campina. 2) Regressão da memória – definição e conceitos básicos

I – As estruturas, p. 13
1) O tempo: "Sei e não sei". 2) O futuro já existe? 3) A lembrança do futuro. 4) Tempo e espaço. 5) Quarta dimensão: um reexame.6) Elasticidade do tempo e simultaneidade no tempo. 7) A memória: a máquina de esquecer. 8) O vídeo-teipe da vida. 9) Os instintos. 10) O ritmo da necessidade. 11) Inteligência. 12) O gravador. 13) O luxo supremo da humanidade. 14) Memória integral. 15) *Replay*. 16) Banco de dados. 17) Arquivo morto. 18) Reencarnação. 19) Resumo e conclusões

II – A dinâmica, p. 45
1) Lembrar-se do esquecido. 2) Realidade rejeitada. 3) Condomínio espiritual. 4) Superposição de personalidades. 5) Premissas básicas. 6) O perispírito. 7) Rumo ao consciente. 8) Resumo do resumo

III – Visão retrospectiva, p. 53
1) Magia. 2) A chave do universo. 3) Paracelso, o médico maldito. 4) Mesmer e os fluidos. 5) Uma chave para a alma. 6) Conceito de prova. 7) Como se lê a alma. 8) Magnetismo/hipnose. 9) Suscetibilidade.10) Pequena (e controvertida) história. 11) A sugestão. 12) A 'indesejável' interferência do espiritismo. 13) O errático interesse da ciência. 14) O dr. Braid e o hipnotismo. 15) Geografia e geologia do pensamento. 16) Nancy e Salpêtrière. 17) Metodologia e técnicas. 18) Os enigmas da hipnose. 19) Hipnose e sono. 20) Mesmer e Bernheim. 21) Charcot. 22) Decadência da hipnose? 23) Lafontaine, o outro

IV – Albert de Rochas e suas experimentações, p. 91
1) Quem era e o que fez. 2) A metodologia. 3) Observações preliminares. 4) Laurent. 5) Joséphine. 6) Recordar-se e "estar lá". 7) O inesperado. 8) O encadeamento das vidas. 9) Mme. Lambert e a progressão. 10) Joséphine e o futuro. 11) Novas surpresas. 12) Visão perispiritual. 13) A versatilidade da srta. Mayo. 14) Anacronismo. 15) Pontos hipnógenos. 16) Rever e reviver. 17) Visão de um ser em transe. 18) Aspectos éticos. 19) Arqueologia espiritual. 20) Inferências. 21) O círculo de giz. 22) As cautelas do dr. Rhine. 23) De Rochas e o espiritismo.24) Flournoy. 25) Realidade espiritual. 26) O problema da crença. 27) Fenômenos mediúnicos no desdobramento. 28) Evidência e prova

V – Freud, p. 147
1) Gênese da doutrina. 2) Histeria e catarse. 3) O sonho. 4) Sexo. 5) Instinto. 6) Sexualidade

infantil. 7) Dogmas. 8) A moça do travesseiro. 9) Inconsciente. 10) Neurose. 11) Ego, id, superego. 12) Ab-reação. 13) Trauma. 14) O ouro na ganga. 15) Freud e a sua família. 16) Espírito e matéria. 17) Enfoque psicológico. 18) Sobrevivência, uma questão básica. 19) As quatro emoções. 20) Reavaliação. 21) Reformulações necessárias. 22) Proposta de uma estrutura básica. 23) Psicanálise em espíritos. 24) Psicanálise e psiquiatria sem psique. 25) Presença da mediunidade. 26) O *ocultismo* como fábrica de loucos? 27) O gene – mensageiro da ética

VI – Experiências e observações pessoais, p. 195
1) Primeiras explorações. 2) Márcia. 3) Ana e a xenótica. 4) A múmia. 5) José. 6) Outros casos. 7) Luciano dos Anjos/Desmoulins. 8) Regina e a memória. 9) *Far Memory* – a memória remota. 10) Reencarnação grupal. 11) Memória extracerebral. 12) O erro e a dor

VII – A reencarnação como instrumento terapêutico, p. 237
1) Introdução. 2) Edgar Cayce. 3) Dr. Denis Kelsey. 4) Dra. Edith Fiore. 5) Dra. Helen Wambach. 6) O caso particular do dr. Carl Wickland

VIII – Reflexões de um leigo, p. 255
1) Terapia de choque. 2) A mente e o corpo. 3) O ponto e vírgula e o Devir

Posfácio, p. 263
1) Introdução. 2) Um novo modelo clínico. 3) Conotações éticas. 4) Liberação. 5) Os mortos inquietos. 6) Tarefa para brasileiros? 7) Pioneiros americanos enfrentam o sistema. 8) Ampliação e consolidação. 9) Preexistência, sobrevivência, intermissão. 10) O segundo corpo. 11) Perguntas irrespondíveis ou não respondidas. 12) Espaços complementares. 13) O terapeuta como conselheiro e doutrinador. 14) Pontos de maturação cármica. 15) Limitações didáticas. 16) Os gatos de Elizabeth. 17) Teoria e prática da culpabilidade

Referências , p. 285

Introdução

1) Aiksa, a pequena flor da campina

Há alguns anos, dedicava-me a experimentações com o processo de regressão da memória, quando concordei, relutantemente, em fazer uma pequena série de palestras e demonstrações práticas a um reduzido grupo de amigos e confrades. Eis porque ali me encontrava, naquela noite de 6 de setembro de 1972, diante de cerca de 12 ou 14 pessoas sentadas em semicírculo. Nas duas ou três semanas anteriores havíamos debatido o assunto e realizado algumas experiências, testando aqueles que se ofereceram.

Experimentávamos naquela noite com uma senhora que aos poucos ia revelando recordações de uma existência anterior aqui mesmo no Brasil, creio que no tempo do Império, na antiga província de São Pedro (Rio Grande do Sul).

Como era a segunda ou terceira vez que trabalhava com aquela sensitiva, era de se esperar que o tempo necessário à indução magnética fosse mais breve, dado que o repetido contato de um operador com o mesmo sensitivo vai encurtando progressivamente o tempo exigido para levar o *sujet* aos estados mais avançados do desdobramento perispiritual. Isso, porém, não foi o que ocorreu naquela noite. Por alguma razão que não percebi senão depois, a sensitiva precisou de passes muito mais demorados do que seria de esperar-se.

Alcançamos afinal o estágio necessário ao diálogo e, por algum tempo, ficamos ali a conversar, enquanto o gravador documentava a experiência.

A certa altura, contudo, alguém tocou-me no ombro para chamar a atenção para uma jovem senhora sentada ao lado e que estava evidentemente em transe profundo: olhos fechados, posição ereta, um tanto rígida, respiração alterada.

Ela me fora apresentada, pouco antes de iniciarmos os trabalhos, por outra pessoa com quem conversava numa sala interna. Olhou-me fixamente como se buscasse algo na memória e me disse que parecia conhecer-me, talvez de alguma foto, acrescentou. É possível que houvesse, embora eu não creia, àquela época, fotografia minha publicada. Era ela que estava agora totalmente magnetizada e daí a razão pela qual fora necessário prolongar os passes para que a outra paciente conseguisse desdobrar-se: ela absorvera parte substancial da energia magnética que estava sendo aplicada à outra sensitiva, fenômeno, aliás, observado e anotado por Albert de Rochas e sobre o qual falaremos mais adiante neste livro.

Despertamos a primeira paciente e colocamos cuidadosamente em seu lugar, numa espécie de catre ali existente, a moça em transe. Aos poucos ela vai vencendo as dificuldades iniciais de comunicação e diz estar em frente a um templo. Reproduzimos, a seguir, o diálogo a partir desse ponto. A primeira fala é do magnetizador que se alterna com a da sensitiva:

— Um templo? Você está vendo um templo?
— É. Ah, eu quero falar e não posso!
— Pode sim. Você está falando... Você pode falar.

Há um momento de interrupção, enquanto o magnetizador lhe dá alguns passes na altura da garganta. Em seguida, o magnetizador retoma a palavra:

— Você está falando direitinho agora. Um templo, com portas muito grandes. Você está em frente ao templo, não é isso?
— Eu sou Aiksa.
— Você vive aí nesse local?
— Vivo.
— Que você faz aí?
— Eu sou uma sacerdotisa.
— Você faz, então, preces aos deuses... Não? Que é, então?

Ela prossegue, agora com mais firmeza, mas ainda com a voz muito pausada, separando bem as sílabas:

— Eu sou filha de Rá e Osíris.
— Você vive no Egito, então?
— Vivo.
— Você é uma sacerdotisa, mas qual é o seu trabalho?
— Tomo conta do fogo sagrado.

O operador dá repetidas sugestões para que ela se desembarace cada vez mais na maneira de falar, que ainda oferece dificuldades. Embora as palavras sejam bem pronunciadas, saem como que arrancadas, sílaba por sílaba.

— Você gosta do seu trabalho?
— Gosto.
— Quem é o faraó desse tempo aí?

A dificuldade de falar parece intensificar-se outra vez. É evidente que ela experimenta um temor quase religioso ao pronunciar o nome, que sai após várias tentativas, recuos e recomeços:

— Ramsés II...
— Ele foi um grande imperador, um grande faraó, não é?
— Foi.
— Você viveu muitos anos aí?
— Não.
— Você ficou até o fim do reinado do faraó ou morreu antes?
— Não... Eu fugi.
— Ah! Você fugiu do templo? Por quê? Amor?

A pergunta revela mera intuição do magnetizador. Teria sido preferível, no entanto, que ele não a houvesse formulado dessa maneira. Embora a autonomia da sensitiva esteja amplamente demonstrada ao longo desta conversa nas diversas oportunidades em que ela discorda ou corrige observações do operador, é sempre recomendável excluir das perguntas qualquer indicação que possa ser tomada como sugestão.

Prossigamos, no entanto. É ela quem continua, relatando pacientemente a técnica de iniciação. Na qualidade de sacerdotisa, ela acompanhava os testes eliminatórios que resultavam na qualificação ou não do candidato para as tarefas subsequentes. Estas porém, não seriam mais de sua alçada. Ouçamo-la:

– Os iniciados eram levados até uma porta, o véu de Osíris, para as iniciações. Eu era uma vestal do templo e acompanhava as primeiras provas. Eles eram levados a uma sala onde estavam representados os setes símbolos sagrados da vida.

Embora perguntada a respeito, ela não quis detalhá-los. Parecia estar obstinadamente decidida a relatar sem desvios o ritual iniciático. Por isso, prossegue, limitando-se a dizer que:

– Eram pinturas. O iniciado (candidato) tinha que descobrir a porta da sabedoria.

– Ele ficava diante de uma porção de portas e tinha que escolher a porta certa, não é isso?

– Isso. Então ele passava a primeira prova, de onde era levado a uma sala escura e fria, onde um poço profundo e uma passagem estreita simbolizavam a passagem da sabedoria cega para a racionalização do espírito. Ele deveria descobrir a saída dessa sala, uma pequena passagem de degraus úmidos e frios. Uma vez transposta essa porta, ele não poderia voltar mais. Ou continuaria ou sucumbiria. Depois de passar esses degraus, ele encontraria uma sala onde passaria à segunda prova, a prova da água, que simboliza o batismo do espírito. À primeira impressão, era uma sala onde não haveria passagem possível, mas, adquiridas a sabedoria e a coragem, ele entraria nessa passagem sem medo. Essa sala é uma ilusão de ótica. São águas fervilhantes, mas havia lugares certos, onde os pés se apoiavam.

É crescente a emoção da sensitiva e sua voz, embora firme, desce a um tom algo confidencial que nos leva a supor que, provavelmente, ela teria revelado previamente a um específico candidato certos segredos do processo. Isso, porém, é mera suposição, para a qual não dispomos de evidência.

Voltemos ao seu relato:

– E com a sabedoria e a coragem, ele descobre a passagem através da água e encontra a terceira porta. Um fogo tremendo, um calor intenso! Mas também aí são pilhas predispostas a irradiarem de um centro onde a passagem é possível para aquele que pretende alcançar o véu de Osíris e a sabedoria de Rá. E ele passa e chega a uma sala, onde a mais difícil das provas o espera. Depois disso tudo, ele encontra uma sala ricamente mobiliada: divãs, tapetes... Seu corpo é, então, levado a um divã e untado com essências de alto poder erótico.

Sua voz é quase um sussurro amedrontado. Estaria temendo ainda pela sorte daquele imaginário candidato? Prossigamos:

– As servas trazem-lhe tentadoras escravas, mulheres lindas que lhe tentam os sentidos. Comidas finas, iguarias saborosas, vinhos... Ai dele se não souber resistir à mais difícil das provas: a tentação da carne! Se ele sucumbe, será escravo de nossas pirâmides, de nossa escola, para o resto de sua vida. Se ele passa, será, então, recebido pelo Hierofante Sagrado. Então, superando isso tudo, ele será admitido à iniciação, será levado a estudar astronomia, astrologia, os segredos de nossa filosofia, um mundo de sabedoria, mas ainda não terá conhecido Osíris nem Rá. Só quando, depois de anos e anos, em silêncio, quando começar a aprender a não mais perguntar, ele será levado a Osíris, quando ele aprender a ser humilde e destituído de tudo, então, ele será levado aos grandes mestres, à sala de Osíris.

O magnetizador supôs aqui que o pai dela seria um desses grandes mestres, em vista da posição de certo relevo de Aiksa, a sacerdotisa do templo. Enganou-se mais uma vez: ela desmente e prossegue:

– Lá ele será levado a uma tumba, a um sarcófago. Será encerrado vivo e, por uma longa noite, *conhecerá tudo que já foi*. Ele *regredirá no tempo* e Osíris lhe entregará a visão da Rosa... da Rosa... da Rosa Mística.

Essas palavras são pronunciadas com extraordinária emoção. A expressão suprema do processo, ou seja, a visão da Rosa Mística, lhe sai com enorme dificuldade, como se tocasse numa relíquia por demais sagrada até para ser mencionada. Só então, o candidato é considerado um iniciado realmente, mas terá ainda, por certo, muito que aprender e estudar antes de alcançar, eventualmente, os estágios finais, reservados apenas a alguns raros indivíduos que chegam à condição que ela chama de grande mestre. Ela confirma essa suposição do magnetizador e diz em tom de emocionada confidência, arrancando aos poucos, palavra por palavra:

– E eu me apaixonei por ele...

Longa pausa. Ela continua:

– Ele foi um grande sacerdote. Nós fugimos... Nós fugimos...!

E depois, num sussurro, ela se dirige ao magnetizador:

– Quem... Quem é você?

Este lhe diz que é um amigo que ela provavelmente reconhece. Pausa. Ela parece buscar e rebuscar todos os recantos da memória multimilenar. Decorridos alguns instantes, ela retoma a palavra e repete de várias maneiras e em variadas entonações uma só frase, em que coloca toda a sua estupefação:

– Me queimaram... Me queimaram viva...! Me queimaram viva!

– Pois é, mas o seu espírito ressurgiu da morte, você teve ainda muitas vidas e hoje está de novo na carne, vivendo outra vida. Não é isso? Está compreendendo agora? Como é bom recordar-se disso tantos séculos depois, sem aflição alguma, como você está hoje se recordando. Não é verdade? Como é mesmo que você se chamava naquela vida?

– Aiksa, a pequena flor... Era o nome de uma flor...

– Ah, sim. Era o nome de uma flor... Que bonito nome! E ele, como se chamava?

Longa pausa e a repetição de uma persistente questão:

– Quem é você?

O magnetizador diz que é um amigo e está apenas procurando ajudá-la a recordar-se de tudo aquilo sem aflições, em paz, equilibradamente. Ela permanece em silêncio. Depois:
– Estou indo muito longe...
– Diga-me uma coisa. Você encontrou mais tarde aquele espírito, em outra vida?
– Encontrei. No Haiti.
A emoção é forte demais e ela retoma a linguagem desconhecida que usou no princípio da experiência:
– *Kauna. Kayanda kayala tê*. É daqui que eu gosto.
Está na África, na Costa do Ouro. A voz é firme e alegre.
– Eu sou *Kayanda*... Sou *iaô*!
E novamente a pergunta obsessiva:
– Quem é você? Por que você tem um triângulo e um olho?
Não sabe onde conheceu o magnetizador, mas repete:
– Você tem um triângulo e um olho e duas mãos unidas. Por quê?
A voz é firme e doce. É evidente que emoções muito profundas a sacodem interiormente. Resolvemos despertá-la, com as sugestões apropriadas para garantir seu bem estar físico e espiritual após as emoções da regressão. No estado de vigília não se recordava de nada e nem ouviu a gravação.
A análise, mesmo sumária, do seu relato, revela um conhecimento muito seguro não apenas da técnica da iniciação, como do sentido da simbologia utilizada pelos antigos sacerdotes egípcios. A passagem estreita à beira de um poço escuro, frio e profundo, por exemplo, dramatiza importante ponto na evolução do ser ao atravessar as fronteiras da irracionalidade animal, quando contava apenas com o instinto, para o que Aiksa chama de "racionalização do espírito". Lembra ela, também, em outras palavras, a irreversibilidade do processo evolutivo, a necessidade de aliar a sabedoria à coragem para vencer as dificuldades da jornada. Convém lembrar que sabedoria não é só conhecimento, e sim, capacidade de utilizar-se eticamente do conhecimento. Coragem, por outro lado, não é temeridade ou agressividade, e sim confiança, firmeza, serenidade, convicção. Destaca ela a dificuldade da última prova que exigia do candidato o controle total de seus instintos e impulsos imediatistas, a fim de poder libertar-se da matéria. Por fim, tem que adquirir os dons da paciência e da humildade, que precisam ser evidenciados de maneira inequívoca, porque, durante todo o processo, o candidato está sendo rigorosamente observado por pessoas que conhecem bem de perto os mecanismos da alma.
Somente depois de tudo isso, é levado para a etapa final do aprendizado preliminar, que se passa numa tumba. Em Mênfis isso era feito na chamada Câmara do Rei, no coração da pirâmide de Quéops.
Estive lá em 1977, quando em viagem ao Oriente Médio, norte da África e Europa. É um cômodo de tamanho regular, escuro e fresco, com um teto muito alto. A ventilação é perfeita e exclui dali o ardente sol do deserto lá fora. A um canto está enorme sarcófago vazio, sem tampa, de granito vermelho.

Ali ficava o candidato por uma noite inteira para a regressão de memória, a fim de conhecer 'tudo o que já foi', como diz Aiksa, ou seja, tomar consciência de suas vidas anteriores, de modo a fortalecer-se na execução do programa espiritual que trouxera para a encarnação atual, compreendendo suas implicações e contemplando consequências e expectativas futuras.

Quanto à identidade do magnetizador, Aiksa conseguiu descobri-la na experiência realizada na semana seguinte. A dramática intensidade de sua emoção, porém, tornou o diálogo muito difícil, apesar do que ela prosseguiu obstinadamente até o fim com aquilo que pretendia contar. Foi essa a segunda e última regressão de Aiksa.

Disse ela que, em mais de uma existência, ele fora um grande sacerdote, o que ela via, como observamos, nos símbolos que ele trazia: o triângulo, o olho e as mãos entrelaçadas.

Esse episódio tem uma sequência, pois conseguimos localizar mais tarde, sob curiosas circunstâncias, a pessoa – um sacerdote daquele tempo – que denunciou o *affaire* entre Aiksa e o iniciado.

Vamos fazer aqui uma pausa antes de retomar a exposição, examinando os aspectos teóricos do fascinante problema da regressão da memória.

2) Regressão da memória – definição e conceitos básicos

Regressão da memória é o processo espontâneo ou provocado, por meio do qual, o espírito encarnado ou desencarnado fica em condições de retornar ao passado, na vida atual ou em existências anteriores, próximas ou remotas.

Estou bem certo de que a definição proposta pressupõe aceitação de alguns dos preceitos básicos da doutrina espírita, organizada por Allan Kardec na segunda metade do século XIX, na França.

Com todo o respeito pelo eventual cientista ou pensador agnóstico que me ler, devo lembrar de início que a aceitação ou rejeição dos fatos não lhes altera a essência e validade. Cabe acrescentar, a seguir, que os pressupostos implícitos na definição oferecida não são, em si mesmos, invenção do espiritismo nem surgiram de revelações transcendentais revestidas de caráter místico ou dogmático, a exigir a sustentação da fé cega. São princípios eminentemente lógicos que podemos aceitar sem nenhuma forma de violência à razão e que têm sido exaustivamente pesquisados e confirmados por inúmeros investigadores qualificados. O espiritismo não os considera, pois, propriedade sua nem reclama sobre eles direitos de exclusividade. Ao contrário, procura ensinar que toda doutrina espiritualista que se preze terá necessidade de adotá-los para explicar os mecanismos da vida e o posicionamento do ser no universo em que vive.

Sugerimos, portanto, aos mais renitentes e obstinados negadores que os aceitem, provisoriamente, como hipóteses de trabalho e os submetam aos testes e aplicações que julgarem necessários. Ainda que não os aceitem, porém, não há como negar que eles estão implicitamente contidos na visão integrada do fenômeno da regressão da memória.

Estão, assim, embutidos na estrutura do fenômeno os seguintes conceitos fundamentais que aqui alinhamos como premissas básicas:

• Existência do espírito, ser consciente em evolução.
• Existência de um corpo energético, organizador biológico, a que chamamos perispírito.
• Preexistência do espírito à sua vida na carne.
• Sobrevivência do espírito à morte do corpo físico.
• Sua permanência por algum tempo numa dimensão que escapa aos nossos sentidos habituais.
• Seu retorno em novo corpo físico para nova existência na carne.
• Sua responsabilidade pessoal pelos atos praticados, no bem ou no mal.

Outros de maior ou menor significação poderiam ser listados. Fixemo-nos, porém, nestes, pelo menos por enquanto, e sigamos em frente.

A expressão 'regressão da memória' é um evidente transplante da língua francesa, na qual o fenômeno é conhecido como *regression de la mémoire*, ao passo que em inglês é *age regression*, ou seja, regressão de idade. A terminologia francesa, a meu ver, é realmente a mais apropriada, de vez que contém os dois elementos estruturais básicos da ideia, isto é, *tempo e memória*.

As Estruturas

1) O tempo: "sei e não sei"

Regressão, ensina Aurélio, é o "ato ou efeito de regressar, de voltar; retorno, regresso". Só podemos voltar ou retornar a algum ponto no espaço ou no tempo onde já estivemos anteriormente. Deixemos por ora a ideia de espaço e vamos nos deter um pouco na ideia de tempo. Que é o tempo?

Pergunta aparentemente simples e de fácil resposta. Não nos iludamos, porém, com a sua enganosa simplicidade. É claro que todos conhecemos as noções usuais sobre o tempo como sucessão de minutos, dias, anos, séculos etc., mas experimente o leitor mergulhar um pouco mais fundo e ficará literalmente abismado ante a complexidade do fenômeno tempo.

Santo Agostinho, que não era nenhum ignorante, confessou honestamente a sua dificuldade em definir o tempo. Escreveu ele:

> Que é, então, tempo? Se ninguém me perguntar, eu sei; se desejo explicá-lo a alguém que me pergunte, não sei mais. (Agostinho, santo, 1952.)

Encontraremos perplexidades semelhantes a essa em muitos gigantes do pensamento, desde Platão, Aristóteles e Plotino até Kant, Hegel, William James e Freud. E ainda deixaremos de fora uma multidão de poetas e literatos em geral. Shakespeare, por exemplo, em seus estupendos sonetos, expressa de mil maneiras a sua obsessiva fixação na inexorabilidade do tempo e de seus efeitos destruidores sobre a beleza física de seu amado e misterioso amigo.

> *Ruin hath taught me thus ruminate*
> *That Time will come and take my love away.* (Shakespeare, William, 1952.)

Ou seja, algo como: "A ruína me ensinou a refletir assim: que o tempo virá e arrebatará o meu amor".

Na mitologia grega, Cronos, que tanto significa *tempo*, como *impossível*, era filho de Urano e de Gê (Céu e Terra). Seus pais o advertiram de que seus próprios filhos o destruiriam e, por isso, ele os devorava à medida que iam nascendo. Bela

13

imagem para figurar a noção de que o tempo tudo destrói, até mesmo aquilo que nele próprio foi criado.

Parece, no entanto, que a ninguém interessou tanto a ideia de tempo quanto a Aristóteles, especialmente na sua *Física*. Sua penetrante análise ainda hoje nos impressiona. Para ele, o tempo seria uma quantidade contínua formada de passado, presente e futuro, como um todo. Mas quando ele desce às profundezas da especulação, não sabemos mais se presente, passado e futuro seriam meros rótulos para fins didáticos. Isso porque é próprio da essência de uma quantidade contínua ser divisível. Podemos dividir o tempo? Aparentemente, sim. Temos o ontem, o hoje e o amanhã, contudo, examinemo-los de perto.

Segundo Aristóteles, o hoje, ou melhor, o *agora* é uma partícula indivisível de tempo, encravada entre passado e presente e que, de certa forma, tem de pertencer um pouco a cada um deles, do contrário não poderia ligá-los. Em outras palavras, há de coexistir, no momento a que chamamos presente, um pouco de passado e um pouco de futuro:

> O 'agora' é o fim e o princípio do tempo, não ao mesmo tempo, contudo, mas o fim do que passou e o início do que virá.

Esse momento fugaz de dificílima apreensão intelectual passa por nós, segundo Agostinho, a uma velocidade tão fantástica que "não lhe resta nenhuma extensão de duração". Donde se pode concluir, talvez um tanto afoitamente, que o presente não existe – seria um mero ponto abstrato, onde uma eternidade futura está em contacto com outra eternidade passada.

Este salto acrobático às conclusões visa apenas poupar-nos, ao leitor e a mim, o contorcionismo mental que poderia levar-nos a um estado de vertigem intelectual. Querem um exemplo? No livro IV, capítulo 10 da sua *Física*, Aristóteles começa a montar os seus trapézios voadores. Se o tempo é das coisas que existem, diz ele, então deve ser divisível ou composto de partes. Não obstante, uma parte dele já foi e não é mais, enquanto a outra virá a ser, mas ainda não é.

Por outro lado, admitindo-se que o 'agora' seja o elo que une passado e presente, o tempo não é feito de 'agoras', mesmo porque o 'agora' está sempre mudando, como se passasse por nós a uma velocidade vertiginosa, conforme nos dizia santo Agostinho.

Realmente, a palavra que você acaba de ler já mergulhou no passado, letra por letra; a palavra que você ainda não leu é futuro. Espremida entre essas duas eternidades que se fundem numa só, está uma realidade praticamente inabordável, a que chamamos presente.

Mas o debate não termina aí. J. W. Dunne, por exemplo, engenheiro e matemático inglês, lançou em 1927 uma teoria revolucionária que, embora tenazmente combatida e seriamente questionada por muitos, fascinou e ainda hoje interessa a muitas inteligências brilhantes. Segundo ele, não é o tempo que passa por nós e sim nós que passamos pelo tempo e é precisamente a nossa viagem através da dimensão temporal que nos proporciona a ilusão do movimento.

Chegou mesmo a criar um esquema engenhoso para representar graficamente a sua teoria. O passado estaria à esquerda, em A; o futuro à direita em B; e o presente – qualquer que seja a noção que tenhamos dele – seria uma espécie de indicador a deslizar sobre o que Teilhard de Chardin denominava 'a flecha do tempo', usualmente no sentido AB. Imagine o leitor uma série de linhas traçadas da seguinte maneira:

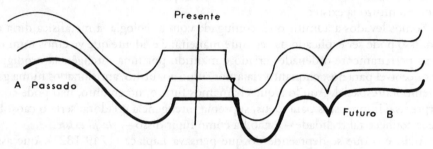

Suponhamos agora que você cubra o traçado das linhas com uma cartolina que contenha apenas uma estreita 'janela' aberta de alto a baixo. Assim:

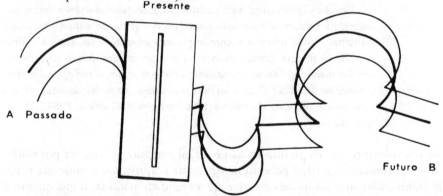

A janela seria a diminuta fresta do presente encaixado entre as duas eternidades. Se você fizer o cartão deslizar num sentido ou no outro, verá que as linhas parecem mover-se, subindo, descendo, dando saltos, ondulando...

Voltaremos a falar de Dunne mais adiante sobre outros aspectos especulativos de suas brilhantes teorias. Aqui, porém, peço tempo ao leitor para uma derivação.

Suponhamos que o gráfico das linhas irregulares se prolongue por um infinito passado, chamemo-lo – ∞ à esquerda e um infinito futuro, à direita, marcado com um sinal + ∞. Suponhamos ainda que o nosso cartão janelado fosse capaz de cobrir todo o futuro que nos é desconhecido e só o fosse revelando à medida em que, acoplados à nossa janelinha do presente, fôssemos convertendo futuro em passado, ou, para dizer de outra maneira, armazenando em nossa memória eventos que ainda há pouco nos eram desconhecidos porque jaziam no futuro. Se, por um passe de mágica cósmica, conseguirmos levantar o cartão, a realidade passado/presente/futuro se funde numa só visão imóvel, permanente, que poderia ser o eterno presente de alguns pensadores.

Isto nos leva a outro salto ainda que meramente especulativo, como aliás quase tudo que gira em torno dessas noções de tempo e espaço.

2) O futuro já existe?

O trampolim para a nova acrobacia mental pode ser construído com uma pergunta: o futuro já existe?

Somos levados a admitir que, conjugada com a teologia, a metafísica diria que sim. Isso pode ser explicado da seguinte maneira: é evidente que vivemos num universo perfeitamente ordenado, criado e mantido por uma inteligência prodigiosa, inconcebível para nós, enquanto viajamos rumo ao futuro, aprisionados numa gaiola temporal/espacial. Aquilo a que chamamos futuro, no entanto, não pode conter surpresas e imprevistos para Deus, suprema inteligência criadora: seria o caos. E se Deus conhece tal realidade – e não há como fugir disso –, *ela já existe*.

Aliás, é o que se depreende do que pensava Laplace (1749-1827), que assim escreveu:

> Uma inteligência que, num instante dado, conhecesse todas as forças que animam a natureza e a situação respectiva dos seres que a integram, se, de outra parte, fosse suficientemente ampla para submeter esses dados à análise, reuniria na mesma fórmula os movimentos dos maiores corpos do universo e o dos mais leves átomos; *nada lhe seria incerto, e futuro, como passado, seria presente aos seus olhos*. O espírito humano oferece, na perfeição a que levou a astronomia, um apagado esboço dessa inteligência. (Laplace, 1984) (Destaques do autor).

Logo, se admitirmos tais premissas, não é difícil concluir-se que, vez por outra, mesmo o ser humano, contido pelas dimensões que o aprisionam, pode eventualmente transcender suas limitações e viajar até a realidade passada, tanto quanto à realidade futura. Há indicações veementes dessa possibilidade em inúmeras observações perfeitamente documentadas.

3) A lembrança do futuro

Como a visão do passado sob condições normais é apenas *lembrança* e a visão do futuro é também uma forma especial de lembrança de quem *foi lá* e voltou, não parece de todo fantástica a janelinha proposta por Dunne, pois é precisamente através dessa fresta diminuta que contemplamos aquilo que nos acostumamos a considerar como realidade objetiva, ou seja, aquilo que *está acontecendo*.

Creio que, para entender isso, teríamos que combinar a ideia de Dunne com o conceito de velocidade de deslocamento proposto por santo Agostinho. Em outras palavras: nós nos deslocamos a uma velocidade suficiente para nos proporcionar a sensação de uma contínua objetividade.

Talvez assim pudéssemos começar a entender certos fenômenos de vidência, como, por exemplo, os que ocorrem com uma pessoa de meu conhecimento que, alhures neste livro, estou chamando de Regina.

Subitamente, sem nenhum aviso ou preparo especial e sem transe, abre-se ante os olhos dessa sensitiva, uma janela dentro daquilo que ainda há pouco chamávamos de realidade objetiva, e naquele espaço-tempo defasado da dimensão habitual situa-se outra realidade tão objetiva quanto a normal. Chamemo-las *realidade 1* e *realidade 2*.

Tentemos figurar o fenômeno num esquema gráfico. Seria algo como o que aparece no alto da página seguinte.

O quadro maior é o que chamamos de *realidade 1* e o quadro menor inserido é a *realidade 2*.

Durante o tempo (Que tempo seria esse?) em que a janela extradimensional está aberta, Regina permanece em estado alterado de consciência – podemos admiti-lo –, mas perfeitamente *ligada* às duas realidades objetivas que ocorrem simultaneamente ante seus olhos, ou seja: está consciente da sua presença ali no ambiente em que se encontra, pode mesmo inspecioná-lo visualmente – móveis, cortinas, objetos ou prédios, ruas, árvores etc. – sem perder contato com a realidade 2 no espaço-tempo enquadrado na janela *psíquica*, enquanto esta continuar ali aberta. Se está numa sala, por exemplo, vê normalmente a parede e demais objetos até à janela, mas ali naquele espaço da realidade 2 objetos e parede desaparecem da visão normal para darem lugar a outra realidade contida num espaço que se aprofunda como se nenhum obstáculo à visão normal ali houvesse. O espaço da realidade 2 ali dentro da janela psíquica é tridimensional como o espaço da realidade 1, aprofunda-se e se perde à distância, aparentemente sem barreiras ou limites senão os limites normais da visão. Enquanto isso, todo o ambiente da realidade 1 ali está em áreas contíguas à que ocupa a realidade 2.

Há, portanto, não apenas dois ou mais níveis de realidade, mas também dois ou mais níveis de apreensão consciente das várias dimensões, dado que Regina é capaz de manter-se *ligada* em ambas, acompanhando os eventos que se desdobram como se visse dois filmes superpostos e autônomos em exibição.

Outro aspecto importante dessas vidências multitemporais e multiespaciais é o de que a janela psíquica tanto pode abrir-se para episódios passados como futuros. Certa ocasião Regina viajava de bonde no Rio de Janeiro quando a janela abriu-se diante dela e ela viu alguém cair sobre os trilhos à frente do bonde. O impacto da visão foi tão forte que ela sentiu-o repercutir em si mesma, como se ela própria estivesse caindo. Ao descer do bonde, com todo o cuidado possível, pois estava trêmula pelo susto da sua *queda*, uma senhora a poucos passos, ia atravessando a linha do bonde ainda parado, quando tropeçou e caiu, tal como Regina havia *visto* através da sua janela psíquica minutos antes.

Dentro da janela Regina vê cenas com movimento e cor ou figuras e cenas estáticas, como se estivesse a contemplar uma pintura. De alguma forma ainda não definida, a consciência parece projetar-se momentaneamente em outra dimensão hierarquicamente superior, se assim podemos nos expressar, como a visão que uma pessoa tem do alto da montanha. Visão essa diferente e muito mais ampla do que a de uma pessoa que permanece na profundeza do vale. Ou, como Regina, a consciência percebe eventos que se desdobram em planos diferentes de tempo e espaço, mas embutidos uns nos outros.

Diga-se a propósito, aí está, há milênios, a realidade incontestável da profecia. Uma leitura estimulante sobre esse tópico é o livro *Prophecy in our time* de Martin Ebon. Sempre houve indivíduos dotados de faculdades que os habilitam a saltar barreiras dimensionais para invadir uma realidade normalmente oculta. O fenômeno ocorre usualmente durante o que hoje se chama de 'estados alterados ou modificados de consciência'. Um desses estados, que produz uma espécie de brecha nas barreiras dimensionais, é o sonho.

Foi por aí, a propósito, que começou J. W. Dunne. Ele sonhou que seu relógio parara precisamente às quatro e meia da madrugada. Ao acordar, conferiu a realidade do sonho. Mais tarde, sonhou com uma tremenda erupção vulcânica, posteriormente noticiada nos jornais da época. Daí em diante, Dunne começou a observar melhor os seus sonhos. Fez um treinamento autossugestivo para lembrar-se deles e, em seguida, passou a anotá-los sistematicamente ao despertar, antes de esquecê-los. Aos poucos, foi se confirmando a sua suposição de que através do mecanismo do sonho era capaz de apreender fragmentos importantes do futuro.

Mais recentemente, a dra. Louise E. Rhine, esposa do famoso cientista, recolheu alguns impressionantes exemplos desses em que o espírito (ela prefere a palavra *mente*) de repente dá uma escapada ao futuro e volta.

Vejamos este caso: certa jovem canadense sonhou que estava em um cômodo pequeno, que tinha uma única lâmpada pendente do teto. Havia muitos cartazes ou quadros nas paredes, e a um canto via-se uma escrivaninha antiga com um telefone de pé também antigo. Um homem estava escrevendo ali quando o telefone tocou. Atendeu, dizendo: "Sim, Ema, uma libra de alho e uma dúzia de laranjas. Vou levar". Estavam nesse cômodo mais três moças, mas não lhe era possível dizer quem eram. Saíram e voltaram, uma de cada vez, por cerca de dez minutos. Quando chegou a sua vez, ela acordou.

Dois dias depois, a moça do sonho e mais três companheiras foram prestar exames para motorista. Foram levadas a um cômodo que era exatamente aquele visto em sonho. Lá estavam os móveis, na posição certa. Um senhor mais idoso escrevia algo sentado à mesa, quando o telefone tocou. Ele atendeu e disse exatamente as palavras que a moça ouvira no sonho. Enquanto ela esperava a vez de ser examinada, as companheiras saíram uma de cada vez, por cerca de dez minutos e depois retornaram.

Vejamos outro exemplo, ainda mais dramático, ocorrido no outono de 1951, narrado pela senhora que teve o sonho:

> Estava (eu) num trem antiquado. O chefe do trem apareceu e anunciou um lugar de nome esquisito, como Polígapo – dizendo: "Todos os Polígapos, grandes e pequenos, chegaram". O trem parou em frente a uma casa branca toda cercada. Umas seis crianças saíram a correr do trem para o pátio gramado. Uma pulou a cerca, outra correu até a porta, mais outra perseguiu um cachorro, a menina apanhou o jornal e correu para o alpendre. A moldura da cena era a janela do trem. Nesse ponto, acordei. (Rhine, Louise E., 1966)

A narradora informa que raramente prestava atenção a sonhos, mas aquele foi diferente pela sua extrema nitidez. Ela o contou à sua mãe, sem nenhuma ideia preconcebida; apenas como curiosidade.

No ano seguinte, seu sonho 'aconteceu'.

Em 14 de junho de 1952, ela e a irmã mais jovem voaram de Seattle a Olympia, no estado de Washington, com a intenção de regressar de trem. Devido a um mal-entendido, porém, foram dar na estação errada e quase vão parar em Portland. A essa altura, já haviam perdido o trem para Seattle e tiveram que esperar até a tarde, quando haveria outro trem destinado à cidade onde moravam. Até então, nada de extraordinário ocorrera.

Não fazia muito tempo que estavam no trem, quando entrou o chefe e anunciou exatamente o lugar de nome estranho que ela ouvira no sonho. Após alguns momentos de perplexidade ante a impressão de que já vira aquilo, ela se lembrou subitamente do sonho do ano anterior. Daí em diante, ela ficou assistindo ao seu próprio sonho desenrolar-se diante dela, perfeitamente enquadrado pela janela do trem. Pensou ela:

> Agora aquele menino vai pular a cerca. E ele pulou; o outro vai perseguir o cachorro. E assim foi; a menina vai apanhar o jornal, dirigindo-se ao alpendre, e assim se fez. Tudo se reproduziu exatamente como no sonho. As sombras, a luz do sol, o vento agitando o capim, os gestos das pessoas, as palavras pronunciadas, tudo igual. (Idem)

De alguma forma, portanto, que ainda não entendemos, a nossa *percepção 'vaza' pelas malhas do tempo*, vai ao futuro, vê o que está *acontecendo lá* e volta para conferir mais tarde.

Isso nos leva a outra série de especulações. Como esta: será que passado e futuro são *lugares*? Deixo a pergunta ao leitor para que ele também ajude a pensar. Mais adiante voltaremos ao assunto, com outra abordagem.

4) Tempo e espaço

É oportuno agora uma curta meditação. Os episódios narrados por Dunne – a parada do seu relógio às quatro e meia e a erupção vulcânica – não precisam ser, necessariamente, premonição ou uma incursão pelo futuro. Podem ser explicados pelo fenômeno mais simples do desdobramento do perispírito.

É perfeitamente possível ao espírito desprendido do corpo em repouso ver as horas de um relógio ou presenciar *in loco* um evento como a erupção vulcânica relatada por Dunne. Nesses casos, não haveria superposição de realidades diversas, mas apenas a lembrança de observação feita normalmente sob as condições usuais de tempo e espaço.

Já os dois episódios reproduzidos pela dra. Rhine se apresentam como legítimas incursões no futuro. A jovem canadense *viu* por antecipação, com minúcias que não poderia ter inventado, as cenas do seu exame para motorista a ser realizado *dois dias depois*. A senhora de Seattle *viu* toda uma cena da janela do seu trem, com uma antecipação de meses.

Só nos resta uma inevitável conclusão, por mais que ela se choque com os nossos conceitos e preconceitos: se podemos ver hoje algo que acontece *mesmo* daqui a dois dias, seis meses ou trezentos anos, então é porque esses eventos já existem *hoje, lá no futuro*...

Como se observa, mesmo a um exame superficial e amadorístico como este, noções de tempo e espaço estão sempre juntas, no esforço de explicar uma pela outra ou como resultante, uma, da interação de ambas.

E aqui chegamos às fronteiras do universo que Albert Einstein andou percorrendo com a sua tremenda inteligência, em busca de explicações para os mistérios cósmicos. Já Leibnitz havia dito há mais de dois séculos que o espaço é simplesmente "a ordem ou relação das coisas entre si". Sem coisas para ocupá-lo, nada existe.

Haveria, contudo, um espaço absoluto que servisse de referência aos outros espaços particulares? E o tempo? Haveria um tempo absoluto, independentemente do tempo particular de cada sistema? Por exemplo, nosso conceito de tempo na Terra decorre, todo ele, do movimento do nosso planeta. Chamamos de ano ao lapso de tempo em que a Terra faz uma volta completa em torno do sol. O dia resulta de uma rotação da Terra sobre si mesma. Horas, minutos e segundos são decorrências, ou frações das unidades maiores, arbitrariamente fixadas. Haveria, porém, um tempo uniforme, igual para todos os sistemas?

Einstein achou que não.

O prof. Lincoln Barnett afirma que:

> Juntamente com o espaço absoluto, Einstein descartou-se do conceito de tempo absoluto – um fluxo universal inexorável de tempo, firme, invariável, correndo de um passado infinito para um futuro infinito. Muito da obscuridade que envolve a teoria da relatividade procede da relutância do homem em reconhecer que o senso do tempo, como o senso da cor, é uma forma de percepção. Assim como não há tal coisa como cor sem olhos para observá-la, da mesma forma, um instante, uma hora ou um dia nada são sem um evento que os assinale. E como espaço é simplesmente uma ordem possível de objetos materiais, o tempo é simplesmente uma ordem possível de eventos.
> (Barnett, Lincoln, 1955)

O tempo seria, então, conceito meramente subjetivo, ou seja, estaria exclusivamente na dependência de um observador para apreciá-lo em determinado ponto e, portanto, subordinado à relatividade de sua posição quanto a tudo o mais no universo que o cerca.

Lembremos um exemplo do dr. Barnett:

Se às sete horas da noite fizer uma ligação internacional para Londres, você falará com uma pessoa cujo relógio marca meia-noite e, no entanto, podemos dizer que estão falando *ao mesmo tempo*.

Se, por milagre da tecnologia, conseguíssemos falar com alguém em Arcturus, um corpo celeste que fica a trinta e oito anos-luz da Terra, o nosso *alô* levaria trinta e oito anos para chegar lá e teríamos que esperar outros trinta e oito anos para ouvir a resposta. Que tempo é esse, então?

Por isso dizem os entendidos, como o dr. Barnett:

> A não ser nos *carretéis* da nossa própria consciência, o universo, o mundo objetivo da realidade não 'acontece' – ele simplesmente existe. (Idem)

O que não destoa da ideia de que o futuro coexiste com o passado na imobilidade cósmica que há pouco mencionávamos em conexão com a teoria de Dunne. A ser isso verdadeiro, viveríamos num *tempo congelado*, viajando através de uma coisa chamada matéria.

Para explicar esse misterioso mecanismo, Einstein imaginou e representou matematicamente um *"continuum espaço/tempo tetradimensional"*, no qual o tempo seria a quarta dimensão acrescida às três que delimitam os corpos materiais: comprimento, largura e altura.

Diz o dr. Barnett que somente entendendo isso chegaremos à compreensão da "Teoria Geral da Relatividade", com o que renuncio humildemente chegar até lá, pois não consigo compreender essa quarta dimensão temporal embutida ou acoplada às três da matéria que ocupa determinada posição relativa no espaço.

Façamos nova pausa para descansar dessas desanimadoras especulações. Mas vamos em frente.

5) Quarta dimensão: um reexame

Focalizemos, por alguns momentos, nossa atenção em *A grande síntese*.

Começa o autor espiritual da obra a dizer que são errados os nossos critérios "para criar uma quarta dimensão do espaço, permanecendo no espaço". Ensina a 'Sua Voz' que as diferentes dimensões – e há uma série enorme delas – existem em ciclos uniformemente assentados em três fases distintas e para mudar de um para outro é preciso atravessar as barreiras do ciclo em que nos encontramos.

Diz o autor espiritual:

> *O quarto termo que se segue aos três da unidade trina somente se pode encontrar na trindade seguinte*, devido à lei em virtude da qual o universo é individuado por unidades tríplices e não quádruplas. (Ubaldi, Pietro, 1984) (O destaque é do original).

É matematicamente possível representar tal incongruência que ele classifica, significativamente, de 'absurdo':

> A pretensa geometria a 4, 5, n dimensões, que haveis imaginado, é, vê-se bem, uma extensão da análise algébrica e não uma geometria propriamente dita. Trata-se de uma pseudo-geometria, pura construção abstrata, de formas inimagináveis e inexprimíveis na realidade geométrica. (Idem).

A seu ver, o volume esgota a tríade espacial. Vejamos como é isso.

Imaginemos um ponto, figura adimensional, pois não tem, tecnicamente, comprimento, nem largura, nem altura. Apenas em sua representação gráfica se torna visível. Para que se realize a tríade espacial, é preciso que o ponto se desloque num sentido qualquer. Suponhamos que ele se movimente uniformemente para a direita. Está criada a linha, primeira dimensão constituída por uma sucessão de posições de um ponto. Se o movimento seguir em frente sem nenhuma alteração, não produzirá senão uma linha contínua ao infinito e somente isso. Se, porém, a direção sofre um desvio regular, como a buscar, lá atrás, por onde já passou, reencontrar-se com o próprio roteiro percorrido, surge nova figura.

Assim:

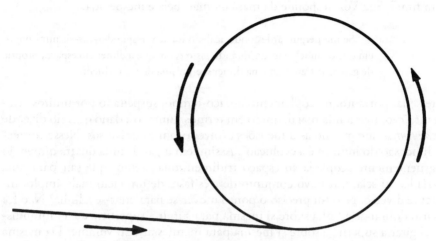

Criou-se a superfície, ou seja, a segunda etapa da dimensão espacial, também de um impulso/variação semelhante àquele que do ponto produziu a linha. Se o ponto prossegue agora retraçando a mesma linha curva, jamais sairá da segunda etapa com a qual se criou a superfície. Se esta, porém, girar sobre um eixo imaginário, não mais a partir do ponto nem da linha, mas da superfície, estará criada a esfera, ou seja, o volume, terceira e última etapa, em termos espaciais. Dentro desse ciclo, portanto, não há mais o que criar.

Prossegue *A grande síntese*:

> Chegados à terceira dimensão, precisamos, para prosseguir, dado o princípio da unidade trina, *iniciar uma nova série tridimensionária*, exaurido que se acha o período precedente. (Idem).

Na opinião do autor espiritual dessa obra prodigiosa, não há, pois "um tempo, nem um espaço em sentido absoluto, isto é, existentes de si mesmos, independentes das unidades que os ocupam. Ambos lhes são relativos e determinados por elas. Não há, pois, um modo absoluto no espaço, nem no tempo".

Até mesmo no âmbito da matemática, segundo 'Sua Voz', somos prisioneiros da relatividade. Ela somente serve para estabelecer relações, nada mais:

> O absoluto vos escapa. A vossa razão, já tive ensejo de dizê-lo, não é a medida das coisas; sois parte do grande organismo. A vossa própria consciência representa uma fase, é um fenômeno entre os fenômenos. Há conceitos que estão acima da vossa consciência e que não podeis atingir, senão mediante a maturação evolutiva do vosso eu.(Idem).

"Mas, e daí?", perguntará o leitor já um tanto preocupado. "O espaço tem limites, tem fim?" 'Sua Voz' responde da maneira mais bela e inesperada:

> Se me perguntardes onde acaba o espaço, responder-vos-ei: num ponto em que o 'onde' se torna 'quando', isto é, em que a dimensão espaço, própria de gama, se transforma na dimensão própria de beta. (Idem).

Este seria, portanto, o acoplamento espaço-tempo, suspeitado por muitos através da intuição, mas ainda mal definido em termos humanos, dado que, no dizer de *A grande síntese*, até mesmo as dimensões evoluem com os universos. Nesse contexto, "a dimensão do infinito é a evolução". Assim, em lugar de uma quarta dimensão incongruentemente acoplada ao espaço tridimensional, temos que sair para uma nova tríade, ou seja, um novo conjunto de três fases de um ciclo mais amplo, inteiramente diverso. Não foi preciso o ponto mover-se para criar-se a linha? Não foi necessário dobrar-se a linha sobre si mesma para surgir a superfície e não foi indispensável girar a superfície sobre si mesma para manifestar-se o volume? Da mesma forma, já a razão no seu sentido habitual, torna-se inútil para nos fazer saltar de uma dimensão para a próxima. Só a intuição pode nos valer, e 'Sua Voz' não se cansa de nos lembrar que a razão já se esgotou em si mesma.

A nova tríade é constituída pelo *tempo*, na primeira fase, pela *consciência*, na segunda e pela *superconsciência*, na terceira. Da mesma forma que a superfície absorve a linha e o volume absorve a superfície, a consciência absorve o tempo e o domina. A superconsciência absorve e domina a consciência, transcendendo, portanto, limitações espaciais e temporais, chegando à visão do infinito, ou melhor, torna-se hiperespacial.

Explica 'Sua Voz', pouco adiante:

> A superconsciência é dimensão conceptual volumétrica, que se obtém elevando-se uma perpendicular sobre o plano da superfície da consciência para conquistar assim um ponto de vista fora desse plano, ponto único donde se pode dominar o todo. É assim que só a superconsciência transpõe os limites do que vos é concebível, domina o relativo, pela visão direta do *absoluto*, domina o finito, movendo-se no *infinito*, deixa de conceber por análise, para conceber por síntese. (Idem).

Até onde nos leva, portanto, essa acrobacia mental? À noção de que, ultrapassando barreiras de tempo e de consciência, podemos, com a superconsciência, superando até mesmo a lógica, ter a visão direta do absoluto. Não estamos aqui falando em visões místicas, ou em estado de êxtase, mas na indiscutível realidade de uma contemplação fria e serena, ainda que em rápido *flash*, de uma realidade que usualmente nos escapa. Neste estado de superconsciência preconizado pelo autor de *A grande síntese*, vamos de fato ao futuro e de lá voltamos para o que chamamos presente, para depois conferir, dentro da nossa dimensão usual, aquilo que já vimos na hiperespacial.

Mas, por que diz a 'Sua Voz' que é preciso abandonar a lógica? Será que isso não vai desgovernar os nossos passos rumo a etapas mais amplas da vida? Por que a intuição, que ainda nos parece tão insegura e imprecisa?

A resposta é clara: a visão nítida e sequencial de um evento futuro que para nós *ainda não existe*, escapa a qualquer enquadramento lógico. Se ficarmos amarrados dentro do círculo da lógica, nunca haveremos de conceber e nem aceitar uma realidade superior que, no entanto, é um fato, no âmbito, portanto, de outra lógica. E se o fato existe, o que deve mudar é a nossa conceituação e não o evento em si. Se a lógica não nos serve aqui, temos que partir mesmo para a intuição, ainda que policiada, confrontada a cada passo com a realidade que ela vai descobrindo. Por isso 'Sua Voz' nos sugere avançar pelos domínios do conhecimento utilizando o processo da síntese e não mais o da análise. A análise é a permanência circular na minúcia, no microcosmos, sem chegar a entender o cosmos.

A evidência acumulada nos indica que é possível deslocar-se num sentido ou no outro da 'flecha do tempo', ou seja, tanto ir ao passado como ao futuro. Inúmeras pessoas realizam essa proeza, muitas vezes até sem perfeita consciência da transcendência do que conseguiram obter. Há, portanto, brechas cósmicas por onde podemos escapar momentaneamente de uma realidade dimensional que nos oprime e contém, para outra, em que a visão espiritual se amplia de maneira ainda inexplicável para nós, prisioneiros da lógica e dos processos analíticos aos quais nos condicionamos. A todo momento, seres humanos iguais a nós estão escapando pelas malhas da dimensão em que vivem para uma incursão na que se segue. Não apenas profetas, médiuns, místicos e seres desligados da realidade, mas também a moça canadense que faz exame de motorista ou a senhora de Seattle que viu com antecipação de meses o trem em que iria viajar e as cenas que iria presenciar da janela do carro ferroviário.

6) A elasticidade do tempo e a simultaneidade no tempo

Tais observações nos levam a uma reavaliação do conceito usual de tempo como sucessão ordenada de eventos, tudo certinho, mensurável e rígido, conforme expressões convencionais: segundo, minuto, dias, séculos, milênios...

O tempo do sonho, por exemplo, tem uma extensão diferente. Sonhamos longos e complicados enredos e nos metemos em verdadeiras aventuras oníricas no espaço de alguns minutos ou até segundos, como se estivéssemos a viver provisoriamente libertos das amarras temporais conhecidas.

É oportuno lembrar, ainda, o curioso fenômeno de recapitulação desencadeado em momentos de crise emocional intensa, como a proximidade da morte, ou a morte provisória, amplamente documentados, tanto na pesquisa mais antiga como em recentes observações médicas. O dr. George Ritchie descreve uma experiência dessas em seu livro, comentado, aliás, em *Reformador* de janeiro de 1979, do qual podemos extrair o seguinte trecho:

> Tudo quanto jamais me acontecera estava à minha frente, a plena vista, contemporâneo e atual, como se estivesse ocorrendo naquele momento. (Ritchie, George, 1978).

E prossegue o artigo:

> A imagem do pequeno cômodo não desaparecera, mas, ao mesmo tempo, ele não confinava o espaço circundante. Era como se um mural onipresente se desdobrasse naquele espaço incompreensível, mostrando, ao mesmo tempo, todas as cenas de sua vida, com figuras tridimensionais que se moviam e falavam. (Idem).

Essa contemporaneidade ou simultaneidade de um conjunto de eventos distribuídos ao longo de muitos anos constitui uma razão a mais para questionarmos seriamente o conceito habitual de tempo. Os fatos que suportam esse fenômeno são irrecusáveis, não podem ser mudados para acomodarem-se aos nossos preconceitos e cristalizações. A conclusão lógica é inevitável: o conceito usual de tempo é que precisa ser alterado ou ampliado para acomodar os fatos observados. Não que esteja errado conceber-se o tempo como sucessão de eventos, mas admitir que há outros aspectos até aqui pouco explorados na ideia que fazemos do tempo.

Tomemos para exame, o fenômeno para o qual propomos o nome de *recapitulação da vida*, que oferece tomadas para interessantes especulações. Na realidade, ele parece ocorrer à feição de um *replay* de vídeo-teipe, no qual estão gravados não apenas imagens e sons, mas emoções. Não em sequência, mas simultaneamente, sem que a simultaneidade nos perturbe a análise da vida pregressa como um todo. Estranha essa posição de expectadores das nossas próprias vivências! E qual a razão do fenômeno, já que não podemos ainda entender-lhe o mecanismo? Ao que tudo indica, trata-se de uma *transcrição* do nosso vídeo-teipe em algum registro permanente, quando os registros provisórios do corpo físico se acham ameaçados de colapso. Deixemos, porém, esses aspectos para posterior exame, pois aqui o que nos interessa mais de perto é estudar os mistérios do tempo.

Aliás, dizíamos há pouco que a visão do "que para nós *ainda não existe* escapa a qualquer enquadramento lógico", mas é preciso lembrar também que haverá, necessariamente, uma lógica especial para explicar o fato e que, segundo o autor de *A grande síntese*, só seria alcançada por vias intuitivas e processos de síntese. Muitas vezes a racionalização de tais mistérios é desconcertantemente simples, bastando encontrar a chave apropriada.

Imaginemos a seguinte situação: o leitor está ouvindo um *long play* na sua aparelhagem de som. Suponhamos que se trate de um disco de música popular constante de oito faixas distintas e a agulha se acha, no momento, na quarta faixa. O presente é, portanto, aquela fração imperceptível de tempo em que a agulha lê o som e desencadeia o processo de reprodução. O passado são as três faixas anteriores, mais uma parte da quarta. O futuro está no que resta da quarta faixa, mais as quatro faixas finais. Se por um desarranjo mecânico, a agulha salta, de repente, para a sexta faixa e começa a reproduzi-la e, em seguida, volta ao ponto inicial na quarta faixa, podemos figurar que ela foi ao futuro e voltou. Minutos depois, quando ela passar pelas trilhas da sexta faixa onde *já esteve* há pouco, o ouvinte vai reconhecer o trecho reproduzido. Seja como for, porém, o disco, como um todo, representa uma fatia de tempo. Nossas limitações dimensionais é que nos forçam a despender certa parcela de tempo em termos terrenos para ouvir o disco todo. Se fosse possível reproduzir num segundo todos os sons ali gravados, ouviríamos um único acorde. Um ser que desconhecesse por completo o *modus operandi* de um toca-discos ficaria sem entender como foi possível ouvir num breve intervalo na leitura da quarta faixa, um trecho musical da sexta que, para o ouvinte, ainda *estava* no futuro.

Como se vê, parece mais fácil para nós desdobrar os fenômenos em partículas, a fim de tentar digeri-los, do que sintetizar as partículas de um fenômeno complexo para entendê-lo como um todo. Esse raciocínio nos leva de volta à obra *A grande síntese*, que recomenda ao homem avançar daqui em diante apoiado pela metodologia das sínteses intuitivas.

Sem dúvida, porém, o fenômeno da compactação do tempo é uma realidade incontestável. Em carta recolhida por Brewster Ghiselin, Wolfgang Amadeus Mozart descreve seu método criador. Após informar que tem condições de contemplar, de um só relance, toda a peça a ser escrita, como um quadro ou uma estátua, diz ele:

> Não ouço, em minha imaginação, as partes sucessivamente, mas sim, como se tudo de uma só vez. É um prazer indescritível! Toda essa invenção, essa produção, ocorre em um sonho agradável. Contudo, ouvindo o *tout ensemble* é, afinal de contas, o melhor. (Ghiselin, Brewster, 1955.)

Assim, ao que se depreende, o compositor era capaz de 'ouvir' uma sinfonia inteira, por exemplo, ou uma sonata, como se fosse um só acorde e posteriormente, em vigília, desdobrar a peça cuja síntese já conhecia em estado semionírico, ou melhor, em transe.

Voltamos à nossa pergunta *leit motiv*: que tempo é esse, no qual Mozart ouve uma peça inteira como se fosse uma única nota? Como podemos observar, o tema inesgotável do tempo, apresenta amplitude muito vasta de estímulos à especulação e creio que ficaríamos aqui por uma boa dezena de páginas a explorar outros aspectos fascinantes, mas é preciso prosseguir na tarefa. Anotemos, a título de mera lembrança, o malabarismo mental do fantástico H. G. Wells, na sua *Time machine* ou as extrapolações à teoria da relatividade, segundo as quais, desligados das amarras do tempo terreno, os astronautas poderiam viajar pelo cosmos durante dois ou três anos, em termos de uma folhinha de bordo, mas regressarem à Terra um século depois pelo tempo dos que aqui ficassem.

Restaria, ainda, algo a dizer sobre os *black holes*, encruzilhadas cósmicas onde, segundo os entendidos, o fluxo do tempo se apresenta com sinal negativo, ou seja, às avessas, no rumo futuro/passado em vez de passado/futuro. Creio, porém, que ficou dito o suficiente para entendermos que o tempo não é mera sucessão de eventos que a gente mede de relógio em punho. Há nele transcendências ainda inexplicadas, mas certamente explicáveis no tempo devido. Sem trocadilho...

Essas especulações todas nos levam a uma conclusão inevitável: a de que o tempo não é um fenômeno rígido, inacessível na sua extensão futura e apenas escassamente vislumbrado através dos mecanismos da memória consciente.

7) Memória: a máquina de esquecer

E com isso, estamos no limiar do estudo da memória. Que é memória?

Cícero a concebia como "estojo de todo o conhecimento"; Johnson achava que a tarefa da memória se resume em "coletar e distribuir". "Memória não é sabedoria", escreveu Tupper. "Os idiotas são capazes de repetir de cor volumes inteiros. Contudo, o que é a sabedoria sem a memória?" "Minha memória", disse uma criança anônima, "é aquilo com o que eu esqueço".

Já, Peter Cooper (1791 – 1883), filantropo americano, sem ter deixado nome como pensador ou mesmo escritor, alcançou profundidades inesperadas no conceito de memória.

Escreveu ele:

> É terrível pensar que nada é esquecido; que nem um mero juramento pronunciado deixa de vibrar através dos tempos, numa ampla corrente disseminadora de som; que nem uma prece é murmurada sem que o seu registro seja fixado nas leis da natureza pelo selo indelével da vontade do Todo-Poderoso.

Embora não tão complexo quanto o problema do tempo, o da memória oferece consideráveis dificuldades ao seu perfeito entendimento, especialmente por causa da obstinada posição da ciência moderna em situá-la no âmbito exclusivo da matéria que compõe o corpo físico do ser humano. Para ela, a memória é uma função bioquímica.

Comecemos pela palavra sempre lúcida e objetiva dos dicionários. O de Aurélio, por exemplo, define memória como "faculdade de reter ideias, impressões e conhecimentos adquiridos anteriormente". E secundariamente como "lembrança, reminiscência, recordação". Isso nos basta para o momento, pois o dicionarista captou nas suas definições os conceitos fundamentais da memória: retenção e recordação, bem como o de temporalidade. Ou seja: a memória é um receptáculo de ideias que em algum tempo foram ali depositadas e que podem, com relativa facilidade e presteza, ser recuperadas ou relembradas. Diríamos com a terminologia da moderna informática que a memória é um banco de dados. A expressão pressupõe a ideia de um registro ou gravação e uma classificação ordenada, permanentemente aberta à consulta, com respostas, na maioria das vezes, instantâneas.

Sob esquema semelhante operam os computadores modernos. Não que o homem haja copiado dispositivos mentais deliberadamente. Acontece, porém, que, depois de montadas certas complexidades eletrônico-mecânicas, descobrimos curiosas analogias com os mecanismos da vida. O computador é um desses casos. A unidade de memória armazena, em fita magnética ou em discos, informações previamente gravadas. O acesso randômico é feito a incríveis velocidades e, tal como o cérebro humano, o computador é tanto mais potente quanto mais ampla for a sua memória, ou seja, o volume de informações retidas e disponíveis em fitas e discos. Tal como o cérebro, o computador é também um sistema analógico, ou seja, funciona comparando, confrontando o dado novo que lhe chega com os dados de que dispõe na memória, para descobrir 'a semelhança entre coisas diferentes'. Por isso, ideias e conceitos armazenados na memória humana, tanto quanto informações gravadas na memória do computador são agrupadas segundo algum traço ou outro de característica comum.

Estamos, talvez, nos antecipando.

Em uma primeira abordagem à formulação do conceito de memória é necessário identificar bem nitidamente os termos do problema, não apenas por mera questão semântica, mas porque noções paralelas e concorrentes como imaginação, mente, conhecimento, fantasia e outras têm na formulação do problema envolvimento acentuado.

Tais aspectos não escaparam aos eruditos elaboradores do livro *Great ideas* da coleção *Great books* da *Britannica*. O volume 2 do *Syntopicon*, capítulo LVI, página 133, cuida simultaneamente de memória e imaginação, que muitos consideram praticamente sinônimos. Para distingui-los, os autores lembram que a memória depende de experiência prévia. Ou seja, só vai para o arquivo da memória aquilo que experimentamos ou de que tomamos conhecimento, ao passo que a imaginação não está sujeita a essa limitação da experiência prévia, dado que podemos imaginar coisas que não constam de nossos registros, muito embora a imaginação utilize material existente na memória.

Quanto ao mecanismo da retenção, parece operar realmente por 'associação de ideias', como já observamos. O estudante da história pode se esquecer, por exemplo, do nome do navegador português que, em 1484, chegou à barra do rio Congo, na África, mas talvez se lembre, por associação de ideias, que ele tinha o sobrenome de um animal. Seria gato? Coelho? Cachorro? Ah! Sim: Diogo Cão!

Questão bem mais complexa, especialmente no âmbito da ciência materialista, é explicar o que significa realmente 'armazenar' ou 'registrar' os dados que compõem a memória.

Diz o *Syntopicon* da *Britannica*:

> A maravilha da memória aprofunda-se no mistério, quando nos perguntamos o que quer dizer literalmente a metáfora do armazém. Onde estão realmente as imagens, quando não se encontram presentes na mente? Se a imagem é por sua natureza um ato de consciência segundo o qual apreendemos objetos que não se acham em contacto com os nossos sentidos, como podem essas imagens existir fora da consciência nos intervalos em que não participam da função de lembrar-se, de imaginar ou outro qualquer ato de conhecer? O retorno delas à consciência parece implicar que elas estavam retidas, mas onde e como estão retidas é problema que a metáfora de coisas armazenadas, num espaçoso depósito, não pode resolver.

Longe de simplificar as coisas, Platão ainda mais as complica ao afirmar que, segundo Sócrates, aprender é recordar, introduzindo sem cerimônia alguma no debate o conceito das vidas anteriores, ou seja, da reencarnação.

É precisamente isso que faz Sócrates em Meno. Quando o interlocutor pergunta ao Pai da Filosofia, o que ele quer dizer com essa história de recordar, Sócrates chama um jovem e inculto escravo e leva-o habilmente a encontrar a solução de um problema que o rapaz não poderia conhecer sem estudos de geometria, que não tinha. Sócrates declara, então, que a alma do jovem trazia na memória o conhecimento desejado, adquirido numa existência anterior. Não via nisso o filósofo nenhum assombro – apenas um fato óbvio por si mesmo:

> Sendo a alma imortal e tendo nascido muitas vezes e *tendo visto tudo quanto existe...* conhece tudo; não é admiração alguma que ele tenha condições de trazer de volta à lembrança tudo quanto já soube acerca da virtude e de tudo. Toda natureza é solidária e a alma que tudo aprendeu não encontra dificuldade em ir buscar, ou como dizem os homens, em aprender, a partir de uma simples lembrança tudo o que restar, se o homem se esforça bastante e não desanima, dado que toda perquirição e todo o aprendizado não são mais do que recordação.

Por aí se vê como são as coisas. O que era naturalíssimo para o *filósofo* há quase duas dúzias de séculos, só agora começa a ser aceito por um número mais amplo de pessoas, enquanto tantas outras insistem em negar sistematicamente.

8) O vídeo-teipe da vida

Dizíamos há pouco que Platão complicara as coisas, mas não é bem isso – ele apenas aprofundou, ampliou, abriu janelas para o infinito na abordagem ao problema do aprendizado e, por conseguinte, ao da memória. Na verdade, é precisamente isso que ocorre: nossos arquivos mentais são inconcebivelmente mais vastos do que suspeitávamos, porque há neles um dossiê completo para cada existência na carne, ou, se preferem a terminologia moderna, um 'cassete' ou 'vídeo-teipe' para cada uma de nossas vidas. Ali estão, perfeitamente arrumados, classificados e à disposição do ser humano, todas as suas vivências, do suspiro ou sorriso até as agonias da mais terrível tragédia. Essas lembranças ficam preservadas como que em camadas estratificadas, ordenadas, na sequência certa, na classificação adequada à eventual consulta, como uma fita ou disco de memória de computador. A fita da vida atual é de acesso mais rápido, fácil e de resposta praticamente instantânea. Restauremos, para classificar esse arquivo, a desgastada palavra subconsciente. As fitas das existências anteriores, dispostas metodicamente em camadas cada vez mais profundas, são de acesso mais difícil, mas não impossível, como está hoje amplamente documentado, seja por processos súbitos e espontâneos, seja provocando por outros métodos, como a hipnose. A parte mais ampla e profunda desses arquivos, portanto, é a que contém as lembranças das vidas anteriores desde os tempos em que a consciência começou a luzir timidamente em remotos pontos da escalada evolutiva do ser. Cabe aqui restaurar e convocar para o trabalho outra palavra usada e abusada: inconsciente, porque tais lembranças so- mente sob condições bem especiais podem aflorar à memória da vigília, para a qual continuaremos a utilizar a mesma palavra de sempre: consciente.

Creio que podemos figurar o esquema graficamente da seguinte maneira:

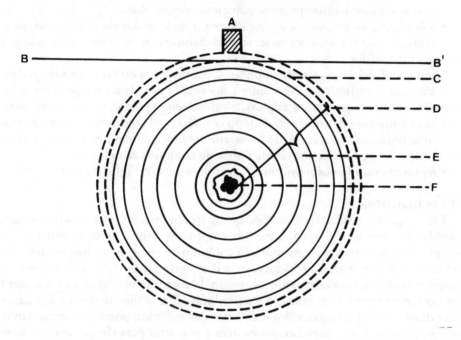

A – Consciente. Cabeçote de gravação/leitura. Unidade de passagem e processamento.
B – B'– Linha de flutuação consciente/inconsciente.
C – Subconsciente.
D – Inconsciente (Vida atual).
E – Inconsciente (Vidas anteriores).
F – Núcleo dos instintos.

O esquema pressupõe o seguinte mecanismo:

- O consciente está constantemente a receber *inputs* do meio ambiente e, simultaneamente, dos arquivos subconscientes, e, da mesma forma, expedindo suas reações e mensagens ao meio ambiente, de um lado, e ao subconsciente, de outro.
- Acima da linha de flutuação está o campo consciente; aflorando os seus limites, o subconsciente; abaixo dela, o inconsciente.

- Os registros inconscientes das vidas anteriores guardam certa autonomia, mas não constituem compartimentos estanques porque interagem uns sobre os outros.
- No seu conjunto, as camadas inconscientes e mais a subconsciente constituem toda experiência vivida do ser. Cada uma delas representa uma personalidade anterior. O conjunto é a individualidade imortal.
- O núcleo dos instintos é o ponto de partida para o desenvolvimento do consciente, do qual recebe crescente influência controladora.
- Sob condições normais, a interação com o meio ambiente é feita pelo consciente e o acesso ao subconsciente e ao inconsciente também é realizado por seu intermédio.
- Sob condições excepcionais, impulsos subconscientes ou inconscientes podem alcançar o território do consciente e dominá-lo por algum tempo, impondo-lhe atitudes específicas e atípicas. Normalmente, porém, o consciente constitui a unidade de comando de todo o sistema. O consciente é, pois, apenas uma unidade operacional, de passagem dinâmica, e não um arquivo permanente. Ele pode reter apenas uma ideia ou conjunto de cada vez.
- *Inputs* externos também podem alcançar diretamente o subconsciente.

9) Os instintos

Esse esquema explica também por que a atuação do instinto é cada vez mais contida, controlada, civilizada, à medida em que os seres acumulam experiência. Sendo o núcleo primitivo da memória, o conjunto de instintos é a base psíquica do indivíduo e através deles é que fica assegurada a continuidade da vida. Seus automatismos garantem o funcionamento adequado da estrutura biológica do ser, a partir dos dois instintos básicos: nutrição e reprodução. Daí, a incontestável vitalidade e força desse núcleo poderoso. Com o decorrer dos milênios, porém, vai-se tornando cada vez mais longo o caminho que ele tem a percorrer para chegar ao consciente e atuar sobre o meio ambiente. Menos e menos, vai ele atuando com apoio no imediatismo do impulso urgente a satisfazer e, mais e mais, vai se racionalizando e se educando pela influência controladora que sofre ao tentar emergir para manifestar-se.

Segundo o que os instrutores espirituais explicaram a Allan Kardec, "o instinto é uma espécie de inteligência", "uma inteligência sem raciocínio" e "muitas vezes se confundem", sendo, no entanto, possível "distinguir os atos que decorrem do instinto dos que são da inteligência". Informaram, ainda, que as faculdades instintivas não se reduzem à medida que avultam as de natureza intelectual; "o instinto existe sempre" e nos guia "algumas vezes com mais segurança do que a razão. Nunca se transvia".

No seu comentário às questões 74 e 75 de *O livro dos espíritos*, Kardec escreve o seguinte:

> O instinto é uma inteligência rudimentar, que difere da inteligência propriamente dita, em que suas manifestações são quase sempre espontâneas, ao passo que as da inteligência resultam de uma combinação e de um ato deliberado. (Kardec, Allan, 1857)

No capítulo III de *A gênese*, o tema passa por um desdobramento mais amplo, segundo o qual ficam assentados os seguintes princípios:

- O instinto é a força oculta que solicita os seres orgânicos a atos espontâneos e involuntários, tendo em vista a conservação deles.
- A inteligência se revela por atos voluntários, refletidos, premeditados, combinados, de acordo com a oportunidade das circunstâncias.
- Todo ato maquinal é instintivo; o ato que denota reflexão, combinação, deliberação é inteligente. Um é livre, o outro não o é.
- Por ser livre e decidir à base de opções e alternativas, a inteligência pode errar e erra com frequência. O instinto, ao contrário, já é resultado de uma causa inteligente devidamente testada e incorporada à experiência do indivíduo. É, pois, um programa com impulsos conhecidos e com resultados previstos com nitidez.

Alcançando, portanto, um estágio superior da evolução espiritual, quando a segurança do instinto passa a operar em perfeita harmonia com os atributos da inteligência, o ser alcança uma zona de equilíbrio mental e emocional, ou seja, a paz interior. Não se trata aqui de eliminação do instinto pela inteligência, ou melhor, pelo consciente, mas interação inteligente, bem conjugada e bem ajustada, que atende às necessidades básicas do ser e trabalha harmoniosamente em favor das suas conquistas e objetivos finais da evolução.

Por outro lado, liberado para sempre da contingência da reencarnação, há de reduzir-se a um mínimo a necessidade crítica do impulso instintivo, pois não haverá mais corpo físico, biológico, a preservar.

10) O ritmo da necessidade

Não nos esquecemos dele, como poderia parecer. Optamos por uma digressão para retomar o debate em outro nível de abordagem. Estamos agora preparados para dizer que tudo isso é memória, ou seja, todo o material preservado nos vastos arquivos do ser humano. É com a manipulação desse incalculável acervo de informações que o ser raciocina, conclui, delibera e age. Bergson acha mesmo que o livre-arbítrio é corolário da consciência. Ao dizermos que somos livres, estamos meramente afirmando saber o que estamos fazendo.

Escreve ele em *Matière et mémoire*:

> A função primária da memória é evocar todas as percepções passadas análogas às percepções atuais, convocar tudo o que as precedeu e tudo o que veio

> depois delas, sugerir-nos qual a decisão mais útil. Isto, porém, não é tudo. Ao permitir-nos apreender, numa simples intuição, múltiplos momentos de duração, ela nos liberta do movimento resultante do fluxo das coisas, isto é, do ritmo da necessidade. Quanto mais desses momentos a memória puder comprimir em um só, mais firme será o domínio que ela nos proporciona sobre a matéria; de tal forma que a memória de um ser vivo parece ser, na verdade, a medida suprema de seu poder de ação sobre as coisas. (Bergson, Henri, 1934.)

Dificilmente se diria melhor. Analisemos com mais vagar esses pensamentos geniais.

Todas as nossas experiências – Bergson chama-as percepções – estão arquivadas à nossa disposição. Quando uma decisão precisa ser tomada, a memória consulta os arquivos. Que informações existem lá sobre situações análogas a que estamos enfrentando no momento? Num *flash* percebemos, pela intuição, os mais importantes aspectos dos dados que interessam ao caso, pois os arquivos são estruturados num sistema de associação de ideias, de famílias de assunto. Instantaneamente são mobilizadas todas as informações necessárias. Não porém, numa sequência condicionada ao fator tempo, como se estivéssemos a inspecionar as ideias, uma por uma, no vídeo do terminal de um computador. A memória consegue comprimir todo aquele tempo que foi consumido na elaboração e arquivamento das informações em um rápido clarão intuitivo, ou seja, no dizer elegante de Bergson, ela ignora o 'ritmo da necessidade'. Dessa maneira, a faculdade de elaborar decisões úteis e acertadas, será tanto maior quanto mais ampla for a capacidade da memória em produzir tais compactações de tempo. Logicamente, essa capacidade estará sempre na razão direta do acervo de informações contido na memória integral do ser.

11) Inteligência

E, logicamente, quanto maior o volume de dados no banco da memória, mais vasta e brilhante a inteligência.

Escreve Bergson em outro livro magistral:

> ...no senso estrito da palavra, nossa inteligência destina-se a assegurar a inserção perfeita do nosso corpo no meio ambiente, a representar a si mesma as ligações das coisas exteriores entre elas, enfim, a *pensar a matéria*. (Bergson, Henri, 1948) (Destaque do autor)

A vida, para Bergson, é uma corrente energética consciente a circular indefinidamente pela matéria, criando formas apropriadas, "capaz de vencer todas as resistências e de saltar muitos obstáculos, talvez até mesmo o da morte".

Cabe aqui invocar novamente a analogia com o computador. Quanto mais amplo o acervo de dados na sua memória, maior a sua 'inteligência', ou seja, sua 'capacidade de resolver com êxito situações novas', se é que ainda podemos aceitar a velha e clássica definição de inteligência. Tanto maior será, pois, sua potência, tanto mais amplos seus recursos e possibilidades e, obviamente, sua capacidade de tomar decisões acertadas e complexas.

Creio, pois, que se pode admitir, tranquilamente, que inteligência é informação armazenada, ou, examinando-a sob outro aspecto, a medida do seu vigor é a amplitude da memória integral. Por isso também, inteligência é coisa diferente de cultura, tanto quanto conhecimento não é o mesmo que sabedoria. O indivíduo pode ser inculto e inteligente, como pode dispor de muito conhecimento e não saber usá-lo com a adequação ética desejável, mas por aqui estaríamos fugindo aos objetivos deste estudo.

Assim como Platão ampliou o conceito do aprendizado, considerando-o função da recordação, a doutrina dos espíritos amplia o conceito bergsoniano da função da inteligência, ou seja, da memória. Ela não se destina *apenas* a inserir nosso corpo no contexto ambiental em que vivemos. Insistimos no *apenas*, porque esta é de fato uma de suas tarefas, mas a memória vai muito além de 'pensar a matéria'. Por mais importante que seja isso, pensar a matéria é meio, não finalidade; é atividade transitória e não eterna, porque, eventualmente, será capaz o ser humano, nos estágios mais altos da evolução, de viver sem os condicionamentos da matéria. Aliás, mesmo nos intervalos entre uma vida e outra, enquanto se encontra no mundo póstumo, o ser humano segue vivendo sem o seu corpo físico que ficou abandonado à decomposição orgânica na terra. Mesmo aí, porém, o espírito continua ligado a um corpo semimaterial, para o qual Kardec propôs o nome de perispírito. No correr dos milênios, esse segundo corpo também vai se desfazendo dos seus componentes materiais até alcançar um estágio puramente energético, como um campo magnético de elevadíssimo teor vibratório.

12) O gravador

O ensinamento dos espíritos nos indica que é nesse corpo perispiritual que se gravam as experiências, ou, no dizer de Bergson, as percepções do indivíduo. Daí porque a morte e a desintegração do corpo físico não destroem a memória. O ser espiritual desencarnado continua na vida póstuma a lembrar-se da existência que terminou, a ter à sua disposição as informações que acumulou durante essa vida. Em espíritos mais experimentados e evoluídos, há uma recuperação da memória integral, ou seja, ele é capaz de lembrar-se não apenas dos fatos da existência imediatamente anterior na carne, como de várias ou muitas outras que a precederam no lento fluxo dos séculos.

Ao renascer, porém, em outro corpo físico, para início de uma nova experiência na carne, memórias, que na existência anterior compunham o subconsciente, mergulham abaixo da linha de flutuação e passam à condição de inconscientes. Nesse ponto, o ciclo se reabre, num processo de recapitulação. Da mesma forma que o corpo físico em formação recapitulou as fases do processo filogenético, desde um organismo bicelular resultante da união de duas células individuais, o ser recapitula também a experiência arquivada na sua memória integral, a partir do núcleo dos instintos. Os primeiros impulsos são e têm que ser predominantemente instintivos e visam, antes de tudo, à preservação da espécie, de que o ser necessita para as suas sucessivas encarnações. No momento em que a criança nasce, ou melhor, renasce, entram em ação os automatismos programados no núcleo dos instintos, na mais remota profundidade da memória: respiração, nutrição, eliminação começam a operar precisamente quando se tornam necessários. O instinto 'nunca se transvia', dizem os espíritos. É uma forma primitiva de inteligência que não erra, simplesmente porque não pode errar sem colocar em risco o próprio objetivo da vida, que é a preservação das oportunidades evolutivas.

A uma primeira aproximação, parece ser o córtex cerebral a área destinada, no *corpo físico*, a receber as impressões e experiências de uma vida que se inicia em novo corpo. É o 'cassete' ou o carretel de fita virgem, pronto para gravação do novo vídeo-teipe.

13) O luxo supremo da humanidade

Na publicação francesa *Science & Vie*, maio/1980, encontramos, no excelente estudo sobre a inteligência, esta observação:

> ... é o estado de vigília, graças ao qual o córtex permanece imediatamente disponível para toda a atividade cotidiana.

Segundo o artigo de *Science & Vie*, as mais recentes pesquisas revelam no cérebro três unidades funcionais:

- O sistema de regulação do tônus ou vigília cerebral.
- O sistema que permite obter, manipular e estocar informação.
- O sistema que permite programar e regular o ritmo e verificar os resultados da atividade mental.

Cada uma dessas unidades dispõe de três zonas distintas:

- Uma zona primária ou projetiva, primeira etapa entre o mundo exterior e o psiquismo, última etapa entre este e o mundo exterior.
- Uma zona secundária de projeção-associação, onde a informação que entra é manipulada e colocada em ordem, e onde as decisões de ação são transcritas em planos sequenciais.
- Uma zona terciária que só entra em funcionamento mais tarde (aí pelos 7 anos de idade) e onde se opera a coordenação do conjunto mental.

Segundo tais observações, podemos imaginar que a primeira unidade seria praticamente um centro gerador de energia operacional, correspondente, no computador, à fonte de energia elétrica que mantém o sistema funcionando na carga apropriada, na ciclagem certa, com a continuidade desejada.

A segunda seria a unidade básica da memória: recepção, análise e arquivamento das informações. Encontram-se nela áreas específicas para controle da sensibilidade corporal, visão, audição e motricidade.

A terceira unidade seria a responsável pelas atividades de programação, regulação e verificação das percepções. É aí onde o pensamento se organiza. A dra. Jacqueline Renaud, a quem devemos tais explicações, acrescenta que a zona pré-frontal, que realiza esse importante trabalho de coordenação, só existe no ser humano. Do que se depreende que poderia estar aí o apoio biológico do consciente, pois o animal dito irracional é movimentado pelo instinto e não pela consciência, embora o instinto, como vimos, seja também uma forma rudimentar de inteligência e, por conseguinte, de memória. "Zona sem especificidade por excelência," – prossegue a dra. Renaud – "ela é capaz de todas as aprendizagens. É o luxo supremo da humanidade".

Certamente que isso não quer dizer que haja localizações específicas na geografia cerebral para a função de pensar ou a de decidir, aprender etc. Parece mais adequado conceber tais funções e inúmeras outras como resultado de atividades conjugadas de importantes áreas cerebrais senão de todo o cérebro. Há, porém, pontos específicos para aspectos específicos da memória. O eminente médico canadense dr. Wilder Penfield descobriu que estímulos elétricos em determinadas áreas cerebrais despertavam lembranças antigas ou recentes, como uma cena da infância ou uma canção, com o mais vívido detalhe. A música, por exemplo, confessou uma senhora, ela a ouvia como se a orquestra estivesse ali a tocar ou o rádio a transmiti-la, mesmo ela perfeitamente consciente de que não havia ali nenhuma orquestra ou rádio ligado.

Experiências posteriores do dr. Penfield indicaram, segundo o Time de 14 de janeiro de 1974, que, apesar do envolvimento do córtex na memória, ele *"não funciona* como a memória de um computador", no qual cada bit de informação é depositado eletronicamente numa única 'célula'. A memória, na expressão do *Time*, é "não localizada", ou seja, distribuída por todo o córtex "e talvez por todo o cérebro". "A remoção de metade do córtex pode acarretar uma perda proporcional da capacidade de lembrar, mas não destrói memórias específicas".

Isso quer dizer, portanto, que o córtex – e, portanto, o consciente – é mesmo uma *unidade operacional de passagem*, o arquivista, o executivo do cérebro, mas não o arquivo. Logo, a perda da capacidade de lembrar resultante da remoção de parte do córtex não é porque a memória esteja aí depositada, mas porque ficou danificado o dispositivo de consulta ao banco de dados da memória, o que se confirma pela evidência de que essa ablação "não destrói memórias específicas".

Devemos estar, porém, bem alertados para o fato de que a localização de funções mentais em zonas específicas do cérebro ou a de centros de processamento e armazenagem de informação, bem como o núcleo de instintos, os centros do consciente, do subconsciente e do inconsciente não significa, certamente, que toda a estrutura de apoio do pensamento, da memória e da inteligência seja exclusiva e meramente celular, ou melhor, material. Se assim fosse, nenhuma atividade mental seria possível após a morte do corpo físico, muito menos a persistência da memória e, menos ainda, a memória de vidas anteriores. Há de haver, portanto, dispositivos ainda mais complexos, a salvo de desgaste, degeneração e desintegração a que estão sujeitas as células do corpo físico, onde as percepções de que nos fala Bergson possam gravar-se *para sempre*. E estamos bem conscientes da veemência da expressão para sempre, mas as pesquisas de regressão da memória autorizam-na, dão-lhe vigor indiscutível.

14) Memória integral

Se a memória de uma existência vivida há um século ou há quarenta séculos pode ser consultada com relativa facilidade mediante técnica própria, quando todos os corpos intermediários já se acham totalmente destruídos, obviamente é porque ela independe das estruturas físicas, ainda que durante a encarnação os dispositivos biológicos sejam utilizados operacionalmente.

Sabemos, no entanto, que há um corpo sutil que serve de molde na formação do corpo físico e que o abandona quando este entra em colapso orgânico. Esse corpo, mais energético do que material, contém não apenas as matrizes para formação da aparelhagem orgânica em cada existência, como também 'espaço mental' para guarda de todo o acervo de percepções, desde que a consciência começou a formar-se nas remotas profundezas do tempo, nos primeiros degraus da escalada evolutiva do ser.

O cérebro físico seria, portanto, não somente uma unidade operacional embutida no contexto material em que vive e labora o ser encarnado, mas também, uma estação rebaixadora de tensão que, sob condições normais, deixaria filtrar para o âmbito da consciência apenas as memórias da existência atual para não tornar demasiado difíceis e complexas as decisões a serem tomadas. Ao mesmo tempo, permitiria ela que, nas sínteses intuitivas de que nos fala Bergson, a experiência depositada nos escaninhos secretos do inconsciente pudesse oferecer a contribuição desejada para se chegar à melhor alternativa para um número ilimitado de opções. Daí o esquecimento a que ficam usualmente relegadas as memórias das vidas anteriores. Elas estão ali e discretamente exercem a sua influência indireta, porque a individualidade é a soma das personagens vivenciadas anteriormente, enquanto a memória integral é a soma das memórias de cada vida, mas tudo isso interage, influencia, produz uma resultante, um consenso.

Ao finalizar-se a existência na carne ou mesmo ante ameaça mais vigorosa e iminente de que ela está para terminar, dispara um dispositivo de *transcrição* dos arquivos biológicos para os perispirituais, do que resulta aquele belo e curioso espetáculo de *replay* da vida, para o qual estamos propondo o nome de recapitulação. O *replay* enseja, ainda, como importantíssimo subproduto, se assim podemos nos expressar, a oportunidade de uma revisão de todos os atos de uma existência, de cada atitude, pensamento ou mesmo intenção, pois o indivíduo em tal situação assiste compulsivamente a tudo. Não sei o que estaria mais próximo da imagem de um tribunal, no qual em lugar de austeros juízes togados prontos a expedir uma sentença muitas vezes condenatória, é a própria consciência que se autoexamina no espetáculo de som, cor, movimento e emoção que se desenrola diante de si mesma. Não é difícil imaginar o seu solilóquio: "Aquela atitude não foi correta. Nesta situação agora, agi com equilíbrio. Ali cometi uma falha lamentável. Acolá fui ingrato, ou cruel, ou compassivo..."

Uma vez transcrita a gravação nos *teipes* perispirituais, o corpo físico é liberado para a desintegração celular inevitável – os arquivos já se acham preservados e o cérebro físico com todas as suas maravilhosas funções e dispositivos torna-se um instrumento inútil, descartável. Seria tolo pensar que a natureza trabalhasse milhões de anos para elaborar um instrumento tão estupendo apenas para fazê-lo viver algumas dezenas de anos e jogá-lo fora como um isqueiro plástico sem combustível. Ao contrário, o que hoje se sabe é que tudo que por ali transitou, em termos de percepção e elaboração mental, fica preservado em arquivos indeléveis e indestrutíveis. E nem poderia ser de outra forma, porque todo o conhecimento humano é cumulativo, progressivo, evolutivo. Em Meno, Sócrates prova, com a demonstração da sua teoria do aprendizado, a realidade das chamadas ideias inatas. Sem elas, aliás, não poderíamos elaborar as intuições de que nos fala Henri Bergson.

Nascemos – ou melhor, renascemos – com um tremendo acervo de conhecimento inconsciente, ou não teríamos como explicar o gênio, a precocidade intelectual, a inclinação dita inata e espontânea por determinados aspectos do conhecimento ou da habilidade. Por mais que se esforce a ciência materialista para explicar a inteligência em geral e as aptidões, em particular, buscando-as em dispositivos de natureza genética, meramente hereditária, a verdade é que raramente filho de gênio é gênio e não raro filho de pais medíocres é gênio.

Certamente a inteligência superior de um espírito experimentado precisa de um mecanismo biológico suficientemente bem aparelhado e sadio para poder manifestar toda a sua potencialidade. Deficiências biológicas, especialmente cerebrais, podem inibir tais manifestações superiores, por mais brilhante que seja a inteligência do espírito ali encarnado, mas a perfeição biológica não propiciará nenhuma forma de manifestação genial, se ali não estiver um espírito intelectualmente superior.

Isso nos leva à conclusão de que espíritos do mais alto nível intelectual podem estar contidos, literalmente prisioneiros, em corpos físicos tão carregados de freios inibidores que acabam classificados como autênticos débeis mentais, o que estão longe de ser.

Mas a noção de que a memória integral está toda transcrita nos registros perispirituais nos leva ainda a um gigantesco passo adiante.

15) Replay

Da mesma forma que ao cabo de uma existência na carne o indivíduo inspeciona toda a sua ficha técnica numa sessão de *replay* do seu vídeo-teipe pessoal, é igualmente facultado a ele realizar coisa semelhante no mundo espiritual, não apenas com uma existência, mas com o conjunto delas. Isso é possível se o próprio espírito já atingiu um nível adequado de desenvolvimento para fazê-lo por sua própria iniciativa – e nesse caso ele terá livre acesso às suas memórias anteriores – ou o fará ajudado, assistido por alguém que possa levá-lo, por meio de técnicas apropriadas, ao conhecimento dos episódios que sejam de seu interesse conhecer.

Nesse contexto mais amplo, contemplando o panorama de várias vidas, ele pode ver onde estão as falhas mais graves a corrigir, os enganos a ajustar, as conquistas a consolidar, os recursos a utilizar, as faculdades por desenvolver, o aprendizado que ainda lhe cabe realizar. De tudo isso, emerge um plano de trabalho e, finalmente, uma programação a ser realizada na próxima existência na carne e/ou nas subsequentes.

.É por causa dessas memórias inconscientes, mas indeléveis, que se torna o indivíduo mais suscetível de repetir erros resultantes de posições éticas negativas que se consolidaram, bem como construir, ou melhor, reconstruir situações positivas impulsionado por tendências igualmente consolidadas pela prática do bem. É fácil, por exemplo, ao indivíduo que viveu duas ou mais vidas compondo e executando música, tornar-se um músico talentoso ou a um cientista realizar pesquisas maravilhosas com o apoio de experiências anteriores de que traz a intuição. É sempre mais fácil construir sobre alicerces e estruturas preexistentes, ainda que invisíveis aos nossos olhos comuns e fora do alcance da consciência de vigília.

Da mesma forma, a falta de autocrítica ou descuidos na vigilância de que nos fala o Cristo podem facilmente levar-nos à prática de crimes, nos quais repetimos desatinos semelhantes cometidos em vidas pregressas. O ódio que nos levou, por exemplo, a eliminar um desafeto em existência anterior pode-nos levar a repetir o crime quando nos defrontamos com ele, também em outro corpo físico, numa vida subsequente. Pelo fato de permanecerem ocultas à consciência de vigília, não quer dizer que as matrizes do ódio deixaram de existir. A presença do outro ser é, muitas vezes, a fagulha que dispara novamente a explosão e leva ao crime, praticado, com frequência, como dizem os relatos de jornal, 'num gesto tresloucado de inconsciência'. Há muita verdade nisso, porque o impulso assassino pode realmente ter atravessado as barreiras do esquecimento para explodir com toda a violência na prática do crime.

16) Banco de dados

A memória é, portanto, um banco de dados preservado indelevelmente em toda a sua integridade, com todas as suas minúcias e até emoções, em registros do perispírito, vida após vida, a partir dos primeiros movimentos conscientes do ser. Do ponto de vista operacional, a memória é, pois, a nossa máquina de esquecer (ordenadamente), segundo a brilhante definição da criança anônima há pouco citada.

Embora seja ela um todo harmônico e funcional, estamos aqui propondo uma divisão meramente didática, com a finalidade de entendê-la melhor. Segundo esse esquema, o vestíbulo da memória integral, sua unidade operacional, é o consciente, que funciona como painel de controle e elemento de ligação entre os arquivos e o meio ambiente. O consciente é uma unidade de passagem, não retentiva, um dispositivo de solicitação, mas também de análise, crítica e decisão. Sua função é algo semelhante à do cabeçote dos gravadores magnéticos: tanto gravam *inputs* como leem a gravação existente na fita. Um nível abaixo – se é que podemos dizer aqui que algo está abaixo ou acima – fica o subconsciente, onde estariam os arquivos da vida presente, de acesso fácil, praticamente instantâneo, permanentemente à disposição do consciente. Cabe observar, contudo, que as lembranças da vida atual também ficam distribuídas em duas 'camadas' – uma subconsciente e outra inconsciente. Parece haver um limite na capacidade operacional do consciente e, por isso, há que haver uma forma de manter o sistema segundo a potência energética que o alimenta. Um rigoroso processo seletivo determina o arquivamento no inconsciente de material mais ou menos irrelevante ou perturbador.

Mais abaixo ainda, estariam dispostos, ordenadamente, autônomos, mas não estanques e, portanto, capazes de interação, os registros de todas as vidas anteriores do ser, desde remotas experiências na carne, até onde é possível alcançar a consciência de si mesmo. No ser medianamente evoluído, a norma é manter-se essa área interditada ao consciente. Em seres mais evoluídos, o acesso torna-se mais fácil, sem recorrer-se a nenhum processo artificial provocador.

Finalmente, encontraríamos nas camadas mais profundas o núcleo dos instintos que, como vimos, deve ser identificado como manifestação rudimentar de inteligência e, portanto, de memória. Os instintos resultam de consolidação de repetidas experiências, cujos impulsos se automatizaram para garantir a sobrevivência do ser e, por conseguinte, suas oportunidades de evolução. O consciente tende a exercer controle cada vez mais firme sobre os instintos, mas não a extingui-los, porque estão eles nas estruturas básicas da vida na matéria. Mais do que uma faculdade resultante do mero exercício intelectual, esse controle decorre de disposições de natureza ética que, por sua vez, emergem lentamente ao longo do aprendizado proporcionado pela experiência vivida, segundo a qual a prática do erro leva ao desconforto da dor, enquanto a prática do bem conduz à serenidade da paz interior. Esse movimento pendular dura milênios e milênios.

Tanto quanto podemos perceber, as funções da memória integral encontram certas correspondências na geologia do cérebro físico, dado que as tarefas do consciente parecem localizadas no córtex, camada mais recente e externa do conjunto, enquanto que o núcleo dos instintos fica situado nos dispositivos mais primitivos e profundos do ser que a biologia continua obstinadamente a reproduzir, em respeito a razões seguramente válidas, e de inquestionável necessidade, pois o processo evolutivo abandona sempre aquilo que se torna não essencial à vida.

Entre as profundezas primitivas, onde se encontram os registros dos instintos e a camada superior ao alcance imediato da consciência, em grau maior ou menor de acessibilidade, jaz todo o acervo de lembranças, o aprendizado ali depositado, evento por evento, através do cabeçote de gravação da consciência ao longo de toda a história evolutiva do ser nas suas inúmeras existências.

Aliás, a expressão 'inúmeras existências' é altamente imprecisa, dado que a existência é um fluxo ininterrupto, com estágios alternados na carne e no mundo espiritual, ou seja, com o espírito ligado a um corpo físico ou desprovido dele, mas dispondo sempre do seu corpo espiritual. Por isso, o dispositivo consciência-subconsciência continua a funcionar no mundo póstumo, onde a criatura permanece viva e, portanto, acumulando experiências, fazendo reflexões e registrando eventos na memória integral, através da consciência. Somente quando mergulha em novo corpo físico para mais uma temporada na carne, a camada ou o vídeo-teipe, na qual se acham gravados os eventos que agrupamos sob o nome de subconsciência, é transferida para a zona do inconsciente. Enquanto isso, o indivíduo é dotado de um novo 'cassete' ou 'teipe' virgem sobre o qual vai começar a depositar as memórias do novo estágio na carne. O dr. Hernani Guimarães de Andrade propõe a imagem sugestiva de uma cebola, com as suas várias camadas concêntricas, perfeitamente ordenadas e funcionais, autônomas, mas interligadas. A cebola guarda na sua intimidade o germe que lhe garante a reprodução ou sobrevivência e que corresponderia, em nosso caso, ao núcleo dos instintos.

17) Arquivo morto

O leitor habituado a trabalhos de escritório conhece bem o que, no jargão burocrático, se chama 'arquivo morto'. Documentos e processos não mais em uso ou pelo menos não sujeitos a consultas constantes são depositados numa sala especial de acesso mais raro. São ali cuidadosamente catalogados para que, quando necessário, possa-se localizar a informação desejada. No caso da memória integral, o 'arquivo morto' corresponde ao inconsciente. Ali estão eventos aos quais não precisamos recorrer a cada passo na vida diária, mas sob condições especiais, podemos consultá-los. Sua presença ao alcance da consciência somente iria complicar desnecessariamente as coisas, da mesma forma que a manutenção de toda a documentação de um centro de informação num arquivo vivo traria dificuldades operacionais praticamente insuperáveis. Daí o esquecimento do passado que nos é concedido pela lei natural que funciona sempre com infalível economia de esforço e com indiscutível eficácia. Isso não quer dizer, porém, que o esquecido esteja destruído ou 'apagado' dos cassetes anteriores – as memórias são indestrutíveis e se acham preservadas em rigorosa ordem, seja qual for o tempo decorrido, em termos humanos.

Não faltam para demonstrar essa realidade os inúmeros depoimentos de pessoas que se lembram espontaneamente ou por métodos especiais de inibição-excitação, de fatos verificáveis ocorridos em existências anteriores na carne. O dr. Ian Stevenson reuniu vinte, dos inúmeros casos autenticados de que dispõe, no seu famoso livro, um trabalho voltado para as lembranças espontâneas em crianças.

Na busca de terminologia que excluísse ao mesmo tempo conotações místico-religiosas e materialistas, o dr. Banerjee propôs a expressão 'memória extracerebral', dado que se a lembrança passa de uma vida para outra, ela independe do cérebro físico. Por mais nobres que sejam a funções deste – e isso é inegável – deve contentar-se com a tarefa de mero suporte, instrumento e não *órgão* do pensamento em si. O espírito encarnado precisa dele por duas razões básicas: em primeiro lugar, porque ele funciona como redutor de voltagem psíquica, amortecedor de lembranças, a 'parede' que mantém o arquivo ativo da vida diária separado dos imensos depósitos do arquivo 'morto', com os quais desejamos figurar a memória inconsciente. Em segundo lugar, porque para atuar no meio físico o espírito reencarnado precisa de um instrumento material que traduza energia capaz de mover a matéria, em impulsos e comandos puramente mentais, da mesma forma que o impulso elétrico precisa de dispositivos especiais para produzir trabalho útil: transportar carga, levantar peso, operar computador, transmitir som e imagem, recebê-los etc.

Não confundamos, pois, o instrumento, a máquina, o motor, com a consciência que o opera, da mesma forma que não confundimos o serrote com a energia consciente do marceneiro que o empunha.

18) Reencarnação

A premissa básica para entender esse esquema está contida no conceito da reencarnação, que aliás, nada tem de novidade; muito pelo contrário. Não pense também o leitor que aceitando a reencarnação ele estará automaticamente classificado entre os excêntricos ou desequilibrados. Estará, antes, em muito boa companhia, pois Sócrates e Platão, para citar somente dois grandes espíritos universais, não eram propriamente débeis mentais. Até mesmo Aristóteles, voltado para os aspectos materiais da vida, admitiu em mais de uma passagem a preexistência da alma. Se tais testemunhos não servem, há inúmeros outros no decorrer dos séculos, a partir do Cristo, que proclamou, em palavras inequívocas, a reencarnação de Elias como João Batista e ainda achou estranho que Nicodemos, mestre em Israel, ignorasse conceitos tão elementares e tão importantes da vida.

19) Resumo e conclusões

Para resumir e concluir (por enquanto):
- O tempo é realidade que transcende nossas limitações espaciais. A divisão presente, passado e futuro é meramente didática, destinada a reduzir a termos compreensíveis uma realidade que, sob muitos aspectos, ainda nos escapa, mas que parece contínua e simultânea. O presente é apenas uma linha móvel que arbitrariamente imaginamos para separar em duas – passado e futuro – uma realidade indivisível e global.
- Chama-se memória a faculdade de esquecer ordenadamente os eventos que afetam cada um de nós.
- Também a memória desdobramos, para fins meramente didáticos, em consciente, subconsciente e inconsciente, mas que permanece uma realidade global, indivisível.
- Consciência é a unidade de gravação, de leitura e de processamento que liga o mundo interior com o exterior, ou seja, o ser com o universo em que ele vive. Embora sua capacidade de processamento seja quase ilimitada, sua capacidade de retenção é exígua; apenas o necessário para manter o fluxo das ideias. Ela confia imediatamente à memória, via subconsciente, todas as noções que recebe do ambiente externo, e ao subconsciente devolve, tão logo lhe seja possível, as que retirou de lá para exame.
- Subconsciente é o arquivo da vida presente. Seus registros são de acesso relativamente fácil e imediato ao cabeçote de gravação/leitura do consciente.
- O inconsciente é o vasto 'arquivo morto' da memória, de acesso mais difícil, mas não impossível. Estão ali depositadas as lembranças explícitas de todas as existências pregressas do ser, na carne ou fora dela.

- Os registros da memória, em quaisquer dos seus níveis, estão localizados no perispírito ou corpo espiritual do ser e não nas células do cérebro físico, que são meros instrumentos materiais da 'máquina de pensar'.
- Não existe, portanto, a memória química, da mesma forma que não existe o pensamento como segregação do cérebro físico. A bioquímica interna é o dispositivo incumbido de propiciar condições para que a energia espiritual possa atuar sobre a matéria. Ela é mensageira do pensamento e não a sua essência ou a sua geradora.
- A memória extracerebral é hoje fato bem documentado nas recordações espontâneas de crianças e adultos, nos fenômenos de regressão da memória ou através de outros dispositivos, como no sonho e no desdobramento.

Diante desse quadro, nada há de surpreendente no fato de que, empregando-se a técnica apropriada, seja possível não apenas sincronizar-se com aquela realidade da memória a que chamamos passado, como com a outra realidade do tempo a que chamamos futuro. Está fora de dúvida que podemos consultá-la randomicamente por meio de sensores próprios. Para que serviria a memória senão para documentar ordenadamente a experiência multimilenar do ser, a fim de utilizá-la racionalmente? Só se pode construir um arranha-céu de experiência em cima de alicerces também feitos de experiência.

Assim como não teria sentido descartar-se a natureza do ser humano ao cabo do mero espaço de uma vida terrena, após os tremendos investimentos que fez nele em termos de sofisticação, não teria sentido acumular experiência, vida após vida, para esquecê-las todas para sempre.

De alguma forma, portanto, é possível encontrar nas estruturas do tempo brechas cósmicas por onde os sensores da mente aprofundam-se na intimidade de nossos registros inconscientes e reproduzem sons, imagens e emoções de um passado esquecido, mas não destruído, da mesma forma que a metodologia da hipnose pode rebuscar os registros da vida atual no âmbito da subsconsciência e do inconsciente. O esquecimento é conveniente, contido por certos condicionamentos, mas não absoluto e total.

Tempo e memória são, pois, os dois conceitos fundamentais da técnica de regressão, embora encontremos também referências de natureza espacial no desenrolar dos trabalhos, como ainda veremos.

II

A Dinâmica

1) Lembrar-se do esquecido

Este livro começou com uma experiência de regressão na qual tivemos o relato de um processo de iniciação no antigo Egito. Como o procedimento normal do mecanismo da memória é esquecer para reduzir a faixa do atrito do ser com a sua realidade íntima, quase sempre das mais penosas, por que então, provocar lembranças que aparentemente estariam mais seguras nos porões da memória, no que chamamos de arquivo morto?

De fato, a regra geral é essa, sempre respeitada pelos iniciados que manipulavam tais conhecimentos e operavam os delicados controles psíquicos do ser encarnado. Note-se, porém, que a finalidade da pesquisa na memória integral não se propunha à mera satisfação de curiosidade inconsequente ou malsã. O mergulho nos arquivos secretos do ser tinha por objetivo compor o quadro dos recursos e possibilidades do ser, de trazer outros dados e informações para o âmbito do subconsciente, onde permaneceriam mais acessíveis à consulta da unidade operacional da consciência. Remexendo tais arquivos, a criatura tinha condições de conhecer-se mais intimamente, identificando pontos fracos a eliminar, imperfeições a reajustar, erros a corrigir, bem como possibilidades a desenvolver e potencialidades a expandir. A regressão propiciava ao paciente não apenas a visão global do seu ser, como a conscientização de seu programa de trabalho para a existência atual. Ele ficava sabendo para que viera de volta à carne, com que objetivos, junto de que amigos ou adversários e até mesmo habilitado a entrever dificuldades maiores e riscos em potencial. O trabalho lhe proporcionava, portanto, condições muito mais nítidas e amplas de êxito, o que, correspondentemente, lhe trazia considerável acréscimo de responsabilidades, dado que, como ficou claramente explicado no preceito evangélico, muito será pedido a quem muito foi concedido.

Isso explica por que a regressão da memória era a última etapa no vestibular da iniciação. Somente aquele que houvesse demonstrado, sem a menor hesitação ou dúvida, que reunia em si as condições mínimas para o aprendizado, era então submetido às técnicas adequadas, a fim de 'saber tudo o que já fora'. Essa consulta à memória multimilenar fornecia também aos iniciados que dirigiam o procedimento, informações acerca da melhor maneira de utilizar os talentos do candidato. O indivíduo sob regressão revelaria fatalmente experiências altamente positivas (ou negativas) em medicina, pedagogia, arte, arquitetura, liderança de grupos, comércio, teologia ou qualquer outro ramo de atividade humana. Ele seria aproveitado segundo tais experiências, bem como encaminhado a corrigir tendências negativas de seu caráter, a fim de evitar enganos já cometidos, às vezes repetidamente, no passado.

Era preciso, não obstante, que ele provasse ter uma sólida estrutura psíquica para não se envaidecer das vidas em que gozara de projeção social e até celebridade, como também, de outro lado, não se deixar abater pela lembrança de existências de penúria extrema, de indigência mental e angústias inomináveis.

O conhecimento das vidas anteriores é, pois, um privilégio, por certo, mas uma responsabilidade muito grave e não deve ser buscado senão por motivos relevantes, por operadores competentes e equilibrados, por pessoas que tenham demonstrado inequivocamente as condições mínimas exigidas para suportar os impactos que usualmente causam certas revelações. Do contrário, poderão sobrevir crises emocionais de vulto, capazes de desencadear processos de desequilíbrio mental e desajustes graves de personalidade. Aliás, não poucas perturbações emocionais são provocadas por interferências de memórias anteriores no fluxo das vivências atuais. Disfunções psíquicas de certa gravidade podem resultar de regressões espontâneas a memórias de outras vidas, nas quais o doente se imagina, por exemplo, um general de Napoleão ou uma condessa medieval. Seus gestos e sua postura externa podem, ao olhar desatento e cruel, parecer cômicos, mas e se ele for mesmo um general napoleônico reencarnado ou ela uma condessa poderosa que voltou para resgatar?

Em casos como esses, parece haver desarmado algum dispositivo inibidor que leva o cabeçote de leitura da consciência a ler e reproduzir aquela camada específica da memória inconsciente, em vez de ligar-se, de maneira mais direta, como é normal, na memória subconsciente. Os conflitos psíquicos gerados por esse desarranjo mental são consideráveis, porque o ser fica a viver duas realidades que se chocam – a miséria atual e a pompa passada – ou aliena-se completamente da vida atual para tentar reviver a que se foi. O apelo de um passado de glórias humanas é mais forte em tais casos do que a contundente realidade atual.

2) **Realidade rejeitada**

Infelizmente, os distúrbios da mente têm sido até agora estudados quase exclusivamente por observadores competentes, é certo, nas suas especialidades clínicas, mas extremamente refratários e até hostis à realidade espiritual mais profunda do ser. Psicólogos e psiquiatras de formação doutrinária espírita talvez não sejam tão raros, mas ainda atuam com extrema timidez, quando não rejeitam sumariamente em suas atividades profissionais os postulados que admitem, respeitam e praticam em outras situações da vida. Não nos cabe aqui questionar as razões invocadas para esse proceder, – respeito humano, manutenção do *status* na comunidade profissional ou científica, ausência de vocação para o pioneirismo, exagerado academicismo – o certo, porém, é que enquanto os profissionais de boa formação doutrinária hesitam e 'marcam passo', outros não tão bem qualificados estão abrindo caminho sem conhecimento prévio dos mecanismos da vida, tais como sobrevivência, reencarnação, causa e efeito, mediunidade e influenciação espiritual. Os próprios fatos e fenômenos observados vão revelando tais verdades elementares, mas tão importantes, já explicitadas com toda a clareza no contexto da doutrina dos espíritos.

É gratificante para todos nós, espíritas declarados e praticantes, observar que pesquisadores despreparados doutrinariamente, mas honestos e corajosos, como a dra. Helen Wambach, a dra. Edith Fiore ou o dr. Denis Kelsey, chegam todos às mesmas conclusões básicas e começam imediatamente a empregar, na terapia das disfunções mentais, técnicas apoiadas em conceitos que antes de ser espíritas são universais, intemporais e precisamente por isso foram incorporados ao contexto da doutrina.

Nisso tudo, porém, quanto tempo perdido, quanta pista falsa, quanta conclusão preliminar a retificar...! Ao passo que os profissionais armados de conhecimentos doutrinários já dispõem, de início, de suficientes recursos – digamos – teóricos para enfrentar os aspectos práticos dos problemas humanos levados aos seus consultórios.

Quando, porém, os cientistas do psiquismo derem às suas atividades a conotação espiritual que toda essa terminologia contém – o dicionário do Aurélio registra mais de uma centena de termos gerados a partir da letra grega *psi* –, então iremos conhecer melhor disfunções como a chamada múltipla personalidade, por exemplo, para a qual tenho proposto em outros escritos a expressão condomínio espiritual ou as inúmeras formas de psicoses que se tornaram verdadeiras pandemias nos agitados tempos atuais.

3) Condomínio espiritual

Tomemos, para digressão, o caso da múltipla personalidade. Sabemos que, num só corpo físico, várias personalidades se manifestam sucessiva e rotativamente, cada uma com suas características específicas, suas memórias, seus tiques, seu tipo psicológico e moral. Por melhores que sejam os inteligentes argumentos de seus defensores, a tese da cisão da personalidade não faz sentido algum, tal como é exposta, como um grupo de ideias e angústias reprimidas que ser organizam de certa forma e buscam manifestar-se, eclodir, emergir ao nível da consciência.

Sem dúvida, porém, que a tese em si não é de todo rejeitável, se procurarmos com cuidado examiná-la à luz dos ensinamentos espíritas. Sendo a individualidade resultante da soma de todas as personalidades vividas em existências anteriores, é perfeitamente possível um desarranjo imprevisível nos dispositivos inibidores do inconsciente. Isso levaria a pessoa a uma crise de regressão espontânea da memória que a faria recair na faixa de revivescência de uma das personalidades anteriores. Tal regressão pode igualmente ser provocada por seres desencarnados, já que muitos deles são hábeis manipuladores dos mecanismos da mente própria e alheia.

Dessa maneira, um condomínio espiritual pode compor-se não apenas de manifestações mediúnicas de espíritos estranhos à economia psicológica do doente, mas também, apresentar, aqui e ali, manifestações que o espiritismo classifica como anímicas, ou seja, do próprio ser encarnado. Somente um exame muito atento, com pleno conhecimento das complexidades envolvidas, poderia revelar as implicações mais profundas do fenômeno, identificando, se for o caso, as personalidades anímicas – facetas da própria individualidade do doente – e as que são espíritas, ou seja, invasões, possessões, ocupações promovidas por personalidades estranhas ao doente. Tal análise será difícil, mas nada tem de impossível, fantasiosa ou impraticável.

4) Superposição de personalidades

Hugh Lynn Cayce, filho do famoso sensitivo americano Edgar Cayce, narra um episódio que demonstra não apenas os riscos da imperícia no trato dos problemas da mente como também a realidade insofismável de certas superposições de personalidade, ou, melhor dizendo, superimposições.

Em programa radiofônico preparado por Joseph Myers, conta ele que, durante a Segunda Guerra Mundial, achava-se com um grupo de oficiais americanos, residindo temporariamente num velho castelo europeu. Certa noite, parece que à falta de diversão mais interessante, resolveram experimentar com a hipnose. Dali a pouco o grupo estava reunido em torno de operador e paciente. Um jovem oficial que concordara em submeter-se à experimentação recaiu com certa facilidade nas memórias de uma existência anterior. Fora professor primário no interior dos Estados Unidos, no agitado período histórico da conquista e consolidação da nacionalidade americana. Citou nomes e datas, revivendo com todo o realismo a personalidade anterior.

O impacto maior, porém, surgiu depois que ele despertou do transe anímico, pois emergiu com a plena consciência da vida anterior e com exclusão total das memórias do presente. Via-se, então, como um professor provinciano americano, súbita e inexplicavelmente colocado num contexto inteiramente absurdo de ficção científica, no qual ele próprio figurava como um jovem oficial, a quem outros oficiais inteiramente desconhecidos para ele davam um nome que ele não reconhecia como seu. Quem era ele, afinal? O que estava fazendo ali? Quem eram aquelas pessoas que o cercavam? Que acontecera com a sua vida pacata de professor primário, com a sua escola, seus amigos, o ambiente familiar, enfim, onde se movimentava? Estabeleceu-se certo pânico entre os circunstantes, que não sabiam como resolver a situação. Por fim, tentou-se nova hipnose, por meio da qual foi possível, para alívio geral, devolver a personalidade do professor ao *arquivo morto* do inconsciente e trazer de volta as suas memórias da vida atual.

Voltamos, pois, a insistir: a regra geral é o esquecimento e deve ser respeitada. A natureza tem boas razões para assim proceder, uma vez que somente se desenvolvem ao longo da fieira das reencarnações os dispositivos que garantem ao ser as oportunidades de evolução; somente se consolidam os programas biológicos e psíquicos que contribuam positivamente para essa condição – os demais são sumariamente descartados. Traduzido em termos de evolução meramente biológica, aí está o princípio da sobrevivência do ser que melhor adaptar-se aos desafios da vida, segundo postulou Charles Darwin.

Logo, a memória caracteriza-se mesmo como o dispositivo com o qual esquecemos, na genial definição de uma criança anônima. No entanto, sob condições típicas e especiais, a solução para certos problemas psíquicos está em recordar-se deles, a fim de racionalizá-los e colocá-los numa perspectiva aceitável. É o que veremos neste livro.

5) Premissas básicas

Ao expor as premissas básicas necessárias ao melhor entendimento do fenômeno da regressão da memória, o presente estudo considera o ser humano encarnado como um ajustamento operativo de três unidades distintas, mas perfeitamente integradas: espírito, perispírito e corpo físico.

Não vemos necessidade de inventar definições novas para o espírito, pois as que oferecem os instrutores a Kardec continuam perfeitamente válidas e satisfatórias. Ensinam eles que o espírito é o "princípio inteligente do Universo" (*O livro dos espíritos*, pergunta 23). A matéria que compõe o corpo físico foi conceituada como "laço que prende o Espírito;... instrumento de que este se serve e sobre o qual, ao mesmo tempo, exerce sua ação" (idem, pergunta 22). "Perispírito – (Do grego – *peri* – em torno): envoltório semimaterial do espírito. Nos encarnados, serve de intermediário entre o espírito e a matéria; nos Espíritos errantes constitui o corpo fluídico do Espírito". (*O livro dos médiuns*, capítulo 32 – "Vocabulário Espírita")

Prosseguiremos, pois, nossas especulações a partir dessas informações básicas.

Em primeiro lugar, convém assinalar que a grande dificuldade que muitos pensadores e cientistas encontram na aceitação da sobrevivência, mesmo que, como hipótese preliminar de trabalho, está na *suposição* de que a memória precisaria necessariamente do cérebro e, por conseguinte, do corpo físico para continuar funcionando após a morte. Como o corpo físico entra em decomposição e se desorganiza totalmente, a inferência aparentemente lógica é a de que a sobrevivência é impossível, por melhor que seja admitida a sua possibilidade teórica. Há, porém, um corpo semimaterial, estruturalmente idêntico ao corpo físico e que sobrevive à desintegração deste. Se, portanto, a memória da existência na carne permanece após a morte do corpo físico – e creio que isso está suficientemente demonstrado hoje – é porque seus registros, seus arquivos não ficam com o corpo material para serem destruídos juntamente com ele. Mais do que isso, porém, se tais memórias transmigram de uma vida para outra – e isso também está suficientemente demonstrado – então os seus arquivos encontram-se localizados num dos dois ou em ambos os componentes que sobrevivem – espírito e perispírito – e não no que se destrói.

6) O perispírito

A opção óbvia é a que favorece o perispírito como depositário dos arquivos da alma. Em dispositivos, cuja estrutura e funcionamento ainda ignoramos, são transcritos os eventos que constituem a memória de cada existência na carne. Formulamos alhures neste livro a hipótese de que essa transcrição ocorreria nas vizinhanças da morte do corpo físico, do que resulta, às vezes, o fenômeno da recapitulação a que aludimos.

Propusemos igualmente que a memória da última existência vivida na carne continua no subconsciente e, portanto, com acesso fácil ao que chamamos de 'cabeçote de gravação/leitura' do consciente, pois o ser sobrevivente continua não somente a pensar e viver novas experiências no mundo póstumo, como também, a recordar-se dos episódios que aqui viveu, das pessoas que conheceu, das emoções que experimentou, do aprendizado que acumulou, das experiências, enfim, que colheu. Logo, o sistema consciente/subconsciente/inconsciente segue operando tal como ao tempo em que o ser esteve na carne. Espíritos mais avançados e de maior experiência poderão até mesmo ter acesso a memórias anteriores já depositadas nos arquivos mortos do inconsciente; o comum, não obstante, é apenas lembrar-se da última existência que se prolonga no mundo póstumo. Essa camada de memória ou esse cassete somente mergulha nos espaços mais resguardados do inconsciente quando se iniciar nova existência na carne.

O veículo de toda programação do espírito, de sua experiência, de suas memórias pregressas seria, portanto, o perispírito que, com todo esse acervo, segue transmigrando de vida em vida, acumulando incessantemente informações e vivências.

O espírito, a seu turno, segue sendo "o princípio inteligente do Universo", dispondo de um banco de dados cada vez mais amplo e diversificado. E quanto mais vasto esse acervo, mais elevado o seu grau de inteligência para decidir com base no princípio universal da analogia, valendo-se de toda a sua vasta experiência acumulada.

Acontece, porém, que a tendência do perispírito é também a de uma contínua e incessante desmaterialização ou, melhor dizendo, de uma sutilização progressiva. Dessa maneira, o rarefeito componente material, que ele ainda contém, vai sendo abandonado ou talvez convertido em energia pura, até que eventualmente seria apenas um campo magnético. O que ocorreria nessa fase? Podemos imaginar duas alternativas, ambas, evidentemente, hipotéticas: as memórias continuariam arquivadas nessas estruturas magnéticas ou seriam, afinal, absorvidas (como?) ou transcritas (como?) na própria essência do princípio inteligente, ou seja, do espírito? Ocorreria nesse ponto fenômeno de recapitulação? Nossa ignorância aí é densa, mas não custa especular que da mesma forma que, ao término de uma vida na carne, o ser recapitula os seus atos nas posições simultâneas de ator e espectador, juiz, promotor e réu, ao cabo de imensa fieira de vidas ele seria levado, talvez, a recapitular toda a sua história espiritual, desde que a consciência começou a luzir timidamente a partir da movimentação do núcleo dos instintos.

7) Rumo ao consciente

A tese brilhante do dr. Gustave Geley é a de que o ser caminha das obscuridades do inconsciente para a luz da total consciência de si mesmo, bem como a do universo em que vive. Atingidas, porém, essas culminâncias, a luz é tanta que não dá para vermos ainda o que ocorre. Provavelmente, a participação direta no pensamento da própria divindade. Não disse o Cristo, "Eu e o Pai somos um"?

Escreve o dr. Geley:

O espírito humano conhece suas fraquezas atuais, mas saberá também, doravante, de suas potencialidades. Não procurará mais a resposta a esses grandes enigmas numa intuição, forçosamente limitada e falível, nem em pueris 'iniciações', nem nos dogmas antiquados. Tudo espera do desenvolvimento ininterrupto da consciência. Ele sabe que virá o tempo em que tal consciência, suficientemente vasta, será capaz, num esforço supremo, de romper todas as limitações; de atingir até mesmo o inacessível, de compreender até o incompreensível: a coisa em si, o infinito, Deus. (Geley, Gustave, 1921)

A dinâmica do processo sugerido pelo dr. Geley choca-se com a que ensina *A grande síntese*, cuja tese fundamental é a do método intuitivo de conhecimento progressivo uma vez alcançados os limites dos dispositivos do raciocínio lógico dedutivo. Nota-se, porém, que as conclusões finais se assemelham: o rompimento das limitações, o acesso ao que em nossa fase evolutiva ainda nos é inacessível, o entendimento do que ainda nos é incompreensível, a concepção do infinito, mais por um processo de participação nele do que de tentar o impossível, que é o de forçá-lo para dentro de nós, seres obviamente limitados.

Dificilmente poderíamos fazer uma pessoa entender o que é o oceano sem nunca tê-lo visto, mas, colocando-a num barco em pleno mar, não precisamos mais de palavras para explicá-lo – basta senti-lo; o mar é isso...

8) Resumo do resumo

Tentemos agora resumir o resumo. Tempo e memória, longe de serem conceitos rígidos, imutáveis, são essencialmente plásticos, flexíveis, que admitem abordagens criativas, especulações substancialmente mais amplas e reveladoras do que aquelas a que estamos habituados rotineiramente. Até aqui temos encarado tempo e memória como estruturas fechadas em si mesmas. O tempo não é, porém, um fluxo inexorável de eventos na direção passado/futuro, nem o presente uma faixa larga de vivências. O tempo não é ritmo, é continuidade; não é movimento, e sim repouso. Ele parece confundir-se com movimento apenas enquanto está envolvido na dimensão espaço. Há, porém, um "ponto em que o *onde* se torna *quando*", no dizer de *A grande síntese*. Logo, o tempo em si não depende da matéria e está aprisionado nas suas estruturas somente para torná-la inteligível a nós, enquanto não atingimos a fase subsequente.

É possível, pois, recuar ou avançar nossos sensores a fim de recapturar o que chamamos passado ou antecipar vivências que nos parecem estar no futuro, mas que já existem no tempo como um todo.

Quanto à memória, vivemos tanto tempo – neste caso conceituado como duração; a *durée* de Bergson – que nos cristalizamos na ideia de que só temos lembrança do conteúdo da existência que estamos vivendo, porque teimamos em ignorar que já tivemos muitas. Quando a hipnose começou a reviver cenas, emoções, eventos, já vividos por nós, a surpresa foi grande. Tornou-se necessário algum tempo para absorção desse 'novo e ousado' avanço na tecnologia da busca espiritual. Agora que começamos a nos acomodar a ele, a aceitá-lo na sua irreversibilidade inexorável, em vez de condenar a hipnose ou buscar explicações alternativas, está na hora de se dar mais um passo adiante e aceitar 'nova e ousada' realidade: a de que a lembrança das vidas anteriores é preservada intacta, com todo o seu realismo no *tempo intemporal*, se assim podemos dizer, e na *memória esquecida*. Não foi o tempo que passou sobre o que vivemos, nós é que deslizamos sobre os eventos e, assim como podemos ir àquele ponto em que o 'onde' se torna 'quando', numa etapa a que chamamos passado, podemos também ir à realidade que para nós ainda está na fusão 'onde/quando', e que convencionamos chamar de futuro.

Somos, pois, partículas do princípio inteligente do universo, viajando a incrível velocidade num dispositivo cósmico de duplo comando: presente/consciente, que, no entanto, são meros pontos de contacto com a nossa realidade íntima e aquela que nos cerca. Logo, o tempo é apenas uma forma de viajar e a memória o diário de bordo. O espírito, princípio inteligente do universo, não o esqueçamos, seria, então, maravilhoso e transcendental cabeçote de gravação/leitura, com o qual estamos aprendendo a ler a memória de Deus. E como Deus é essencialmente amor, a música celeste que vamos 'lendo' na memória do Pai é cada vez mais sublime e igualmente transcendental.

Aqui, porém, começamos a bordejar pelas fronteiras da metafísica. Façamos uma pausa para respirar e voltemos às especulações a que nos propomos.

Visão Retrospectiva

1) Magia

O conhecimento de importantes aspectos do espírito e das leis naturais que regulam seu relacionamento consigo mesmo e com os demais seres vivos foi muito extenso e profundo em remotas eras de que a história 'oficial' não tem notícia.

Escreve Paul Christian:

> As tradições orais que chegaram até nós, à falta de documentos mais confiáveis, foram de grande valor, mas, no curso dos séculos, tornaram-se desfiguradas, como medalhões corroídos, cuja idade os arqueólogos tentam decifrar... (Christian, Paul, 1972)

À exceção de um ou outro procedimento mais bem reconstituído, de uma ou outra teoria mais bem preservada, a magia praticada nos tempos modernos só remotamente pode lembrar o perfil da antiquíssima sabedoria. Começa que poucas línguas preservaram o sentido correto do termo, como em francês, por exemplo, em que a palavra *magie* como assinala Ross Nichols, no prefácio do livro de Christian – "deve ser considerada equivalente aos 'mistérios', tal como usada pelos escritores do período clássico e que não teriam necessariamente um conteúdo de elementos 'negros'". Ou seja: a magia autêntica, da melhor tradição antiga, não era centrada na prática do que se convencionou chamar de magia negra, mas sim, numa estrutura de conhecimento superior, como a existência de um Deus único, acima e além de toda a concepção humana. "Eu sou tudo o que é, tudo o que foi e tudo o que será e ninguém levantará o meu véu " – escreviam os antigos magos no pórtico de seus templos. Deus somente se comunicava conosco através da percepção da verdade, da consciência do bem e da vontade criadora. Ele era a Verdade, a Justiça, a Harmonia. Ao deixar seu corpo terrestre, a alma passava a habitar outros corpos celestes e por um processo de testes a que se submetia, recebia sua recompensa ou amargava na expiação seus erros. A doutrina da reencarnação era uma das colunas mestras dessa estrutura de conhecimento e sabedoria.

Tecnologia adequada foi desenvolvida no antigo Egito – e certamente muito antes disso – para obter-se o desdobramento, ou seja, a separação temporária e controlada entre o perispírito e o corpo físico, no ser encarnado. Relativamente livre da prisão celular – aqui válida no duplo sentido de célula biológica e célula/prisão – , o ser espiritual tinha condições de utilizar-se da sua memória integral, e, portanto, de conhecimentos que na vida de vigília lhe seriam inacessíveis; de deslocar-se no tempo e no espaço, visitando regiões distantes, no mundo físico ou espiritual; de entrar em contacto com seres encarnados e desencarnados; de realizar diagnósticos em si mesmo ou em outras pessoas, recomendando tratamentos adequados para os males do corpo e da mente.

Não era, pois, de admirar-se que tão rigorosos fossem os testes criados para não deixarem a mínima sombra de dúvida quanto às faculdades e à moral do candidato à posse de tais conhecimentos. Nas mãos de operador corrompido e corruptor, a técnica da manipulação das almas sempre há de ser perigoso instrumento do mal, tanto quanto potencialmente maravilhosa para aqueles que estejam firmemente decididos pela opção do bem.

John Wilmot, conde de Rochester (1647–1680), que alguns acusaram (injustamente) de dar tiros antes da invenção da pólvora – escreveu, na condição de espírito, no século passado, pelas mãos da sra. Wera Krijanowski, notáveis histórias em que, excluído um ou outro retoque de imaginação, há informações de alto interesse acerca dos procedimentos espirituais no antigo Egito na mais reservada intimidade dos templos.

Edgar Cayce fala de templos-hospitais, onde o doente físico ou mental era preparado, purificado e submetido a tratamentos, cuja técnica se perdeu posteriormente em práticas caricatas e até prejudiciais.

Ali se operavam D o desdobramento, a regressão da memória, a autoscopia, a diagnose por psicometria ou vidência, a telediagnose, o tratamento por meio de passes, imposição de mãos ou à distância, por projeção de fluidos ou por visitas de médiuns desdobrados, consultas espirituais a seres desencarnados mais evoluídos, materializações e desmaterializações, transporte mediúnico de seres vivos e objetos, enfim, toda a gama de fenômenos que constituem hoje a estrutura de apoio e de entendimento da doutrina dos espíritos.

Posteriormente, algumas dessas práticas foram ressuscitadas na Grécia e em Roma. Limitavam-se, porém, a um mediunismo tosco e ignorante e a alguns fenômenos de animismo que corriam por conta do próprio sensitivo e nada tinham de conotação espiritual. Além do mais, faltava o essencial àquelas práticas de pitonisas, sibilas, áugures, adivinhos, profetisas, sacerdotisas – que era o conhecimento das estruturas doutrinárias que as explicavam. Para completar esse lamentável quadro de degradação, basta acrescentar que, com raríssimas exceções, essas práticas eram subordinadas a interesses grosseiros e imediatistas. Sacerdotes sem escrúpulos exploravam comercialmente para promover ambições mal disfarçadas, sensitivos despreparados, embora autênticos na sua expressão mediúnica, mas evidentemente mal orientados e mercenários.

O suicídio político-social da Grécia na irracional guerra Atenas/Esparta e a desintegração do poderio romano deixaram um rastro de escuridão e ignorância. Em termos de prática espiritual autêntica e sustentada por razoáveis estruturas teóricas, a Idade Média é um período calamitoso. Médiuns de um e outro sexo, mas especialmente as mulheres, nas quais a mediunidade ocorre com maior frequência, viram-se caçados implacavelmente como cães danados, que era preciso exterminar de qualquer maneira e o mais rapidamente possível. E, assim, as faculdades mediúnicas, oriundas de uma exacerbação da sensibilidade, mas também com um componente biológico, foram impiedosamente exterminadas até onde foi possível estender o duro olhar dos inquisidores e o frio braço secular para torturar, enforcar, queimar e afogar criaturas humanas tão bem dotadas, quando não as deixavam apodrecerem vivas em masmorras inatingíveis.

Essa terrível fase de insanidade durou séculos e deixou marcas que ainda não se apagaram de todo e cicatrizes que ainda sangram na memória de milhões de seres que viveram aqueles horrores, como vítimas, e como verdugos, alternadamente. As vidas se sucedem e todos nós respondemos pelos nossos atos, por mais insignificantes que sejam, naquilo em que desrespeitamos as leis universais da fraternidade e do amor.

Não resta dúvida, na mente de muitos que foram essas matrizes de terror, de irracionalidade e de insanidade que contribuíram fortemente para que a atitude da ciência moderna na abordagem ao problema da dinâmica do espírito humano tenha sido tão obstinadamente negativa. Pedindo emprestado a Carl Jung um de seus 'achados' – que ainda comentaremos – , diríamos que se criou um arquétipo negativo em relação a toda fenomenologia psíquica, de tal maneira que a primeira reação ante um fato dessa natureza é, habitualmente, de rejeição, antes mesmo de uma opção preliminar básica, ou seja: o fenômeno observado é fato ou fantasia? Se é fato, não há como rejeitá-lo sumariamente, ainda mais quando explicações alternativas não conseguem abranger todos os seus aspectos.

Escreveu Hermes a Asclépios:

> Ó Egito! Egito! Não restarão de ti senão fábulas inacreditáveis às gerações futuras e nada permanecerá de ti senão palavras talhadas na pedra. (Schuré, Edouard, 1956)

2) A chave do universo

Cumpriu-se a profecia. Os feitos e a sabedoria dos hierofantes passaram com eles. Por algum tempo ainda sobreviveu, nos rituais e nos símbolos, a face externa do culto; perdera-se, contudo, a chave secreta que abria à compreensão de poucos os segredos da vida. "A alma é a chave do universo", escreveu Schuré no vestíbulo de *Les grands initiés*. Para que a chave abrisse o universo, porém, era necessário que alguém decifrasse o segredo da própria chave, de que maneira colocá-la na fechadura, quantas voltas dar e em que sentido, pois do contrário, não correria o ferrolho daquele cofre sagrado, dentro do qual faiscavam tesouros imensos de sabedoria intemporal.

Sim, partiram os homens que conheciam até o segredo último, pois haviam percorrido toda a escala da iniciação e do aprendizado. Acontece, porém, que a alma é imortal e todos aqueles espíritos levaram consigo e em si mesmos as chaves e continuaram a ler a memória de Deus, onde quer que estivessem. Alguns deles, volvidos os séculos, voltaram sobre seus passos, na tentativa de ressuscitar pelo menos alguns fragmentos da sabedoria antiga, mas aqui encontravam a obstinada rejeição daqueles próprios que tanto poderiam ter sido beneficiados com a posse das verdades maiores.

Um dos aspectos mais dolorosos dessa rejeição está em que a arte e a ciência de curar separaram o que sempre foi inseparável, tentando tratar do corpo ignorando a alma e tentando cuidar desta, ignorando o seu conteúdo espiritual e a sua peregrinação de vida em vida.

A obstinação no erro foi tão grave que ainda hoje a medicina oficial vê no homem apenas o corpo material a ser tratado com substâncias materiais, enquanto a alma é substituída nos vocabulários da ciência por mente, um termo bem mais 'aceitável' àqueles que temem o fantasma da metafísica. A alma não é uma entidade metafísica, é a contraparte imortal do ser consciente, preexistente e sobrevivente. O ser humano encarnado só se deixa decifrar por aqueles que o consideram integral no seu dualismo.

Houve, sim, tentativas sérias e honestas de restituir à arte de curar conceitos rejeitados que lhes eram e são indispensáveis. Não está em debate aqui a validade do exclusivismo: cabe ao médico curar, ao engenheiro e ao arquiteto construir, ao advogado lidar com leis e assim por diante. Quando, porém, tais atividades humanas fecham-se sobre si mesmas e começam a recusar *inputs* renovadores, tendem a estagnar-se.

Foi o que aconteceu quando a classe médica recusou maciçamente médicos perfeitamente credenciados por faculdades idôneas, somente porque suas ideias chocavam-se com as estruturas do pensamento acadêmico, sempre mais cômodo, mas quase sempre rançoso também. Exemplos? Figuras geniais como Paracelso, Mesmer ou Hahnemann, para citar apenas três. Teriam, talvez, algumas excentricidades, eram pouco ortodoxos e algo temperamentais. Mas não tinham mesmo que ser 'diferentes' e veementes, para se fazerem ouvidos naquilo que era a sua convicção?

Tomemos o primeiro, por exemplo.

3) Paracelso, o médico maldito

Ainda hoje a figura humana e a obra de Paracelso não receberam tratamento condigno, pesquisa aprofundada, reavaliação de suas ideias para uma retomada certamente fecunda.

O livro do dr. René Allendy, publicado pela Gallimard em 1937, traz ainda título bastante significativo: *Paracelse, le médecin maudit* – o médico maldito.

Escreve ele na introdução:

> Paracelso, desconhecido e denegrido, é, por excelência, o médico maldito. É da raça dos seres grandes demais para serem compreendidos, e muito orgulhosos para serem amados pela massa; seres raros e preciosos contudo,

cujo exemplo nos consola de pertencer à miserável humanidade. (Allendy, René, 1937)

Conceito que se tornou fundamental na obra de Paracelso, segundo o dr. Allendy, é igualmente encontrado com toda nitidez na filosofia de vida dos cátaros, e que Jean Rumilly resumiu em seu livro *Le massacre des purs*:

> No que concerne à reencarnação, afirmam eles (os cátaros ou albigenses) que a alma impura só pode habitar um corpo impuro, e que aquele que se porta mal é assediado por doenças físicas. Jesus curou corpos purificando o espírito. (Rumilly, Jean, 1933)

A doutrina médica do dr. Paracelso tornou-se indigesta não apenas para seus colegas de profissão, como também para os apotecários (antigos farmacêuticos), nos quais ele condenava a abusiva manipulação de drogas. Pagou caro pela audácia de suscitar a hostilidade de tão poderosos adversários. Nascido em 10 de novembro de 1493, em Etzel, perto de Zurich, na Suíça, morreu misteriosamente em 24 de setembro de 1541, em Salzburg, na Áustria. Não chegou, portanto, nem aos 50 anos de idade. Consta que teria sido assassinado por seus inúmeros e implacáveis adversários.

Voltaria em outra vida, mais tarde, dessa vez como Samuel Hahnemann, o criador da homeopatia. A informação é do próprio, que, na condição de espírito desencarnado, ditou à madame W. Krell, em março de 1875, uma mensagem sob o título: "Ao cavuqueiro, a terra; à inteligência, a cabeça". Assinou-a *"Hahnemann, autrefois Paracelse"*. (Outrora Paracelso).

Como Hahnemann, retomou conceitos básicos que também foram de Paracelso, e, antes deste, de Hipócrates, como o da cura dos semelhantes pelo semelhante, o componente espiritual das doenças, a força de atuação dos fluidos. Nascido em 11 de abril de 1755, 214 anos após a morte de Paracelso, veio com as mesmas excentricidades, o mesmo vigor intelectual, a mesma coragem criativa e suscitou os mesmos ódios irracionais, principalmente entre seus colegas médicos. Muitos não podiam perdoar-lhe a cura de doentes famosos e ilustres com as suas aguinhas, quando falhara a arrogante 'ciência' médica da época. A diferença mais sensível é a de que, desta vez, conseguiu escapar à sanha assassina dos que ficavam à sombra da sua grandeza. Morreu a 2 de julho de 1843, aos 88 anos de idade.

No mundo espiritual foi chamado a colaborar com a plêiade de instrutores que formularam a síntese doutrinária do espiritismo. Coube a ele, aliás, confirmar a Kardec a importância da sua missão como codificador da doutrina.

4) Mesmer e os fluidos

Tal como Paracelso e Hahnemann, Mesmer é também doutor em medicina, regularmente formado em Viena. Foi, em parte, contemporâneo do criador da homeopatia, pois nasceu em Weil, na Áustria, em 23 de maio de 1733 (Hahnemann em 1755, na Alemanha) e morreu em Mesburg, na Suíça, em 5 de março de 1815, octogenário. Estudou também filosofia, teologia e direito antes de formar-se em medicina. Seus pendores pelos mistérios da vida o levaram a estudos que a ciência oficial sempre encarou com manifesta suspeita e má vontade. Sua tese de doutorado versou sobre a influência dos astros nos corpos humanos. Certamente que foi bem elaborada e argumentada, pois lhe valeu o título. Segundo ele, a influência dos corpos celestes sobre o ser humano exerce-se através de fluido magnético, do qual todos são dotados. O conceito do magnetismo animal foi o principal apoio teórico de sua prática, pois tratou logo de introduzi-lo na sua clínica médica, primeiro em Viena – onde foi tenazmente combatido pelos seus colegas de profissão – e, a partir de 1778, em Paris, onde obteve enorme sucesso com numerosa e sofisticada clientela.

Em salões luxuosos frequentados pela *high society* parisiense da época, Mesmer, excêntrico e um tanto exibicionista, circulava paramentado com um ostentoso ascendente do jaleco feito de seda palidamente colorida e uma varinha na mão, como se fosse um mago. Talvez essas atitudes teatrais hajam prejudicado seu conceito médico, mas o certo é que curas extraordinárias ocorreriam em torno da sua tina de água magnetizada, na qual havia barras de ferro mergulhadas a fim de que muitas pessoas pudessem ser tratadas ao mesmo tempo. Cenas de verdadeira alucinação ali se desenrolavam quando as crises ocorriam nos seus pacientes: choros, gargalhadas e gritos, enquanto o paciente corria de um lado para outro ou rolava no chão, até que sobrevinha a calma de um estado parecido com a letargia.

O rebuliço social foi tamanho que, por pressão da classe médica, o governo resolveu criar, em 1784, uma comissão de cientistas para examinar as doutrinas e práticas de Mesmer. Integravam a comissão homens de enorme projeção, como Benjamim Franklin, Bailie e Lavoisier. O parecer final foi desfavorável a Mesmer, rejeitando a teoria do magnetismo animal e atribuindo as curas a fatores meramente psicológicos, ou seja, por sugestão, ou melhor ainda, por sugestionamento.

Desgostoso com o resultado e, tal como Paracelso e Hahnemann, tido por mero charlatão, Mesmer retornou a Viena em 1793, já em plena Revolução Francesa – é bom lembrar – e finalmente abandonou o exercício da medicina, passando a viver na Suíça, onde acabou morrendo em 1815, como vimos.

Stefan Zweig, o eminente austríaco que se suicidou no Brasil, deixou de Mesmer um estudo sereno em seu livro *A cura pelo espírito*. E. R. Dalmor considera Mesmer, a despeito de seus exageros, o fundador da psicoterapia, título certamente merecido.

Vemos, portanto, com Paracelso, Hahnemann e Mesmer, todos distinguidos com credenciais universitárias para o exercício regular da medicina, que não foi possível, pelo menos enquanto viveram, introduzir no âmbito dos conhecimentos médicos algumas correções de rumo na prática da arte de curar. Abstraídas outras de menor envergadura, podemos observar que a principal 'novidade' proposta por Paracelso, Hahnemann e Mesmer é a de que o homem é também espírito, *principalmente* espírito, e deve ser tratado nas suas disfunções orgânicas e mentais como um todo. A moderna medicina psicossomática parece que começa a compreender esse dualismo, ainda que em lugar de espírito chame o outro componente de mente.

5) Uma chave para a alma

Vimos em Edouard Schuré que a alma é a chave do universo. Parece legítimo complementar o seu pensamento, afirmando que a chave da alma é a reencarnação. Poucas doutrinas como a da reencarnação têm sido tão sistematicamente rejeitadas e, ao mesmo tempo, tão obstinadamente redescobertas, propostas e confirmadas, como essa. Nenhuma abordagem racional aos problemas da alma – que os cientistas chamem de mente, se quiserem – bem como a elevada percentagem dos problemas do corpo físico será viável sem levar em conta o conceito das vidas sucessivas, desdobradas panoramicamente sobre o pano de fundo da responsabilidade pessoal de cada um pelos seus atos.

Não nos parece necessário para o escopo deste estudo uma teorização mais ampla acerca da reencarnação. Não faltam obras sérias e acessíveis nesse setor de conhecimento, no contexto da doutrina espírita e em publicações inteiramente descompromissadas com o espiritismo. Na primeira das categorias citadas – obras espíritas – devemos destacar *A reencarnação*, de Gabriel Delanne, em competente tradução de Carlos Imbassahy, ou *A reencarnação e suas provas*, de Carlos Imbassahy e Mário Cavalcanti de Melo, edição da Federação Espírita do Paraná, 1952, que contém um capítulo dedicado ao problema da regressão da memória.

Dentre outras obras sobre reencarnação, não deve ser ignorada a do dr. Ian Stevenson, especialmente a obra *Vinte casos sugestivos de reencarnação*, publicada em 1966 pela SPR americana (Society for Psychical Research) e traduzida em português, ou as pesquisas do dr. Banerjee, cientista indiano.

Isso quanto aos aspectos teóricos do problema da reencarnação. No campo da experiência pessoal, essencialmente pragmática, há hoje literatura surpreendentemente variada, abundante e convincente, da qual teremos oportunidade de examinar alguns livros neste trabalho: Jess Stearn, dr. Arthur Guirdham, dr. Denis Kelsey, dra. Helen Wambach, dra. Edith Fiore, Jeffrey Iverson, Morey Bernstein e muitos outros.

Se, porém, aceitarmos a proposição de Schuré de que a alma é a chave do universo e a outra de que a chave da alma é a reencarnação, é preciso, então, indicar os caminhos de acesso ao conhecimento da reencarnação.

Precisamos, para isso, estar cientes e conscientes de que, nas pesquisas sobre a alma, é necessário criar tecnologias adequadas à natureza do objeto pesquisado. Não podemos aplicar, teimosamente, nessa busca, a metodologia que até aqui tem servido à pesquisa no campo da matéria densa. A alma, ou espírito, não é um mero ajuntamento de átomos, por mais complexas que sejam tais estruturas – é um ser consciente, insuscetível de apreensão até mesmo pelos mais delicados e precisos instrumentos de aferição. No pitoresco dizer medieval, estamos, nesse campo, 'tentando medir o vento com uma vareta', toda a vez que desejamos submeter o espírito ao rude e tosco controle da aparelhagem de laboratório.

Para aqueles que tudo desejam medir, pesar, contar, cheirar, ouvir, provar o sabor, a alma continua sendo fantasma inexistente, ou, no melhor do otimismo, hipótese sedutora. Guy Lyon Playfair faz com esses uma brincadeira inteligente. A mulher pergunta ao homem qual a intensidade do seu amor por ela. A resposta é expressa em microvolts, com uma casa decimal...

É até provável que isso seja possível um dia, mas ainda estamos despreparados para tais façanhas. Por enquanto, a abordagem aos problemas da alma tem que ficar condicionada à observação dos fenômenos por ela produzidos, tal como somente podemos estudar um corpo celeste fora do alcance de nossas provetas, observando-lhe os efeitos, as influências exercidas em torno e recebidas de outros astros. Temos que aceitar o fato inexorável de que não podemos arrastar o astro observado para o laboratório para as análises a que gostaríamos de submetê-lo.

Tais limites condicionantes existem no setor de pesquisa da alma; muitos são, porém, aqueles que insistem em obrigar o pássaro a voar no vácuo ou o peixe a nadar onde não existe água, ao criarem condições às quais o fenômeno não se enquadra, sob a alegação ingênua de que é necessário cercar a pesquisa de dispositivos de segurança. Sim, a segurança é uma das condições da busca, mas não a única, e por isso precisa harmonizar-se com as demais, ou seja, é necessário criar condições satisfatórias de segurança e que não inibam a eclosão do fenômeno.

6) Conceito de prova

Outro problema na busca de um entendimento melhor do espírito é a conceituação da prova. O que é prova, em termos de fenômeno psíquico? Irremediavelmente presos a estruturas materialistas de pensamento, são muitos os que desejam, para os fenômenos da alma, comprovações de natureza também material. Como provar, no entanto, dentro de tais parâmetros, que a alma X é a mesma que esteve encarnada em A, no século passado, e está vivendo novamente em B, neste século? A insistência em apoio material aqui, mais do que inócua, é ridícula, pois a condição primordial para que a alma se reencarne é desligar-se do corpo físico anterior, que se decompõe, e elaborar outro corpo, em nova existência, a partir da união de um óvulo humano com um espermatozoide humano. Não há mais impressões digitais para comparar, nem arcadas dentárias, tipo sanguíneo, ou qualquer outra característica física, de vez que a programação genética é outra.

O recurso, portanto, é voltar-se para a estrutura psicológica do ser, com um conjunto de fatores imponderáveis e até subjetivos, é certo, mas não menos nítidos e característicos de uma individualidade quando tabulados e tomados como um todo. Isso porque o ritmo evolutivo do ser é lento, e não mudamos substancialmente de uma vida para a seguinte, do bandido para o santo, e vice-versa – vamos escalando penosamente a rampa das conquistas morais e intelectuais e não aos saltos. Embora haja escorregões aqui e ali, também não há retrocesso, dado que cada pequena conquista fica incorporada ao acervo espiritual do indivíduo, mesmo que, inicialmente, sem condições de forçá-lo a uma súbita mudança de atitude. Além do aprendizado ser lento, a prática do que aprendemos vem um passo ou dois atrás. E esta figura de retórica – um passo ou dois – pode facilmente significar um século ou dez, em termos humanos.

7) Como se lê a alma

Voltemos, portanto, ao esquema: a alma é a chave do universo; a reencarnação é a chave da alma. E coloquemos aqui a pergunta: como chegar ao entendimento do universo – nele entendido o macrocosmos e o nosso microcosmo pessoal – passando, antes, pelas portas cujas chaves são a alma e a reencarnação? Há de haver, necessariamente, técnicas para isso e, por certo, não são as que foram até aqui desenvolvidas para investigar fenômenos de âmbito e natureza essencialmente materiais.

Como a alma, ou espírito encarnado, mergulha no esquecimento em vista da sua ligação com o mecanismo redutor que é o corpo físico, e como sabemos que a alma em liberdade, ou seja, sem o corpo físico, não sofre da mesma maneira esse condicionamento, se conseguirmos desenvolver uma técnica de reduzir a influência inibidora do corpo físico sobre a alma, é possível ter acesso aos seus arquivos secretos, à sua memória integral. Isso terá que ser feito sem necessidade de desligar completamente a alma de sua prisão celular, porque então estaríamos diante do fenômeno da morte, ou, na terminologia espírita, da desencarnação. Se o desligamento for completo, a alma poderá, mesmo assim, comunicar-se, mas, em tais condições não poderá prescindir da colaboração de um indivíduo encarnado dotado de sensibilidade suficientemente desenvolvida e treinada para transmitir-lhe o pensamento. É a manifestação mediúnica, fenômeno essencialmente espírita, e que implica, necessariamente, para seu perfeito entendimento, a aceitação da doutrina da sobrevivência do ser à morte do corpo físico.

Quando o desligamento é parcial e controlado, ou seja, a alma se desprende e se afasta a uma distância mais longa ou mais curta do corpo físico que ocupa, mas permanece presa a este por um ligamento energético flexível, elástico, vivo como uma extensão elétrica, então o espírito desdobrado pode ter acesso a uma parte considerável de sua memória integral e, ao mesmo tempo, ter condições de transmitir seu pensamento, como espírito, por intermédio de seu próprio corpo físico. Trata-se aqui do que, em espiritismo, é dado o nome de fenômeno anímico, de vez que a alma (*anima*, em latim), está ainda encarnada.

A próxima pergunta é esta: como obter as condições necessárias de desdobramento sob controle para que o espírito possa realizar essa tarefa de 'ler' a sua memória e transmitir de modo inteligível aquilo que percebe?

Há varias maneiras de conseguir esse acoplamento entre a memória integral e os sensores do indivíduo encarnado. Curiosamente, porém, é preciso que o espírito esteja desdobrado, ou seja, o perispírito deve continuar preso ao corpo físico, mas com suficiente autonomia e suficientemente livre das inibições do cérebro físico para consultar o vasto arquivo do inconsciente.

Logo, a condição básica do processo consiste em tal separação provisória, parcial e controlada. Em princípio, portanto, qualquer técnica que provoque o fenômeno do desprendimento parcial é válida: hipnose, magnetização, uso de drogas especiais (anestesia, por exemplo), choques elétricos e emocionais, rebaixamento no nível de vitalidade (jejum, doenças consuntivas graves), sono fisiológico comum, estados ditos 'crepusculares' entre a consciência de vigília ao adormecer ou despertar, relaxamento muscular profundo, exercícios respiratórios especiais etc.

Abandonando todos os demais – pois estaríamos fugindo aos objetivos deste estudo – optaremos pelo exame mais aprofundado do método da magnetização/hipnose.

8) Magnetismo/hipnose

Embora para muitos autores de renome, como Lewis Spence, magnetismo e hipnose sejam a mesma coisa com nomes diferentes, preferimos aqui manter a distinção para fins didáticos, embora os resultados práticos de ambos sejam idênticos ou muito semelhantes. Magnetismo, a nosso ver, é a técnica do desdobramento provocado por meio de passes e/ou toques, enquanto a hipnose ficaria adstrita aos métodos da sugestão verbal, transmitindo-se as instruções ordenadamente, em cadência e tom de voz adequados. Ainda mais: os dois métodos podem ser combinados, simultâneos, cabendo ao operador transmitir as instruções para o relaxamento ao mesmo tempo em que satura de energias o sensitivo, com passes apropriados.

9) Suscetibilidade

Alguns pacientes são mais sensíveis à sugestão verbal; outros, à magnetização, e uns tantos à combinação dos métodos, da mesma forma que há os que resistem por tempo maior ou indefinidamente a qualquer metodologia. Em princípio, no entanto, a maioria das pessoas é suscetível de alcançar pelo menos os estados iniciais do relaxamento, que faculta o desprendimento parcial do perispírito. Para uma boa comunicação, no entanto, é necessário atingir estado mais aprofundado, que somente vamos encontrar em cerca de 20% dos pacientes, ou seja, em 1 de cada 5.

O dr. Grasset informa que, de entre 1011 pessoas submetidas à hipnose, o dr. Liébault encontrou 24 refratários, distribuindo-se os demais 987 hipnotizáveis segundo a seguinte tabela:

Sonolência e lassidão	33
Sono leve	100
Sono profundo	460
Sono muito profundo	232
Sonambulismo leve	31
Sonambulismo profundo	131
Total	987

Esses dados revelam que 87% dos pacientes têm condições de ir aos estados mais profundos, com uma surpreendente taxa de 13% capazes de alcançar o sonambulismo profundo, enquanto, no outro extremo, apenas 13% permaneceram nos estados mais superficiais.

Berillon, ainda segundo o dr. Grasset, informa que somente os idiotas e os histéricos seriam refratários, o que parece incorreto, mesmo porque Charcot, trabalhando basicamente com histéricos, encontrou 30% de pessoas hipnotizáveis.

Pessoalmente, o dr. Grasset prefere a observação de Crocq, cujas experiências podem ser assim resumidas:

> ...posso levar a 80% o número de pessoas hipnotizáveis, mas entre os que compõem tal percentagem, a maior parte somente atinge os estados superficiais, 'sonambulóides' da hipnose. Não há mais que 10 ou 15% entre eles capazes de um sonambulismo verdadeiro.

Esses números conferem, portanto, com os de Liébault, que encontrou 13% nos estados profundos do sonambulismo. Para efeito da regressão de memória, não é indispensável atingir tais profundidades. Quase todos têm condição de acesso à memória integral em estados intermediários e alguns até mesmo em sonolência.

Outro aspecto a observar é o de que o sensitivo pode ser refratário a uma ou outra técnica e ser suscetível a uma terceira; ou rejeitar um hipnotizador e aceitar outro, consciente ou inconscientemente.

Estamos, porém, nos antecipando um pouco ao esquema a que nos propusemos neste livro. Retomemos o fio da meada. Basta-nos saber, pelo momento, que o magnetismo/hipnose é uma das chaves de acesso aos arquivos da alma, à sua memória integral, e que uma parcela bastante elevada de pessoas é suscetível a esses métodos, isoladamente ou combinados.

10) Pequena (e controvertida) história

Para não entrarmos em especulações de exagerada amplitude e digressões que nos levariam longe dos objetivos aqui contemplados, ficaremos adstritos, no resumo histórico do magnetismo/hipnose, ao relato um tanto parcial, mas erudito, do já mencionado Lewis Spence, autor insuspeito de simpatias pelo espiritismo.

Já vimos que Spence não distingue magnetismo de hipnose, ou antes, considera o termo magnetismo apenas como antigo nome da hipnose. No seu verbete "*Hypnotism*", de quase dez colunas em tipo cerrado, ele conceitua o hipnotismo como:

> ...estado peculiar de dissociação cerebral caracterizado por certos sintomas marcantes, o mais destacado e invariável dos quais é uma sugestionabilidade altamente exacerbada do sujeito. (Spence, Lewis, 1960).

Temos restrições a essa colocação. Não vejo no hipnotismo uma dissociação *cerebral*, e sim um desdobramento perispiritual. Que seria, aliás, "dissociação cerebral"? Quanto à principal característica do fenômeno – a elevada sugestionabilidade do paciente – também não é como ele pensa. O problema é bem mais complexo, pois ainda que as fases iniciais do procedimento sejam alcançadas através da sugestão – e a magnetização dispensa a sugestão verbal – o sensitivo *não fica* anulado, à inteira disposição do operador, pronto para receber qualquer sugestão e cumprir ordens sem criticá-las.

Ao que parece, Lewis Spence, ressalvada toda a sua erudição em assuntos de tal natureza, é essencialmente um teórico, e não alguém que tenha vivido experimentalmente os fenômenos que expõe, pelo menos neste contexto.

Quanto ao termo *sujeito* (*sujet* em francês, e *subject* em inglês), também não exprime a realidade do fenômeno, uma vez que não há uma sujeição da vontade do paciente à do operador. Preferimos, neste passo, o termo sensitivo, que traz a conotação adequada de certo grau de sensibilidade que o fenômeno exige. O mesmo termo aplica-se, aliás, com toda a propriedade, ao indivíduo que funciona como medianeiro entre os espíritos desencarnados e seres encarnados. Há, por conseguinte, o sensitivo para o fenômeno anímico, que em estados mais aprofundados de sono hipnótico ou magnético transmite uma comunicação de seu próprio espírito, e o sensitivo para o fenômeno espírita, que em estado de transe semelhante (ou idêntico?) ao provocado pelo sono hipnótico ou magnético, serve de medianeiro (médium) a um espírito que não dispõe mais do seu corpo físico.

Vamos, porém, ao esboço histórico do magnetismo.

Desde o século XVI, segundo Spence, "os fenômenos hipnóticos foram observados e estudados por cientistas, que os atribuíam ao magnetismo". O magnetismo seria uma emanação que se irradia de todo o objeto existente no universo e através da qual tais objetos exercem influências mútuas. Daí a doutrina do sistema simpático de terapia, cuja criação é atribuída a Paracelso. Segundo tal sistema, exercia-se sobre o doente a influência magnética dos astros, do ímã ou magneto e do próprio médico.

Escreve Spence:

> E não há dúvida de que Paracelso obteve curas com a ajuda do magneto, especialmente em casos de epilepsia e afecções nervosas. (Idem)

Mais para o fim do século XVI, Paracelso foi sucedido por J. B. Van Helmont, cientista de boa reputação e muito convicto das virtudes do magnetismo. Van Helmont pregava também a existência de um fluido universal distribuído por toda a natureza, inclusive, é claro, nos seres vivos – plantas e animais racionais e irracionais. O espírito humano seria depositário e veículo dessa força magnética, bem mais potente quando a pessoa estivesse dormindo, porque é assim, "com o corpo em repouso que a alma fica mais ativa e dominante". Aí está, pois, já no século XVI, esboçada a técnica de utilização da vasta área inexplorada do ser humano, pelo processo de reduzir ao mínimo possível a atividade física a fim de obter-se a exaltação das faculdades do espírito. Van Helmont teorizava que o espírito era o veículo entre o físico e o incorpóreo, e responsável pelas visões do êxtase. Spence, no entanto, acha que ele dizia isso, porque não conhecia os recursos da imaginação... quando, na realidade, é Spence que parece não distinguir imaginação de vidência.

O próximo estudioso do magnetismo foi o inglês Robert Fludd, que escreveu durante a primeira metade do século XVII. Também admitia a teoria de que um fluido desconhecido era emitido pelo ser humano e que tais emanações não apenas podiam curar males orgânicos, como emocionais. Via ele radiações positivas e negativas, que se chocavam ou se harmonizavam.

Viveu por essa época outro magnetista, um escocês por nome Maxwell, que, no dizer de Spence, antecipou muitas das doutrinas de Mesmer. Maxwell também acreditava no poder curativo do magnetismo humano, não apenas pelo contacto direto, mas à distância.

Em paralelo com os teóricos do magnetismo, muitos se dedicavam à sua prática, tratando mazelas humanas, físicas e mentais, por meio de passes e rituais mais ou menos complicados e tão impressionantes quanto desnecessários. Isso foi pelo decorrer dos séculos XVII e XVIII.

Dois dos mais conhecidos foram Valentine Greatrakes, irlandês, nascido em 1628, e um padre suábio por nome Gassner, um tanto mais tarde, aí pela metade do século XVIII.

Greatrakes, informado repetidamente por sonhos, em 1662, de que dispunha de faculdade curadora, começou a experimentar com a própria esposa, sua primeira paciente curada. Sua fama expandiu-se logo e, a despeito da oposição do bispo da diocese, Greatrakes prosseguiu na sua carreira de médium curador e em 1666 partiu para Londres, onde deixou testemunho insuspeito de seus recursos magnéticos, na palavra de eminentes figuras da época, como Robert Boyle, sir William Smith, Andrew Marvell e muitos outros. Sua técnica consistia em atrair a doença para fora do corpo do paciente mediante passes que se estendiam da região afetada até a ponta dos pés. Até mesmo o cético Spence declara que "por vezes, o tratamento parecia mágico", tal a sua eficácia, ainda que, de outras vezes, falha por ser a doença incurável. Ou seria mal cármico? Até mesmo doenças epidêmicas eram curadas com um simples toque.

Gassner elaborou um pouco mais suas teorias e achava que as doenças eram provocadas por espíritos maus e para combatê-los pôs em prática um processo que muito tinha a ver com exorcismo. Como sabemos hoje, sua doutrina não era de todo inaceitável, dado que muitas doenças ou, mais precisamente, sintomas veementes e inequívocos de doenças, que não se caracterizam em exames laboratoriais e radiológicos, desaparecem, como que por encanto, a partir do momento em que são afastados os espíritos desencarnados que as causam, por indução. Podemos deixar aqui algum espaço aberto para o riso irônico do cético. Nossa postura ante o fato, porém, não o altera de modo algum. É a da experiência.

Seja como for, os métodos do padre Gassner funcionavam com frequência; do contrário, ele não teria deixado nome tão marcante na história do magnetismo. Diz Spence que a cerimônia do exorcismo era impressionante e obedecia a ritual longo e exato. Padre Gassner era homem bom e piedoso, fiel servidor de sua Igreja. Também dava passes, impunha as mãos e fazia toques magnéticos nos seus pacientes, expulsando a doença de forma algo semelhante à de Greatrakes.

De Gassner, Lewis Spencer vai a Emmanuel Swedenborg (1688 – 1772), eminente cientista, filósofo e médium sueco que, segundo Spence, acoplou a doutrina do magnetismo à do espiritualismo, versão anglo-saxônica do espiritismo que Kardec codificaria no século XIX. De fato, a influência de Swedenborg foi considerável, em vista do seu enorme prestígio intelectual e social. Seus livros e sua filosofia espiritualista são até hoje estudados.

É nessa altura que surge Mesmer.

Franz Anton Mesmer nasceu em 1733, em Wiel, nas vizinhanças do lago Constança, na Suíça, e em 1766 doutorou-se em medicina pela Universidade de Viena, na Áustria. Sua tese versou, como já vimos, sobre a influência dos astros nos seres humanos e foi pouco depois publicada em livro: *De planetarum influxu*.

Ao fluido universal, cuja descoberta ele reivindica para si mesmo, deu o nome de *magnetismo animal*, embora, como assinala Spence, a doutrina já fosse conhecida, com ligeiras variações, muito antes dele. Em 1776, Mesmer conheceu pessoalmente o padre Gassner que, de certa forma, influenciou o rumo das suas ideias. Experimentou por algum tempo com o ímã, ou magneto, mas acabou convencido de que o corpo humano emanava forças ainda mais poderosas e mais facilmente utilizáveis do que os polos do ímã.

De Mesmer, de quem já tivemos notícia alhures neste livro, a doutrina do magnetismo passou ao marquês de Puységur, inicialmente seu discípulo, mas que, com o correr do tempo, desenvolveu suas própria ideias e reuniu em torno de si seguidores, entre os quais o célebre e respeitado Lavater, filósofo e amigo de Goethe.

No princípio do século XIX aparecem estudos mais extensos acerca do magnetismo, de autoria de Petetin e Deleuze.

Antes de prosseguir com Spence, façamos, neste ponto, uma pausa para reparar uma injustiça, pois o ilustrado autor escocês (1874 – 1955) não faz, ao que eu saiba, alusão ao celebrado abade Faria. Notícia sobre este vamos encontrar, porém, em E. R. Dalmor.

José Custódio de Faria, nasceu em Candolim, Bardez, Goa, na Índia Portuguesa, a 30 de maio de 1756. Morreria em Paris, em 20 de setembro de 1819, aos 63 anos de idade. Conta o resumo biográfico de Dalmor que os pais de José Custódio anularam o casamento e dedicaram-se à vida religiosa. Talvez por isso, o menino, com apenas 15 anos, partiu para Lisboa e, no ano seguinte, foi para Roma, onde ordenou-se sacerdote católico em 12 de março de 1780, com 24 anos, portanto. Passou os oito anos seguintes em Lisboa e, a partir de 1788, radicou-se em Paris.

Dalmor supõe que o abade Faria tenha sido iniciado na prática do magnetismo pelo marquês de Puységur, discípulo, como vimos, de Mesmer. Somente em 1803, porém, após aprofundados estudos, Faria surgiu publicamente como magnetizador. Foi professor de filosofia, teólogo e membro da Sociedade Médica de Marselha, bem como professor adjunto na Academia de Nîmes. Ao ocupar, sem permissão do bispo, a paróquia de Nîmes, foi expulso. Foi seu curso sobre 'o sonho lúcido', em Paris, em 1813, que lhe deu ampla notoriedade, ao mesmo tempo que suscitou não menos vastas controvérsias. Sua obra, hoje tão rara, chamou-se *De la cause du sommeil lucide ou étude de la nature de l'homme*, publicada em 1819.

Ainda segundo Dalmor, foi dos primeiros a experimentar com as sugestões verbais na manipulação dos estados magnéticos. Também usou a música, como já havia feito Mesmer.

Escreve Dalmor:

> Além de assentar as bases de uma interpretação científica do magnetismo, o abade Faria elaborou, com suas meticulosas observações, uma doutrina filosófica que apresenta muitos pontos interessantes. (Dalmor, E. R., 1970)

Figura controvertida, personalidade forte e algo excêntrica, Faria teria servido de modelo para um dos protagonistas de *O conde de Montecristo*, de Alexandre Dumas, pai. Dalmor menciona na biografia acerca da colorida figura do abade, um livro do dr. Egas Moniz – *O padre Faria na história do hipnotismo*, publicado em Lisboa, em 1925.

11) A sugestão

Ignorando, conscientemente ou não, a contribuição do abade Faria, Spence atribui a prioridade, a *honra*, diz ele, de "haver descoberto o importante papel desempenhado pela sugestão no fenômeno do transe induzido" ao dr. Alexandre Bertrand, jovem médico francês, que publicou, em 1823, seu *Traité du somnambulisme*, e, três anos após, *Du magnétisme animal en France*.

Seria tolo pôr em dúvida a importância da contribuição do dr. Bertrand, especialmente sem ter à mão, para estudo, os seus livros. Além do mais, é fato que a sugestão é fator destacado na indução do transe anímico e, quase que certamente, também, no transe mediúnico visando ao fenômeno espírita da comunicação com os desencarnados. A questão é que, segundo informa Spence, Bertrand "observou a conexão do sono magnético com o êxtase epidêmico e o sonambulismo espontâneo", e declarou que todas as curas e estranhos sintomas anteriormente atribuídos ao "magnetismo animal", à "eletricidade animal" e coisas semelhantes resultavam das sugestões do operador sobre a imaginação do paciente, cuja sugestionabilidade era altamente "incrementada".

Partindo do princípio de que Spence haja interpretado e reproduzido com precisão o pensamento de Bertrand, a teoria do jovem médico está invalidada no seu próprio enunciado, ainda que verdadeira nas suas premissas, o que não é difícil de demonstrar.

É certo que os fenômenos citados – êxtase coletivo, sonambulismo espontâneo e até muitos outros não citados, como a chamada visão à distância, a exteriorização da sensibilidade etc. – tenham algo a ver com o sono magnético, ou, mais precisamente, com o desdobramento do perispírito; não obstante, dizer que *todas as curas e todos os estranhos fenômenos* atribuídos ao magnetismo animal resultassem de sugestões mentais do operador é afirmativa gratuita, temerária e ilógica.

Bertrand (ou Spence) escolheu exatamente dois fenômenos que não dão apoio à sua tese – o êxtase epidêmico e o sonambulismo espontâneo. Do primeiro deles há inúmeros exemplos na história da ciência psíquica, alguns dos quais muito bem documentados, como o de Loudun, na França – objeto de um excelente livro de Aldous Huxley (*Os demônios de Loudun*), ou o episódio das feiticeiras de Salem, nos Estados Unidos, sobre o qual tanto se tem escrito. Excelente obra de consulta sobre isso é a do famoso e erudito prelado católico Montague Summers, *The geography of witchcraft*, bem como a sua *History of witchcraft*.

Explicar o fenômeno da aflição espiritual coletiva em tais casos pela teoria da sugestão mental do operador seria forçar a tese, atribuindo a sugestão não a um operador, mas ao exemplo dos demais participantes do fenômeno. Restaria, mesmo assim, uma pergunta sem resposta adequada: que operador induziu, por sugestão, o fenômeno naquele que primeiro apareceu com os sintomas?

Quanto ao sonambulismo, convém esclarecer que Spence/Bertrand não se refere ao estado último na escala do transe provocado, mas ao sonambulismo espontâneo daqueles que caminham durante o sono comum, pois a expressão de Spence é *sleepwalking*, ou seja, 'caminhar dormindo', ao pé da letra. Novamente a pergunta: que operador teria induzido esse tipo de fenômeno, que o próprio autor qualifica de *espontâneo*?

Spence lamenta, com justa razão, que Bertrand haja morrido tão cedo, aos 36 anos, após haver escrito obras tão importantes. Se vivesse mais, talvez fosse levado pela acuidade de seu dom de pesquisador a retificar suas teorias, à vista da força mesma dos fatos, pois a doutrina da sugestão é válida, sim, no contexto dessa fenomenologia, mas não absoluta e única.

O dr. Beaunis, professor de fisiologia da Faculdade de Medicina de Nancy, não coloca a sugestão como único agente do transe induzido. Recorre ao método do olhar fixo, ajudado, às vezes, por passes. Aliás, ainda veremos adiante que muitos dos grandes pesquisadores do passado utilizaram-se do tão caluniado passe.

Beaunis apoia-se em Liébault e em James Braid considerado a primeira autoridade científica no assunto por ter conseguido dar certo *status* ao hipnotismo.

Segundo Beaunis, Braid informa que algumas pessoas são capazes de atingir o transe por autoindução. Uma das sensitivas de Beaunis, mlle. V., adormecia ao método da fixação do olhar. Se a sugestão do operador fosse absoluta, as alegadas dificuldades de indução jamais ocorreriam – seria bastante aplicá-la.

Seja como for, o magnetismo continuou a merecer atenção, porque nova comissão de sábios foi incumbida de examiná-lo em 1831. O relatório tardou, pois somente foi publicado cinco anos depois, mas foi altamente positivo. Lia-se nele "um testemunho definitivo sobre a autenticidade dos fenômenos magnéticos, e especialmente do estado sonambúlico, e declarava que a comissão se considerava satisfeita quanto ao valor terapêutico do magnetismo animal".

Spence lamenta que o nome de Bertrand nem haja sido mencionado, deplorando, ainda, que o relatório tenha aberto tão amplo espaço para fenômenos que ele considera sobrenaturais (?), como clarividência, ação à distância e previsões de crises orgânicas, realizadas pelos próprios doentes em transe. (Técnica, aliás, que nada mais é do que a redescoberta de procedimentos rotineiros nos antiquíssimos templos egípcios, por exemplo.)

12) A 'indesejável' interferência do espiritismo

O pior para Spence, no entanto, é que a partir dessa época a influência das doutrinas espíritas, ou melhor, espiritualistas, começa a acentuar-se, objetivando explicar os fenômenos produzidos pelo magnetismo em termos de atuação espiritual. É certo que tenha havido exageros, o que, em parte, explica as restrições de Spence. Se, no entanto, invertermos a ótica da observação, poderemos verificar hoje, com o benefício de mais amplos recursos de conhecimento, que numerosos fenômenos, indubitavelmente espíritas em sua gênese e manifestação, eram atribuídos ao magnetismo, quando, em realidade, o magnetismo é um agente, um disparador deles... No fundo, porém, toda a estrutura de apoio dessa fenomenologia é mesmo explicável em termos de doutrina espírita, porque na gênese dos fatos observados está sempre o espírito encarnado ou desencarnado.

Se, por exemplo, o doente magnetizado, levado a um estado profundo de hipnose ou magnetização, tem condições de praticar a autoscopia, diagnosticar seus próprios males, propor remédios, prever crises e elaborar prognósticos, é porque seu espírito, parcialmente liberado da constrição da carne, teve condições de recorrer aos seus próprios conhecimentos arquivados no inconsciente, ou contou com a assistência de médicos desencarnados, aos quais tem acesso durante o desdobramento.

O mecanismo da clarividência ou da ação à distância também não é difícil de explicar-se no contexto espírita. É que, uma vez desprendido, como ocorre também no sono fisiológico normal, tem o espírito condições de visitar lugares mais ou menos distantes, com o seu corpo perispiritual, enquanto o corpo físico em repouso dispensa temporariamente a sua presença. A expressão inglesa travelling clairvoyance é, pois, imprópria: não se trata de uma 'clarividência itinerante', mas de um espírito itinerante que vê, ouve, sente e é capaz de transmitir ao seu corpo físico, onde este se encontrar, aquilo que percebe.

A literatura dedicada à pesquisa psíquica – mesmo sem nenhuma conotação espírita – contém número considerável de fenômenos bem documentados dessa natureza, bem como de aparições de espíritos desdobrados a pessoas perfeitamente normais e sadias. Chamou-se a isso bilocação, ante o fato de encontrar-se a mesma pessoa em dois lugares diferentes, como ocorreu a alguns santos da Igreja Católica. Na realidade, não se trata de bilocação do *mesmo corpo*, e sim, desdobramento, separação parcial e temporária que permite ao corpo físico permanecer num lugar, enquanto o corpo perispiritual vai a outro e lá se faz visível, fala e até movimenta objetos físicos.

Após essa nova digressão, retomemos o nosso caro Lewis Spence, que generosamente colocou em nossas mãos o fio lendário que dirige nossos passos pelos meandros da história do magnetismo.

Seja como for, vimos que a comissão de 1831 foi bastante lúcida e corajosa sobre certas realidades espirituais até então sob suspeita, e foi além, ao testemunhar a sua convicção quanto ao valor terapêutico, ou seja, curativo, do magnetismo.

A propósito do envolvimento do espiritismo com o hipnotismo, nunca será demais recomendar o honesto livro do dr. José Lapponi (*Hipnotismo e espiritismo*). Ainda sobre esses aspectos e mais sobre o valor terapêutico dos recursos magnéticos, merece leitura atenta o livro de Michaelus (*Magnetismo espiritual*). Sobre a dicotomia animismo/espiritismo, são leitura indispensável àqueles que desejam consultar seguras fontes de informações as obras de Bozzano e Aksakof. Ainda nesse contexto, cabe recomendar obra específica de César Lombroso.

Tais estudos são apenas mencionados, porque o assunto é vasto e seria impraticável analisá-los todos aqui. Sem dúvida, porém, oferecem, em conjunto, uma visão panorâmica da problemática suscitada pela interação espiritismo/magnetismo, na qual Lewis Spence evitou penetrar mais profundamente por motivos que respeitamos, ao mesmo tempo que lamentamos, especialmente por se tratar de autor tão bem informado e tão interessado em fenômenos dessa natureza. Sua *Enciclopédia* é obra respeitável, maciça e erudita com mais de quatrocentos páginas de tipo cerrado em duas colunas, tamanho grande.

Prossigamos.

A manifesta má vontade de Spence com relação ao espiritismo leva-o a dizer que, sem dúvida, foi esse envolvimento com o magnetismo que teria suscitado "a extraordinária animosidade que a profissão médica manifestou quanto ao magnetismo animal como agente terapêutico".

Na verdade, a maioria da classe médica, pelo menos a mais aferrada às tradições acomodadas das academias, não apenas rejeitou a prática, mas se empenhou em condená-la e combatê-la. Não sei, porém, se é correto atribuir tal rejeição ao envolvimento com o espiritismo nascente. Seria por isso que médicos de renome, segundo lembra Spence, "ridicularizavam como fraudulentas ou produtos da imaginação" as propriedades anestesiantes do magnetismo, mesmo à vista de cirurgias de porte como amputação de membros? Quanto a mim, vejo nisso apenas a obstinação irracional de quem tem olhos de ver e não quer ver. Não é a rejeição pura e simples dos conceitos espíritas que leva a tal posição – a rejeição resulta de um contexto ideológico, dentro do qual o indivíduo vive em circuito fechado, não admitindo de fora *inputs* que não sejam, aqueles que ele 'acha', aprioristicamente, acertados e aceitáveis. Essa não é, evidentemente, a metodologia do progresso, da evolução, porque só evoluímos mudando, substituindo noções superadas, inúteis, errôneas, por outras mais avançadas e sustentadas pelos fatos observados, ou racionalmente inferidos. A única coisa permanente no universo, além de Deus, é a mudança.

13) O errático interesse da ciência

A despeito de oposições, avanços e recuos, representantes conceituados da classe médica continuaram a interessar-se pelos fenômenos suscitados pelo magnetismo. O dr. John Eliotson, por exemplo, como o dr. James Esdaile, conseguiu realizar cirurgias de grande porte com o paciente magnetizado. Claro. Seja pelo passe magnético, pela fixação do olhar, pela sugestão verbal ou pelos outros processos de indução, tanto quanto pela anestesia química, o fenômeno psicossomático é o mesmo, ou seja, o desdobramento do ser em seus componentes básicos – desprende-se o espírito com o seu corpo energético, perispiritual ou que outro nome lhe tenha sido aplicado, enquanto o corpo físico permanece em repouso. Como a sensibilidade está no perispírito e não no corpo físico, este se torna insensível à dor, se o sono magnético for suficientemente profundo para produzir a separação adequada.

Dentro dessa ordem de ideias, o eminente coronel de Rochas tomou o efeito pela causa ao classificar como "exteriorização da sensibilidade" o fenômeno que narra no seu famoso e muito citado livro. O que na realidade ocorre é a exteriorização do perispírito que, com ele, leva a sensibilidade.

Efeito idêntico produzem a anestesia, o uso de psicotrópicos, bebidas alcoólicas e outras drogas naturais ou artificiais: o desdobramento do perispírito. Por isso há tantos casos de pacientes anestesiados que assistem tranquilamente operações cirúrgicas ou tratamento dentário em seus próprios corpos, enquanto se acham temporariamente afastados deles. É o que ocorre também no sono fisiológico comum, durante o qual o corpo espiritual não somente se desprende para permanecer nas vizinhanças do corpo físico, mas pode deslocar-se a considerável *distância* no tempo e no espaço. O fenômeno é, portanto, um só; os métodos para obtê-lo é que variam, desde o batuque ritmado e dançado até a exaustão dos seres primitivos até a sofisticação das drogas anestesiantes produzidas em laboratórios e aplicadas salas assépticas dos hospitais modernos.

No entanto, o interesse dos cientistas e pesquisadores pelo magnetismo ou hipnose tem sido, para dizer o mínimo, incerto. Até mesmo alguns daqueles que proclamaram resultados inquestionáveis, como o dr. Eliotson, renegaram mais tarde suas crenças, ou pelo menos, abandonaram a prática. Eliotson foi forçado a exonerar-se da sua cátedra no University College Hospital.

O eminente prof. Emilio Servadio, no prefácio da obra de Jean Dauven (*Les pouvoirs de l'hypnose*) atribui o inexplicado recuo de Eliotson a "uma queda de sua própria atitude inconsciente ante a hipnose".

> 'Uma sutil autocrítica havia provavelmente penetrado nele', a dúvida se instalou e eis porque não a 'hipnose', mas a *sua* hipnose, não funcionou mais. (Dauven, Jean, 1965).

A atitude de Freud não difere muito. Estagiou na França com a finalidade específica de estudar o problema nos dois grandes (e rivais) centros de pesquisa do fenômeno na época – o grupo que gravitava em torno do famoso prof. Charcot em Paris, e o de Nancy, sob a orientação competente de Bernheim e Liébault. Logo no princípio de sua carreira, porém, mesmo a despeito das conclusivas experiências de Breuer, ponto de partida de toda a sua teorização e prática, Freud abandonou a hipnose, por considerá-la sem a necessária confiabilidade como instrumento de trabalho.

14) O dr. Braid e o hipnotismo

Coube a James Braid, um cirurgião de Manchester, Inglaterra, reformular critérios, conceitos e a metodologia relativos ao que então se chamava de magnetismo animal. Assim como Mesmer reajustou suas ideias depois de seu contacto com o padre Gassner – um magnetizador não-médico – James Braid resolveu dedicar-se ao estudo do fenômeno a partir de uma demonstração pública do magnetizador francês Charles Lafontaine, autor de um dos primeiros clássicos sobre o assunto, cuja primeira edição saiu em 1847 – dez anos antes da publicação de *O livro dos espíritos*, de Allan Kardec e que, por conseguinte, não pode ser acusado de implicações, conotações ou influências espíritas.

Basicamente, Braid chegou a conclusões semelhantes às de Bertrand, cerca de dezoito anos antes. Rejeitando a teoria dos fluidos, que então dominava a prática magnética, Braid procurou dar-lhes status científico aceitável, propondo até mesmo novo nome para a nova ciência e que 'pegou': hipnotismo. Muitos questionam hoje – com sólidas razões – a validade do termo nesse contexto, como Servadio, por exemplo, que lembra as origens gregas da palavra (*hipnos* = sono) para destacar que o fenômeno difere essencialmente do sono comum, como demonstram os eletroencefalogramas do indivíduo dormindo e sob hipnose. Servadio menciona repetidamente os enigmas ainda por resolver em relação à hipnose, à qual, obviamente estão faltando conceitos básicos essenciais, como o do perispírito e o das vidas sucessivas. Enquanto o objeto da pesquisa ficar rigidamente contido nos limites das funções cerebrais – por mais importantes e complexas que sejam – a ciência continuará a topar com enigmas intransponíveis e inexplicáveis, na prática da hipnose.

O professor Servadio acha, por exemplo, que uma das diferenças essenciais entre a hipnose e o sono fisiológico – além do traçado do eletroencefalograma – é que o indivíduo hipnotizado "não sonha", mas que, segundo as sugestões do hipnotizador, "fala e raciocina". É falsa a suposição de que a pessoa adormecida – sono comum – mergulha em estado de morte aparente, sem raciocínio, sem condições de se comunicar, totalmente inconsciente.

O espírito desprendido pelo sono – fisiológico ou hipnótico – está sempre consciente, em atividade mental e 'física', se assim podemos dizer. O que acontece é que tal atividade, desenvolvida em plano diferente da vida, em outra 'faixa vibratória', para usar expressão algo inexata, mas sugestiva, não impressiona o cérebro físico com as emoções, sensações e atividades desenvolvidas em estado de liberdade condicionada. Ou, para dizer a mesma coisa de outra maneira: o espírito desdobrado de seu corpo físico não transmite a este, ou não traz para ele ao despertar, a consciência do que fez e pensou enquanto desprendido. Isso de um modo geral, porque são muitos os que se recordam com maior ou menor nitidez de eventos ocorridos enquanto vagavam parcialmente 'desligados' dos dispositivos frenadores do corpo físico. Na dependência deste, a mente precisa, durante a vigília, de um estreitamento do seu escopo, uma redução de suas capacidades, de modo a poder concentrar-se naquilo que lhe compete fazer na carne, como, por exemplo, manter em bom estado de funcionamento o corpo físico em que vive por um punhado de décadas. É como se, em vez de perder-se na contemplação do infinito, o indivíduo seja obrigado, pela sua condição de ser encarnado, a limitar sua atenção ao chão em que pisa, ao pequeno ambiente em que vive, ao que tem a fazer para realizar as inúmeras e complexas tarefas de sobrevivência do seu corpo provisório, que precisa de água, luz, alimento, movimento, e deve reproduzir-se.

Há, portanto, sensível diferença entre sono fisiológico e hipnótico, não, porém, porque o indivíduo adormecido se encontra inconsciente, não sonha, não fala e não raciocina. Tanto é assim, que se pode, por meio de técnicas apropriadas, passar do sono fisiológico ao hipnótico. Na verdade o que ocorre aí é que o indivíduo já desprendido pelo sono comum é induzido a comunicar-se com aquele que o interpela. Muitos são os que falam durante o sono comum, em solilóquio ou diálogo com seres invisíveis, imaginários ou reais, bem como com pessoas despertas. O anedotário popular é rico em situações dessas, em que maridos ou esposas infiéis revelam durante o sono aventuras extraconjugais com nomes, locais e tudo.

Dessa forma, o termo inventado por Braid não foi realmente dos mais felizes, mas, como dizíamos, 'pegou'. Pelo menos serviu para tranquilizar um pouco os obstinados opositores do vilipendiado magnetismo animal de Mesmer.

Seja como for, porém, não há como rejeitar liminarmente a doutrina do fluido magnético dos antigos e caluniados experimentadores, como ainda veremos. A sugestão pura e simples não explica tudo e não produz, à vontade, qualquer fenômeno ou reação.

15) Geografia e geologia do pensamento

Spence não pode deixar de admitir isso, porque mesmo em Braid, considerado o criador do hipnotismo científico, ele lamenta concessões ao "mesmerismo em combinação com a frenologia", pois o "paciente em transe tinha sua cabeça tocada pelos dedos do operador...", com o objetivo de despertar certas sensações atribuídas a determinadas regiões cerebrais. Mesmo que a frenologia seja ainda hoje uma das 'logias' controvertidas – e certamente houve exageros da parte do famoso dr. Franz Joseph Gall (1758 – 1828), seu criador – pesquisas mais recentes reabilitam, em parte, os conceitos do tenaz médico alemão. Não que o cérebro físico seja um dispositivo autônomo capaz de produzir pensamentos como o fígado produz bile, o cérebro é um instrumento do espírito imortal, que tem indiscutíveis condições de viver e pensar sem ele, utilizando-se da contraparte perispiritual, da qual a física é apenas uma réplica moldada no campo da biologia. Há, porém, no cérebro físico, regiões específicas por onde circulam noções, memórias, palavras, imagens, conceitos, conhecimentos, enfim, sem os quais seria impossível ao ser humano atuar conscientemente no meio em que vive, enquanto encarnado.

A imponente e muito competente dra. Natália Bekhtereva, dirigente do não menos famoso Instituto do Cérebro, em Leningrado, pesquisa, com vasta equipe de cientistas, milímetro a milímetro, as zonas cerebrais, com eletrodos de ouro de 50 a 100 mícrons de espessura, a fim de localizar a sede de emoções, de lembranças e até de palavras. Essa verdadeira 'dicionarização' do cérebro é trabalho de incontestável valor, ainda que a eminente cientista considere os fenômenos mentais como atividade pura e estritamente *material*. Ver, a propósito, o excelente livro-reportagem de Henri Gris e William Dick (*The new soviet psychic discoveries*).

A digressão, contudo, está nos levando longe demais. Voltemos ao fio da meada que nos oferece Lewis Spence. E voltemos à França, pois ali viveram, estudaram e atuaram os mais devotados estudiosos do magnetismo, médicos ou não; nobres e plebeus, sacerdotes e leigos. De Mesmer, por exemplo, a técnica passou ao marquês de Puységur (Armand) (1751 – 1825), de eminente família, tradicionalmente militar. Ele próprio foi dos mais brilhantes oficiais, coronel aos 27 anos e com promissora carreira pela frente, que abandonou para estudar e praticar o magnetismo. Era "homem de incontestável retidão e duma generosidade infinita", no dizer de Jean Dauven.

Atuaram também nesse período – ao longo do século XIX – J. P. F. Deleuze, que escreveu a *Histoire critique du magnétisme animal*, publicada em 1813; o colorido abade Faria, o barão du Potet, além de vários outros menos citados, nas não menos importantes e devotados, como o já mencionado Charles Lafontaine, e Jean Filiatre. Por essa época, muitos médicos resolveram investigar o assunto: o dr. Grasset, dr. L. Moutin, Alfred Binet e Charles Feré, H. Bourru e P. Burot, H. Beaunis. Mencionamos apenas aqueles de que dispomos de obras para exame. Há, desses mesmos autores, outros livros, bem como obras de outros autores não constantes dessa lista, como o dr. Cullerre, o dr. Azam – famoso pelo caso Félida – dr. Luys, dr. Robert, dr. Motet, Durand de Gros, dr. Wundt, dr. Charpignon, dr. Delboeuf, dr. Farbre, Garcin, Aubin Gauthier, Mongruel, de la Salzède e o próprio Charles Richet, prêmio Nobel de medicina em 1913.

Neste ponto chegamos à idade de ouro da hipnose e do magnetismo, com expoentes como Charcot, Bernheim, Liébault, na França e J. Milne Bramwell, na Inglaterra. Dignas de destaque, devem ser mencionadas as obras de Bernheim, *Hypnotisme et suggestion*, volumoso e bem documentado tratado de mais de 700 páginas, e a de Bramwell, *Hypnotism, its history, practice and theory*, outro clássico autorizado, apoiado em extensa bibliografia e em experimentações pessoais.

Propomos mais uma pausa neste ponto para prosseguir pouco adiante, numa tentativa de interpretação crítica das diversas tendências, correntes e dogmatismos que influíram sobre os rumos da hipnose e do magnetismo.

16) Nancy e Salpêtrière

O dr. Bernheim, por exemplo, é enfático e dogmático: para ele a "sugestão, no seu sentido mais amplo, é o ato pelo qual uma ideia é despertada no cérebro e aceita por ele".

A doutrina do dr. Bernheim pode ser resumida em poucas palavras, embora ele tenha gasto mais de 700 para explicá-la e demonstrá-la, segundo seu entendimento:

– Não há hipnotismo – o que existe é sugestionabilidade (p. IX – "Introdução". Obra citada).

– Sugestão é toda ideia despertada no cérebro e aceita por este.

– Toda ideia tende a expressar-se em ato (transformação ideodinâmica).
– Toda ideia chega ao cérebro por um dos sentidos (*Nihil est in intellectu quod non prius fuerit in sensu*)(Idem, p. 24).

Talvez seja um tanto injusto fazer a crítica do trabalho do eminente dr. Bernheim, tomando apenas esse esboço de seu pensamento, mas de qualquer forma, é a essa estrutura de apoio de sua teorização. Os dogmas são facilmente identificáveis: o da sugestionabilidade, que não deixa margem a outro tipo de indução, o que se provou falso antes e depois de Bernheim. O dogma do materialismo biológico, segundo o qual o cérebro é originador do pensamento, e não o seu instrumento. Seria o mesmo que confundir numa só função a memória de um computador, sua unidade central de processamento, o equipamento periférico e, ainda, o programador e o operador humanos. Segundo Bernheim, não é o indivíduo, o ser pensante, livre e consciente, que aceita ou rejeita uma ideia e age ou não segundo ela, mas o cérebro material, que processa a informação e dispara o mecanismo das células nervosas que irão produzir a ação. O terceiro dogma – hoje completamente explodido – é o do velho conceito aristotélico de que tudo quanto vai ao cérebro – diríamos, à mente – tem que passar necessariamente por um dos cinco sentidos conhecidos. A parapsicologia demonstrou, com as pesquisas do dr. J. B. Rhine, que a percepção *extrassensorial* é fato inquestionável. Sem tentar minimizar a importante descoberta do dr. Rhine, não seria absurdo dizer que a parapsicologia aqui demonstrou o óbvio, dado que o ser humano sempre evidenciou conhecimentos e recursos inexplicáveis, no contexto das limitações impostas pelos cinco sentidos habituais. Tanto é assim, que até um fisiologista do porte de Charles Richet imaginou *inputs* através do que chamou de *sexto sentido*, enquanto a dra. Louise Rhine (obra citada) propôs a expressão *hidden channels of the mind* – canais ocultos da mente.

Não temos aqui a veleidade nem a tola pretensão de invalidar a importantíssima obra do dr. Bernheim, líder da famosa escola de Nancy, onde muito se estudou e experimentou com os problemas da mente.

Já o dr. Grasset, da Universidade de Montpéllier (obra citada), discordava com respeito, mas com igual firmeza, de Bernheim, primeiro na sua afirmativa de que não há hipnotismo, e sim sugestionabilidade; segundo, de que somente pela sugestão era possível induzir o transe hipnótico, embora estivessem ambos de acordo quanto ao valor terapêutico da técnica, qualquer que fosse a conceituação formulada a seu respeito.

O dr. Grasset tem *insights* brilhantes sobre o problema, apoia-se igualmente no conceito materialista da função cerebral, separando-a em dois psiquismos. Não muito afastados dele estão os que até hoje defendem a tese esdrúxula de que a própria personalidade se desagrega em duas ou mais e que é preciso reuni-las, para se obter a integração e a restauração da normalidade. Veja-se, por exemplo, a dra. Cornelia B. Wilbur, segundo estupendo relato de Flora Rheta Shreiber em *Sybil*. Ver também o artigo 'Sybil, o Drama da Possessão', publicado na revista *Reformador*. Neste caso a personalidade de Sybil Isabel Dorsett "desdobrava-se" em dezesseis entidades autônomas. Até onde o fenômeno representa manifestações (possíveis) de uma vivência anterior, e de onde em diante começam interferências de natureza espiritual? Ou seja, em terminologia espírita: como distinguir nesse contexto, fenômenos anímicos (manifestações do próprio ser encarnado), de fenômenos mediúnicos ou espíritas (manifesta-ções de outros espíritos convivendo ou disputando a posse do mesmo corpo), num condomínio algo tumultuado e indesejável?

Fenômeno semelhante pode ser observado em *As três faces de Eva* ou em *The five of me*, que narra o dramático episódio de um cidadão que 'adormeceu' aos três anos de idade, para 'acordar' quarenta anos depois, com esposa e três filhos que ele não conhecia. Nesse ínterim, quatro personalidades distintas viveram com o seu corpo, cada uma com suas tendências, suas memórias, suas dificuldades. A personalidade final, Henry, é considerada uma 'fusão' das demais. Que é, porém, 'fusão de personalidades'? Para tentar uma resposta racional a essa questão fundamental – e quantos casos existem por aí, anônimos ou pelo menos não claramente identificados como tal – teremos que saber antes o que se esconde atrás da cômoda, mas inócua, expressão 'múltipla personalidade'.

A indefinição, a especulação, o desconhecimento vêm de muito tempo, pois já o dr. Azam se debatia com o complexo problema de Felida, há cerca de um século, enquanto Bourru e Burot, aproximadamente na mesma época, cuidaram do caso Louis V...

Continua, pois, faltando admitir para compreensão desses distúrbios os conceitos da existência do espírito, sua sobrevivência à morte física e sua preexistência à vida no corpo. São muitos os que ainda hoje estão procurando a alma – na qual não acreditam – não mais na glândula pineal, mas na circunvoluções cerebrais, ou nos esconderijos mais profundos do vasto complexo nervoso, quando, em realidade, o sistema cérebro-espinhal, por mais nobre e complexo que seja, não passa de um dispositivo de processamento, armazenamento e transmissão de imagens, emoções, pensamentos, gerados alhures na contraparte espiritual do ser encarnado.

Quanto a Charcot, cuja conceituação teórica divergia fundamentalmente da escola de Nancy, diz o dr. Grasset:

> Tudo o que Charcot viu e descreveu foi bem visto e observado, mas é impossível hoje aceitar ainda as generalizações que ele quis deduzir. (Grasset, 1909)

Acha Grasset, em conclusão de sua análise das tendências manifestadas pelos líderes das duas correntes (Charcot e Bernheim) que:

> O único caráter constante, específico da hipnose é o *estado de sugestionabilidade*: um indivíduo em hipnose é, por definição, um indivíduo a quem se pode fazer sugestões. (Idem)

Será mesmo? Tenho dúvidas de que seja válido substituir alguns dogmas recusados ou discutíveis por outros não menos discutíveis. Embora o indivíduo hipnotizado esteja realmente aberto às sugestões do seu hipnotizador, a experiência demonstra que esse controle e esse aparente domínio não é nada absoluto, como muitos supõem; pelo menos não é uma generalização que se possa atribuir a qualquer nível de profundidade do transe hipnótico ou magnético. O que se observa nos estados mais profundos da hipnose é que o indivíduo examina, critica, conclui, discorda, recusa ou se cala quando não quer ou acha que não deve dizer ou fazer alguma coisa. Em suma: não é um robô, um ser teleguiado, totalmente submisso à vontade alheia, como parece ser crença geral.

17) Metodologia e técnicas

No atualizado livro de Jean Dauven encontramos um sumário das técnicas usadas pelos diversos operadores do passado, em muitas das quais – senão a maioria – não encontramos os elementos da sugestão.

Mesmer e Deleuze usavam passes; Esdaile, passes e sopro quente; Braid, fixação do olhar; Liébault e Bernheim, sugestão verbal; Durand de Gros, fixação do olhar e passes com contacto; Charcot, excitações sensoriais, auditivas ou visuais – fortes e bruscas como o soar de um gongo poderoso, ou leves e prolongadas, repetidas; Richet, retenção dos polegares e passes sem contacto; Pitres, toques em zonas hipnógenas. Os magnetizadores não-médicos mais antigos recorriam sistematicamente ao passe, aos toques e aos sopros. Foi com o abade Faria que começou a técnica da sugestão, como vimos: "*Dormez!*" bradava ele em altas vozes ao paciente já acomodado. Devemos aqui lembrar ainda a utilização de odores (Binet e Féré), a fixação de um objeto brilhante (Braid), bem como os antigos e primitivos métodos tribais de indução por meio de sons ritmados, danças extenuantes, concentração do olhar em superfícies brilhantes ou polidas, ou ainda, a aspiração de fumaças, vapores ou gases subterrâneos, como as pitonisas.

Além disso, a hipnotização ou magnetização de animais exclui qualquer ideia de sugestão e de aceitação pelo cérebro, como queria Bernheim.

18) Os enigmas da hipnose

Não é, pois, sem razão que, após dois séculos de experimentação com os fenômenos do magnetismo/hipnose – a tese original de Mesmer foi apresentada à Faculdade de Medicina, em Viena, em 1766 – o prof. Emilio Servadio diz no seu prefácio ao livro de Jean Dauven:

> Contudo, a despeito de sua crescente aceitação nos domínios médicos ou médico-psicológicos, que acabamos de indicar, não se pode negar que a hipnose ainda apresenta muitas incógnitas, havendo a seu respeito, uma série de pontos de interrogação. Há na hipnose um 'enigma' diferente, em sua essência, dos enigmas e dos problemas não solucionados na ciência contemporânea. (Dauven, Jean, 1965)

Pouco além diz o ilustre professor que, "apesar de tudo, a hipnose representa para nossa cultura, uma espécie de paradoxo vivo".

De tais enigmas e da natureza desse paradoxo, o próprio texto do prof. Servadio oferece alguns aspectos. A certa altura, por exemplo, ele escreve que a análise isocológica revela "naqueles que se submetem voluntariamente à hipnose, exigências do tipo passivo ou passivo-masoquista", mencionando mesmo conotações homossexuais e "analogias parciais com arquétipos femininos". Fala-se, alhures, em um relacionamento pai-filho, entre hipnotizador e hipnotizado, daí a obediência dita cega. Negativo, a meu ver. Se à página 19, no texto de Servadio, o hipnotizável é tido como passivo ou passivo-masoquista, e até mesmo de tendências arquetípicas femininas, à página 29, já no texto do autor do livro, vem referido o caso de um indivíduo tão difícil (*acariâtre*) e agressivo, que não se sabia como convencê-lo a uma cirurgia inevitável. Fazia-se necessária a anestesia geral, mas o método foi considerado 'impossível', ante o temperamento inabordável do homem. Decidiu-se pela hipnose, que o colocou facilmente 'fora de combate' durante todo o tempo da operação que durou quatro horas e meia! Seria este um exemplo de sujeito passivo ou de tendências femininas, como sugere Servadio?

À página 21, o prof. Servadio funde no mesmo conceito de manifestações telepáticas, fenômenos de percepção extrassensorial, como leitura do pensamento do hipnotizador (sim, talvez), viagens 'imaginárias'(não), e relato sobre acontecimentos que se desenrolam à distância (não). O eminente mestre, aliás, prefere não abordar os fenômenos parapsicológicos, que entende como "dimensões e realidades psíquicas perturbadoras e alarmantes", e que a hipnose "constitui uma espécie de ponte rumo a outros fenômenos inquietantes e próprios a provocarem defesas psíquicas".

Com essas limitações, como alcançar uma visão mais ampla da fenomenologia envolvida, de modo a entendê-la melhor? Os fenômenos suscitados pela hipnose são de natureza anímico-espiritual; e nesse contexto têm que ser situados, se é que desejamos que eles façam sentido como um todo, e em suas expressivas particularidades. Enquanto não houver essa aceitação, pelo menos como hipótese de trabalho, o hipnotismo continuará a suscitar interrogações e enigmas não solucionados. Aliás, o prof. Emilio Servadio deu ao seu texto-prefácio um título altamente expressivo: "Por que a hipnose é maldita?" A resposta é simples: porque cientistas e pesquisadores em geral obstinam-se em rejeitar sua natureza essencialmente extrafísica ou, mais precisamente, espiritual. Para que isso seja possível, é indispensável a admissão de uma premissa básica – a de que o ser humano não é uma engenhoca cibernética puramente material, mas espírito imortal, sobrevivente e preexistente, responsável pelos seus atos perante as leis que, evidentemente, regulam a harmonia universal.

Fora isso, continuaremos a tentar a captura da alma nos complexos meandros do cérebro físico. Isso, na melhor das hipóteses, porque a maioria nem sequer admite a premissa da existência de um princípio extrafísico no ser humano, noção indiscutível para os xamãs primitivos, substrato de todas as grandes correntes religiosas, suspeita, ainda que cautelosa, de filósofos e convicção de muitos. A principal virtude, pois, na abordagem da problemática da hipnose, é a humildade intelectual, a mente aberta, disposta a aprender, antes de tentar compreender para ensinar.

19) Hipnose e sono

Tem razão o prof. Emilio Servadio ao admitir, com honesta franqueza, que a fenomenologia da hipnose continua desafiadoramente eivada de mistérios, enigmas e incógnitas. Há certas premissas básicas a definir, sem as quais se torna difícil, senão impraticável, seguir adiante. Mencionemos três delas apenas: 1. Ao que tudo indica, a hipnose difere, mas se assemelha ao sono fisiológico comum. *Pergunta*: Como, em que e por que diferem ou se assemelham os dois estados? 2. Sugestão e sugestionabilidade desempenham importantes funções no mecanismo da hipnose. *Pergunta*: Como e por que tantas sugestões são aceitas e cumpridas aparentemente sem exame crítico, por mais ridículas e irracionais que sejam, e outras são ignoradas ou rejeitadas? 3. Experimentação duplamente secular indica que a metodologia da indução tanto pode apoiar-se nos toques e passes, como na mera sugestão verbal ou numa combinação de ambas, bem como em outros métodos. *Pergunta*: Qual a teoria básica da indução? Métodos psicológicos, verbais ou métodos fisiológicos? Em suma: sugestão ou fluidos? Bernheim ou Mesmer?

Não tenho a tola pretensão de propor soluções prontas e definitivas para esses enigmas que persistem. Nem seria esta a oportunidade para um debate mais amplo em torno do assunto, que escaparia aos objetivos a que este livro se propõe. Não se pretende aqui ensinar técnicas de indução hipnótica, pois sobre isso há verdadeiras montanhas de livros e publicações específicas, algumas confiáveis e competentes, como o *Manual da hipnose médica e odontológica* do prof. Osmard de Andrade, que, no entanto, rejeita sumariamente qualquer conotação espiritual.

Nossa tarefa se resume em debater ideias, suscitar reexames e – quem sabe? – reformulações quanto à maneira de abordar problemas humanos que, a nosso ver, são de natureza essencialmente, e inquestionavelmente, espiritual e não meramente biológica. O ser humano é, nas suas origens e na sua destinação, um ser espiritual. O espírito é "o princípio inteligente do Universo". O estágio na carne, ligado a um corpo físico, é temporário, intermitente, e se destina a suprir meios e condições de aprendizado e evolução, ou seja, aperfeiçoamento moral e intelectual que conduza a uma eventual libertação dos condicionamentos inibidores da matéria bruta.

A ciência acadêmica insiste em considerar o ser humano como um conglomerado celular pura e essencialmente material nada mais; nada além disso.

Claro que o corpo deve ser cuidado nos seus desvios, mas nunca deveria ser esquecido que ele é apenas instrumento de trabalho no plano material da vida, e que a dicotomia espírito/matéria é provisória. Enquanto ela prevalecer, o ser humano deve ser tratado como um todo, sem se esquecer, porém, que a unidade definitiva, permanente, eterna, é o espírito. Assim, ao abordar uma doença – física ou mental (apenas nomes para fins didáticos) – com o objetivo de corrigir desvios e restabelecer o equilíbrio psicossomático, a primeira pergunta é esta: o que está causando a este espírito dificuldades com o corpo físico em que ele se encontra?

Se tal abordagem é recomendável nas questões de ordem puramente orgânica, ela se torna indispensável sempre que se deseje buscar solução para distúrbios da saúde pela metodologia da hipnose.

Se, porém, não temos respostas irrecusáveis às questões levantadas há pouco, temos ideias e opiniões que podem oferecer contribuições válidas ao melhor equacionamento dos problemas suscitados.

Sim, achamos que a hipnose difere em alguns pontos e se assemelha em outros ao sono fisiológico normal, porque em ambos ocorre um desdobramento do ser nos seus dois componentes básicos: o corpo físico, que fica em repouso, e o espírito *com seu veículo perispiritual*, que se desloca, mantendo apenas a ligação necessária à conservação dos automatismos indispensáveis à continuidade da vida orgânica.

O problema da sugestionabilidade é bem mais complexo. Não nos ocorre nenhuma razão válida, racional, admissível, para explicar por que o indivíduo em transe hipnótico cumpre fiel e obedientemente tantas ordens que, em estado de vigília, recusaria liminarmente: tocar um violino imaginário, ver uma pessoa que não se acha no ambiente ou não ver outra que se acha, embora possa ver o charuto que ela fuma.

Grasset (obra citada) lembra a clássica "alucinação do retrato", que consiste no seguinte: o operador sugere que determinado cartão em branco contém o retrato de uma pessoa. O hipnotizado saberá daí em diante em que face do cartão 'está' o retrato: saberá identificá-lo entre outros cartões idênticos e igualmente em branco, e saberá mesmo se o 'retrato' está ou não 'de cabeça para baixo', ainda que o cartão seja manipulado por trás do hipnotizado ou que seus olhos sejam vendados.

Semelhantes alucinações podem ser produzidas com os demais sentidos: audição, tato, paladar e odor.

Ao que parece, no entanto, essa exacerbação da sugestionabilidade é mais suscetível de ocorrer – evitemos afirmações dogmáticas – nos estados mais superficiais do transe. É a hipnose da exibição, do espetáculo, do *show*, sendo esta justamente condenada por aqueles que a consideram com seriedade. Nos transes mais profundos, porém, na fase que os antigos magnetizadores chamavam de sonambúlica, quando se estabelece um diálogo entre hipnotizador e hipnotizado, não vemos esta cega obediência irracional a qualquer tipo de sugestão.

Em nossa experiência pessoal, o espírito em transe hipnótico ou magnético debate, contesta, recusa-se explícita ou implicitamente a dizer aquilo que não quer dizer. Testemunhamos, ao contrário e repetidamente, a compulsão em dizer coisas que, por certo, o indivíduo preferiria manter em segredo. Temos testemunhado também, a revelação de informações de alta gravidade, de indubitável honestidade e franqueza, mesmo que descobrindo aspectos negativos de comportamento, especialmente, nas regressões em que o espírito – encarnado ou desencarnado – mergulha na sua memória integral e tem acesso às lembranças de existências anteriores. "Não sei por que me vejo forçado a contar-lhe isto", dizem-me. Ou: "Não te contei tudo". Ou ainda: "Eu menti para você. A verdade é a seguinte..."

O que se observa em tais situações não é uma obediência cega, mesmo porque não há pressão para que o indivíduo em transe 'conte tudo', doa a quem doer. Ele é que se sente impelido a uma confissão do tipo catártico, honesta, ainda que dolorosa e até humilhante para a sua vaidade e seu orgulho. Ainda voltaremos a tais aspectos mais adiante. Aqui basta a referência para nos assegurarmos de que há limites muito bem definidos para a sugestionabilidade. De minha parte, acho que tais limites decorrem dos níveis de aprofundamento do transe. A sugestionabilidade total não-crítica ficaria, *em princípio e habitualmente*, nos estágios superficiais do transe, no que chamei, há pouco, de hipnose de exibição.

Admitindo-se tal premissa, ainda restaria uma pergunta complementar. Por quê?

E aqui vai outro honesto 'não sei'. Suponho – mera especulação cautelosa – que nesse estágio superficial há certo açodamento em agradar o operador, até mesmo em prejuízo próprio. Tal propiciação do hipnotizador pode ocorrer também em estágios mais profundos do transe, mas não é a regra. Se isso é válido, por que agradar? Temor? Respeito exagerado? Gil e Brennan, pesquisadores de renome da chamada escola de Montreal – citados por Emilio Servadio – acham que se cria entre o hipnotizado e o hipnotizador um "*rapport* arcaico", segundo o qual o operador se apresenta como a figura arquetípica do pai, ao qual é preciso obedecer a todo custo. O operador seria, nesse contexto, um semideus, o qual é preciso satisfazer de qualquer maneira. Daí a renúncia à vontade própria e ao exame da sugestão oferecida.

Devo confessar minha desconfiança em relação a essas teorizações em torno da figura paterna, mas não estaria muito distanciado de admitir certo elemento de temor do hipnotizado quanto ao seu hipnotizador. A literatura especializada é rica em exemplos. Lafontaine conta com minúcias o caso de um jovem serviçal em casa de um amigo e que, magnetizado sob certa relutância, fugiu espavorido logo que despertou. Passados alguns dias, ao atender a porta e dar com a figura de Lafontaine em nova visita ao amigo, deixou-o a falar sozinho e novamente fugiu daquele homem que, evidentemente, tinha parte com o demônio! Não é mais seguro cortejar e obedecer a um indivíduo assim poderoso?

Aliás, no estudo que faz da hipnose animal, Jean Dauven traz ao debate opiniões autorizadas que atribuem nítido fator de terror paralisante na instantânea imobilização, especialmente em pequenos animais: aves, rãs, coelhos, serpentes etc. Um dos que assim pensam tem bastante autoridade para fazê-lo: o famoso Pavlov. Para ele a paralisia dos animais constitui "reação de defesa: o animal simula a morte. Incapaz de lutar ou fugir, imobiliza-se para atrair o mínimo de atenção sobre si mesmo, de vez que tudo que se move é mais facilmente percebido".

Não parece, pois, absurdo admitir mecanismo semelhante para explicar a sugestionabilidade do ser humano nos estágios superficiais do transe, quando sua mente, ainda que operando precariamente através do corpo físico, não está na posse de todos os recursos e conhecimentos. O desprendimento parcial leva o indivíduo a uma incômoda situação em que não tem controle sobre seu corpo físico e é obrigado a deixá-lo mais ou menos a mercê de outra pessoa em quem confia, desconfiando. Aí, sim, haveria um perfeito arquétipo atávico, dado que inúmeros seres no passado e ainda no presente são surpreendidos por agressão fatal enquanto o corpo físico se acha na meia-vida do sono. Daí a conveniência, e até mesmo a necessidade de propiciar, de agradar e obedecer cegamente aquele que provisoriamente tem nosso corpo à sua mercê.

Por outro lado, nos estágios mais profundos do transe, o ser espiritual se coloca numa perspectiva tranquilizadora, por saber-se partícipe da eternidade. O corpo é importante, mas se perdê-lo não vai perder também a vida, que está, e continuará, no espírito. Ademais, na posse de uma visão muito mais ampla dos fatos, o espírito desprendido sabe perfeitamente o que se passa com seu corpo, tanto quanto o que se passa na sua mente. Não é preciso, nesse estágio, portar-se como um autômato.

A lição fundamental que parecem ministrar tais incertezas, indefinições e imponderáveis é a de que convém abordar os enigmas do comportamento, como, aliás, qualquer outro dos inúmeros segredos da vida, com humildade intelectual e disposição para aprender e não para impor regras e esquemas teóricos preestabelecidos.

A verdade é que, a esta altura, ainda não sabemos o suficiente acerca de aspectos importantes dos mecanismos psíquicos.

Encontramos, por exemplo, nos relatos que vêm sendo publicados nos últimos anos, observações sobre os cuidados que devem ser tomados para minimizar, quando não eliminar de todo, a interferência do consciente no fluxo das informações que brotam do vetor inconsciente da memória integral. É legítima a preocupação, no sentido de que a autenticidade do material emergente fica assegurada quando o paciente consegue deixá-lo fluir tal como formulado pelo inconsciente. Isso não quer dizer que não se submeta todo o material coletado a rigoroso exame crítico posterior. No momento em que ele é transmitido, porém, está com a palavra o inconsciente, que deve ser respeitado em sua liberdade de expressão tanto quanto nas decisões em não dizer o que preferir manter sob reserva.

Se o mergulho no estado alterado não é suficientemente profundo, pode ocorrer influenciação deformadora da censura, que acaba mutilando valiosas informações. Não há como desconsiderar, contudo, que também o mecanismo da censura quer dizer algo importante, que deve ser levado em conta e estudado.

Um dos clientes da dra. Wambach avaliou com notável lucidez a situação experimentada durante o transe hipnótico. Ele achava que as respostas que recebia do inconsciente eram insensatas, mas, como as perguntas se sucediam sem pausa, não havia tempo para pensar criticamente.

Comentou essa pessoa:

> Tive a impressão de que se eu tivesse tempo suficiente para pensar sobre as perguntas, poderia tê-las respondido diferentemente, dado que elas estão em conflito com o que eu creio. (Wambach, Helen, 1979)

Do que se depreende que a informação é tanto mais espontânea quanto menos trabalhada ou criticada pelo consciente, de vez que este interfere, introduzindo no material conceitos que a pessoa acha corretos, em lugar dos que seu inconsciente lhe passou.

O dr. Netherton diz, a certa altura, a um cliente:
"Diga-me a primeira coisa que você ouvir ou sentir".

Mesmo assim, a abordagem deve ser flexível, sem imposições ou comandos imperiosos que poderiam forçar o afloramento prematuro de lembranças estressantes. Por isso, a dra. Wambach prefere entregar o controle de toda a varredura dos arquivos inconscientes ao que ela identifica como o subconsciente da pessoa. Com essa finalidade, ela recomenda ao paciente que seu próprio subconsciente remova toda e qualquer lembrança traumática potencialmente perturbadora, o que seria, provavelmente, objeto de tratamento oportuno.

Atenta ao mesmo aspecto, a dra. Fiore costuma perguntar ao paciente, por um mecanismo sinalizador, se ele já se sente ou não em condições de enfrentar as lembranças geradoras dos problemas emocionais de que se queixa.

É preciso considerar, contudo, que, ao mesmo tempo em que não convém forçar abruptamente a revelação, é necessário como que doutrinar o paciente para que concorde e aceite enfrentá-la, sem o que o núcleo traumático continuará fermentando e emitindo seus inquietantes recados psicossomáticos cifrados, motivo básico que levou o paciente a procurar o terapeuta, afinal de contas.

Essa mesma interação entre o desejo de não revelar suas mazelas e a necessidade de fazê-lo para que possa ser ajudado vamos encontrar em toda a história da psicanálise, desde que Freud começou a soletrar os enigmas do psiquismo.

Nesse sentido, certo nível de censura é uma constante de todo o processo regressivo, tanto quanto do método freudiano da livre associação de ideias. Cabe à intuição e à experiência do terapeuta determinar quando e como persuadir o paciente a entregar-lhe as chaves dos cofres da memória onde, paradoxalmente, guarda sob severa vigilância a gênese das aflições de que deseja livrar-se.

Depõe outro paciente da dra. Wambach:

> Quando você prosseguiu com as perguntas, *eu estava consciente* de que poderia perfeitamente lembrar a experiência do nascimento, mas decidi, num momento, que não deveria explorar a experiência pré-natal. De alguma forma, *senti* que ainda não estava preparado para isso. (Wambach, Helen, 1979) (Os destaques são meus)

A mente se vale de mil artifícios e sutilezas para bloquear a conscientização dos conflitos geradores das disfunções emocionais e, enquanto possível, mascarar os problemas e vesti-los com fantasias, disfarces e símbolos ou códigos.

Não há, contudo, dificuldades intransponíveis em perceber manipulações ou deformações do material emergente e, eventualmente, identificar-lhes as motivações.

Já o temor que alguns pacientes possam ter manifestado quanto aos seus hipnotizadores, creio que resulta basicamente da falta de franca e minuciosa conversa preliminar entre hipnotizador e paciente, através da qual este se considere perfeitamente esclarecido sobre a metodologia e objetivos do trabalho e *concorde* em submeter-se à pretendida experiência. Deve, ainda, ser informado de que, se assim o desejar, poderá ser prontamente trazido de volta ao estado de vigília.

Devo, contudo, insistir com o leitor: estou formulando hipóteses, expressando opiniões e não oferecendo explicações indiscutíveis para o mecanismo da sugestionabilidade que, para mim, continua sendo um dos enigmas invocados pelo prof. Emilio Servadio e experimentado por Grasset, Janet, Bernheim, Liébault e outros.

20) Mesmer e Bernheim

Vejamos agora a terceira pergunta. Esta parece mais fácil.

No meu entender, a polêmica secular entre fluidistas (Mesmer) e sugestionistas (Braid, Bernheim) não se resolve com a opção por uma ou outra ponta, e sim com a aceitação de ambas. Entendo que a indução hipnótica tanto pode ser obtida por meio de passes e toques, como por sugestão verbal, ou ainda, por meio de passes e sugestão verbal.

O testemunho da experiência nesse ponto é conclusivo e irrecusável. O transe hipnótico pode e tem sido obtido por um ou outro processo, ou pela combinação de ambos, ou ainda, por outros métodos. O problema fundamental da hipnose não está na metodologia da indução, e sim na sua fenomenologia; na sua utilização para efeitos terapêuticos; na sua ética; nos mistérios ainda não desvendados; nos territórios ainda inexplorados. Por outro lado, é preciso ter em mente que qualquer método que resulte em separação temporária e parcial entre o corpo físico e espírito é – em princípio – válido, desde que assegure o bem-estar do paciente e vise a um propósito nobre, honesto e necessário.

Ao que eu saiba, quem melhor colocou a questão foi o eminente dr. Liébault, companheiro de Bernheim na famosa escola de Nancy e que, aliás, convenceu seu brilhante colega da validade da hipnose. Transcrevo a citação do livro do dr. G. R. Rager.

Escreveu Liébault:

> Considero atualmente como fora de dúvida, e é o que resulta deste artigo, que o magnetismo animal é mais complexo do que se admite, e que devemos já encará-lo sob os dois pontos de vista que, há um século, dividem seus adeptos em duas facções opostas: os partidários do fluido e os da imaginação, naquilo em que essas duas coisas são tidas como causas dos fenômenos produzidos artificialmente sobre outrem. Não seria desprezível progresso se essas duas diferentes maneiras de ver fossem, afinal, aceitas, uma e outra; pois elas permitem dar razão a numerosos fatos que anteriormente pareciam inexplicáveis por uma só delas. Embora magnetista, psicólogo e antigo adversário da teoria do fluido por exteriorização, não me é mais possível deixar de admitir que certos fenômenos sejam devidos à ação de um organismo sobre outro, sem nenhuma interferência do pensamento consciente do sujeito, nem utilização experimental. Uma parte da verdade está em cada um dos campos e já é tempo de fazer cessar as acusações mútuas de serem vítimas de convicções imaginárias, e que tudo termine em entendimento. (Rager, G. R., 1975)

Rager diz que essa enfática declaração de princípio transformou Liébault em verdadeiro para-raios de incompreensões, a começar pelo seu eminente amigo e colega dr. Bernheim, que somente admitia dogmaticamente a sugestão verbal e negava até mesmo a hipnose. Para ele, tudo se resumia em sugestão e sugestionabilidade. As posições se radicalizaram, e, embora Liébault continuasse a tratar doentes pelos seus métodos pessoais, a divergência de pontos de vista com Bernheim não se extinguiu mais.

A experiência de Liébault, no entanto, merece o maior respeito e, ao que tudo indica, ele se rendeu, relutantemente, à evidência de que nem tudo era sugestão e que, afinal de contas, o proscrito dr. Franz Anton Mesmer tinha suas razões ao propor a teoria dos fluidos magnéticos. O mais importante desse episódio, contudo, é a lição que ele nos ensina, ou seja, a de que no contexto do transe hipnótico, a atitude mais criativa é precisamente a da humildade intelectual, a que admite revisões e reformulações e foge de dogmatizações estéreis.

Quanto a mim, não teria dúvida em endossar a lúcida proposição do dr. Liébault, se ele precisasse da irrelevante opinião de um mero curioso. Como ficou dito alhures – e se dirá ainda neste livro – chega-se ao transe hipnótico por vários processos, alguns nitidamente magnéticos, outros verbais, outros ainda puramente sensoriais. É necessário, a meu ver, essa variedade que, além de tudo, deve levar em conta aspectos de natureza estritamente pessoal. Pessoas refratárias a um determinado método podem ceder a outros, bem como os insensíveis a certo método de uma pessoa podem mergulhar em transe profundo com o mesmo método empregado por outra pessoa.

É evidente, porém, e até lógico e racional, que formas ainda mal estudadas de energia se transferem de uma pessoa para outra, por meio de passes. Chamemo-los como acharmos mais adequado aos nossos preconceitos e condicionamentos: toques, fixação do olhar, imposição ou movimentação das mãos, sopros, retenção dos polegares, contactos com o joelho... Tudo isto se resume num só conceito básico: o de *ligar* um corpo vivo em outro corpo vivo para que haja uma troca ou impregnação mútua de energias. Não sei por que seria isso tão difícil de admitir-se depois que o efeito *Kirlian* tem revelado a circulação dessas energias em torno do corpo vivo, ou passando de um corpo a outro.

Se o nome fluido repugna aos delicados ouvidos de tantos, que tal substituí-lo por energia ou biomagnetismo? Ou outro qualquer mais digerível. Dessa maneira, o magnetismo animal de Mesmer, escorraçado sem nenhuma cerimônia pela porta da frente, poderia entrar não mais pela janela – como entrou na Salpêtrière de Charcot – mas pela mesma porta por onde foi expulso. Nesta altura da história, quando as chamadas 'doenças da civilização' se transformam em verdadeiras pandemias, nenhum instrumento terapêutico válido deveria ser tão obstinadamente rejeitado, apenas porque se choca com certos conceitos estratificados e que há muito degeneraram em preconceitos, tão dogmáticos quanto aqueles que imobilizaram o pensamento religioso há séculos... A teoria das doenças mentais e a dos distúrbios emocionais estão hipnotizadas a conceitos materialistas que as mantêm tão imobilizadas quanto os galos do famoso padre Kircher, no século XVII, que caíam durinhos em frente a uma linha de gesso traçada no plano e ali ficavam... Seria a imobilização do medo de que nos fala Pavlov? Se é, estamos assistindo aos primeiros movimentos de alguns que começam a despertar para a realidade espiritual do ser humano, como Kelsey, Wambach, Fiore e outros. Não porque *partissem* da premissa da existência de um espírito sobrevivente, mas porque *chegaram* a essa convicção pela força mesma dos fatos, a despeito de si mesmos. Os fatos não precisam de nossa concordância ou aceitação para existirem. Ainda bem.

E os fatos aí estão. A pessoa obesa premida pela compulsão de comer irracionalmente pode ter morrido de fome numa existência anterior. Uma que sofria as angústias da claustrofobia declarou ter morrido soterrada no túnel que levava a uma caverna secreta, onde escondia o produto de suas pilhagens marítimas, nos velhos tempos dos flibusteiros. O medo das alturas, dos espaços abertos, simpatias e antipatias aparentemente gratuitas, bem como inexplicáveis disfunções orgânicas podem estar ligadas a episódios remotos vividos e esquecidos pela memória de vigília, mas fielmente depositados nos arquivos secretos do inconsciente. Se, para chegar lá nessas profundezas e tentar arejar os negros porões povoados de fantasmas, tivermos que recorrer ao magnetismo ou à sugestão, por que hesitar?

Muita gente começa a contemplar a figura de Mesmer com maior respeito e não como charlatão vulgar que fascinou a corte francesa naquele *fin de siècle* altamente tumultuado, em plena Revolução. Que importa se ele gostava de passear magestaticamente entre seus pacientes com uma pose olímpica, revestido de um 'robe' de seda violeta? O que importa é o seguinte: a sua teoria dos campos magnéticos é ou não é válida? Se é parcialmente válida, vamos ver o que tem ela de aproveitável, e certamente o tem. Pouco depois, na famosa e acatadíssima Salpêtrière do dr. Charcot, Babinski e outros transferiam doenças, dores e paralisações de uma pessoa para outra ou de um lado para outro da mesma pessoa, utilizando-se de um ímã ou de outros tipos de metal. Como Mesmer.

21) Charcot

E por falar em Charcot, parece caber, a seguir, um relato, no qual possamos vê-lo mais de perto pela influência que ele exerceu no processo, a despeito de alguns equívocos mais sérios.

Jean Martin Charcot (1825 – 1893) foi uma das glórias da medicina francesa. Seus trabalhos no setor específico da neurologia proporcionaram-lhe merecido renome e exerceram considerável influência. Nascido em Paris, a 29 de novembro de 1825, colou grau em 1853. Três anos depois, aos 31 anos, tornou-se médico do Hospital Central. Em 1860 era professor de anatomia patológica na Faculdade de Medicina e em 1862 ligou-se à Salpêtrière, onde criou a sua famosa clínica, que se tornou irresistível ponto de atração para inúmeros médicos europeus, principalmente os mais jovens, inclusive Sigmund Freud, que ali estagiou durante seis meses.

Adotando métodos diferentes de abordagem, rivalizavam e, segundo Jean Dauven, completavam-se as duas grandes escolas que projetavam a ciência francesa no cenário mundial.

Escreve Dauven:

> Nancy baseava-se na psicologia enquanto que a Salpêtrière, desprezando o estado mental, ocupava-se apenas do exame da sensibilidade e dos reflexos que se acreditava suscetíveis de influenciação por meios materiais. (Dauven, Jean, 1965)

Disso resultava, praticamente, uma reativação da velha polêmica entre animistas e fluidistas, ou seja, entre os que acreditavam numa doutrina puramente psíquica, verbal, sugestiva, e os que acreditavam na atuação de um fluido, ou melhor, uma forma de energia. Como já vimos, ambas as correntes tinham razão em parte e, portanto, estavam em parte equivocadas, pois os métodos não se eliminavam e sim completavam-se.

Por mais importantes tenham sido as contribuições de Charcot aos problemas da hipnose e da histeria – e isso é inquestionável – há reparos mais ou menos sérios ao seu trabalho na Salpêtrière.

Segundo se lê no livro do dr. G. R. Rager, em longas transcrições de Georges Guillain, Charcot, cuja competência e honestidade de propósitos são inatacáveis, confiava demais nos seus inúmeros assistentes e não acompanhava, com o rigor necessário, as experiências que serviam de base às suas famosas conferências públicas. Todo o trabalho preliminar era realizado pelos seus assistentes e internos, que preparavam os pacientes – substancialmente mulheres histéricas – hipnotizavam-nas e organizavam o roteiro das apresentações.

Escreve Rager:

> Charcot jamais hipnotizou pessoalmente um só paciente pela simples razão de que ignorava por completo as técnicas hipnóticas e, mais que isso, jamais exerceu a menor supervisão no preparo das experiências. Era absolutamente incapaz, por conseguinte, de perceber as insuficiências e as causas de erros eventuais. (Rager, G. R., 1975)

Além do mais, o dr. Rager não lhe perdoa a prática de permitir enorme público não-médico nas suas aulas, que atraíam políticos, jornalistas, atores e 'alguns médicos'. Diz mesmo esse autor que *O livro de San Michele*, de Alex Munthe – que viveu durante anos em Paris – costuma ser publicado na França sem os capítulos 18 e 19 que, narrando a experiência do dr. Munthe na Salpêtrière, ao tempo de Charcot, apresenta imagem negativa do grande homem.

Em verdade, Charcot era figura de enorme presença pessoal e, ao que parece, tinha um pouco do *showman*, algo dramático e um tanto olímpico.

Georges Guillain chega mesmo a atribuir os equívocos hoje identificados nos trabalhos de Charcot ao temor que dele tinham seus discípulos que "não ousavam alertar Charcot, temendo as reações violentas do Mestre, que se chamava o César da Salpêtrière".

Segundo o dr. Rager, o próprio Charcot – um tanto tardiamente, é certo, "acabou por se dar conta, pouco antes de sua morte, de que o terreno que palmilhava era bem pouco sólido". Decidira, assim, retomar, para reavaliação mais cautelosa e profunda, os problemas da histeria e da hipnose, que havia desastradamente fundido num só conceito. Não houve, porém, tempo para essa revisão que teria sido de enorme valor. Charcot sofria de grave insuficiência das coronárias. Morreu, pouco depois, de infarto do miocárdio, aos 68 anos de idade. (Jean Dauven dá como *causa mortis* um edema pulmonar).

Em pouco mais de duas décadas, a França perdeu os três mais eminentes pesquisadores da hipnose: Charcot em 1893; Bernheim, em 1904, e Liébault, em 1919. O magnetismo, que segundo Dauven, fora expulso pela porta e entrara na Salpêtrière pela janela, morria de morte natural, arrastando ainda seu irmão gêmeo, o hipnotismo. Em pouco tempo, já no começo do século XX, voltou (ou continuou?) à ribalta, como mero espetáculo, que nada ambicionava senão divertir o público entre um bocejo e outro.

O dr. Sigmund Freud teria sido o herdeiro presuntivo do trono que o 'César da Salpêtrière' deixara vago, mas acabou decidindo-se por outras opções.

22) Decadência da hipnose?

O dr. Rager menciona dois fatores específicos que teriam contribuído decisivamente para a decadência da hipnose como instrumento terapêutico: a psicanálise e a anestesia. Restou um paladino solitário da hipnose – Pierre Janet, antigo colaborador de Charcot na Salpêtrière. Nascido em 1859, obteve primeiro o doutorado em letras (1889), e somente em 1893, aos 34 anos de idade, doutorou-se em medicina, com uma tese acerca dos problemas mentais dos histéricos. Os conceitos fundamentais de Janet não diferem muito dos que propôs Bernheim, como se vê do seguinte trecho:

> A ideia que fazemos penetrar no espírito no momento favorável, quando o poder de reflexão é reduzido, torna-se objeto de assentimento imediato e se transforma em impulsão. (Bernheim, 1910)

Janet foi professor do Collège de France, em 1902, e membro do famoso Instituto, em 1913. Morreu em 1942, já octogenário, irredutivelmente convicto do valor terapêutico da hipnose, ainda que negando-lhe as características de uma panaceia capaz de resolver qualquer problema de saúde, no que estava certo.

Após ele, a hipnose nos círculos médicos, tombou no esquecimento.

Seria injusto deixar de mencionar aqui talvez o último dos magnetizadores da velha guarda, igualmente descompromissado com a escola de Nancy e com a Salpêtrière: Hector Durville (1848 – 1923). Discípulo do barão du Potet, tem para

os objetivos deste livro um significado especial, por ter sido quem iniciou nos mistérios da sua técnica o famoso coronel Albert de Rochas, sobre o qual ainda temos muito que falar.
Escreve o dr. Rager:

> Em 1887 ele funda a Sociedade Magnética de França e, graças à sua notoriedade, aos êxitos que obtém, aos numerosos médicos com os quais trabalha e que controlam seus resultados, consegue criar uma escola prática de magnetismo e de massagens, junto à Universidade de Paris, e que será, aliás, reconhecida como estabelecimento superior de ensino livre. (Rager, G. R., 1975)

23) Lafontaine – o outro

Chegamos, portanto, a Sigmund Freud e ao coronel e engenheiro Albert de Rochas. Como não é de nosso propósito escrever uma história e nem um tratado sobre a hipnose e o magnetismo, convidamos o leitor interessado em ampliar ou conferir seus conhecimentos nessa área a consultar a bibliografia à qual vimos recorrendo e que, certamente, não esgota o assunto.

Quanto ao valor terapêutico da técnica hipnótica ou magnética, creio que devemos evitar, com o mesmo cuidado, um extremo e outro. Hipnose e magnetismo não são panaceias que curam tudo, infalivelmente, nem técnicas inócuas que devem ser abandonadas para sempre. Depois de muito estudo, observação e meditação, não vejo como rejeitar a afirmativa de um velho e esquecido magnetizador do século passado, o já citado Charles Lafontaine, que escreve no prefácio de seu livro:

> Não pretendemos dizer que o magnetismo cure todos os doentes, mas ousamos afirmar que não existe um só gênero de doenças sobre o qual não possamos exibir um caso de cura radical apenas pelo magnetismo e sem nenhum medicamento farmacêutico. (Lafontaine, Charles, 1905)

O que, em outras palavras, significa que não há doenças incuráveis e, sim, doentes curáveis ou incuráveis.

A despeito de sua manifesta incompreensão quanto ao fenômeno das mesas girantes, que então fascinava toda a Europa e principalmente a França, Lafontaine emite conceitos de impressionante exatidão, em concordância com alguns fundamentos da doutrina dos espíritos, cujo livro básico, *O livro dos espíritos*, somente seria publicado dez anos após o aparecimento da primeira edição de *L'art de magnetiser*.

Lafontaine distinguia perfeitamente corpo e espírito e entendia com clareza a interação de ambos:
Escreve ele à página 60:

> A alma não se altera pelo mau estado do seu instrumento, mas é condenada à inércia se a harmonia se rompe. A alma e o corpo têm uma vida que lhes é própria e que, perfeitamente harmonizados, constituem a vida normal do homem. O corpo, todo matéria, tem necessidade de repouso que encontra no sono, mas a alma vela durante esse tempo e, desprendida de alguma sorte de laços que a retêm, vive sua vida particular e goza das faculdades que lhe são próprias. É assim que, nesse estado de repouso, a inteligência trabalha, e que quadros reais ou fictícios se desenrolam nos sonhos, que o corpo funciona maquinalmente, sem ajuda dos sentidos, sem consciência do que faz e, mais ainda, sem nenhuma recordação quando a vida ordinária é restabelecida. (Idem)

Posto isso, façamos uma pausa e nos preparemos para prosseguir com a nossa tarefa, estudando, a seguir, o trabalho do coronel de Rochas.

Albert de Rochas e suas Experimentações

1) Quem era e o que fez

Eugène-Auguste Albert de Rochas d'Aiglun (1837 – 1914), nascido em Saint Firmin, foi homem de insaciável curiosidade intelectual e de vigorosa capacidade de trabalho. Dedicado, de início, à carreira militar, talvez mais condizente com as tradições de sua família, de Rochas deixou cedo o exército – já no posto de coronel-engenheiro, dedicando-se ao ensino, à pesquisa e à redação de suas muitas obras. E. R. Dalmor atribui ao seu interesse pelos trabalhos de von Reichenbach sobre o 'fluido ódico' a causa de seu desligamento do exército, ao qual serviu com brilho invulgar.

Iniciado na prática do magnetismo pelo barão du Potet, como vimos, de Rochas realizou pesquisas que o levaram a importantes descobertas e alcançaram grande repercussão. Injustamente esquecido hoje, seu trabalho sobre regressão da memória tem o mérito incontestável do pioneirismo. Não menos importantes são as suas observações sobre os fenômenos que classificou de exteriorização da sensibilidade e da motricidade, bem como da levitação.

Seus livros, hoje raríssimos, constituem fascinante leitura. Em *L'extériorisation de la sensibilité*, estuda a polarização do corpo humano (emanações vermelhas do lado direito, e azuis do lado esquerdo). Há fotos e desenhos que antecipam fenômenos semelhantes ao efeito Kirlian, como a ilustração dos eflúvios do dedo de um indivíduo ligado a bobina de Rhumkorff. São mostradas as diversas camadas energéticas de uma aura, bem como gravuras figurando o desprendimento de energias luminosas da ponta dos dedos.

O ilustre pesquisador chamava tais emanações energéticas de 'fluido nervoso' e não tinha dúvida em afirmar que por meio de tais fluidos um ser é capaz de exercer influência sobre outro, como já haviam dito os magnetizadores. Magnetizando, por meio de passes, os seus pacientes, verificou ele que o corpo físico ficava parcial ou totalmente insensível à dor (picada de uma agulha, por exemplo), mas a sensibilidade ao estímulo era encontrada a pequena distância do corpo, quando a agulha parecia picar apenas o ar atmosférico, mas, em realidade, estava atingindo uma das camadas energéticas que envolviam o corpo físico.

A sensibilidade das diversas camadas, a variadas distâncias, manifestava-se diferentemente em cada indivíduo. Em alguns, logo no início da magnetização; em outros, nos estados mais profundos, e, ainda em outros, não era possível localizá-las.

Ao que tudo indica, esse deslocamento da sensibilidade resulta da separação entre corpo físico e corpo perispiritual do indivíduo, pois a sensibilidade é sediada neste último, sendo o corpo material apenas um instrumento, o que se poderia chamar de *máquina de viver na Terra*.

De Rochas, porém, apesar de ter vivido em plena época do desenvolvimento da doutrina dos espíritos, preferiu seguir sem recorrer a ela para explicar os fenômenos que observava, fato esse lamentável, pois teria encontrado ali encaixes importantes. Nem por isso sua contribuição é menos válida, como veremos adiante.

Em *L'exteriorisation de la motricité*, relata ele importantes experiências e observações feitas com Eusápia Paladino e outros médiuns, bem como discussão de trabalhos de outros pesquisadores, como Lombroso, Richet, Ochorowicz, Lodge e Crookes.

Sua obra mais importante, porém, é *As vidas sucessivas*. Sem pretender ser arrogantemente conclusivo, de Rochas colocou no livro um subtítulo modesto: *Documentos para o estudo dessa questão*. Como essa é a obra mais expressiva sobre a temática da reencarnação, vista através do ângulo experimental da regressão da memória, proponho ao leitor demorarmo-nos um pouco mais no seu exame.

A título de introdução ao tema, de Rochas prefere deixar falar a história, abstendo-se de pronunciamento pessoal. Reproduz, assim, excertos que chama de 'crenças antigas e raciocínios modernos', traçando uma panorâmica sobre o conceito das vidas sucessivas (ele parece evitar o termo reencarnação), desde o antigo Egito e Caldeia, passando pelos pensadores gregos e romanos e pelos evangelhos (Elias, João Batista, Nicodemos). Recorre a uma longa citação de *O problema do ser e do destino*, de Léon Denis e cita escritores e poetas contemporâneos que, aberta ou veladamente, demonstraram admitir a doutrina das vidas sucessivas. François Coppée, por exemplo, nos belos versos de *La vie antérieure*, nos quais expressa as emoções de um reencontro e especula sobre a nostalgia da felicidade perdida com o ser amado num desses 'astros de ouro' que brilham na imensidão: E termina:

Et, dès que la nuit tombe au ciel oriental
Je cherche du regard dans la voûte lactée
L'étoile qui par nous fut jadis habitée.
(E, quando cai a noite no céu oriental,
busco com o olhar, na abóbada láctea,
a estrela que outrora foi nossa morada)

2) A metodologia

Dentro da melhor tradição dos magnetizadores e como discípulo do barão du Potet, de Rochas (também conde, além de coronel e engenheiro) usa a técnica dos passes e dos toques, reservando a sugestão para conduzir o diálogo, depois que o sensitivo está preparado. Escreve ele à página 35:

> Sob a influência de passes longitudinais praticados de alto a baixo e combinados com a imposição da mão direita sobre a cabeça do sujeito sentado à minha frente, produz-se uma série de estados aparentemente de vigília, mas que apresentam cada uma das características que têm servido para os classificar e que se sucedem sempre na mesma ordem. (Rochas, Albert de, 1911)

É preciso lembrar aqui que a técnica dos passes, tanto quanto a da sugestão ou a que resulta de uma combinação de ambas são de uma flexibilidade muito ampla. Aqui, como em tudo quanto se refira à hipnose e à magnetização, a atitude mais prudente é não dogmatizar, nem propor exclusivismos ou adotar procedimentos e conclusões muito rígidos. De Rochas, por exemplo, usava passes transversais para projetar o paciente no futuro e também para despertar o paciente em transe. Quanto aos toques, varia não apenas a maneira de fazê-los, como os pontos de eleição no corpo físico. Preferimos, no entanto, comentar tais aspectos à medida em que este estudo se desenvolve.

Na experiência do coronel, por outro lado, os diversos estágios da magnetização a partir da vigília – sonambulismo, rapport, simpatia ao contacto, simpatia à distância – eram nitidamente separados por uma espécie de pausa em estado de letargia.

Creio que vale a pena uma sumária repassagem pelas suas observações, que continuam a apresentar interesse e ensinamentos. Transcrevemos da página 36 e seguintes:

- Sonambulismo – O sensitivo tem a aparência de uma pessoa desperta, no gozo de todas as suas faculdades, mas muito sugestionável, e apresenta o fenômeno da insensibilidade cutânea que persiste em todos os estados seguintes. A memória é normal.
- *Rapport* – O sensitivo somente tem conhecimento do magnetizador e das pessoas que aquele haja posto em *rapport* com ele, seja pelo contato, seja mesmo por um simples olhar. Marcante sensação de bem-estar. Diminuição da memória normal e da sugestionabilidade. A *sensibilidade começa a exteriorizar-se* nos limites de uma camada paralela ao corpo e situada a cerca de 35 milímetros da pele. O sensitivo vê os efluvios exteriores dos corpos organizados e dos cristais. (Os destaques são meus.)
- Simpatia ao contato – A sensibilidade continua a exteriorizar-se, verificando-se a existência de uma segunda camada sensível a 6 ou 7 centímetros da primeira, e de menor sensibilidade. O sensitivo percebe reflexivamente as sensações do magnetizador, quando este se põe em contacto com ele. A sensibilidade cutânea desapareceu, bem como a *memória dos fatos*; ela não tornará a manifestar-se nos estados seguintes, mas a *memória da linguagem* subsiste nesses estados,

dado que o sensitivo pode conversar com o magnetizador. (Novamente os destaques são meus.)

Aproveitamos a oportunidade para um comentário adicional. A diferenciação entre memória dos fatos e memória da linguagem é sutil, mas de grande importância. A linguagem representa papel de relevo em todo o contexto dessa fenomenologia, pois é o instrumento de comunicação entre operador e sensitivo. Seu mecanismo oferece, não obstante, certas peculiaridades e surpresas. Por exemplo: o sensitivo, descrevendo uma existência anterior, usualmente fala a língua que conhece no momento, mas pode também usar a que conheceu no passado. Voltaremos a esse aspecto mais adiante.

Mais importante, porém, é a sua *condição de falar*. Só excepcionalmente – e ainda ignoramos as razões – o ser em transe profundo sofre inibição da linguagem. A uma paciente regredida à idade de um ano, de Rochas só conseguia respostas sim/não, ou sinais com a cabeça. A outra, igualmente regredida à infância, o operador pergunta se ela sabe falar. "Ela *me responde* que não", observa o autor.

Prossigamos.

- Simpatia à distância – O sensitivo percebe todas as sensações do magnetizador, mesmo sem contato, desde que a distância não seja muito grande. Não vê mais os eflúvios exteriores dos corpos, mas vê os órgãos interiores dos seres vivos. *Não é mais sugestionável* e perde completamente a memória de sua vida; não conhece mais que duas pessoas – o magnetizador e ele próprio – mas não sabe seus nomes. (Os destaques são meus). (Idem).

Chamo a atenção para o importantíssimo aspecto de que o paciente nesse estado se põe ao abrigo da sugestionabilidade. Quanto à perda das lembranças dos fatos de sua vida e dos nomes, seu e do magnetizador, tenho minhas reservas. Tais lembranças não são apagadas subitamente da memória integral – são apenas deslocadas, mesmo porque, estarão de volta em toda a sua plenitude, ao despertar. Toda a experimentação com os dispositivos espirituais nos indica que, a não ser em estados de grave alienação mental, o espírito está sempre consciente.

Prossigamos, porém, com de Rochas, estudando suas observa-ções finais:

> A partir desse estado – simpatia à distância – em geral pouco antes ou pouco depois, conforme o sensitivo, a sensibilidade, que até então se exteriorizava em camadas concêntricas à periferia do corpo, condensa-se para formar, de início, a cerca de um metro à sua direita, uma coluna nebulosa azul, nas proximidades do corpo; e depois, à sua esquerda, outra coluna análoga vermelha (em alguns sensitivos a ordem é inversa), até que, enfim, as duas colunas se reúnem para formar uma só, cuja forma vai se definindo gradativamente até constituir o *fantasma* do sensitivo. Esse fantasma, ligado ao corpo físico por um laço luminoso e sensível, como um cordão umbilical, se torna cada vez mais móvel e obediente à vontade. Há uma tendência marcante de

elevar-se a uma altura *que ele não pode ultrapassar,* e que parece depender do grau de evolução intelectual e moral dos sensitivos, que *veem flutuar em torno deles seres constituídos* de uma cabeça com o corpo terminando em ponta, como uma vírgula. Sentem-se felizes de se encontrarem fora do envoltório físico, de seus *andrajos,* segundo a expressão que usam com frequência, e ao qual lhes repugna regressar. Todos esses fenômenos se desenvolvem e se definem ao longo de uma série de *estados* distintos, separados por fases de letargia que se sucedem como os dias sucedem às noites. Passes transversais trazem o sensitivo de volta à vigília, fazendo-o passar, em ordem inversa, por todos os estados e todas as letargias pelos quais passou ao adormecer. (Idem)

Vamos a alguns comentários, tão breves quanto possível. Em primeiro lugar, os destaques: são do original apenas os que sublinham as palavras fantasma, andrajos e estados; os demais são meus.

A metodologia utilizada por de Rochas e suas minuciosas e preciosas observações sobre a fenomenologia testemunhada resultam de uma colagem muito ampla de experimentações cautelosas, um consenso, uma rotina. O eminente pesquisador era homem de respeitável cultura humanística e científica e se habituara à observação meticulosa e fria dos fatos. Durante muitos anos estudou e aprofundou-se na teoria e na prática dos fenômenos incomuns da mente. Suas observações são positivamente afirmativas e nítidas, mas não dogmáticas.

3) Observações preliminares
Em que se resumem elas?

- O mecanismo fundamental do complexo fenômeno é o processo de desdobramento ou desprendimento do perispírito, a que o autor chama de *fantasma.*
- À medida que o perispírito começa a deslocar-se para fora dos seus andrajos – leia-se corpo físico – vai se deslocando também a sensibilidade, que passa a ser encontrada não mais no corpo material, mas nas suas imediações.
- A partir de certo ponto, também a memória parece deslocar-se, porque deixa de manifestar-se no corpo físico, embora permaneça atuante ali a memória da linguagem.
- Mas não apenas a sensibilidade e a memória sofrem modificações e *deslocamentos,* mas também a sugestionabilidade se altera radicalmente, e o sensitivo passa a oferecer resistências praticamente invencíveis aos comandos do operador, com os quais, porventura, não concorde.
- Alterações substanciais também ocorrem com a visão, pois o sensitivo em transe é capaz de perceber – com os olhos físicos fechados, não nos esqueçamos – as diversas camadas energéticas que envolvem os corpos, os órgãos internos dos seres vivos, bem como a presença de seres igualmente desdobrados, como ele, ou totalmente desligados de seus corpos, ou seja, espíritos desencarnados.

- Quanto ao processo do desdobramento em si, começa com o aparecimento da sensibilidade nas camadas próximas à pele, até que o "fantasma" se forma pela união das duas colunas nebulosas, uma azul, à direita, e outra vermelha, à esquerda, o que parece uma separação temporária, seguida da reunificação da polarização perispiritual. Isso nada tem de fantástico, porque se o perispírito é, como tudo parece indicar, um campo magnético, um corpo energético, terá que ser realmente dotado de cargas negativas e positivas que interagem.
- A ligação corpo físico/perispírito pelo laço luminoso, que ao autor faz lembrar o cordão umbilical, é apenas a confirmação do que videntes de todos os tempos vêm testemunhando.
- A sensação de bem-estar e a relutância em regressar ao corpo físico são constantes em observações antigas, tanto quanto nas mais recentes. Desprendido do pesado corpo material, gozando de liberdade muito maior, de visão espiritual consideravelmente ampliada, situado praticamente no contexto da imortalidade, o espírito não tem, realmente, pressa alguma em voltar para a prisão da carne.

Quanto às limitações 'físicas' ou espaciais do deslocamento do perispírito a que alude de Rochas, certamente sua observação é válida, e é da sua experiência; mas não é regra geral, pois é muito rica a literatura especializada em relatos de pessoas em transe espontâneo ou provocado que se deslocam a grandes distâncias. Os casos que levaram o eminente pesquisador francês a tais conclusões devem ter resultado de inibições naturais e de compreensíveis temores que seus sensitivos não puderam ou não quiseram vencer.

4) Laurent

Aliás, uma das dificuldades a suplantar para se alcançar um estado satisfatório de transe é, precisamente, o temor do paciente ou sensitivo. Poucos descreveram tão bem esse temor como um dos primeiros pacientes do próprio de Rochas, por nome Laurent, jovem sensível e inteligente e que o autor deixa relatar o que sentiu com suas próprias palavras:

> Um vago temor me invadiu. A ideia de um sono, no qual minha vontade seria anulada, me fazia quase recusar a me prestar a tal experiência, se o receio de ser tido como medroso não se opusesse. Sentimento muito complexo: pavor do desconhecido, respeito humano, no fundo, muito banal e – o que de repente predomina – uma confiança encorajadora no experimentador. Todavia, não é senão com emoção bastante viva que me entrego às mãos do sr. de Rochas, mesmo sem esperar que eu seja suscetível de ser adormecido. (Idem)

Esse depoimento autêntico e honesto indica que o operador deverá sempre fazer um trabalho preparatório junto ao paciente a fim de ganhar-lhe a confiança, não por artifícios, mas pela convicta sinceridade, mesmo que o paciente esteja desejoso da experiência. O processo da magnetização (ou da hipnose) dificilmente será despojado da sua intrínseca característica de artificialidade. Muito embora todos nós nos desprendamos do corpo físico, em maior ou menor grau, sempre que adormecemos, não é sem compreensível reservas que entregamos a chave da nossa morada a uma pessoa que, muitas vezes, nem conhecemos direito. Que irá esse estranho fazer conosco? Levar-nos ao ridículo? Violar nossos segredos? Induzir-nos ao crime? Abusar de nosso corpo? Causar-nos algum dano psíquico ou físico? Despertar alguma latente ansiedade para a qual ainda não estejamos preparados?

Como se vê, os problemas são muitos; e há todo um código de ética a ser observado com indubitável rigor por aqueles que se propõem a essa tarefa, pois o que se oferece à manipulação são certos controles vitais do complexo computador humano. Um clima de respeito e seriedade é indispensável.

5) Joséphine

As experiências de de Rochas com Laurent, em 1893, foram meramente exploratórias, limitadas à vida presente do sensitivo.

Ao que se depreende, não estava na intenção de ambos qualquer propósito de explorar memórias de outras existências, conceito que parece, de início, fora das cogitações do pesquisador.

Somente em 1904, onze anos após, de Rochas teve oportunidade de retomar seus estudos de regressão. A sensitiva era uma jovem de 18 anos, empregada doméstica em casa de um alfaiate de Voiron. Chamava-se Joséphine. Inteligência medíocre, considerada um tanto astuta.

O coronel adormeceu-a, como de hábito, por meio de passes longitudinais, sem nenhum propósito específico; apenas "para saber que fenômenos ela apresentaria". ..."e tive a surpresa" – prossegue ele – "de verificar que, *sem nenhuma sugestão*, eu a fazia recapitular o curso de sua vida como aconteceu com Laurent, que eu não observava desde 1893". (Idem)

Parece que a linguagem do autor não está muito precisa neste ponto. Se ele declara que não se utilizou de nenhuma sugestão, não foi ele que 'a fazia recapitular' a vida, e sim ela que espontaneamente buscava na sua memória pregressa episódios que desejava narrar. Regredida à fase infantil, ela se porta como criança, tem as reações normais de uma criança.

As experiências com Joséphine continuaram em outras oportunidades, nas quais o magnetizador procurou prepará-la melhor e reduzir o tempo necessário para levá-la ao estado da primeira infância. Ao cabo de algumas sessões, escreve o autor, ..."tive a ideia de continuar os passes longitudinais".

Prossegue o autor:

> Interrogada, Joséphine respondeu por meio de sinais às minhas perguntas; e foi assim que ela me fez entender, pouco a pouco, em diferentes sessões, que não havia ainda nascido e que o corpo no qual deveria encarnar-se

encontrava-se no ventre de sua mãe, em torno de quem ela permanecia, mas cujas sensações exerciam sobre ela pouca influência. (Idem)

O relato nos revela, portanto, uma situação inteiramente inesperada: a ideia de prosseguir com os passes parece ter surgido ali, naquele momento, sem premeditação e planejamento, como imprevista fora a informação de que haviam alcançado um estágio em que 'ela não havia ainda nascido'.
Prossegue de Rochas:

> Novo aprofundamento do sono determinou a manifestação de uma personagem sobre a qual tive, de início, alguma dificuldade em determinar a natureza. Ela não queria dizer quem era, nem onde estava. Respondia-me em tom ríspido e com voz de homem que estava ali mesmo, pois me falava; aliás, não via nada porque 'estava no escuro'. Tornando-se o sono ainda mais profundo, foi um velho recolhido ao seu leito e doente há muito tempo que respondia às minhas perguntas, após muita tergiversação; um camponês ardiloso que temia comprometer-se e desejava saber por que estava sendo interrogado. (Idem)

Estamos aqui ante uma regressão total que poderíamos chamar de estágio 2, para distingui-la do estágio 1. Neste, o sensitivo, mergulhado na sua vida presente ou mesmo numa das anteriores, apenas se recorda de fatos, e ainda pode aceitar certas sugestões. Espontaneamente regredida aos 6 anos, na primeira sessão, Joséphine aceita a sugestão de que o lenço do coronel de Rochas é uma boneca e a embala infantilmente, bem como, na fase da primeira infância, chupa-lhe o dedo como um bebê.

Já no estágio 2, não ocorre apenas recordação, mas uma revivescência, na qual a sugestão é criticamente analisada e aceita ou não. O sensitivo se coloca totalmente naquele contexto, com todas as suas condições psicológicas, culturais, e até 'físicas'. Assim que Joséphine mergulha nas memórias daquela vida anterior, há uma completa mudança de situação – sua individualidade se reveste das características do velho camponês doente, desconfiado, rude, um tanto agressivo. Ela não está mais se lembrando de uma situação anterior, *ela a está vivendo*, na personalidade de uma pessoa algo diferente, mas substancialmente semelhante.

6) Recordar-se e 'estar lá'

Como este ponto é de considerável importância, procuremos definir melhor os dois estados. Irei fazê-lo com dados de uma experiência pessoal que confirma observações anteriores de outros estudiosos.

Refiro-me às experimentações realizadas em 1967, com o jornalista Luciano dos Anjos, das quais o *Reformador* publicou um relato resumido, posteriormente exposto em todas as suas minúcias no livro *Eu sou Camille Desmoulins*. Em certo ponto do diálogo, o paciente já regredido, o operador lhe pede uma informação:

que teria ele, na personalidade do revolucionário francês Camille Desmoulins, dito certa noite, enquanto jantava em companhia da esposa e de amigos, sob as tensões e apreensões do Terror? O sensitivo que, no momento, apenas está se recordando, mas não *está lá*, não se lembra da frase, que teria dito há quase 180 anos. Tratava-se de um teste proposto por um amigo para verificar se ele, realmente, apresentava evidências conclusivas de ter sido Desmoulins ou se apenas estava fantasiando com base em informações históricas. Após uma pausa, ele pergunta ao magnetizador se a resposta é *importante*. Este acha que sim, porque serviria de um elemento a mais de convicção a juntar-se aos muitos que estávamos reunindo para apresentar um sólido caso, tão documentado quanto possível, da autenticidade de suas memórias.

Diz, então, o sensitivo em transe:
– Então espera um pouco que *eu vou lá*.
Decorridos alguns momentos de silêncio, ele retoma o diálogo:
– *Já estou aqui*. O que mesmo você quer?
O operador repete a pergunta e ele começa logo a respondê-la. Sabe perfeitamente do que se trata. Haviam se reunido para conversar, trocar ideias, debater as questões vigentes e analisar as angústias da situação em que se encontravam. Era um jantar, à noite, em casa de um deles e para aliviar as tensões, ele, Desmoulins, dissera aos amigos a famosa frase que o apóstolo Paulo escreveu na Primeira Epístola aos Coríntios, capítulo 15, versículo 32:
– ... comamos e bebamos que amanhã estaremos todos mortos.
Disse o sensitivo que preferira dizer a frase em latim para que a esposa não percebesse seu estado de desalento quanto às perspectivas de sua sobrevivência em pleno regime de Terror.

Era essa a frase que o amigo comum buscava. Embora não conste dos livros habituais de história, ele descobrira a referência não sei em que alfarrábio perdido na poeira de alguma biblioteca.

Há, pois, uma diferença sutil, mas muito nítida e de grande importância no processo da regressão da memória, entre apenas *recordar-se* e *estar lá*.

Isso nos leva a algumas especulações adicionais: que é *estar lá*? Como se processa a conversão de um processo em outro? *Onde* é aquele *local*?

Ao que tudo indica, fundem-se aqui, numa só realidade, as fronteiras tempo/espaço. Parece estar aí aquele ponto, segundo o autor espiritual de *A grande síntese*, em que "o *onde* se torna *quando*". O tempo seria, pois, também um local, que se pode visitar no passado e, sem dúvida, também no futuro. É como se transportássemos, num sentido ou no outro, rumo ao passado ou ao futuro, o nosso cabeçote de gravação/leitura e, em vez de contar o que vimos e sentimos, reproduzíssemos a experiência com todas as nuances ambientais, emocionais, culturais.

É nesse posicionamento de 'estar lá', que o coronel de Rochas encontra o velho camponês que lhe fala pelo corpo de Joséphine. Seria fácil entabular um diálogo se a técnica da sugestão e o dogma da sugestionabilidade do paciente em transe fossem tão absolutos como pretendem tantos. Bastava sugerir à entidade com quem se fala para proceder desta ou daquela maneira; dizer isto ou aquilo. O que presenciamos, no entanto, é uma vontade firme de quem sabe o que quer e o que não admite. Seria, no mínimo, ridículo propor à entidade ali manifestada – o velho camponês, por exemplo – que ela tem o violino nas mãos e toca a mais sublime das melodias ou que pode apanhar um copo imaginário que tem à sua frente e beber do bom vinho tinto. A sugestão não faria o menor sentido; o sensitivo demonstra inquestionável autonomia de sua vontade, longe de qualquer suposta submissão à vontade e ao comando do operador.

Ele pode deixar-se convencer, ser levado pela persuasão a revelar-se mais ou dizer aquilo que reluta em revelar, mas não poderá ser obrigado a fazê-lo, como se fosse mero fantoche nas mãos do operador, plástico a qualquer sugestão, por mais ridícula que seja.

7) O inesperado

É o que de Rochas encontra, ao aprofundar-se no exame da primeira das muitas camadas mais profundas da personalidade de Joséphine. Sua surpresa é genuína e serve também para autenticar a legitimidade do fenômeno inesperado.

Escreve ele ao pé da página 68:

> Encontrava-me, assim, envolvido numa ordem de pesquisa que *estava longe de suspeitar*, e para me situar nela foram necessárias muitas sessões, durante as quais, trazendo ao presente, envelhecendo ou rejuvenescendo alternadamente o paciente nas suas existências anteriores por meio de passes apropriados, eu coordenava e completava ensinamentos que eram frequentemente obscuros para mim, dado que não tinha dúvida alguma, de início, para onde *ela* (a paciente) *desejava conduzir-me*. Compreendia com dificuldade os nomes próprios de regiões e de pessoas desconhecidas. Foi somente à força de pesquisas em mapas e dicionários que consegui determinar exatamente os nomes e obter sobre eles informações das quais falarei mais adiante. (Idem)

Prossegue o autor:

> É bom lembrar aqui que, em grande número de pacientes, o sono magnético produz uma série alternativa de fases de letargia, durante as quais o paciente não é capaz de transmitir suas impressões em vista de uma paralisia momentânea dos nervos motores, e de fases de sonambulismo, durante as quais é capaz de falar, mas apresenta insensibilidade cutânea. Ele goza, então, de novas faculdades, tanto mais desenvolvidas quanto mais profundo é o sono. Durante as fases de letargia o paciente continua em relação com uma parte do mundo exterior, pois que, após despertado, pressionado-se sua testa no ponto da memória sonambúlica, desperta-se a memória do que se passou durante o tempo em que esteve adormecido, tanto quanto durante essas fases, como durante as outras. (Idem)

É importante trazer as citações para aqui – apesar de um tanto longas – porque elas revelam uma atitude descompromissada, sem ideias preconcebidas, de quem aprende humildemente com os fatos, em lugar de forçar os fatos a se enquadrarem num rígido esquema de conceitos teóricos, previamente formulados e cristalizados.

As experiências com Joséphine começaram apenas 'para ver o que acontece'. A primeira surpresa é a descoberta da irrelevância da sugestão. A ideia de prosseguir nos passes, depois de obtidos os fenômenos a que o pesquisador está habituado, surge espontaneamente, sem haver sido preconcebida. A próxima surpresa é a eclosão de uma personalidade estranha, algo hostil, masculina, desconhecida que, vencendo relutâncias óbvias, revela nomes de lugares e de pessoas desconhecidas. O pesquisador não hesita em confessar seu despreparo, um dos principais fatores de autenticação da fenomenologia que, *malgré lui*, ele vai suscitando na modesta empregada doméstica de Voiron. Por fim, a surpresa de que a memória permanece intacta, mesmo quando parecia que a moça mergulhava na neblina do inconsciente.

Como este último aspecto ainda hoje parece algo controvertido, vale a pena inserir aqui observações colhidas em publicação recente, autorizada e digna de fé – o volumoso livro do dr. G. R. Rager, já citado alhures.

Escreve ele à página 179:

> Numerosos autores sustentam a hipótese da existência de uma 'perda de consciência', de uma 'desconexão', ou de uma espécie de 'narcose', durante a qual a pessoa realiza atos de que não tem consciência. Tal deformação conceitual, como já o dissemos, tem levado muitas pessoas a acreditarem que a sofronização[1] se detinha onde começava a hipnose. Essa 'perda de consciência' não existe, em realidade, nem na hipnose, nem na sofronização. (Rager, G. R., 1975)

Quanto às resistências que o paciente em transe oferece às sugestões e ao questionário do pesquisador, de Rochas costumava vencê-las, não pela imposição, pelo comando, mas por um artifício que descobriu ser infalível: se o paciente se recusava a responder ele 'ameaçava' *envelhecê*-lo, ou seja, dar-lhe passes transversais, que o projetavam no sentido do futuro, e, quando as instruções eram cumpridas obedientemente, ele os 'rejuvenescia', dando-lhes passes que os levavam no sentido do passado: ..."dessa maneira", escreve o autor, "ao fim de algum tempo, eles me tomavam por um grande feiticeiro que era preciso obedecer".

---

[1] Sofrologia é uma técnica terapêutica desenvolvida pelo dr. Afonso Caycedo, professor de neurologia da Universidade de Barcelona. Semelhante em alguns aspectos, à hipnose, dela difere em outros, especialmente na criação de uma terminologia inteiramente nova e com novas abordagens. A palavra apresenta os seguintes componentes gregos: *sôs* (harmonia, equilíbrio), *phrem* (espírito, alma) e *logos* (estudo).

8) O encadeamento das vidas

De Rochas ia, assim, aprofundando-se mais e mais naquelas verdadeiras 'camadas geológicas' da memória integral dos seus sensitivos. Em Joséphine encontrou, imediatamente abaixo, o velho camponês mal-humorado. Aos poucos conseguiu persuadi-lo a contar sua história, aliás, bastante singela. Chamava-se Jean-Claude Bourdon e nascera em 1812, num lugarejo por nome Champvent, na comunidade de Polliat. Ele próprio informou a de Rochas que havia dois lugares com o nome de Champvent, mas que o 'dele' ficava nas vizinhanças de Mézériat, e que ele ia frequentemente a St-Julien sur Reyssouse, que também ficava por ali, no departamento de Ain.

Jean-Claude frequentara a escola até os 18 anos, mas não aprendera grande coisa, mesmo porque só ia às aulas durante o inverno, ainda assim, fazendo muita gazeta. Cumpriu seus deveres militares no 7º Regimento de Artilharia, em Besançon, e lá deveria ter permanecido durante sete anos, mas a morte de seu pai fê-lo retornar dentro de apenas quatro anos. De Rochas verificou posteriormente que, de fato, o 7º Regimento estacionara em Besançon de 1832 a 1837, sendo "difícil compreender como é que Joséphine poderia ter sido informada sobre isso".

Ao retornar do serviço militar, certamente muito mais sabido das coisas do mundo, decidiu que não era preciso "desposar as mulheres para servir-se delas" e, por isso, fez de sua boa amiga Jeannette uma concubina. De Rochas o adverte de que ele pode torná-la grávida. E ele:

– "E daí? Não será a primeira, nem a última..."

Com o tempo se torna um velho solitário, vivendo de sopas que ele mesmo prepara e de salsichas. Tem um irmão casado e sobrinhos, mas se queixa de que não ligam para ele. E assim termina, aos 70 anos, após longa enfermidade, aquela vida vazia e sem horizontes. Para saber de suas crenças, de Rochas lhe pergunta se ele não pensa em chamar o padre. Resposta: "Você está brincando comigo! Você acredita mesmo em todas as besteiras que ele conta? Que nada! Quando a gente morre, é para sempre".

Ao morrer, sente-se sair do corpo, ao qual ainda fica preso por algum tempo. Acompanhou seu próprio enterro, flutuando acima do caixão. Ouvia comentários: "Que alívio!" Na igreja observou que quando o padre deu uma volta em torno do caixão, formou-se "uma espécie de parede algo luminosa que o punha a salvo dos maus espíritos que desejavam precipitar-se sobre ele". As preces do cura também o acalmaram, mas tudo aquilo durou pouco.

No cemitério continuou preso ao cadáver que se decompunha, o que lhe causava tremendo mal-estar. Seu corpo fluídico (perispírito) adensou-se e ele passou a viver numa obscuridade muito penosa, mas não sofre tanto, porque pelo menos não matou ninguém, nem roubou. Às vezes tem vontade de beber um traguinho, como fora de seu hábito em vida. Reconhece que a morte, afinal de contas, não era o que ele pensava, ou seja, o fim de tudo.

Quando de Rochas, o superfeiticeiro, promete fazê-lo reviver, ele respira aliviado e manifesta sua gratidão antecipada, pois não está entendendo, ao certo, porque está naquela situação. Se soubesse que era aquilo, não teria zombado tanto do senhor cura.

Às vezes percebe vagos clarões nas trevas que o envolvem e, um dia, tem a inspiração de renascer em corpo feminino, porque as mulheres sofrem mais do que os homens, e ele "tinha que expiar as faltas que havia cometido ao prejudicar as moças". Nesse ponto aproxima-se daquela que deveria ser sua mãe, e parece envolvê-la até que a criança nasce; durante cerca de sete anos "havia em torno do corpo uma espécie de neblina flutuante, na qual ele distinguia muitas coisas que nunca mais viu depois disso".

Prosseguindo com os passes longitudinais, de Rochas leva Jean-Claude à infância e, em seguida, revela-se nova personalidade. Desta vez é uma velha que se contorce em dores, curvada sobre uma cadeira. Está envolvida em trevas e cercada por espíritos malignos, de aparência hedionda, que a atormentam. Responde com voz pausada e nítida às perguntas. Chama-se Philomène Charpigny. Seu avô era um certo Pierre Machon e vivia em Ozan. Casou-se em 1732, em Chevroux, adotando o nome Carteron, do marido. Tiveram dois filhos, que morreram. É analfabeta e não tem sentido religioso, nem frequenta igrejas.

Antes daquela vida, fora uma menina que morrera muito jovem. Anteriormente fora um homem de maus bofes, verdadeiro bandido, que matara e roubara. Por isso, sofrera nas trevas, mesmo após a vida como a menina, que morrera cedo e não tivera tempo de praticar grandes patifarias.

A essa altura, a sessão já durava *duas horas* e, a despeito da extraordinária vitalidade de de Rochas, parece que ambos estavam esgotados e ele resolveu parar com as experiências, trazendo-a de volta até Joséphine, aos 18 anos.

Como se vê, era uma série de existências obscuras e sofridas, vividas na ignorância, no crime, sempre seguidas por um período de angústias e aturdimento no mundo espiritual. Essas existências encaixavam-se umas nas outras com certa lógica: ali estava demonstrada a doutrina da responsabilidade pessoal pelos erros, a tendência ao progresso moral, ainda que mínimo, lento e penoso, as reencarnações quase compulsórias ou, pelo menos, dirigidas – pelas figuras luminosas que o espírito entrevia naquela escura neblina em que vivia – a confirmação de que o processo da reencarnação somente se completa e consolida aos 7 anos, e tantos outros ensinamentos semelhantes.

Vemos, por exemplo, que depois de uma existência – como Jean-Claude – em que abusou das mulheres com fria indiferença e desrespeito, tem consciência das razões pelas quais assume uma encarnação feminina e renasce como Joséphine.

Os elementos de autenticação são muitos e estão, precisamente, nos pormenores aparentemente irrelevantes, como, por exemplo, a informação de Jean-Claude de haver servido ao 7º Regimento, em Besançon, informação que o coronel de Rochas confere posteriormente, e que Joséphine não tinha como saber. Em outra oportunidade, Jean-Claude informa que as comemorações militares não eram a 14 de julho e sim a 1º de maio. Isso é verdadeiro. Segundo apurou de Rochas, fora essa a data comemorada entre 1830 e 1848, dado que dificilmente Joséphine, humilde empregada semialfabetizada, poderia saber. Pelas mesmas razões é difícil supor que aquelas possíveis 'fantasias' e 'alucinações' – como muitos supõem – de uma pobre moça ignorante pudessem conter, por mero acaso, conceitos bem fundamentados de uma verdade transcendente: imortalidade, sobrevivência, reencarnação, responsabilidade pessoal, perispírito, a continuidade, enfim, ininterrupta da vida consciente, alternadamente na carne e no mundo espiritual, segundo as condições de procedimento do ser.

9) Mme. Lambert e a progressão

Foi nessa época que o coronel Albert de Rochas tentou, pela primeira vez, a técnica da progressão, ou seja, a projeção no futuro, em lugar da regressão, que era a projeção no passado.

Vejamos como se passaram as coisas.

As experiências com Joséphine foram interrompidas alguns meses, mas, numa viagem a Paris, o coronel resolveu tentar com mme. Lambert, umas de suas antigas sensitivas, as novas técnicas que havia desenvolvido com a jovem doméstica.

O autor lamenta que, embora dotada de extraordinária sensibilidade, a sra. Lambert seja "infelizmente sujeita a graves problemas nervosos". (Naquela época, distúrbios mentais, emocionais ou espirituais e psicossomáticos levavam quase sempre o rótulo comum de problemas nervosos). Não houve condições de realizar com ela experiências de regressão da memória, em busca de encarnações anteriores, mas foi com ela que, pela primeira vez, o autor conseguiu obter nos seus sensitivos o que chama de "visão do futuro".

Como vimos, o coronel adormecia (ou 'rejuvenescia') seus pacientes com passes longitudinais e os despertava (ou 'envelhecia'), com passes transversais, destinados a dispersar-lhes as energias magnéticas que se acumulavam no organismo. Numa das experiências com a sra. Lambert, depois de despertá-la – o que ele testou ao verificar o retorno da sensibilidade cutânea – , resolveu prosseguir com "os passes transversais, sob o pretexto de desvencilhá-la melhor, mas, em realidade, para saber o que aconteceria".

Ao cabo de alguns instantes, sem desejar influir com sugestões sobre o seu psiquismo, ele lhe pede que veja no espelho de que cor são seus cabelos. Ainda que eles sejam bem negros (mme. Lambert tem, à época, apenas 40 anos de idade), ela os vê grisalhos. Com a continuação dos passes, ela se revela enfraquecida. Pouco depois informa que decidiu ir viver com seu irmão. Aos 45 anos, estaríamos em 1909, e ela diz viver no campo, cuida de um velho e se entedia.

Temendo algum incidente, pois o terreno é muito incerto para ele, de Rochas resolve interromper a busca rumo ao futuro sem ter obtido o consentimento prévio da sensitiva em estado de vigília. Sua atitude é correta e elogiável. Antes de despertá-la, mais uma pergunta:

Escreve ele:

> Pergunto-lhe se ela vê algum inconveniente em que eu empregue a ciência magnética para levá-la a ver o que se passará com ela no momento da morte, momento esse que ninguém pode evitar. (Rochas, Albert de, 1911)

Ela se recusa obstinadamente, e o operador a desperta por meio de passes longitudinais.

Em nota de rodapé, à página 100, o autor informa que as previsões de mme. Lambert não se realizaram, pois em 1911 ela ainda vivia em Paris e servia como sensitiva nas experiências de Durville e Lancelin. Como em outros casos, experiências semelhantes foram positivas – eventos antevistos realmente ocorreram – somos levados a supor duas hipóteses:

- as visões eram fantasiosas ou
- eram opções prováveis entre as muitas alternativas possíveis e que decisões ou eventos posteriores eliminaram.

Não me atrevo a propor soluções, mas não há dúvida de que o assunto está ainda hoje a merecer estudos mais aprofundados, pois é evidente que há ouro na ganga.

10) Joséphine e o futuro

De regresso a Voiron, o coronel de Rochas deu prosseguimento, agora mais ordenadamente, às experiências com Joséphine. Regredindo-a ao passado, ela confirma as histórias que já conhecemos: a vida como Jean-Claude, a de Philomène etc. Quanto ao futuro, ela fornece interessantes informações, algumas delas apoiadas no que costumo considerar importante fator de autenticação: a emoção. Ela chora abundantemente e se mostra muito envergonhada. Não é difícil imaginar as causas de sua aflição, mas o coronel é um hábil interrogador e pergunta se ela está casada.

– Não. Ele não quer – é a resposta. E, no entanto, ele me prometeu...

– Diga-me o seu nome e eu procurarei agir para fazê-lo raciocinar melhor.

– O senhor não conseguiria nada; eu já fiz tudo o que podia.

Ela declara estar morando no interior. Tem 32 anos e sua desonra aconteceu há dois anos.

Joséphine descreve outros episódios futuros, até a morte, aos 70 anos, bem como algumas das próximas existências, mas infelizmente o coronel a perde de vista e não pode dizer se as suas previsões a prazo mais longo se realizaram.

Tenho aqui um pequeno depoimento pessoal. Numa das progressões que se alongaram pelo futuro, Joséphine declarou que se via encarnada como uma menina por nome Marie, filha de Edmond e Rosalie Baudin. Vivem num lugar chamado Saint-Germain-du-Mont-d'Or, onde o sr. Baudin teria uma loja de calçados. Em 1970 Marie Baudin estaria com 16 anos de idade. Aquele dia específico era quarta-feira, mas ela não sabia dizer de que mês. O regime político era republicano.

Resolvi testar a informação. Em 15 de maio de 1972, endereçei uma carta a M. Edmond Baudin, *marchand de chaussures*, Saint-Germain-du-Mont-d'Or,

Puy-de-Dôme, França. Explicava ao hipotético destinatário – em francês que o amigo e confrade Newton Boechat revisou para mim – das razões que me levavam a escrever-lhe. Segundo pesquisas feitas em 1904, pelo seu compatriota coronel e engenheiro Albert de Rochas, ele, Baudin, e sua esposa, Rosalie, deveriam ter uma filha, por nome Marie, já com cerca de 18 anos de idade em 1972. Como estávamos interessados em confirmar ou negar a previsão, contávamos com a sua amável cooperação.

O correio francês foi maravilhoso. Tentou todos os endereços possíveis. Vejo, pelos carimbos – a carta me foi devolvida em 22 de junho de 1972 – que ela esteve a 20 de maio, em St. Germain-au-Mont-d'Or, no Rhone (nosso St. Germain era du-Mont-d'Or, e não au); no dia 23, em St. Germain-Lembron, no Puy-de-Dôme, e a 24, em St. Germain-l'Herm, também no Puy-de-Dôme. Em seguida, há uma nota *Revoir 1er. Adresse* (Tornar a ver o primeiro endereço). Depois disso, *Retour a l'envoyeur* (Devolução ao remetente).

Não há, pois, um lugar por nome Saint-Germain-du-Mont-d'Or na França moderna. Depreende-se que não há, portanto, Edmond, Rosalie e Marie Baudin, e, obviamente, Joséphine falhou na sua profecia a longo termo. Ou então, o coronel enganou-se nas suas anotações, pois em 1904 não havia gravadores. Ou a família Baudin estaria vivendo alhures...

Com Eugénie (Caso nº 3), as experiências foram positivas. Essas sessões, realizadas, aliás, na Escola de Medicina, revelam alguns aspectos interessantes, como o susto que a sensitiva experimentou, já desdobrada, ao ver ao seu lado, os espíritos de sua avó e de uma tia, ambas mortas há anos. Os passes transversais levam-na dois anos adiante e ela apresenta o quadro de um parto e se sente envergonhada, pois, sendo viúva, não se casara novamente. Alguns meses depois ela parece afogar-se. Levando-a mais dois anos à frente, a 1908, portanto, (estamos em 1904), novo parto. O coronel pergunta-lhe onde ela se encontra naquele momento e ela responde de modo breve e enigmático: "Sobre a água". O operador concluiu pela resposta bizarra que ela divagava e resolveu despertá-la. No entanto, tudo aconteceu como previsto ou melhor, como vivido por antecipação: ela passou a coabitar com um operário que fazia luvas e em 1906 teve dele um filho. Pouco depois atirou-se ao rio Isère, disposta a suicidar-se (a cena do afogamento), mas foi puxada para fora por uma perna. Enfim, em janeiro de 1909, teve outra criança, um parto inesperado em cima de uma das pontes do Isère, que ela no momento atravessava e, portanto, "sobre a água", como dissera anos antes.

De Rochas lamenta-se honestamente de não ter sido mais cauteloso com esta experiência e não lhe atribuir o valor devido, por julgar que a jovem senhora fantasiava e dizia coisas incoerentes e mais ou menos previsíveis. Havia, porém, o testemunho da sra. Besson, em casa de quem vivia Eugénie e onde foram feitas as experiências. Quando os eventos ocorreram tal como previstos, ambos se lembraram das antecipadas revelações de Eugénie em transe, mesmo porque haviam decorrido não mais que quatro anos.

O caso, contudo, oferece aspectos interessantes e, embora as experiências de de Rochas quanto à projeção no futuro não hajam sido conclusivas e inquestionáveis, há material suficiente para justificar pesquisas nesse sentido.

11) Novas surpresas

Não faltam surpresas para de Rochas. A certo ponto de suas experiências com Joséphine, por exemplo, ele percebe que

> ...a direção dos passes não tem grande importância. O essencial parece ser relaxar os laços que unem o corpo físico ao corpo astral a fim de permitir que este tome a direção que já experimentou ou que lhe é sugerida e, assim, sem dúvida para ele, permitir-lhe assumir mais facilmente as diversas formas correspondentes às épocas evocadas. (Idem)

Aliás, com Joséphine já em transe, na sexta sessão, o coronel lhe segura as mãos – o que também é uma técnica de passe – e lhe pede que faça o que for necessário para ir ao passado ou ao futuro. Ela responde que *"basta desprender seu corpo fluídico, que ela irá para o lado que eu desejar"*.

Essa é também a minha experiência pessoal. O coronel, não obstante, mantém-se fiel com Joséphine e outros sensitivos à técnica dos passes longitudinais para regredir, e aos transversais para progredir a memória. Nas suas experimentações há também um fenômeno que não é o que tenho observado: ao aplicar passes de dispersão para trazer seus pacientes de volta ao estado normal de vigília, estes repassam religiosamente, em ordem inversa, por todos os episódios vividos 'na ida': as dores, os estados de angústia, a aflição da 'morte', a posição fetal das gestações, as alegrias etc. Para fazer recordar tudo quanto se passara – os acontecimentos e as emoções – ele fazia uma pressão com o dedo no meio da testa do paciente recém-desperto.

Sobre a plasticidade do perispírito comentaremos pouco adiante.

Embora as experiências com os diversos sensitivos do coronel de Rochas sejam estruturalmente semelhantes, cada um deles revela características pessoais e fenômenos distintos, com maior ou menor aptidão para esta ou aquela manifestação. Vimos, por exemplo, que em Joséphine não apenas a regressão é relativamente fácil e bem ordenada, como a própria sensitiva transmite instruções e faz sugestões ao operador, pessoa consideravelmente mais trabalhada do que ela em cultura e inteligência.

Louise (Caso nº 5), segundo o autor:

> ... adormece dificilmente por meio de passes magnéticos, mas revela a faculdade de ver, em estado de vigília, o corpo astral exteriorizado dos sensitivos e de exteriorizar-se, ela mesma, por sua própria vontade. Durante minhas experiências com Joséphine, ela percebia o corpo astral desta logo que ele se desprendia, sob forma vaporosa, que se condensava pouco a pouco, para assumir forma humana, que, aliás, *mudava segundo a idade e a personalidade* às

quais era levada, momentaneamente, a sensitiva. Esse corpo astral era luminoso durante os períodos de vida (na carne) e mais escuro nos intervalos que separam as diversas existências. Nos momentos correspondentes à morte, ele parecia dilatar-se e escurecer e perdia a forma. Quando Louise se encontrava em contacto com essa espécie de nuvem, experimentava uma sensação de frio muito penosa, a mesma que costumava sentir quando se aproximava de um indivíduo que acabasse de morrer. (Idem)

12) Visão perispiritual

Louise revela faculdades de grande interesse para o pesquisador. Além de desprender-se espontaneamente – ou seja, sem passes ou sugestão – é capaz de imprimir a essa "substância exteriorizada, a *forma que desejar*". É capaz ainda, de "materializar seu pensamento e *torná-lo visível* a outros sensitivos".

Embora não me pareça adequado chamar isso de materialização do pensamento, dado que as formas produzidas somente são visíveis aos sensitivos, o fenômeno não é estranho à literatura mundial da pesquisa psíquica. Ted Serios, médium contemporâneo de efeitos físicos, conseguiu inúmeras vezes, e sob condições rígidas de controle, impressionar chapas fotográficas com imagens nas quais se concentrava. O livro de Colin Wilson (*The occult*) traz um bom relato sobre o trabalho de Serios. Aliás, o coronel de Rochas acha que se Louise fosse "suficientemente reforçada por uma corrente (de pessoas), talvez pudesse impressionar chapas fotográficas, ou tornar as pessoas (espíritos), visíveis a todos".

Acertadamente, a nosso ver, o coronel de Rochas identificava em Louise a faculdade que o espiritismo classifica como de 'efeitos físicos'.

Joséphine desloca-se de seu corpo físico a grandes distâncias. Numa das experiências ela se vê *acima da Terra*. Já a senhorita Mayo (Caso nº 6), de 18 anos, não consegue ultrapassar a barreira material do teto do aposento em que a experiência é realizada. Como outros pacientes também encontraram essa dificuldade, enquanto alguns, como Joséphine, venciam facilmente os obstáculos de ordem material, não resta dúvida de que se trata de inibição puramente psicológica: a pessoa *se julga* incapaz de atravessar uma parede ou um teto e acaba realmente não o conseguindo, enquanto outros, que nem pensam nisto ou se dispõem a suplantá-los, conseguem fazê-lo.

De Rochas fez repetidas experiências de manipulação do corpo perispiritual sob controle de videntes de sua confiança. Escreve ele em nota de rodapé, à página 110:

> Resulta de inúmeras experiências que fiz com dois sensitivos, que um podia exteriorizar seu corpo astral e outro podia vê-lo; que aquele que o exterioriza, *pode modelá-lo à vontade, como o escultor modela a cera com seus dedos*. (Idem)

Em experiência com mme. Lambert, o coronel de Rochas – aliás, contra a vontade dela, que relutou bastante em ceder – ordenou que ela reduzisse seu corpo perispiritual à forma de uma bola, o que o experimentador 'conferiu', pinçando ou beliscando o espaço em torno da forma assim projetada. Em seguida, ele recomendou que ela reassumisse a sua forma habitual, despertou-a e pediu-lhe que voltasse no dia seguinte.

Mme. Lambert faltou ao compromisso e o coronel foi visitá-la. Encontrou-a de cama, o corpo rigidamente arqueado. A despeito dos sofrimentos que a posição incômoda lhe causava, ela não conseguia fazê-lo relaxar. De Rochas provocou o desprendimento e lhe deu as instruções devidas. Ao despertar, ela estava em boas e normais condições.

Alguns meses após essa experiência, ele teve uma oportunidade magnífica de testar o fenômeno da plasticidade do perispírito.

Estava de passagem por Paris, a famosa madame d'Espérance, que não somente prestou-se a experiências numerosas com vários pesquisadores de renome, como também escreveu um livro que até hoje se lê com profundo interesse e agrado: *No país das sombras*. Com a finalidade de fazer algumas demonstrações à conhecida médium inglesa e ao ilustre pesquisador russo, Alexander Aksakof, de Rochas convidou mme. Lambert e, depois de desdobrá-la, pediu-lhe que desse ao perispírito dela a forma dele, de Rochas. A sra. Lambert viu a operação em processamento, contemplando tanto o seu corpo astral, quanto o reflexo dele num espelho. Mme. d'Espérance confirmou com a sua vidência, ainda que desconhecendo exatamente o que se passava, porque não podia seguir a conversação e as instruções do operador, pelo seu desconhecimento da língua francesa.

De Rochas repetiu a experiência a 23 de novembro de 1903, em Voiron, em casa da família da qual Joséphine era empregada doméstica. Louise, a outra sensitiva já aludida neste livro, estava também presente. Sem que Joséphine fosse informada, o coronel instruiu Louise, já desdobrada, a que desse ao seu corpo astral, a forma dele, coronel. Com Joséphine em transe, o operador pôde verificar que ela via o corpo astral da companheira em sua condição normal.

Escreve de Rochas, transcrevendo de suas anotações daquele dia:

> ... em seguida ela o vê, com espanto, cofiar os bigodes e a barbicha. Enfim, ela diz rindo-se: 'Mas, é o coronel!' (Idem)

De Rochas sugere, sempre sem que Joséphine saiba, que Louise dê ao seu corpo perispiritual a forma do filho dos donos da casa, que ela conhecia, mas há dois anos trabalhava em Java. Joséphine, que não conhecia a pessoa, viu o corpo astral de Louise assumir a forma de um homem de bigodes. A figura lhe era vagamente familiar, mas ela não poderia dizer quem era. Posteriormente, já desperta, reconheceu alguém parecido com a pessoa da sua vidência entre uma coleção de fotografias que lhe foram mostradas. Ao que informa o coronel, Louise "modelou seu corpo astral segundo lembranças assás longínquas", pois há tempos não via a pessoa indicada.

É de reconhecer-se que as experiências realizadas são um tanto esquemáticas, mas aqui também convém afirmar que os fenômenos observados justificam pesquisas mais profundas e acuradas.

13) A versatilidade da srta. Mayo

A senhorita Mayo (Caso nº 6) oferece aspectos de grande interesse. Anotemos alguns deles.

Tem ela também a faculdade de modelar, à vontade, seu perispírito, pois numa experiência a 9 de dezembro de 1904, o coronel lhe pede que seu corpo astral assuma a forma da mãe dela, e ela o faz. Esta, aliás, é uma das sessões assistidas por um engenheiro (Lacoste), e um médico (Bertrand), este, clínico da família da jovem sensitiva e prefeito de Aix. De Rochas reproduz o relato preparado pelo seu colega, engenheiro Lacoste, e apresenta, aqui e ali, notas explicativas em rodapé. Esta, por exemplo, à página 112:

> Em todas as sensitivas que estudei do ponto de vista da regressão da memória, verifiquei que o instinto do pudor somente se manifesta a partir do 5 ou 6 anos. (Idem)

Quando, já desdobrada, o coronel lhe pergunta o nome, ela declara ter esquecido. Ele lhe pressiona a testa entre as duas sobrancelhas (*la racine du nez*), e ela o diz. O coronel experimenta com ela determinados toques, como a pressão de seu dedo polegar sobre a palma da mão da sensitiva. Já desprendida do corpo físico, ela não consegue vencer os obstáculos materiais para ir de um cômodo a outro. Pesquisando os pontos hipnógenos – *où je peux me permettre l'exploration* – diz o coronel ao seu 'escriba' – ele verifica que existem tais pontos em ambos os pulsos, acima dos olhos, acima e em volta das orelhas e na cavidade interclavicular. Em nota ao pé da página 117, de Rochas observa que já havia verificado, em suas experimentações com mme. Lambert, que "os pontos hipnógenos correspondiam a cavidades mais ou menos profundas no corpo astral".

Aliás, quando o processo de desdobramento começa, Mayo vê desenhar-se, aos poucos, à esquerda, 'o fantasma azul', uma constante nos trabalhos de de Rochas, e a forma espiritual assim manifestada aparece com uma cavidade mais escura acima da orelha e outra no pulso, exatamente onde de Rochas havia localizado pontos hipnógenos correspondentes.

Mayo vê, a princípio, o seu corpo espiritual desdobrado em dois – o vermelho, à direita, e o azul, à esquerda, sendo que aquele de perfil, com as marcas hipnógenas na testa e no punho. Quando o corpo, já refundido num só, lhe aparece de frente, ela observa as marcas nos dois lados da testa, acima das orelhas, e na cavidade clavicular. Este é o maior de todos. Ao regressar ao corpo físico para despertamento, o corpo astral não se desdobra nas duas polarizações coloridas.

Durante a regressão ela vê o corpo espiritual ir assumindo a forma correspondente à idade sugerida. A certa altura, aos 8 anos, quando o coronel lhe pergunta onde está, ela responde que em Beirute e, em vez de responder em francês à sua saudação, responde em árabe que em estado de vigília havia esquecido.

Na sessão de 20 de dezembro, o coronel não mais a magnetiza por meio do longo processo dos passes – bastou pressionar-lhe o meio da testa, no que ele chama de 'ponto da memória sonambúlica', para que ela seja capaz de reproduzir as informações que já lhe deu em experiências anteriores.

Em 22 de dezembro, o operador emprega o toque hipnogênico sobre o pulso esquerdo e depois prossegue com os passes. Uma vez desprendida, ele retoma as sugestões, mas ela não as obedece cegamente e dá provas inquestionáveis de sua autonomia.

Em primeiro lugar, de Rochas não consegue fazê-la desprender *sem o seu consentimento*. No estado de sonambulismo – que de Rochas chama de segundo estado – ela não apresenta 'a menor sugestionabilidade'.

Quando o experimentador quer fazê-la 'envelhecer', a fim de projetá-la no futuro:

> ...ela se recusa terminantemente. É em vão que comando com autoridade; não consigo vencer sua resistência, senão por meio de enérgicos passes transversais, aos quais ela procura fugir de toda maneira. (Idem)

Num diálogo em que conta algo de uma existência anterior – reproduzido, aliás, pelo dr. Bertrand – ela declara ter 20 anos, estar grávida e ser casada. Quando o coronel quer explorar um pouco mais a questão, ela se recusa terminantemente e *salta de chofre* (*saute d'emblée*) dos 20 para os 24 anos. Simplesmente não quer contar o que se passou ali. O coronel insiste em trazê-la de volta aos 20 anos e ela continua obstinadamente a recusar-se, sem dar razão alguma. "*Pour quoi?*", pergunta ele. "*Parce que*"..., responde ela. Não quer, e pronto!

Se de Rochas apressa um pouco o ritmo das regressões ou progressões, ela imediatamente o corrige. "Não tão depressa" (*Pas si vite*!). "Está muito rápido. Não posso". "Não posso ir tão depressa".

Outra curiosidade: ela é extremamente sensível à aproximação de um diamante, que lhe causa sensação de queimadura e nunca se engana quanto à natureza da peça que o operador põe em contacto com ela. Em outros pacientes, de Rochas observou que o diamante e o ouro provocavam tais sensações desagradáveis, especialmente nas vizinhanças dos pontos hipnógenos. O estanho desfazia prontamente esse mal-estar local.

Ao regredi-la a uma existência em que ela declara haver sido certa Madeleine de Saint-Marc, "ela não quer absolutamente despertar". O coronel tem que fazer verdadeira cena e "provoca nela uma crise assás violenta ao forçá-la, por sugestões e passes".

Levada a um ano de idade numa das regressões, o coronel lhe pergunta se ela sabe falar. *Ela responde que não*:

– Como então, que você pode me responder? – pergunta ele.

– Mas sou eu que lhe respondo; o que eu vejo pequenino, é apenas uma parte de mim mesma.

– Você não está, então, inteira no seu pequeno corpo?

– Não. Há uma névoa luminosa em torno desse corpo.
– Mas não há outra coisa?
– Sim. Há, de fora, meu espírito, que vê meus dois corpos um, tal como era com um ano de idade: o outro tal como é hoje.

Que se depreende disto? Creio que podemos colocar as coisas na seguinte ordem:

- O corpo com a aparência de um ano de idade é uma projeção do perispírito modificado.
- O corpo, tal como ela é no momento, seria o corpo físico.
- A consciência que observa os dois determina o entendimento da pergunta, e sustenta o diálogo, seria a essência espiritual, o espírito propriamente dito, e pode situar-se num ponto não certamente *espacial*, mas hiperespacial – se assim podemos dizer – do qual observa e tem o comando de toda a situação.

É isso, a meu ver.

14) Anacronismo

Aproveitamos a oportunidade para tocar também num dos aspectos interessantes da pesquisa da regressão: alguns fenômenos de anacronismo que, segundo Aurélio Buarque de Holanda, é "confusão de datas quanto a acontecimentos ou pessoas".

Como o assunto se presta a certas controvérsias, convém lembrar, em primeiro lugar, que o sensitivo desdobrado tem noção muitíssimo diferente da habitual quanto ao conceito de tempo. Não estão bem nítidas para ele, naquele momento em que sua visão é mais espiritual que meramente terrena, as noções habituais de dia, mês, ano, hora, minuto, segundo, muito embora lhe seja possível, com algum esforço, lembrar-se com maior precisão das datas. A memória não é igual a uma agenda, na qual cada página – com dia e hora estampados – guarda o relato de um conjunto de eventos. A memória é um arquivo de fatos ocorridos, no contexto dos quais o tempo não tem a importância que nós, prisioneiros dele, lhe emprestamos. Somente, pois, com esforço maior e concentração mais aprofundada pode o sensitivo situar o evento na escala exata do tempo.

Há, porém, outro aspecto. O mergulho nos registros da memória integral nem sempre exclui totalmente a lembrança de acontecimentos anteriores ou posteriores ao episódio que está sendo recordado ou revivido. É como ouvir uma fita magnética, na qual o cabeçote de leitura capta também vagos sons de pistas paralelas.

Tentemos ilustrar isso com um exemplo. O coronel regride uma de suas sensitivas de 18 anos de idade aos 16 anos e lhe pergunta se ela conhece o coronel de Rochas. Ela responde que não, mas paira nos seus lábios a sombra de um sorriso. Que se passa aqui? Seu espírito sabe que *ela aos 16* anos não conhecia o coronel, mas sabe também que aos 18 anos atuais ela o conhece. A resposta, porém, é dada na lógica da regressão. Aos 16 anos, ela *não conhece* o coronel de Rochas.

Se traduzirmos a situação para a linguagem do computador, veremos que a informação, que poderíamos chamar de 'conheço o coronel de Rochas', está gravada em algum ponto da memória, mas o cabeçote de gravação/reprodução está lendo uma parte da memória na qual a consulta feita não encontra a informação procurada; ou seja, para dizer de outra maneira, encontra outra informação que é a seguinte: 'Estou com 16 anos e não conheço o coronel de Rochas'.

Considero precipitadas e mal apoiadas na observação as críticas de Marcia Moore e Mark Douglas, dizendo sumariamente que "as tentativas (do coronel de Rochas) de verificação foram desapontadoras e *numerosos anacronismos ocorreram*".

Ficamos com a impressão de que os autores não leram com devido cuidado a obra do pesquisador francês, ou talvez, só a conheçam em segunda mão, provavelmente pela *Encyclopaedia of Psychic Science* do dr. Nandor Fodor, de onde extraem longa citação. Primeiro: alguns dados importantes pesquisados por de Rochas confirmaram fatos revelados pelos seus sensitivos em transe. Outros foram inconclusos ou realmente fantasiosos. É preciso lembrar também que, neste ponto, quase sempre ficamos num dilema mais ou menos difícil de resolver. Se o paciente revela a existência obscura de um pobre campônio ignorante, há um ou dois séculos, dificilmente poderemos obter informações precisas sobre ele, pois geralmente não deixamos traços dessas vidas. Se é uma personagem histórica famosa, vem logo a crítica fácil e apressada de que bastava consultar livros bem documentados para se conhecer os pormenores revelados pelo sensitivo em transe. É o problema que pode ser suscitado, por exemplo, na pesquisa Luciano dos Anjos/Camille Desmoulins referida alhures. Como porém explicar certos detalhes obscuros dificilmente encontráveis em referências preservadas nos arquivos? Fica, então, aberta aos negadores a outra porta. Se uma personalidade famosa revela informações impossíveis de serem checadas em registros confiáveis, os eternos negadores logo concluem que é fantasia, porque, do contrário, estariam documentadas. No caso Luciano/Desmoulins há desses pontos que até hoje – ao escrevermos este livro – não conseguimos 'conferir'. Teria mesmo Lucille Desmoulins nascido no mesmo dia e mês em que nasceu a filha atual de Luciano, que ele, em transe, diz ser a antiga Lucille reencarnada? Ademais, de Rochas confirmou não apenas fatos passados, como acontecimentos previstos em algumas das suas progressões, como vimos.

Segundo: há muitos anos venho lendo e relendo com a maior atenção o livro do coronel de Rochas. Não vejo ali numerosos anacronismos. Vejo alguns, como os tenho encontrado também em pesquisas pessoais, pelas razões expostas acima e que, a meu ver, explicam os anacronismos. É muito difícil, por exemplo, acordar uma pessoa que dormiu profundamente num quarto absolutamente escuro e à prova de som e fazê-la situar-se prontamente no contexto exato do tempo e do espaço. Insistimos em lembrar que a memória do ser humano não é gravada em fita milimetrada, onde cada episódio corresponde visivelmente a determinado segundo vivido. Ela é um depósito de imagens e de sensações. Se depois de ouvir a gravação de uma conversa ou de uma peça musical e fizermos a fita magnética retroceder, pará-la ao acaso e ouvi-la novamente, mesmo assim, ainda precisaremos de certo esforço para lembrar exatamente que trecho é aquele e 'onde' está ele 'no tempo', ou melhor, na sequência dos sons. Não temos a visão instantânea do conjunto, que nos habilitaria a identificar prontamente a interseção tempo/espaço/memória.

Se você vai por uma estrada a dormir num veículo, e de repente acorda, precisará, sem dúvida, de algum tempo para localizar-se. Ficará procurando referências na paisagem: uma casa, uma árvore especial, ou determinada curva do caminho. Ou seja, por alguns momentos você é o próprio anacronismo: Que horas são? Onde você está? Por que está ali? Ou até mesmo: quem é você?

Suponho que o leitor tenha lido com atenção e chegado às suas próprias conclusões quanto a parte inicial deste livro, quando especulamos sobre tempo e memória. Acrescentemos aqui algumas reflexões de sir Oliver Lodge, reproduzidas aliás pelo coronel de Rochas que as extraiu de um discurso de sir Oliver à British Association, em Cardif:

> Uma ideia luminosa e útil é a de que o tempo é apenas certa maneira relativa de considerar as coisas. Movemo-nos cercados de fenômenos dotados de uma velocidade determinada e interpretamos essa marcha subjetiva para frente, de modo objetivo, como se os acontecimentos se movessem necessariamente nessa ordem e exatamente com a mesma velocidade. Isso, contudo, pode ser apenas um modo de considerá-los. De certa forma, os acontecimentos podem existir sempre, tanto no passado como no futuro; e somos nós, talvez, que chegamos a eles e não eles que se produzem. O exemplo de um viajante num trem pode ser-nos útil; se não pudesse jamais deixar o trem nem modificar-lhe a velocidade, é provável que ele considerasse as diversas paisagens como necessariamente sucessivas e seria incapaz de conceber a coexistência delas. (Idem)

Essa ideia de que somos viajantes no tempo é, assim, encontrada mais de uma vez, tanto no pensamento de escritores e pensadores encarnados, como em comunicações mediúnicas de origem espiritual.

Ainda que nos seja tão difícil, no reduzido espaço das nossas limitações, ter a visão global da paisagem de que nos fala Lodge, não é absurdo supor que nossa percepção aqui ou ali, durante a 'viagem', possa deixar o trem ou deslocar-se a velocidades diferentes dele, sem o deixar e, em consequência, ter visões bem nítidas do passado, porque este já se encontra documentado e arquivado na memória integral. Nesses 'deslocamentos' de percepção não seriam raros os fenômenos de anacronismo, exatamente porque o observador se acha no que os modernos pesquisadores estão chamando de estado alterado de consciência.

Creio legítimo supor que até determinado estágio evolutivo – bem avançado suponho – somos estritamente sequenciais, prisioneiros do tempo, devido às nossas arqueológicas ligações com a matéria que nos sustenta os ensaios da vida, mas igualmente nos condiciona. É o tributo que pagamos, o pedágio devido que nos autoriza e permite viver todo o longo estágio inicial da evolução rumo à espiritualização, mas que cria em nós matrizes que automatizam não apenas as funções necessárias à sobrevivência, mas também condicionam inevitavelmente certas áreas do ser destinadas, no longuíssimo correr dos milênios, a viverem sem a matéria. O processo de descondicionamento tem que ser igualmente lento e difícil. O tempo rigidamente sequencial é um dos ingredientes desse universo interior, ao qual nos habituamos e no qual ficamos cristalizados por uma vasta fatia de milênios. Somos, no entanto, seres destinados à liberdade total, consciente, responsável e ética.

Portanto, na fase intermediária em que ainda vivemos como prisioneiros de tempo, espaço e matéria, mas já começamos a alçar os primeiros voos rumo à libertação, nossos conceitos sequenciais começam a chocar-se com uma realidade nova que ainda não nos é familiar.

Não vejo, pois, grandes e insolúveis problemas com os anacronismos que ocorrem ocasionalmente durante as experimentações com a memória. Ao contrário, vejo neles o bom indício de que estamos avançando em termos evolutivos rumo a um território ainda desconhecido, no qual viveremos completamente desamarrados de tempo, espaço e matéria, ou, para dizer a mesma coisa de outra maneira, quando teremos deixado de ser criaturas sequenciais para sermos, precisamente, entidades anacrônicas, ou seja, descondicionadas das limitações temporais até então necessárias ao nosso desenvolvimento espiritual. Nesse estágio superior estaremos em condi-ções de sintonizar mais ou menos à vontade com qualquer evento que nos interesse, sem cogitar, necessariamente, se estamos 'lendo' passado ou futuro.

15) Pontos hipnógenos

Ainda não esgotamos, contudo, os ensinamentos que podemos colher das fascinantes experiências com a srta. Mayo.

Falávamos há pouco dos pontos hipnógenos. Voltemos ao assunto para ampliar algumas noções que foram apenas referidas. Aqui está, por exemplo, uma observação de interesse colhida pelo dr. Bertrand que participou, como vimos, de quase todas as experiências com a jovem Mayo.

Escreve ela à página 156:

> O sr. de Rochas me mostra sobre Mayo muitos pontos hipnógenos *caracterizados pela insensibilidade cutânea*, ao mesmo tempo em que a sensibilidade se manifesta ao longo de uma espécie de jato que se escapa desses pontos. É o mesmo que eu já havia testemunhado quanto aos pontos hipnógenos localizados nos pulsos. Esses novos pontos são igualmente conjugados, isto é, ao pressionar-se um deles, adormece-se (o sensitivo) e ao pressionar-se o outro, provoca-se o seu despertar. O primeiro sistema se acha atrás de cada uma das orelhas, acima da apófise mastoide, o outro sistema tem seu primeiro ponto localizado na parte mediana superior do peito (subesternal), e o segundo, à altura do meio das costas, sobre a linha mediana. (Idem)

Já sabemos que esses pontos variam de localização de pessoa para pessoa. O dr. Bertrand, porém, nos sugere, com base nas experiências de de Rochas, como identificá-los. Segundo depreendemos do seu informe, tais pontos estão precisamente nos locais onde a pele é insensível. E tais áreas seriam insensíveis ao toque porque ali se desprende, sob a forma de jato, um tipo de energia. É como se a sensibilidade se escapasse com essa energia, deixando a área insensível precisamente nos pontos hipnógenos que, segundo de Rochas, seriam as correspondentes *tomadas* do corpo perispiritual, ou encruzilhadas por onde se faria o intercâmbio energético entre o corpo sutil e o ambiente em que vive o ser.

Isso nos leva, por outro lado, a lembrarmo-nos de que um dos testes medievais para a caracterização da feitiçaria era, precisamente, a identificação de pontos insensíveis no corpo das pessoas suspeitas. Quantas vezes, os toques em tais pontos – claramente reconhecidos hoje como hipnógenos – não resultavam precisamente em suscitar o transe magnético, ou até mediúnico, que era prontamente tido como incontestável manifestação do demônio? Estas especulações, porém, nos levariam muito longe e escapariam aos objetivos deste estudo. Deixemo-las para obra à parte, se engenho e arte nos ajudarem e o tempo permitir.

16) Rever e reviver

Antes de passar ao exame de algumas conotações essencialmente espirituais, que resultam das experiências do coronel de Rochas, parece oportuno alinhar algumas observações ainda no campo da fenomenologia, ou seja, do mecanismo, em si, das manipulações com a memória.

Temos aqui, à mão, exatamente sob um desses aspectos, um comentário do sr. Bouvier que, depois de observar experiências do coronel e debater com ele o problema da regressão, resolveu realizar algumas experimentações pessoais. De Rochas reproduz a partir da página 171 de seu livro – Caso nº 8 – madame J. – 1905 – um relato do próprio Bouvier, contendo observações de grande interesse.

Logo de início, chama-lhe a atenção o fato de ter notado 'numerosos anacronismos' nos relatos da sua sensitiva. Por uma questão de honestidade científica, ele os deixou documentados tal como a jovem senhora (27 anos) narrou, sem retoques ou exclusões, embora confessando sua incapacidade para comentá-los ou explicá-los.

Para não alongar demais esta exposição, procuraremos, a seguir, resumir suas conclusões:

- Por mais que suas perguntas interferissem no fluxo da narrativa, "a cada uma de (suas) perguntas permanece sempre a personalidade do momento, sem um único erro nas respostas". O que, mais uma vez, explode o mito do controle mental ou da predominância da vontade do operador sobre a do sensitivo. Por outro lado, a coerência do relato – observação idêntica à de de Rochas – segundo a qual o sensitivo regredido àquela fase específica, conta sempre a mesma história ou revive as mesmas emoções ainda que entre uma experiência e outra haja decorrido um espaço de tempo bastante considerável. Bouvier declara jamais ter observado uma só contradição. Ao contrário, detalhes que lhe haviam escapado eram apresentados com indiscutível precisão. Como pude eu mesmo verificar mais de uma vez, há ocasiões em que o próprio sensitivo em transe, nos lembra: "Mas isto eu já lhe contei". Ou: "Já falamos sobre isto em outra ocasião".

- Tanto quanto percebo, Bouvier é o pesquisador que primeiro e melhor caracterizou a diferença entre lembrar-se, e "estar lá", que ele descreve como "*revoir et revivre*" (rever e reviver).

Na experiência com a sra. J. a regressão à primeira infância foi reduzindo gradativamente seu poder verbal, como é natural, pois ela se colocava, realmente, na posição de uma criança de dois anos, por exemplo, que mal sabia articular as palavras. Mais para trás no tempo, começou a balbuciar e, depois emitia apenas alguns gemidos. Para contornar essa dificuldade de comunicação, Bouvier a trazia de volta a uma idade de maior lucidez e a fazia *recordar-se* dos eventos, em vez de os reviver. Esta sutil diferença é de capital importância, pela simples e eloquente razão de que a memória pode falhar, anacronizar-se, desviar-se, trocar um episódio por outro, mas se o sensitivo em transe está *revivendo*, ou seja, *está lá*, naquela dimensão hiperespacial e atemporal, não há como enganar-se, fingir, fantasiar, inventar ou mistificar. O melhor atestado de autenticidade aqui é precisamente o impacto das emoções, a visível agitação do sensitivo, sua compulsão, às vezes, em dizer aquilo que, em posição de apenas recordar-se, ele talvez não dissesse para não revelar aspectos indesejáveis ou negativos de sua experiência e de sua personalidade.

Tive oportunidade de testemunhar isso várias vezes, especialmente no caso Luciano/Desmoulins, como já vimos, no qual, ao falhar a memória quanto ao remoto e irrelevante episódio de uma frase que ele teria dito há cerca de 180 anos, ele resolveu mergulhar no passado para '*ir lá*', e revivê-lo. Não houve, a partir desse momento, a menor dificuldade em reproduzir, não apenas a frase, mas o ambiente, a situação, as condições, enfim, que a envolviam.

Observação de idêntico teor oferece, ainda o livro de de Rochas, um pesquisador que ele identifica apenas com as iniciais A.G. que, aliás, comenta o trabalho de Bouvier. Para A.G., não havia (creio que podemos dizer que ainda não há) como atribuir à mera imaginação do paciente mergulhado no que ele chama de 'sono magnético lúcido' relato tão pormenorizado de remotas experiências que ele 'revive integralmente', sempre exatamente da mesma maneira, com os mesmos detalhes e as mesmas emoções.

17) Visão de um ser em transe

É ainda A.G. que chama a atenção para outro aspecto relevante das experiências, ao observar que o sensitivo em transe se coloca acima do que ele classifica como 'futilidades terrestres'. É precisamente essa também a minha observação pessoal. O paciente desdobrado revela elevado grau de maturidade e equilíbrio. Sua análise dos eventos e situações é lúcida; sua perspectiva, obviamente, muito mais ampla; seus conhecimentos superam em muito a estreiteza de sua visão de ser encarnado em vigília e ele tem, usualmente, uma visão muito mais abrangente e panorâmica das coisas. Uma ressalva, porém: essa não é a regra. É necessário qualificar com objetividade esse entusiasmo pelas faculdades do ser em transe magnético. Em primeiro lugar, é preciso que ele disponha realmente de uma experiência espiritual anterior fecunda e que haja desenvolvido suficientemente sua inteligência para ter uma visão assim abrangente. Vimos em experiências de de Rochas que o espírito encontrou no passado – pelo menos até onde foi possível levá-lo – vivências irrelevantes, medíocres mesmo, sem oportunidades para desenvolvimento intelectual de monta. A segunda observação é a de que se torna necessário certo treinamento para que essa visão global possa manifestar-se. É a minha experiência pessoal. Dificilmente, já nas primeiras tentativas, o sensitivo se coloca em situação tão segura e tranquila. As experiências iniciais produzem, usualmente, regressões bem delimitadas, uma de cada vez, cada uma no seu contexto individual e praticamente estanque. Ou melhor: ele se recorda ou revive uma existência de cada vez, ainda que haja, aqui e ali, certos anacronismos, como já vimos. Se ele tem, contudo, uma rica experiência espiritual e guarda, nos arquivos da memória integral, um amplo acervo de informações, acabará por transcender, por assim dizer, as limitações temporais e operar quase que à sua vontade toda a sua memória útil. Nesse estágio, em vez de 'ler' um *tape* de cada vez, e de cada existência, ele parece desenvolver a capacidade de apreciar os eventos em seu conjunto, não como uma rígida sequência de vivências, mas como o somatório, a resultante, a súmula das suas experiências. Não sei se me faço entender. É como se fossem, de repente, rompidos todos os limites que mantêm estanques as recordações de cada vida individualmente.

Vejo isso ocorrer com muita frequência nos trabalhos de regressão com espíritos desencarnados, sobre o que ainda falaremos alhures, neste livro. A princípio, os condicionamentos que poderíamos chamar de arquetípicos, funcionam como naturais mecanismos de defesa, tradicionalmente votados a essa função, porque, como vimos, nos estágios intermediários da evolução do ser, paradoxalmente ele depende mais da capacidade de esquecer do que da de lembrar-se. O esquecimento – ainda que temporário, e nunca total – abre caminho para novas experiências e novas abordagens a situações e problemas da vida. Não que o inconsciente se anule por completo, mas ele procura omitir-se tanto quanto possível, embora presente em cada experiência através dos modelos mentais que Jung classificou com uma palavra quase mágica – arquétipo.

A partir de certo momento, a visão integrada lhe permite perceber o que o sir Oliver Lodge chamou de 'coexistência' das paisagens que antes eram mostradas sucessivamente, uma de cada vez. Só então o sensitivo estará em condições de assumir uma postura, em essência, espiritual, desligado das amarras habituais de tempo e espaço, tanto quanto daquilo que A.G. chamou de 'futilidades terrestres'. Em verdade, ele se situa na perspectiva da imortalidade, dentro da qual os dramas que viveu e as tragédias que o angustiaram são meros episódios de maior ou menor força. Ainda que ele experimente emoções profundas ao confrontar agonias passadas, ele é capaz de situá-las num contexto bem mais amplo, no qual problemas que, na época em que ocorreram, pareciam insolúveis e esmagadores assumem, naquela visão global, a estatura e a importância que lhes cabe na hierarquia das prioridades individuais.

Não estamos aqui a fantasiar nem a teorizar, porque o mesmo dispositivo funciona da mesma maneira em nossa vida habitual de encarnados em vigília. Nunca mais me esqueci de um dístico que li apenas uma vez, no guichê de uma daquelas vastas lojas de departamentos em New York, lá pelos idos da década de 50. Dizia assim: "Que diferença fará isso daqui a 99 anos?". Realmente. Onde estão hoje as terríveis agonias que suscitaram em nós os primeiros choques com a realidade de uma vida áspera ou com decepções de maior porte? Mal nos lembramos da aflição sofrida por não termos conseguido adquirir aquele sapato bonito que estava na vitrine, ou conquistar o amor impossível daquela professora que podia ter sido mãe da gente. Como era mesmo o sapato? Como é mesmo que se chamava a professora? E, no entanto, naquele momento, 'lá' no passado, a posse daquele sapato ou o sorriso da professora eram as coisas mais importantes, mais preciosas, mais transcendentais do mundo.

Volvidos os anos, a maturidade nos situa na perspectiva mais ampla de nova hierarquia de valores, onde cada episódio assume o lugar que lhe é próprio. Sorrimos – ainda com uma ponta de saudade, talvez – ao relembrar a professora remota ou ao tentar reconstruir as emoções de ansiedade, desencanto e frustração que desencadeou em nós a privação daquele (hoje ridículo) par de sapatos inatingíveis.

É, portanto, perfeitamente racional que, contemplando cenas de nossa infância ou adolescência espiritual, recebamos repercussões de um impacto que parecia extinto, mas saberemos sempre situá-los equilibradamente no contexto global em que hoje nos situamos. Além do mais, há um irreversível processo de maturação espiritual no correr dos séculos e dos milênios. Um bom paradoxo para citar é este: a única coisa permanente neste universo em que vivemos é a mudança. Se não mudássemos, não teríamos condição de aprender conceitos novos, seja por acréscimo, seja por processos de recombinação de noções preexistentes. Com muita frequência, porém, o aprendizado consiste em processos de substituição, segundo os quais, abandonamos conceitos superados e imprestáveis por outros que melhor nos explicam esse mistério sempre renovando a vida.

É claro, portanto, que com mais aguda percepção e um grau mais acentuado de maturidade espiritual – intelectual e moral – possamos hierarquizar melhor essa multidão de eventos e de emoções que constituem a nossa experiência, a nossa vivência anterior.

Daí a diferença que podemos observar entre a visão de encarnados e a visão bem mais vasta e integrada, na qual nos situamos quando desdobrados, desligados do corpo físico. Nesta posição quem fala não é a personalidade do ser encarnado, recorrendo basicamente às suas memórias estanques da vida presente, mas o espírito, ou seja, a individualidade, na posse de vasta e complexa experiência.

Mesmo, porém, que o sensitivo em transe não esteja posicionado nessa elevada fase de maturação espiritual, ele terá, ainda assim, condições de analisar com maior lucidez e segurança as situações que defronta e tomar decisões mais acertadas e em harmonia com os seus interesses pessoais.

Esses aspectos ocorrem com frequência nas experimentações de de Rochas e de seus amigos. E aqui já estamos em condições de abordar certos ângulos de natureza ética e essencialmente espiritual, suscitados pela metodologia da manipulação da memória.

18) Aspectos éticos

Já vimos, nas experiências de de Rochas, como o espírito analisa os seus atos com notável objetividade e parece compreender, com lucidez, a necessidade de introduzir correções quanto aos desvios morais em que se meteu. Mais do que isso, ele não apenas teoriza sobre tais aspectos, mas aceita, consciente e voluntariamente, ou até mesmo com relutância, situações que ele sabe serão de extrema penúria material e intelectual, mas necessárias aos seus propósitos de correção de rumos. É oportuno observar aqui, pela relevância da questão neste estudo, que somente no intervalo entre uma encarnação e a próxima é que o ser parece ter condição para essa autoanálise vital ao seu processo evolutivo. Enquanto está no corpo físico, encontra-se em teste, sujeito às limitações que ele próprio aceitou. Está na posição do estudante que, após longas horas de treinamento e preparo, submete-se aos exames para o vestibular de nova e mais elevada condição na vida espiritual. Enquanto ali está sendo testado nos seus conhecimentos, não pode recorrer aos seus livros, às suas anotações ou aos seus mestres, pois o que ele tem a fazer ali é, precisamente, demonstrar que está em condições de galgar um patamar mais alto na sua escalada. Fica limitado, portanto, aos conhecimentos que traz na memória, e é com esses recursos próprios, com essas conquistas já consolidadas, que ele terá de trabalhar, dentro desse contexto, que ele demonstrará se pode ou não ser 'promovido'; se vai ou não ser aceito no plano superior que pretende alcançar.

Aí está, pois, porque esquecemos. Aí está como se explode a objeção daqueles que rejeitam o conceito das vidas sucessivas, porque *não se lembram* das existências anteriores. Seríamos capazes de nos lembrar de *todos* os episódios de nossa vida atual, desde a primeira infância? Certamente que não, a não ser em pessoas dotadas de excepcionais e raras faculdades. Nem por isso, no entanto, deixamos de ter tido infância simplesmente porque não nos lembramos dela. Muitas vezes, parentes e amigos mais velhos que nos conheceram em nossa fase infantil ou na adolescência nos contam fatos totalmente esquecidos de nossa vida. Não será nem preciso ir à infância ou adolescência: somos às vezes, lembrados de coisas que dissemos, ouvimos ou fizemos, há apenas um punhado de meses ou de anos, e que se ausentaram por completo de nossa memória vígil. Ou, para colocar as coisas num contexto mais científico: as lembranças estão em nós, intactas – o que se comprova facilmente com uma regressão de memória –, mas por uma razão ou outra foram arquivadas em 'gavetas' do nosso fichário, às quais o acesso é mais difícil. Na armação dessa situação de esquecimento voluntário ou involuntário entram fatores muito sutis, mas de grande força inibidora, e que ainda analisaremos neste livro. A injustiçada e mal compreendida doutrina de Freud tem, neste ponto, como em muitos outros, achados preciosos, uma vez podados certos exageros e dogmatismos que a infestam. Não é por acaso que esquecemos certos episódios e situações da vida – existem razões válidas para que isso ocorra: tão válidas que os mecanismos do esquecimento constituem um dos mais importantes dispositivos na manipulação da memória.

Como teorizamos, de início, o cérebro físico opera como estação rebaixadora de tensão, deixando passar apenas a voltagem necessária e adequada ao funcionamento da vida na carne. O sistema funciona, pois, como *seletor*, e não como *eliminador*, de lembranças; da mesma forma que um aparelho rádio-receptor sintonizado em determinada transmissora não extingue as demais naquela ou em outras faixas de frequência, que continuam a operar normalmente.

É preciso, portanto, que o indivíduo seja desligado parcial ou totalmente do corpo físico, para que possa ter acesso à sua memória integral. O desligamento parcial é obtido por vários procedimentos, naturais, alguns e provocados, outros – como o sono fisiológico, o estado de relaxamento, no primeiro caso e o emprego de drogas, hipnose, magnetismo e outras técnicas, no segundo caso. Quanto ao desligamento total, ele ocorre, como é óbvio, com a morte do corpo físico e a consequente separação completa entre espírito e matéria.

É nesse estado de plena liberdade que o espírito tem condições de recorrer, com maior facilidade, aos seus arquivos, onde colhe elementos informativos para analisar, concluir e decidir novos rumos.

Há aqui outro aspecto que convém ser lembrado antes de prosseguir. Mesmo na liberdade provisória e parcial durante a qual o espírito mantém suas ligações com o corpo físico – sono, estados hipnoidais ou magnéticos, transe, anestesia e outros – ele assume, em grande parte, sua condição de espírito desencarnado e, logicamente, entra em contacto com outros espíritos desencarnados ou simplesmente desdobrados como ele, mas ainda presos ao corpo físico.

Na experiência de Bouvier com madame Roger chega-se a um ponto em que a sensitiva, já regredida à existência que teria vivido ao tempo de Luiz XIV (1638 – 1715), declara, muito relutantemente, chamar-se Philibert. Parece tratar-se de uma encarnação da qual o espírito não tem muito do que se orgulhar e bastante do que se lamentar.

Philibert parece um sujeito de maus bofes, egoísta, agressivo e possessivo, incapaz de controlar impulsos e paixões. A sensitiva reproduz com gestos e expressões, além de palavras, o que se passa no seu íntimo. Ante inequívocos sinais de sofrimento, Bouvier lhe pergunta:

– Que faz você aí no espaço?
– Vejo tudo negro e sou infeliz (ao dizer isso crispa-se todo).
– Que tem você?
– Por que você me pergunta? É ele que me faz sofrer.
– Ele, quem?
– Aquele infeliz que está ali... ou o... não... não.

Há algo importante que ele está a pique de confessar, mas ainda recua. Há, por outro lado, certa compulsão em dizer tudo, porque na perspectiva da imortalidade em que se situa naquele momento – pois os seres encarnados também vivem na eternidade – o espírito tem força suficiente para encarar face a face suas realidades íntimas, por mais penosas que sejam, por mais severos que sejam os remorsos que suscitem.

A história de Philibert pode ser vulgar, mas é de suma importância para o desenvolvimento de seu espírito. E por isso continua reagindo, de mau humor, às perguntas indiscretas de Bouvier, que deseja chegar ao âmago de seu drama. Quando lhe pergunta o nome, por exemplo, a resposta é típica:

– Não estou disposto a ser-lhe agradável.

Reconhece, pouco adiante, que não foi lá um excelente sujeito:

– Sei que não fui bom; isto eu sei.

Aos poucos, porém, a história vai se desdobrando. Era ferreiro e, a muito custo, resolve dizer seu nome. Nesse ponto, Bouvier deseja despertá-lo, mas ele declara firme que *não o quer*. Talvez pretenda mesmo enfrentar, de uma vez por todas, aqueles fantasmas íntimos que ainda o atormentam. A regressão prossegue e, aos 40 anos, ele está planejando uma vingança. Alguém o prejudicou, ou ele assim entende e pretende desembaraçar-se do inimigo. (*Je veux me débarrasser de lui*). Aos 41 anos não quer falar, mas aos 42 está preso. Admite que matou o outro, porque lhe cobiçava a mulher. Chegou a viver com ela, mas ela é infeliz e chora, o que pouco lhe importa. Aos 45 anos se sente infeliz e admite a gravidade de seu erro. Além do mais, ele vê, com frequência, o espírito do marido assassinado, o que o deixa confuso:

– Sofro... eu o vejo. Está ali; eu vejo ali e, no entanto, ele está morto... Deixa-me, não quero vê-lo!

Ao que parece, o próprio Bouvier não está muito convencido da sobrevivência, porque deseja convencer o pobre Philibert de que o outro não pode estar ali, simplesmente porque está morto. Com o passar dos anos, agrava-se o peso do remorso. Não deseja confessar-se, não só porque não é do tipo religioso, mas também porque acha impossível obter perdão do seu crime, cometido premeditadamente para roubar uma mulher. Vive seus últimos tempos na carne em estado de angústia – parece ter sido enforcado – e leva essas aflições para o mundo espiritual. A certa altura, aproxima-se de um casal que vai ter uma criança.

– Alguém me diz que serei mais feliz.

– Quem diz?

– Um ser que está ali me disse: faça como vou lhe dizer e você conseguirá, pelo seu desejo de fazer o bem, resgatar sua vida passada.

O que ressalta desses relatos, portanto, é a revelação da insofismável realidade póstuma, na qual o espírito consulta seus arquivos, reexamina seus atos, procede a uma reavaliação de tudo quanto fez de mais relevante e elabora, com a assistência de espíritos mais desenvolvidos do que ele, programas retificadores para a existência subsequente. As decisões tomadas no plano espiritual da vida nem sempre são cumpridas à risca aqui na carne, pois continuamos seres imperfeitos e mais ou menos sujeitos a paixões e impulsos negativos, mas há sempre algum progresso moral ao longo do tempo. O processo de acertos e erros vai nos conduzindo lentamente a uma realidade espiritual, sempre mais nobre, por aproximações sucessivas, pois há sempre a oportunidade das retomadas para novas tentativas em cada existência que se inicia na carne.

19) Arqueologia espiritual

As experiências do coronel de Rochas e de inúmeros outros pesquisadores – inclusive os mais recentes – não foram suficientemente amplas para nos oferecerem uma visão integrada do vasto painel evolutivo. Foram captados apenas fragmentos mais ou menos importantes de algumas vidas distribuídas ao correr de uns tantos séculos. Não temos como avaliar o que chamaríamos de a idade real dessas entidades espirituais. Ao que se nos afigura, porém, entre os casos estudados por de Rochas, não encontramos indícios de vivências multimilenares nas memórias que se revelaram.

Entre os encarnados já conseguimos regressões perfeitamente lúcidas até o antigo Egito, numa pessoa que teria vivido ali ao tempo da construção da pirâmide de Gizé. (Há dúvidas quanto à época exata, mas não seriam menos do que 2.800 anos antes de Cristo. Minha impressão pessoal é a de que essa data ainda será consideravelmente recuada, mas isso é apenas um 'palpite'). Em experiências com espíritos desencarnados, porém, temos conseguido remotíssimas regressões aos tempos áureos da Atlântida, que teria desaparecido, segundo o consenso das opiniões modernas, aí pela faixa dos dez mil anos antes de Cristo.

Um magnífico programa de pesquisa seria, portanto, o de criar condições apropriadas para mergulhar fundo na memória de alguns seres mais experimentados, a fim de colocar-lhes as inúmeras existências vividas aqui na carne e no mundo espiritual, numa vasta perspectiva que nos proporcionasse a oportunidade de seguir o fio da meada evolutiva ao percorrer verdadeiros labirintos de complexas e maravilhosas experiências. Sugiro até o nome para este vasto ramo de especulação: arqueologia espiritual.

No trabalho pioneiro do coronel Albert de Rochas e de vários outros pesquisadores antigos e recentes há, porém, suficiente material para importantes inferências, certas constantes muito bem demarcadas, bem como setas apontando rumos a serem seguidos, tanto no sentido vertical – para baixo e para cima –, como no horizontal.

Mesmo as experiências fragmentárias realizadas até aqui já proporcionam acervo muito grande de preciosas informações. A ciência moderna necessita descondicionar-se de certos preconceitos – não desarmar-se de suas precauções ou abandonar padrões de segurança – a fim de assumir postura mais aberta ante os fatos, que não podem ser desmentidos e falam por si mesmos.

Problemas humanos da maior gravidade estão à espera de algumas dessas aberturas, dessas aceitações, ainda que como hipóteses de trabalho. Na verdade, já há profissionais da área médica – indivíduos competentes, responsáveis, lúcidos e realistas – explorando, com sucesso, aspectos da personalidade humana que a maioria esmagadora da classe se recusa liminarmente a considerar.

As técnicas de regressão revelam algumas realidades nitidamente revisionistas quanto aos conceitos mais queridos da moderna dogmática científica. Ainda pretendemos demonstrar que a ciência da mente dispõe de um esquema básico, perfeitamente aproveitável na genial doutrina freudiana, mas deixou-se emaranhar em preconceitos e ficou retida na contemplação da árvore esquecida da floresta.

20) Inferências

A regressão da memória nos coloca cruamente ante os seguintes fatos:

- Existência de um princípio inteligente no ser humano que se liga a uma contraparte física, mas não está robotizado. Esse princípio – segundo até mesmo o ramo materialista da parapsicologia – *independe* do complexo celular, ou seja, do corpo físico.
- Esse princípio inteligente – chame-o como quiser, que isso não lhe altera a realidade – preexiste à vida no corpo e sobrevive à morte desse corpo.
- O princípio inteligente tende evolutivamente para uma pureza ética, utilizando-se da metodologia racional de correções de rumos e de consequente aperfeiçoamento moral e desenvolvimento intelectual por aproximações sucessivas a uma realidade que ainda nos é transcendental.
- Há uma ativa ordenação ética no universo, não resultante de inaceitável mecanismo de punições eternas ou recompensas imerecidas, mas por dispositivos conscienciais que automati-camente nos suscitam os impulsos corretivos, quando erramos, ou crescente sensação de pacificação e plenitude à medida em que vamos adotando melhores padrões de procedimento.

Mas isso é espiritismo! Dirá alarmado e coberto de alergias invisíveis o cético irredutível ou o religioso dogmático.

Sim, é verdade. Isso é espiritismo no sentido em que os achados da pesquisa não compromissada vão confirmando aqueles que, há mais de um século, foram expostos na doutrina dos espíritos. E daí? Serão malditos esses conceitos só porque constituem a estrutura do espiritismo? O espiritismo não tem sobre eles títulos de propriedade, mesmo porque, antes de existir como nova teoria do conhecimento metodicamente organizada, já os fenômenos em que fixou as estacas das suas estruturas filosóficas eram tão velhos quanto o próprio ser humano. O espiritismo não inventou esses fenômenos; limitou-se a observá-los e a inferir as leis que, obviamente, estavam neles implícitas.

O que se vê, no entanto, nessa atitude de reserva, de incompreensão e até de intolerância e declarado combate aos postulados da doutrinas dos espíritos é uma obstinada e retrógrada imaturidade, que está custando rios de lágrimas a verdadeiras multidões que so-frem, e que poderiam ser, com relativa facilidade, liberadas para seguirem avante no seu caminhar rumo à paz interior e, consequentemente, à saúde mental e física.

Aquela mesma revisão para reavaliar-se e para uma necessária tomada de decisão que o espírito promove no mundo espiritual após a morte física pode ser também realizada aqui, enquanto está vivo na carne. O procedimento, estritamente científico e de indubitável conteúdo ético, pouparia sofrimentos desnecessários a muitos e resultaria em aceleração no processo evolutivo, não apenas do ser, individualmente, mas de toda a coletividade, dado que o estado de adiantamento moral e intelectual destas não pode ser melhor do que a média ponderada entre os extremos – o facínora e o santo.

Se me perguntarem o que falta para essa retomada, não saberia dizer. Ignorância? Falta de humildade intelectual? Preconceito? Comodismo? Vaidade? Mercantilismo? Quem sabe, um pouco disso tudo ou nada disso. Sei lá, mas alguma coisa está faltando. É constrangedor assistir ao doloroso quadro, tão insistente, que já embotou a sensibilidade de tantos: ali está o sofrimento curável; aqui estão os recursos disponíveis, senão para curar sistematicamente as mazelas, pelo menos para aliviar muitas; ali estão os indivíduos que se preparam precisamente para minorar dores alheias. O que falta para adotar-se uma metodologia correta que, sem descuidar-se dos males do corpo físico, entenda que o ser humano é também princípio inteligente imortal, que preexiste e sobrevive à vida na carne e que tem mais do que direito à felicidade, o dever de ser feliz?

Isso não quer dizer que o mecanismo da regressão da memória já esteja todo devidamente explorado, o seu conhecimento consolidado, exatamente, porque as pesquisas têm sido esporádicas, tímidas, preconceituosas e até inconclusivas. Pesquisadores sérios e bem intencionados às vezes se intimidam ou rejeitam conclusões óbvias, porque os fatos começam a incomodar, exigem reformulações profundas em conceitos tidos como verdadeiras 'conquistas' da ciência. Muitos arrepiam carreira porque lhes repugna trabalhar com fenômenos que lhes ensinaram a considerar como sendo de ocultismo ou meras crendices inconsistentes. E param, às vezes, à soleira de extraordinárias oportunidades de enriquecer o patrimônio cultural da humanidade com contribuições da mais alta importância.

Em algum ponto dessa prolongada busca alguém vai ter coragem de romper com os dogmas e predispor-se à aceitação dos fatos novos, ordenar os postulados básicos e aplicá-los experimentalmente ao tecido sensível da vida.

Há mais de um século, porém, pessoas do mais alto gabarito estão fugindo desabaladamente do espiritismo, buscando alternativas inviáveis, que levam a desvios sem saída ou, na melhor das hipóteses, mais interessados em criarem uma terminologia nova do que em elaborar uma metodologia de aplicação prática dos conceitos que emergem nitidamente dos fenômenos observados.

A primeira fuga foi quando da criação da metapsíquica, quase que em paralelo com a doutrina dos espíritos. Pesquisadores incontestavelmente bem qualificados trabalharam em cima da mesma fenomenologia básica, observaram os mesmos fatos, chegaram a conclusões semelhantes quanto à validade dos conceitos e aí parou tudo. A luz estava ali, sim, mas não queriam iluminar com ela os porões da alma encarnada.

A segunda tentativa foi praticamente uma 'reencarnação científica' da metapsíquica. Outro corpo doutrinário, outra época, nova metodologia, novos pesquisadores e um novo nome: chamaram-na de parapsicologia. Outra vez os mesmos fenômenos ou aspectos correlatos deles, conclusões importantes e válidas, mas parece que novamente o fantasma do espírito imortal assustou os pesquisadores, e houve nova parada.

Virão, como já estão vindo, novas tentativas de fuga, contanto que seja evitado qualquer contágio 'indesejável' de origem espiritista.

Ao escrevermos estas linhas, está na moda a terceira tentativa de fuga ou, se quiserem, a terceira encarnação da metapsíquica. Deram-lhe o nome de psicotrônica desta vez. É fácil profetizar que vai parar logo ali na frente, no momento em que começar a vislumbrar o fantasma do espírito imortal.

21) O círculo de giz

A imagem do espírito passou a ser o traçado invisível do círculo de giz, a assombração dos laboratórios de pesquisa que precisa ser exorcisada sumariamente sempre que se manifeste em qualquer fenômeno.

Freud, por exemplo, elaborou e testou sua genial doutrina do trauma e localizou, acertadamente, esse núcleo irradiante de desajustes emocionais na vida pregressa do indivíduo. Parou, no entanto, em cima dos limites do giz: o ser humano tem uma só vida e, portanto, não adianta procurar além.

Isso não quer dizer, como já vimos, que a técnica da regressão da memória já esteja em condições de se tornar totalmente confiável. Há muito, ainda, que estudar e aperfeiçoá-la. Ainda tem seus imponderáveis, suas surpresas, seus enigmas. Não será também uma panaceia universal para resolver qualquer problema, de qualquer pessoa, sob quaisquer circunstâncias, mas já demonstrou ser instrumento válido de terapia emocional e até psicossomática. Não pela aplicação de passes mágicos, ou de encantações e benzeduras, mas porque se apoia em estruturas espirituais cuja validade tem sido severamente questionada ao longo do tempo, sem que apresente qualquer arranhão ou abalo. Pelo contrário, cada vez que a pesquisa séria se dedica ao exame dos fenômenos, pode concluir diferentemente na interpretação dos fatos, mas não pode contestá-los.

Quando o dr. Gustave Geley foi acusado de elaborar teorias e hipóteses – por mais atraentes que fossem – sem indicar os fatos em que elas se apoiavam, voltou para o seu gabinete de trabalho e escreveu um alentado volume somente para descrever fatos experimentais, reproduzíveis por qualquer pessoa qualificada. Querem fatos? Aí estão. Suas hipóteses não eram arbitrárias ou apressadas, nem foram elaboradas à revelia dos fatos; ao contrário, eram precisamente os fatos que convergiam para produzirem a formulação das hipóteses que ele apresentava nos seus livros.

Posição semelhante adotaram os espíritos que trabalharam com Allan Kardec na formulação do espiritismo. Não houve preocupação em demonstrar fatos, óbvios por si mesmos, nem exibir fenômenos ou realizar prodígios. De fenômenos está repleta a história da humanidade, e a própria Bíblia está repleta deles. Fenômenos insólitos continuam a ocorrer por toda a parte, independentemente da postura filosófico-religiosa das pessoas envolvidas. "O espírito sopra onde quer" – disse Cristo com autoridade e convicção. Se o aceitam ou não, isso é problema individual de cada um. Não faltam, pois, montanhas de fenômenos. Insólito deixou até de ser palavra adequada para identificá-los, porque se tornaram banais na sua insistente e obstinada repetição ao longo dos milênios, a perder de vista. Sempre houve manifestações de seres dados como mortos. Os líderes de Israel falam com os fantasmas de seus mortos ilustres. As peças de Shakespeare – reproduções de dramas e tragédias da vida – estão povoadas de fantasmas. Em qualquer grupo humano reunido numa noite chuvosa e fria e sem energia elétrica para ligar a televisão, haverá sempre um ou outro indivíduo que tenha alguma experiência de impacto para contar. Nunca faltou densa e rica variedade de fenômenos de natureza espiritual; o que estava faltando era uma estrutura racional, lúcida e inteligente, que ordenasse os fatos e deles extraísse os postulados interpretativos adequados. Não tenhamos medo das conclusões autenticadas pelos fatos observados. Só se teme o desconhecido enquanto ele permanece desconhecido. Aproximemo-nos com cautela, é claro, com senso crítico, naturalmente, e até com desconfiança, se quisermos. Tenhamos, porém, a coragem de enfrentar aquilo que ainda não nos é familiar, no esforço de fazer recuar as fronteiras da ignorância. Quantas vezes já tivemos oportunidade de verificar como era ilusória a estabilidade dos nossos mais queridos e cristalizados conceitos? A metodologia do aprendizado pode ser facilmente sumarizada: examinar, rejeitar, aceitar, recombinar. É esse o processo de renovação da própria vida. Que faz o complexo celular do organismo senão operar dentro de estrutura semelhante? Apreender, rejeitar, absorver, recombinar, eliminar.

Se ainda não temos a técnica ideal de manipulação da memória, cabe desenvolvê-la. Sabemos que nem todos os pacientes são igualmente suscetíveis aos mesmos processos. Sabemos que alguns sensitivos fantasiam ou mistificam. É preciso descobrir-lhes as motivações, nunca, porém, no dizer pitoresco e sugestivo da língua inglesa, jogar fora a criança juntamente com a água do banho.

A despeito de toda a manifesta aversão ou má vontade em relação aos postulados básicos da doutrina dos espíritos, o que temos testemunhado em mais de um século de pesquisa autônoma e até hostil é a consistente e repetida confirmação dos mesmos fenômenos: a existência do princípio inteligente, sua preexistência e sobrevivência e, por conseguinte, a reencarnação, bem como a comunicabilidade entre 'mortos e vivos'. Não há como fugir disso, por mais erudita e rebarbativa que seja a terminologia inventada para rotular os fenômenos. A diferença entre perispírito, corpo astral, duplo etérico, corpo ódico, bioenergético ou bioplasmático está apenas nos rótulos e não na essência. O que está faltando, por conseguinte, para tomar essa realidade e estudá-la a fundo e sem preconceitos teóricos?

Há o temor em muitos pesquisadores de se envolverem com o espiritismo ou com o que chamam de ocultismo. O emprego deste último nome revela inapelável indigência cultural quando aplicado aos fenômenos mediúnicos e anímicos, por mais brilhantes que sejam seus usuários, em outros setores do pensamento. Não há coisa alguma de oculto, místico ou misterioso na fenomenologia mediúnica. Desde 1857 que o espiritismo desmistificou o ocultismo.

Muito estranho, pois, o sagrado horror de algumas pessoas indiscutivelmente geniais, como Freud, em relação a esse aspecto da psicologia humana. A certa altura de sua vida ele praticamente exigiu de Jung o compromisso de que este jamais se deixaria envolver pelo que ele chamava a "onda escura do ocultismo". Não obstante, o dr. Sigmund Freud viveu numa época em que a doutrina dos espíritos já se encontrava perfeitamente estruturada, ordenada e ao alcance de qualquer leitor inteligente. Ainda que ele não desejasse praticá-la ou aderir aos seus postulados, não lhe teria feito mal algum o conhecimento mais íntimo de seus postulados básicos; ao contrário, ele teria enriquecido consideravelmente suas geniais formulações científicas.

Sob certos aspectos, a situação continua a mesma. Pesquisadores eminentes e bem intencionados perdem tempo precioso e enveredam por inúmeros atalhos e pistas falsas antes de chegarem a conclusões que há mais de século estão prontas no contexto da doutrina que os espíritos nos trouxeram. Que façam suas pesquisas da maneira que muito bem entenderem; é claro que ninguém poderá objetar, mas é sempre de lamentar-se a perda de precioso tempo. O eminente dr. J. B. Rhine, por exemplo, trabalhou quase meio século com vigor e tenacidade dignos do melhor aplauso, servidos por uma inteligência invulgar. Honestamente, porém, qual o balanço de todo o seu tremendo esforço: a convicção de que há no ser humano um princípio inteligente que não está subordinado à matéria física e, por conseguinte, há percepções extrassensoriais e energias de origem humana capazes de atuar sobre a matéria. Mas disso já se sabia há mais de um século!

Agora é a vez da psicotrônica, que deseja provar, outra vez, a existência de corpos bioplasmáticos ou bioenergéticos, através dos quais atuam forças inteligentes, ou seja, que o espírito, princípio inteligente do universo, atua por intermédio de um corpo sutil chamado perispírito! Recaímos, portanto, com monótona e exasperante insistência, nos mesmos 'achados' de sempre. Estamos precisando, com urgência, de quem prossiga daí em diante, a partir da realidade espiritual, exaustivamente demonstrada.

Pesquisadores de boa formação científica que resolvessem adotar experimentalmente matrizes espirituais teriam avançado muito mais rapidamente e com muito maior segurança sobre o território do desconhecido. Aqueles que, sistematicamente, se recusam a tomar essa realidade, pelo menos para confrontá-la com os seus achados, ficam parados pelos caminhos ou se extraviam das suas metas.

22) As cautelas do dr. Rhine

Ia o dr. Rhine bem adiantado nas suas pesquisas, em 1961, com livros e inúmeros estudos publicados, quando me arrisquei a escrever-lhe uma carta para tentar saber em que pé estavam suas ideias acerca do problema da realidade do espírito, principalmente no aspecto da sobrevivência do ser.

Sua resposta revelava, ao mesmo tempo, sua cortesia e respeito pelo desconhecido correspondente e uma sóbria e elegante maneira de evitar pronunciamentos conclusivos, tanto positivos quanto negativos. Limitava-se a afirmar que a questão mantinha-se longe de uma definição em termos científicos aceitáveis.

Declarava ainda, em artigo publicado, cuja separata teve a gentileza de me enviar, que a sobrevivência somente poderia ser entendida no contexto da continuidade do pensamento, o que é lógico, mas como seria isso possível se o cérebro físico se decompõe no processo da morte? Era evidente, portanto, que não estava contando com a realidade do corpo espiritual ou bioplasmático, segundo os soviéticos.

No compreensível açodamento de quem estava convicto da realidade espiritual, esperava eu algo mais alentador do eminente cientista que abrira espaço universitário para um gênero de pesquisa até então considerada indigna desse status. Aliás, ele mesmo mencionava, no estudo que me enviou, as cautelas que tinha de adotar aquele que tivesse disposição suficiente para a tarefa, que punha em xeque o prestígio acadêmico e até social do pesquisador.

As coisas não mudaram muito em trinta anos, mas já mostram sinais de melhor entedimento e talvez maior liberalização, em futuro próximo.

Volvidos esses anos, reconheço-me um tanto injusto com o dr. J. B. Rhine, especialmente após ter lido excelente biografia, que relutantemente ele consentiu que fosse escrita, pouco antes de ele mesmo partir para o outro lado da vida, em 1980.

Achava eu que ele apenas evitava expor-se demais aos riscos da rejeição por parte da comunidade científica da qual fazia parte integrante. Comparava-o a Charles Richet, prêmio Nobel de medicina, em 1913, para quem a sobrevivência do ser não passava de uma 'grande esperança', significativo título que atribuiu a um dos seus brilhantes estudos no âmbito do que então se chamava metapsíquica. Também como Richet, Rhine dizia que era preciso estudar mais, pesquisar e aprofundar-se mais e muito, antes de um pronunciamento que, a meu ver, estava apenas evitando ser comprometedor.

Por isso, meu entusiasmo ia para a dra. Louise Rhine, sua esposa, cujas ideias me pareciam mais arejadas e destemidas, ao admitir, no seu interessante livro, conclusões nas quais se positivavam as realidades que, para seu marido, continuavam no campo neutro e fechado das hipóteses.

Ao reescrever agora o pequeno módulo que, nas edições anteriores deste livro, dediquei ao criador da parapsicologia, tenho dele visão mais nítida e balanceada.

Joseph B. Rhine, PhD, foi um pesquisador destemido e competente. Tinha aguda consciência de que somente conseguiria abrir espaço para o objeto de seus estudos no seio da comunidade científica se pudesse produzir evidência irretorquível e inexpugnável da função psi. Antes de convencer os outros, porém, precisava ele mesmo ver-se confortavelmente instalado em sólida convicção pessoal. Seus padrões tinham de ser severos e inatacáveis para que isso fosse conseguido. Ele tinha plena consciência de que a mínima falha na metodologia da busca do fugidio componente espiritual no ser humano invalidaria todo o seu trabalho.

Ao contrário do que eu imaginara, longe de temer a comunidade contra a qual se punha pela simples opção pelo objeto de seus estudos, revelou-se de uma coragem indomável que andou raspando pela temeridade. Sustentou durante toda a sua longa vida (morreu aos 85 anos de idade) mais de meio século obstinada e nem sempre leal resistência aos seus trabalhos.

Quando se deu por satisfeito de que a função extrassensorial estava suficientemente demonstrada e publicou seus primeiros estudos, desencadeou-se a tempestade. Toda a sua metodologia foi severamente examinada, reavaliada e questionada. Com humildade intelectual digna de um cientista do seu porte, estudava as críticas, por mais apaixonadas e injustas que fossem, porque estava convencido de que poderia ter algo a aprender com elas. Se, em algum aspecto, ele reconhecesse que seus críticos tinham razão, voltava para o laboratório e mudava o procedimento com a finalidade de oferecer mais segurança e confiabilidade aos resultados. Nos aspectos em que estava, porém, convencido da correção de seus métodos, não cedia em coisa alguma. Atacou-se vigorosamente, por exemplo, as bases matemáticas da sua metodologia quantitativa, adotada para excluir o caráter anedótico ou aleatório dos fenômenos que tinha sob exame. As estruturas estatísticas do seu procedimento de laboratório, contudo, foram consideradas inabaláveis. Haviam sido montadas por especialistas de inquestionável reputação e competência. Aqueles que desejassem questionar suas conclusões teriam de buscar outro caminho, não o do apoio matemático.

Pessoalmente, não tenho dúvidas de que seu objetivo final, ainda que não explicitado, foi o de desenhar um modelo tão abrangente quanto possível da realidade espiritual, pois não se recusou ao exame de nenhum tipo de fenômeno insólito. Nunca perdeu de vista, contudo, o fato de que tais conclusões, momentosas em termos de ciência, estavam na marca de chegada, após consolidadas algumas preliminares básicas de apoio, não, porém, em premissas puramente teóricas.

O primeiro passo consistia em demonstrar que há no ser humano dispositivos operacionais que transcendem os sentidos e se sobre-põem a leis fundamentais que governam as diferentes interações da matéria. Para designar essa função, ele propôs a sigla ESP (*extrassensory perception*). Ainda hoje me pergunto se a comunidade intelectual se deu conta de que a sigla mágica é fatal para o velho postulado aristotélico de que tudo quanto vai à mente tem de passar, antes, pelos sentidos.

Diante de tudo isso, troquei minha frustração de 1961 em face do pronunciamento do dr. Rhine acerca da sobrevivência, por grande admiração e respeito pelo eminente e teimoso pesquisador que não se deixou intimidar pelas pressões que sofreu. Ele tinha suas razões para as cautelas que adotou.

Quando visitei, em 1986, a belíssima Universidade de Duke, na Carolina do Norte, era como se visse, a vagar pelo campus e pelos corredores, a figura atlética do professor Joseph B. Rhine. Pelo que pude observar, contudo, o meio acadêmico continuava a nutrir suas desconfianças em relação ao homem que mais projetara o nome da Duke em todo o mundo. A excelente livraria universitária não tinha sequer um livro do dr. Rhine à venda. Para consolar-me dessa nova frustração, comprei um dos volumosos estudos de Barbara Tuchmann, não menos competente e famosa que seu ilustre colega professor, mas que optara pela história como tema para exercício da sua brilhante inteligência. Ainda a vi numa entrevista notável pela televisão local. Pouco depois, soube que havia falecido. Deverá estar, a esta altura, a trocar apontamentos e ideias com o dr. Rhine e outros, convictos todos, afinal, de que a vida continua mesmo, com cérebro físico ou sem ele, a despeito de crenças ou descrenças, até a despeito de nós mesmos.

23) De Rochas e o espiritismo

Já a pesquisadores como o coronel de Rochas – e aqui voltamos, por breve trecho, a ele – fez uma falta considerável um pouco de experiência com a fenomenologia mediúnica. Seu trabalho resulta em inteligente e racional confirmação dos postulados básicos do espiritismo – sobrevivência e reencarnação, por exemplo, bem como comunicabilidade – mas ele recusou-se formalmente a um aprofundamento maior.

Escreve ele à página 457:

> Contrariamente ao que pensam, nunca me ocupei de espiritismo. Assisti a algumas sessões para saber como as coisas se passavam; mantive-me ao corrente do que se escrevia sobre esse assunto que de tão perto diz respeito ao grande problema da sobrevivência; reservei, porém, meu tempo e meus esforços a estudos mais conformes à minha formação científica. Achei que já havia gente bastante cuidando de obter comunicações com os agentes invisíveis, o que não exigia nenhuma aptidão particular, e que eu seria mais útil limitando minhas pesquisas ao aspecto físico e ao exame das faculdades anormais do organismo humano. (Rochas, Albert de, 1911)

Ao que se depreende, o eminente pesquisador tinha, por conseguinte, um conhecimento mais ou menos superficial dos aspectos teóricos do espiritismo – ele não menciona os livros que leu, embora se refira, mais de uma vez, a Léon Denis – mas deixa entrever sua escassa experiência com o fenômeno mediúnico. Deixa bem claro, ainda, que, no seu entender, nenhuma qualificação especial exigiam os trabalhos mediúnicos, o que está longe de ser verdadeiro. Mais reveladora, porém, pela sua importância, é a sua postura quanto à natureza dos fenômenos em si, que ele considera como inequivocamente *física*, mesmo porque ele acreditava ocupar-se das "*faculdades anormais do organismo humano*". Duplo engano esse, porque nem as faculdades são anormais, nem são, em essência, do organismo e sim da contraparte espiritual do ser encarnado, para o qual o corpo físico não passa de instrumento, veículo de manifestação e não o originador dos fenômenos observados.

Prossegue de Rochas:

> Contudo, envolvi-me, a despeito de mim mesmo, com as manifestações espíritas, nas quais a teoria das comunicações com os defuntos era certamente falha. Se as relato aqui, é unicamente para fornecer novos documentos ao processo que se desenrola ante a opinião pública e não para condenar, genericamente, a teoria espírita, que me parece apoiada em bases sólidas e que é, afinal de contas, a melhor hipótese de estudo entre as que têm sido formuladas. (Idem)

A posição do coronel pode, então, ser assim caracterizada: suas pesquisas confirmaram certos postulados básicos que ele conhecia de leituras, ao que se depreende, bastante superficiais, como veremos. Seja como for, não tem como rejeitar sumariamente o que chama de "teoria espírita". Por outro lado, sem explicar como nem porque, ele contesta o que chama de "teoria das comunicações com os defuntos", mas é óbvio que igualmente não a rejeita, como também não lhe propõe correções. Sua experiência com o fenômeno mediúnico é mínima, como ele próprio admite, ao dizer que limitou-se a assistir a algumas sessões, apenas para ver como se desenrolavam as coisas. É, pelo menos, uma atitude supreendente num homem de ciência, habituado a pesquisar tudo com a necessária profundidade; respeitemos, contudo, sua colocação.

De Rochas teve, no entanto, oportunidade de observar, pessoalmente, certos fenômenos mediúnicos que eclodiram inesperadamente em suas pesquisas, ainda que não muito desejados, pois ele confessa, honestamente, que a coisa aconteceu *"malgré moi"*.

Vale a pena aqui abrir um pouco de espaço para reavaliar tais experiências que oferecem aspectos singularmente interessantes para os objetivos de nosso estudo.

Trata-se do 'Caso Mireille', ao qual ele dedica todo o capítulo da 'Quarta Parte' de seu livro.

Mireille e Nathalie eram duas senhoras parisienses de suas relações de amizade. Ele já havia experimentado com ambas – que eram boas sensitivas – "antes de haver observado experimentalmente a regressão da memória". Lembra-se de que, à época, Mireille, em transe, referia-se a ela própria mencionando um nome de batismo diferente do seu. Perguntada a respeito dessa 'anomalia' dissera que foi o nome que ela teve quando fora uma condessa polonesa. Quanto a Nathalie, contava uma história romântica. Fora, em tempos outros, uma jovem princesa que vivia num país à beira mar. Para protegê-la da paixão de um príncipe, que ela amava, seu pai mandara encerrá-la numa torre, porque o príncipe era inimigo da família. Enredo semelhante ao de Romeu e Julieta, como vemos até aqui. O príncipe no entanto, ao contrário de Romeu, resolveu tomá-la a força e sitiou a torre a frente de uma tropa. Ao que se depreende, ele conseguiu tomar o reduto, mas não a mulher amada, que o carcereiro apunhalou para que não caísse viva nas mãos do conquistador. Só falta dizer que, segundo Nathalie, o coronel de Rochas era o príncipe reencarnado, ainda uma vez dedicado às artes bélicas.

É com Mireille, contudo, que ele desenvolve experiência longa e algo enigmática, que durou meses. A essa altura – 1894 – Mireille era uma senhora de 45 anos, amiga de infância do coronel. Era inteligente, de excelente moral e dons artísticos, mas de cultura medíocre, nada havendo lido sobre teosofia, espiritismo ou ocultismo. Certo mal interno a incomodava e foi por isso que ela pediu ao amigo de Rochas que a ajudasse, com seus passes magnéticos.

No relato deste episódio é que podemos verificar a precariedade dos conhecimentos teóricos do coronel acerca do espiritismo. Começa ele por dizer que nas sessões espíritas "produzem-se, com frequência e espontaneamente, mudanças de personalidade chamadas *encarnações*". (Idem) (O destaque é do original).

Ora, não é correto caracterizar o transe mediúnico como alterações ou mudança de personalidade, tanto quanto é incorreto chamar o fenômeno da incorporação de encarnação ou possessão, como o próprio autor o chama, alhures, nesse mesmo relato. Seu conhecimento teórico parece, ante essas breves observações, mais precário do que poderíamos supor. Não precipitemos, porém.

As experiências com Mireille se realizaram em 1894, dez anos antes das que o coronel faria com Joséphine, e que o puseram inesperadamente, face a face com o problema da reencarnação. Os fenômenos básicos, não obstante, são os mesmos, como era de esperar-se. Mireille vê, primeiro, a formação de um corpo diáfano, reprodução exata do seu, mas que ela parece ver 'de dentro'. À medida que a magnetização prossegue, ela o vê condensar-se, gradualmente, e elevar-se no espaço. A partir de certo momento, ela deixa de ver o corpo sutil (seu perispírito) e passa a ver o seu corpo físico, como se o contemplasse à distância.

Essas observações são de grande interesse, porque nos suprem um exemplo vivo e experimental do deslocamento da consciência. Nos estágios iniciais do processo de desdobramento, o sensitivo, ainda preso ao seu corpo físico, contempla *daí* a preparação do corpo perispiritual. Assim que este se acha nas condições adequadas, passa para ele a consciência observadora que, revertida a posição, passa a contemplar, do perispírito, a visão do corpo físico temporariamente abandonado.

A sensitiva tem logo a visão de outros seres espirituais à sua volta, o que ocorre com frequência em tais experiências. Alguns ela reconhece facilmente como seres humanos, movimentando-se em seus corpos sutis; outros, porém, se apresentam sob forma larval, ou seja, deformados, e se esforçam por aspirar as energias que emanam de seu corpo sutil.

Na sexta sessão Mireille vai (ou é levada) a uma região superior (diz ela), banhada por luz intensa, comparável à do diamante amarelo. Os seres que a cercam parecem cometas(?) de cor verde brilhante e de muitas tonalidades, conforme o indivíduo. A cabeça é enorme. Na oitava sessão, novamente na misteriosa região superior, ela percebe, entre os seres à sua volta, um espírito familiar – o de um amigo de infância, já morto, que o coronel resolve chamar de Vincent.

Por motivos puramente fortuitos, as experiências são interrompidas por alguns meses. O coronel aproveita o ensejo dessa pausa para uma avaliação mais objetiva do que se passa. As coisas lhe parecem – e a nós também – algo estranhas. Mireille já contara ao coronel algumas de "suas explorações, em corpo astral, nos diversos planetas". A essa altura, porém, Vincent participava das experiências com a sua presença, respondendo "por uma espécie de transmissão de pensamento", via Mireille, às perguntas formuladas pelo coronel. De Rochas imagina que seja a própria sensitiva que as respondia, na suposição, talvez, de que Vincent seria uma figura fictícia, de sua própria criação. A questão é que, aí por novembro de 1894, Vincent desapareceu de repente, deixando de vir às evocações.

Um dia o coronel decidiu "enviá-la a Marte". Ao que parece, ela teria sido detida pela "camada elétrica" que circundaria o planeta, bem mais intensa que a da Terra. Mesmo sem penetrar na atmosfera de Marte, ela o descreve, embora suas informações nada tenham de original, podendo refletir lembranças de leituras esporádicas: gelo nos polos e enormes canais. Os 'marcianos' seriam criaturas anfíbias, com marcada preferência pela água e os canais seriam apenas meios de comunicação entre os diversos mares. Seriam "infinitamente superiores aos homens em força física, mas inferiores em inteligência".

Em pleno relato, Mireille parou de falar e desmaiou. As batidas cardíacas foram gradualmente se apagando e o coronel, já assustado, apressou-se em despertá-la, o que conseguiu com algum esforço. Ao cabo de um minuto ou dois, ela se mexeu e o coronel, algo aturdido (avec étonnement), ouviu as seguintes palavras pronunciadas em tom brusco, completamente diferente do tom habitual da sensitiva:

"Você escapou de boa! Por que você não a deteve? Você bem sabe que ela é curiosa. Se eu não estivesse lá, ela estaria perdida, tanto para você, como para mim".

Era Vincent, pela primeira vez falando diretamente pela boca de Mireille. Segundo ele explicou, ela quis penetrar a atmosfera de Marte e ele nem sabia o que aconteceu. Ele tomou o corpo espiritual dela, colocou-o no "veículo que me serve para vir à atmosfera da Terra, tomei o seu corpo astral a fim de entrar no seu corpo carnal e poder comunicar-me com você".

Enfim, uma explicação muito inexplicável, pelo menos para mim. Daí em diante, acho eu, faltou ao ilustrado coronel um pouco de senso crítico e um conhecimento bem mais sólido de doutrina espírita do que o que ele demonstrou. Vincent é uma figura estranha, e suas teorias e narrativas são, às vezes, ainda mais estranhas, ainda que certas ideias pareçam dignas de exame. Seria alongar demais este estudo se não resistíssemos à tentação de reproduzir tudo aqui. Limitemo-nos ao que nos parece essencial.

Uma das ideias interessantes, por exemplo, passo ao leitor com as necessárias cautelas e ressalvas.

Vincent se comunica com de Rochas indiretamente, via Mireille, pelo que o coronel chama de "transmissão mental", ou diretamente, servindo-se do corpo físico da sensitiva. Até aí, tudo bem e admissível. Para falar com Vincent diretamente, o coronel tem que continuar magnetizando Mireille, já em transe e desdobrada. O autor emprega aqui o verbo *détripler* (seria 'destriplicar'...) a fim de, textualmente, "separar seu espírito de seu corpo astral". Só então o espírito de Vincent entra no corpo astral de Mireille no lugar do espírito desta. Em seguida, o corpo astral de Mireille, com o espírito de Vincent, retoma o corpo carnal de Mireille, havendo, segundo de Rochas, "em definitivo (?), a reconstituição (?) de um ser vivo completo com mudança de espírito".

Mesmo aí há aspectos admissíveis, pois não é de todo fantástica ou inconcebível a possibilidade de um segundo desdobramento entre corpo espiritual e o espírito em si. André Luiz nos relata uma experiência pessoal dessas em que, embora soubesse que seu corpo perispiritual estava em repouso numa espécie de enfermaria, ele se encontrava, *em espírito*, com sua mãe, perfeitamente consciente, em outro *plano*.

Aliás, em nota de rodapé, o coronel acrescenta o seguinte, que prefiro traduzir em vez de resumir:

> O espírito de Mireille aparece sob forma de uma amêndoa luminosa. Ele se desprende pela parte superior do corpo astral e este se torna algo sombrio, logo que deixa de ser iluminado pelo espírito que, anteriormente, se encontrava no seu interior. Esse espírito poderia ficar ali, no ar, ao nosso lado, mas Vincent prefere fazê-lo entrar no cone que o trouxe e onde ele sabe que ela estará ao abrigo dos turbilhões astrais, ou mesmo das tentações de sua própria curiosidade, que poderiam arrastá-la a regiões desconhecidas e provocar abandono muito prolongado de seu corpo físico. (Idem)

Não tenho muito o que comentar. O tal 'cone' seria um veículo luminoso, do qual se serviria Vincent nos seus deslocamentos. O desdobramento espiritual não é ideia que me repugne, como já disse. Já os tais turbilhões astrais e outras novidades me cheiram a fantasia. Prefiro rejeitá-los até que me expliquem melhor o que é isso.

Quanto às informações que se seguem, me parecem cada vez menos aceitáveis. Diz o coronel que, enquanto na posse do corpo de Mireille, Vincent conserva os seus conhecimentos científicos, tanto quanto as qualidades e defeitos que o caracterizam. No entanto, sua memória fica *reduzida*!

Escreve de Rochas:

> Ele se lembra apenas vagamente da sua última vida terrena e não tem lembrança alguma das anteriores. O que ele se lembra da sua própria vida, contudo, é como se a houvesse sentido, ao passo que as lembranças que lhe vêm da memória de Mireille são como coisas que ele houvesse lido. Em compensação, ele possuiria, quase completamente, as memórias de Mireille, armazenadas no corpo astral que ele ocupa no momento, se ele estivesse habituado a servir-se dele. (Idem)

Parece-me aceitável que um espírito incorporado mediunicamente (não *encarnado*, como diz de Rochas), possa encontrar maior facilidade de acesso à memória de seu médium à medida que vai se servindo de sua mediunidade com maior frequência. Não creio que seja necessário desdobrar o espírito do médium de seu próprio perispírito a fim de 'abrir espaço', se assim podemos dizer, para que o espírito do manifestante possa comunicar-se. Enfim, seria uma informação a verificar. O que não posso compreender é por que Vincent incorporado só se lembre vagamente de sua última existência na carne que, segundo informa de Rochas, foi há apenas cerca de dez anos! Não menos surpreendente é a informação de que um espírito que realiza tantas proezas significativas, como resgatar uma companheira que se embaraçou gravemente ao penetrar o cinturão magnético do planeta Marte, veja sua memória praticamente anulada logo que se incorpora em seu médium. A prática mediúnica nos ensina precisamente o contrário: na esmagadora maioria dos casos, os espíritos manifestantes trazem para as sessões conhecimento minucioso e fixação obsessiva nos episódios de sua última existência. Já o conhecimento das vidas anteriores, na verdade, somente ocorre, via de regra, em espíritos mais experimentados e esclarecidos. Neste aspecto particular posso invocar longa e sólida experiência pessoal, pois pratiquei inúmeras regressões de memória em espíritos desencarnados, enquanto incorporados no médium.

É estranho que Vincent seja capaz de conservar seus conhecimentos científicos e características pessoais, mas não se lembre com nitidez da última existência na carne, que terminou há pouco mais de uma década – um segundo em termos de imortalidade.

Também não posso compreender a inexperiência que Vincent revela sob tantos aspectos aparentemente triviais, mas que, somados, produzem no leitor familiarizado com os ensinamentos da doutrina espírita nítida impressão de incongruência. De Rochas informa, por exemplo, que nas suas primeiras "encarnações", ou seja, manifesta-ções mediúnicas, Vincent "examina com curiosidade suas roupas (ou seja as de Mireille), procura o bolso para apanhar o lenço, dizendo que, em seu tempo, as mulheres tinham-no em local de mais fácil acesso; apalpa os cabelos, olha-se ao espelho, do qual recua bruscamente, alegando que há muito tempo não via Mireille assim, através dos olhos humanos". E, para maior surpresa, acaba pedindo para *fumar um cigarro*, que consome até o fim, para "lembrar-se de sua vida terrena". (Mireille não fuma)

Ante as surpresas do coronel, ele afirma que está vivo e muito bem vivo, dado que de Rochas o 'ressuscitou'.

O procedimento do espírito – se é mesmo um espírito e não manifestação anímica da própria Mireille – é estranho, para dizer o mínimo.

Quando de Rochas lhe pergunta se ele poderia viver no corpo de Mireille por muito tempo, ele responde que não sabe, mas acha provável que algum acidente pudesse acontecer cedo ou tarde.

As experiências de magnetização com a finalidade de promover uma regressão da memória em Vincent são tumultuadas e inconclusivas, resultando num diálogo surrealista igualmente incompreensível e inexplicável:

O cômodo onde se realizam as experiências está às escuras (cortinas cerradas) e as primeiras palavras do espírito, já regredido, são estas:

– Por que não se pode ver aqui?

De Rochas manda abrir as cortinas e lhe pergunta se ele sabe quem é.

– Espere! Tudo o que sei é que estou morto, mas por que estou aqui?

O coronel explica quem é e que há dois anos se comunicam – ele e o espírito – através do corpo que, no momento, ele ocupa. E ele:

– Você cuida, então, de magnetismo? Você é médico? Que é você, então? Um sábio?

– Sou engenheiro – responde o coronel.

– Ah! sim? Seus colegas tratam geralmente da ciência da alma como a arte das construções: têm medo de subir e ficam no terra-a-terra. (Sorri, e continua) Bem, que você quer saber?

O interrogatório revela a precariedade de sua memória. Lembra-se da sua forma humana, da fisionomia e de episódios mais marcantes da sua vida, sobretudo dos 'fatos passionais'. Emociona-se ao lembrar-se daqueles a quem amou, especialmente de sua mãe, ainda viva na carne. Lembra-se melhor das circunstâncias de sua morte e da sua condição posterior, enquanto esteve 'na atmosfera da Terra'. Daí em diante há um 'branco' que ele não sabe explicar.

De minha parte, não vejo nessas experiências fragmentárias, nos diálogos e nas informações colhidas nada que justifique a solene declaração final do 'espírito' a de Rochas:

> Você acaba de tocar a Árvore da Ciência da qual falam as tradições religiosas – diz ele. É um privilégio que tem sido, sem dúvida, proporcionado a bem poucos homens e que acarreta grandes responsabilidades. Você o mereceu, servindo-se simplesmente da sua razão e Deus, que o permitiu, tem, sem dúvida, seus desígnios. Não se esqueça, contudo, de que não basta deixar de cometer o mal; é preciso não facilitar aos outros os meios de cometê-lo.
> (Idem)

Que o conhecimento traz responsabilidades, não há dúvida, mas não me parece que haja motivos para tamanha fanfarra. Ademais, pelo menos no meu entender, não basta deixar de praticar o mal e não facilitar a sua prática aos outros. Essa é a doutrina do não. Falta a do sim; é preciso praticar o bem e não apenas deixar de ser mau. Pelo que ensina Vincent, já está ótimo se a gente deixa de dar um tiro fatal no inimigo, mas o que o Cristo nos recomendou é que nos reconciliássemos com ele enquanto estivéssemos aqui, que orássemos por ele, e até que o amássemos...

Depois dessa 'encarnação' (leia-se incorporação mediúnica) e dessa regressão da memória, Mireille "sentiu-se, durante vários dias, extremamente fraca, sem vitalidade e sem coragem". O espírito, posteriormente, queixou-se também por sentir-se *alourdi* – entorpecido, pesado – depois da experiência. Alguma coisa, portanto, não estava bem.

Com o tempo, contudo, Vincent desenvolveu suas ideias filosóficas e seus ensinamentos.

O coronel de Rochas não revela com clareza sua posição em face desses fenômenos. Ao cabo de alguns meses de experimentações e de longas conversas, ele volta a perguntar se ele, Vincent, não seria uma resultante das exaltadas percepções de Mireille, a partir das lembranças de uma pessoa de quem ela se lembrava com certa afeição, aliás.

– Se você é realmente aquela pessoa – diz o coronel – , você deve saber coisas que Mireille ignora, como o latim, por exemplo. Que significam as palavras – *arma virumque cano*?

Vincent manteve-se calado por algum tempo e respondeu:
– Não me lembro; mas observe que essas palavras pertencem a uma língua que não era a minha e que as lembranças relacionadas com isso foram armazenadas unicamente no meu corpo astral terrestre, que não tenho mais.

Convenhamos que a pergunta não está bem formulada para valer como teste de identificação pessoal. Vincent saberia latim 'em vida'? A resposta, contudo, começa por uma evasiva e termina com uma afirmativa incongruente. A admitir-se a sua realidade, o espírito desencarnado desfaz-se, algum tempo após a morte, de seu corpo perispiritual, e com ele vai-se toda a sua memória! O que restaria nele em tal situação, se somos precisamente a soma de uma verdadeira multidão de experiências arquivadas?

O coronel parece ter consciência de que a experiência foi inconclusiva, embora o seu relato revele também que, se não deu crédito irrestrito aos pseudoensinamentos de Vincent, pelo menos parece algo impressionado com ele. A impressão que colhemos dessa narrativa é a de que ele nem a aceita de todo, nem a rejeita sumariamente e isso – a meu ver – porque era praticamente nula a sua experiência com problemas mediúnicos, e escasso o seu conhecimento da doutrina espírita. Munido dessa dupla experiência teórica e prática do espiritismo teria tido condições para avaliar os fenômenos observados.

Há, no episódio, veementes indícios de mistificação e de fantasias formuladas pelo espírito – se é que é mesmo um espírito autônomo – ou pela sensitiva. Em termos de mediunidade, é sempre recomendável ficar bem alerta e em guarda, quando começam a espoucar certas 'revelações' exóticas, cheirando a ficção científica, bem como ideias insólitas. É até possível que contenham, tais ensinamentos, algo de aproveitável, mas é preciso muito cuidado com eles.

24) Flournoy

Esse aspecto é particularmente encontrado no livro, sob muitos aspectos, interessantíssimo, do ilustre prof. Theodore Flournoy, que se dedicou ao estudo minucioso dos fenômenos produzidos pela sensitiva Hélène Smith. Ali também ocorreram episódios de incontestável valor teórico/experimental, de mistura com óbvias fantasias ou mistificações, talvez inconscientes, da médium, ou dos espíritos desencarnados que participavam dos fenômenos. Também ali se trata de um "estudo sobre um caso de sonambulismo", segundo se lê no subtítulo da fascinante obra de Flournoy. O eminente cientista, porém, por causa do mais olímpico desprezo pelas estruturas da doutrina dos espíritos, bem como pela sua aversão ao aspecto experimental da mediunidade, deixou de extrair da excelente oportunidade que teve ao seu alcance os ensinamentos que lhe foram oferecidos tanto nos episódios confiáveis, como naqueles em que houve óbvias falhas da médium. Ao nivelar por baixo, o dr. Flournoy foi um daqueles que jogam fora a criança com a água do banho. A despeito do interesse do trabalho de Flournoy para os objetivos deste livro, convém ficarmos limitados a esta breve referência para não alongar demais a exposição. Sugiro ao leitor interessado o artigo 'Das Índias ao Planeta Marte', de minha autoria.

25) Realidade espiritual

A abordagem ao problema da mediunidade aqui não tem por finalidade 'doutrinar' ou tentar convencer o leitor das excelências do espiritismo. Quanto a mim, estou convicto delas, mas este não é um livro doutrinário e sim uma exposição sobre aspectos ainda pouco explorados da memória. Culpa não me cabe se a cada passo, no exame de tais aspectos, topamos com evidências e conceitos de natureza espírita, estudados, explicados e racionalizados no contexto do espiritismo. Não teria a menor hesitação em adotá-los e sugerir seu aproveitamento nestas especulações, se tais conceitos fossem coincidentes com os ensinamentos das religiões dogmáticas ou os do materialismo científico. A questão é que eles se encaixam com precisão nas estruturas da doutrina dos espíritos. Seria ridículo procurar desconhecer, ignorar ou rejeitar essa realidade.

Isto não é uma justificativa, pois qualquer pessoa razoavelmente inteligente e sensata sabe que a verdade não precisa justificar-se. Ela é. Pareceu-me oportuno, contudo, lembrar que o ser humano é, essencialmente, um espírito que *mora* temporariamente num corpo físico e não mero conglomerado celular, por mais estupendo que seja, animado por uma energia consciente que se desintegra e se dilui na vastidão do cosmos, após a morte física.

Ao manipular a memória dessa criatura pelos processos que aqui estamos a discutir, não podemos ignorar essa realidade espiritual. Não importa se o operador acredita nela ou não, pois ela não depende do experimentador para existir – ela simplesmente está ali, e se ele não a tomar em consideração, como um dos dados do problema, estará cometendo uma imprudência e ficará sujeito a amargas decepções e frustrações.

Vivem à nossa volta multidões de seres invisíveis que também aqui estiveram na carne, como nós. Seus sentimentos em relação a cada um de nós podem ir das alturas do amor sublimado até as sombrias profundezas do ódio mais irracional. Pessoas dotadas de sensibilidade mediúnica captam seus pensamentos, suas emoções e podem até oferecer condições para que eles se apossem do corpo físico – consentidamente ou à revelia – para manifestarem sua vontade. É o fenômeno da incorporação mediúnica. Em estado de desdobramento hipnótico ou magnético, as condições dessa aproximação ficam facilitadas, dado que o perispírito do sensitivo já se acha separado do corpo físico. Não é nada impossível, portanto, que um espírito desencarnado consiga assumir os controles mentais do sensitivo e por ele agir ou falar. O experimentador consciente e responsável tem que ter discernimento para distinguir uma coisa da outra – ou seja, se os fenômenos que observa são espíritas ou anímicos. No primeiro caso, seria a manifestação de um espírito desencarnado através do sensitivo em transe hipnótico ou magnético. No segundo, a manifestação é do espírito do sensitivo, através de seu próprio corpo físico. Chama-se este anímico, porque a manifestação é produzida pela alma (anima, em latim, para quem não se lembra), que o espiritismo define como *espírito encarnado*.

O magnetizador ou hipnotizador que ignorar essa realidade estará exposto a uma distorção grave da realidade que procura observar. A qualquer ponto de seu diálogo com o sensitivo já desdobrado poderá ele começar a falar com *outra pessoa*, ou seja, outro espírito que não o do sensitivo e aí as coisas poderão ficar bastante confusas e incompreensíveis. Isso ocorre com frequência muito maior do que se pensa, especialmente porque os melhores sensitivos para as experiências de magnetização ou hipnose são aqueles que, precisamente por causa de uma sensibilidade mais desenvolvida, oferecem também condições para manifestações mediúnicas; ou seja, são médiuns exatamente porque têm a sensibilidade mais exaltada. Em alguns, a faculdade mediúnica pode eclodir inesperadamente, como uma espécie de subproduto das experiências de regressão; outros já têm sua mediunidade suficientemente desenvolvida e atuante, seja sob disciplinado controle da vontade, seja a dolorosa mediunidade desgovernada que abre as portas à obsessão e à subjugação.

26) O problema da crença

Uma vez mais, vamos insistir, e o faremos até a exaustão: não estamos aqui colocando o problema da fé religiosa ou tentando 'vender' uma visão sectarista das questões abordadas. Costumo dizer que não é preciso ter fé num raciocínio matemático ou numa reação química conhecida. O fato sustenta-se por si mesmo, independentemente da nossa postura filosófica diante dele. Estamos acostumados a muitos séculos de tentativas ilógicas de forçar a interpretação dos fatos dentro de um quadro intocável de crenças. A posição hoje apresenta-se ao reverso dessa: a fé religiosa é que deve e precisa acomodar-se aos fatos devidamente observados e interpretados, e não sobrepor-se à realidade dos fenômenos. Se os dogmas da fé não passam pelo teste do confronto são eles que precisam ser rejeitados e não a realidade mesma.

Vai aqui outra reiteração: o espiritismo não tem escritura pública ou particular de propriedade dos princípios que ordenou racionalmente – eles são universais e intemporais. Se, nas pesquisas descompromissadas, emergem aqui e ali fenômenos que confirmam aqueles princípios e que se harmonizam com as leis que a doutrina destilou da interação dos fatos, o problema não é do espiritismo. Com toda honestidade e franqueza temos a declarar que sim, como seres humanos, companheiros de viagem cósmica nesta imensa nave espacial a que chamamos Terra, interessa-nos que pelo menos uma parcela substancial da humanidade tenha uma visão balanceada, integrada e abrangente da realidade que vivemos e que aí está para quem quiser testar; no entanto, se o pesquisador individual aceita ou não esses princípios básicos que *também* integram e dão apoio à teoria do conhecimento espírita, o problema é dele, individualmente. Faça o que quiser do seu conhecimento ou da sua obstinação em rejeitá-lo. Cabe-nos lamentar a sua recusa e segui-lo com os olhos a jogar fora o ouro que já havia encontrado para voltar a remexer o cascalho sem valor.

Isso a que chamamos um tanto enfaticamente de obstinação revela uma posição sob todos os aspectos respeitável e digna, mas também mostra que aquela pessoa não está ainda preparada para assistir à demolição de certas estruturas de *crença* pessoal – esta sim, uma crença – tão dogmática quanto qualquer outra, para dar-se ao trabalho de levantar outra mais aceitável. Estão nessa categoria aqueles que *acreditam* que o espiritismo é um tolo amontoado de crendices primitivas, indignas da atenção de uma pessoa culta, inteligente e moderna. O sr. Jacques Lantier, por exemplo, eminente antropólogo, escreveu um livro brilhante – *Le spiritisme, ou l'aventure d'une croyance* – esforçando-se para demonstrar a tese de que o espiritismo é hoje mera "curiosidade etnológica" (O leitor interessado poderá consultar o meu artigo sobre o assunto, publicado em *Reformador* de maio de 1979). Ou ainda, o ilustre sr. Jean E. Charon que tentou, no brilhante *L'esprit, cet inconnu*, substituir a teoria do conhecimento espírita por estruturas de pensamentos apoiadas na física nuclear (Ver, a propósito, meu artigo crítico em *Reformador* de junho de 1980). Ou ainda, o sr. Jean Vartier (*La naissance du spiritisme*), que somente viu no espiritismo a história vulgar de um sucesso publicitário. Kardec seria "um reformador superado quanto à doutrina, mas prodigiosamente atual quanto aos meios de fazê-la prosperar".

No Brasil também a safra de teses aprioristicamente contrárias tiveram sua época. Médicos, antropólogos, sociólogos e, principalmente, sacerdotes, escreveram e pregaram à vontade contra a doutrina dos espíritos. Alguns porque *acreditavam* mais nas suas verdades pessoais do que na criatividade do livre exame, outros porque postulados espíritas se chocavam com suas *crenças* particulares, ainda outros, porque o choque se dava não com suas crenças, mas com suas *descrenças*.

O que vemos, portanto, é a necessidade de uma abordagem racional, desinibida, aberta, vigilante, mas também honesta e instruída por um conhecimento mais aprofundado daquilo que se quer demolir sem haver entendido.

Voltemos, porém, ao fio da exposição, concluindo, para recomeçar: ante a realidade do fato, temos que mudar a nossa posição e não o fato em si, que independe de nossas crenças ou descrenças. No caso em discussão, a realidade é esta: quanto mais aguçada a sensibilidade do *sujet* (abomino esse termo), mais amplas as condições que oferece ao fenômeno de incorporação ou captação mediúnica, por meio do qual se manifesta o espírito desencarnado.

É a experiência consistente de muitos observadores, quer reconheçam ou não o fenômeno, quer admitam ou não a sua realidade. É o que ocorreu (muito provavelmente) com o coronel de Rochas no caso Mireille–Vincent e (certamente) no caso Hélene Smith estudado pelo dr. Flournoy.

27) Fenômenos mediúnicos nos desdobramentos

Não há como ignorar, por outro lado, a participação, ou pelo menos a presença, de espíritos desencarnados junto ao sensitivo, ainda que não se manifestem ostensivamente. Nas experiências de de Rochas com Eugénie, Caso nº 3, em 1904, a sensitiva percebe ao seu lado os espíritos (desencarnados) de sua avó e de uma de suas tias. A vidência lhe causa *une très profonde impression*, segundo esclarece o autor, em nota de rodapé, à página 91.

É também a nossa experiência pessoal. O sensitivo vê e se entende com figuras espirituais à sua volta; tais figuras não se apresentam sob forma clássica de fantasmas ou assombrações, mas como seres de aparência e procedimento normais. "Está ali um senhor que me diz..." Ou: "Deixe-me perguntar a esta senhora aqui". "Vejo ao seu lado, um homem..." São estas as observações usuais.

É fácil e cômodo descartar-se delas com uma sumária observação: alucinações visuais ou auditivas. Mas alucinações que respondem inteligentemente a perguntas ou prestam informações que nem sensitivo nem operador conhecem? Não seria mais racional e criativo adotar como hipótese de trabalho a versão do sensitivo, segundo o qual ali está um ser vivo com o qual ele se entende?

Já no caso Henriette (nº 13 em de Rochas), parece que há um fenômeno de incorporação mediúnica, mas não temos como configurá-lo com precisão, porque os dados são incompletos e de Rochas conclui que a sensitiva "criou um Belzunce imaginário segundo uma biografia sumária de seu conhecimento". É possível, mas o realismo da presença espiritual e a lógica do seu procedimento como bispo católico são deveras impressionantes. A sensitiva teria que ser uma atriz consumada, de grande talento dramático para emprestar tanta autenticidade ao diálogo, como o fez. As apreensões e desconfianças iniciais, a coerência das ideias, o reconhecimento da realidade póstuma que se choca irremediavelmente com os dogmas e as crenças do prelado, a confissão de algumas fraquezas; há, enfim, um conjunto de circunstâncias que tende a evidenciar ali a presença de um ser consciente e autônomo. Se é ou não encarnação anterior de Henriette, seria temerário afirmar, mas que a personalidade do bispo Belzunce parece coerente isso é inegável. Outro indício de autenticidade, não absoluto, mas concorrente: a sensitiva se refere a essa personalidade usando a terceira pessoa pronominal: ele.

No início do diálogo, a personalidade do bispo, ainda no mundo espiritual, encontra-se 'no escuro'. Não sofre, mas não está bem. Sente à sua volta a presença de outros companheiros de sofrimento, mas não os vê e nem se intimida. Sabe que foi homem instruído e bom, que foi bispo e que tinha um fraco pelas mulheres – o que reconhece como grave defeito. Foi também orgulhoso, "como todos eles", acrescenta. Não se encontra nem no purgatório nem no inferno, como teria imaginado, mas muito menos no céu. Tem a intuição de que numa próxima encarnação terá oportunidade de resgatar suas faltas, mas não sabe quando nem como. "*On ne choisit pas*", diz ele. (Não podemos escolher). Quando de Rochas lhe diz que um homem como ele não deveria ter certos receios, ele responde "Sim, mas estou apreensivo. Não fui perfeito... Mas quem é você para me interrogar dessa maneira? Você é um espírito do mal? Enfim, que quer você? Veio me preparar para a morte?"

O coronel lhe diz não crer que ele vá para o inferno.

– "Para o inferno? Não. Deus é misericordioso, mas eu temo..."

Alguns acreditam-no um santo, diz ele, mas ele sabe que tem aspectos bem sombrios: o pendor pelas mulheres e o orgulho, por exemplo.

Não obstante, um certo sr. de Rochetal informou a de Rochas que o texto escrito por Henriette, como sendo do bispo, não confere. Acha o sr. de Rochetal que a *letra* verdadeira do bispo denota "elevada inteligência, e uma modéstia e pureza de costumes incontestáveis."

Paradoxalmente, a conclusão me parece inconclusiva. Não que estejamos aqui interessados em questionar a memória do prelado e botá-lo sob suspeita; creio, porém, que o caso precisava de aprofundamento maior, ante as diversas alternativas que ficaram em aberto: 1. Henriette estaria reproduzindo uma de suas encarnações anteriores, como bispo; 2. Henriette estaria fantasiando uma personalidade (sobre a qual havia lido algo, aliás), com impressionante realismo; 3. Henriette estaria atuando como instrumento à manifestação mediúnica do espírito desencarnado do bispo.

De Rochas opta pela segunda hipótese, mas a evidência que oferece em suporte da sua opção não é incontestável. A meu ver, as duas outras hipóteses continuam dignas de melhor exame.

28) Evidência e prova

Novamente lembro ao leitor avesso aos conceitos espíritas que estas observações não se destinam a doutriná-lo, e muito menos a convencê-lo – são aqui alinhadas porque constituem aspectos que precisam ser levados em conta e para os quais o operador precisa estar alertado, se é que deseja examinar os fatos com objetividade e com uma visão mais abrangente dos seus componentes e de suas complexidades. Em suma, no fenômeno do transe hipnótico ou magnético podem ocorrer três tipos diferentes de manifestações de natureza psíquica: a recordação ou revivescência de uma vida anterior, a interferência, consentida ou não, de um espírito desencarnado e, finalmente, mero exercício de fantasia. Qualquer desses aspectos merece ser estudado com a mesma seriedade, cautela, honestidade e humildade intelectual.

O pesquisador atento e experimentado não terá dificuldades intransponíveis em distinguir uma situação das outras, dado que cada uma delas se apresenta com características próprias bem definidas.

No fenômeno mediúnico, a personalidade manifestante é estranha ao contexto psicológico do médium e, por mais que se esforce por enquadrar-se ali com o propósito de mistificar, acaba se revelando em expressões, atitudes e pontos de vista que destoam do que se conhece e se espera do sensitivo.

Quanto à fantasia, essa é ainda mais fácil de ser identificada, especialmente porque começa logo a extrapolar das situações normais da experiência humana: doutrinas esdrúxulas, rituais exóticos, narrativas do tipo ficção científica, tais como viagens interplanetárias e coisas desse gênero.

Exemplo clássico e bem documentado disso ocorreu com o eminente dr. Théodore Flournoy, e vem relatado com minúcias em seu livro *Das Índias ao planeta Marte*. Ao lado de manifestações legítimas, de incontestável poder de convicção, como o caso Simandini – a que ele chama o "ciclo hindu" – há um episódio algo duvidoso como o de Maria Antonieta – o "ciclo real" – e outros francamente fantasiosos, como o "ciclo marciano", durante o qual até uma língua artificial, de estruturas semelhantes à francesa, foi criada.

A par de tudo isso, manifestações mediúnicas genuínas como a da identificação de dois espíritos inteiramente desconhecidos dos presentes – o padre Burnier e o prefeito (síndico) Chaumontet – que haviam vivido numa obscura aldeia suíça, não menos desconhecida.

A autenticação foi total. Não apenas se descobriu o local (Chassenaz), como prova escrita da existência dos manifestantes, que chegaram ao requinte de reproduzir, com exatidão, suas assinaturas, através da médium.

Não obstante o seu preparo cultural e científico, o ilustre pesquisador decidiu nivelar por baixo toda a experiência com Hélène Smith, incapaz de distinguir e proclamar o falso do verdadeiro.

É preciso considerar, contudo, que a manifestação fantasista não invalida a experiência. Há razões para que ela ocorra, e tais razões devem ser investigadas. Que motivações profundas levam um sensitivo a fantasiar? O que estará ele procurando esconder? De que está fugindo? O que pretende com aquilo?

Quanto à mediunidade, o aspecto é outro. Precisa ser controlada e autenticada para que sirva de instrumento auxiliar ou complementar das pesquisas e não rejeitada liminarmente como empecilho ou desvirtuamento dos fenômenos sob exame. Se concluirmos que se trata de um relato reencarnacionista, há que ver as informações que traz e como tais informações se inserem no contexto das experiências do sensitivo. Não é tão difícil assim verificar seus encaixes na vida atual do sensitivo – suas preferências e aversões, certas 'coincidências' inexplicáveis, seu grau de cultura, inteligência ou moral, suas tendências religiosas, filosóficas ou artísticas, seu temperamento e às vezes até traços ou marcas eminentemente físicas.

O dr. Ian Stevenson, por exemplo, no seu respeitável trabalho já citado, menciona casos de crianças portadoras de marcas corporais de nascença nos exatos locais onde foram atingidas em existências anteriores, das quais se lembram espontaneamente. Tomo a liberdade de remeter o leitor a outro artigo de minha autoria sobre o assunto, no livro *Reencarnação e imortalidade*, à página 29, sob o título 'A Redescoberta da Reencarnação'.

Como sempre, é o corpo perispiritual sobrevivente à desintegração do corpo físico que serve de veículo a tais evidências, bem como de vínculo entre uma vida e outra, como o fio invisível e permanente a costurar os inúmeros episódios de um rosário enorme de vidas na carne.

Vemos, portanto, nas pesquisas do ilustre conde, coronel e engenheiro Albert de Rochas, evidências mais sólidas ou não tão convincentes, mas não desprezíveis de fenômenos que nos levam à admissão dos seguintes postulados, conceitos e princípios de natureza espiritual: existência, preexistência e sobrevivência de um princípio inteligente no ser humano a que se chama de maneira mais simples espírito ou alma; o encadeamento lógico e racional de cada existência na carne no contexto das demais, tanto as que a precederam como as que se lhe sucedem; a realidade do intercâmbio com outros espíritos, encarnados ou não; a existência de um corpo sutil de natureza predominantemente energética e que constitui um réplica do corpo físico;

a evidência de um direcionamento ético no processo evolutivo do ser humano, segundo o qual desvios morais, cedo ou tarde, acabam por receber o impulso da correção; o princípio da responsabilidade pessoal; a evidência de uma capacidade praticamente ilimitada para arquivar ordenadamente a lembrança de todo e qualquer fato vivido, sentido ou pensado; a possibilidade de consulta aos arquivos da memória integral; a possibilidade de deslocamentos temporais e espaciais.

O leitor há de ter notado que a palavra usada foi *evidência* e não *prova*. Ainda que muitos as empreguem indiferentemente, quase como sinônimos, é preciso distingui-las nos seus matizes semânticos quando se exige melhor definição para os conceitos sob exame. *Provar*, segundo Aurélio, é "estabelecer a verdade, a realidade de; dar prova irrefutável de", enquanto *evidenciar* é "tornar evidente", (ou seja, "que não oferece dúvida, que se compreende prontamente, dispensando demonstração; claro, manifesto, patente"), "mostrar com clareza, comprovar". Ora, o apoio latino para evidenciar, evidente, evidência, está em *videre* (ver, olhar etc.), donde *evidentis* (visível, claro, patente, manifesto). Posso, por conseguinte, estar vendo perfeitamente algo como um fenômeno que se desdobra ante meus olhos e que, portanto, é *evidente* para mim, sem que isso me prove uma teoria formulada sobre ele.

Nos fenômenos de natureza psíquica que dizem respeito, portanto, às complexidades da psicologia humana, torna-se bem mais difícil dizer que evidência, onde, quando, como e por que, se converteu em prova. Podemos provar, por exemplo, que, sob certas condições especiais de laboratório, dois volumes de hidrogênio misturados a um volume de oxigênio produzem água. Podemos provar, sem grandes dificuldades operacionais, que o som se propaga a uma velocidade de 330 metros por segundo ou que a luz escurece uma placa revestida de certos sais de prata. Habituados, porém, a considerar apenas a realidade externa do mundo em que vivemos, tornamo-nos prisioneiros dos condicionamentos da matéria e dos fenômenos decorrentes dela. Aliás, tinha que ser assim, dado que, de outra forma, não teríamos sobrevivido aos primeiros estágios evolutivos das remotas eras primitivas, quando o magno problema que dominou milênios sem conta era, precisamente, o de manter-se vivo na carne a fim de ser possível consolidarem-se as conquistas até então alcançadas. A especulação filosófica somente seria possível a partir do momento em que houvesse um mínimo de segurança e relativa tranquilidade com relação aos apoios materiais da vida.

Acho que assim se explicaria por que razão não desenvolvemos até hoje padrões adequados de estudo e comprovação de fenômenos de natureza psíquica, imaterial, espiritual. Continuamos a achar que só seria possível acreditar no espírito se pudéssemos submetê-lo aos nossos rudes e primitivos testes, apesar dos aparelhos criados pela melhor tecnologia moderna. Dispomos hoje de poderosíssimos microscópios eletrônicos, por exemplo, para penetrar a mais íntima profundidade da matéria viva ou inerte, mas que são esses aparelhos sofisticados, com toda a sua técnica suplementar – analisadores, corantes, reações químicas, e toda a parafernália de instrumentos destinados a produzirem modificações de ordem física naquilo que estamos procurando estudar? São meras extensões artificiais dos nossos cinco sentidos básicos. No fundo, o que desejamos mesmo é ver, ouvir, provar, tocar e cheirar as coisas como sempre fizemos desde que o nosso braço peludo se estendia para apanhar uma fruta silvestre que pendia das árvores nas selvas primitivas. A questão é que o espírito não dá em árvore, não tem cor, nem cheiro. Não produz som nem é suficientemente sólido para que possamos tomá-lo nas mãos e preparar com o 'material' dele obtido lâminas de laboratório. E, enquanto nos fixamos nessa tola obstinação, continuamos mergulhados numa perplexidade que nos retarda o processo evolutivo, quando não o para de uma vez ou até o faz regredir.

Um amigo meu costumava distinguir, com muita sabedoria e não menor teor de ironia, a diferença entre *burrice* e *burrose*. Achava ele que a *burrice* é mal crônico de difícil erradicação, uma situação de quase desespero, enquanto que a *burrose* é afecção passageira, ainda que aguda, mas sempre curável. Mal acabamos de cometê-la, já estamos em condições de verificar a tolice que fizemos. A burrose pode, assim, atacar inesperadamente as criaturas mais brilhantes e cultas. Em termos de pesquisa psíquica, estamos, pois, mergulhados em densa e surpreendentemente longa burrose, em vista do incontestável brilho de tantas inteligências privilegiadas que a ela vêm se dedicando há mais de um século. Acontece, ainda, nesse caso particular, que a burrose ataca também amplas faixas populacionais como uma pandemia bacilar, porque, ainda que tantos pesquisadores notáveis tenham se convencido da realidade espiritual e tenham transmitido tais convicções ao público, maiorias consideráveis deixam-se contaminar pelo vírus ou pelo bacilo indesejável e recusam a evidência, exigindo a prova. Mas, o que é *prova* em questões de natureza psíquica? Como *provar* que o espírito que nos fala através de um médium é aquele que se diz ser? Como provar que o espírito reencarnado em B foi aquele mesmo que animou, no passado, a personalidade conhecida como A? Evidentemente, que não é levando o espírito amarrado e inerme para um laboratório aparelhado com instrumentos físicos, suprido de técnicas químicas e eletrônicas para testar coisas físicas, palpáveis, visíveis, cheiráveis, audíveis ou capazes de impressionar o nosso paladar. Temos que sair para outro conjunto de testes menos grosseiros, ainda que não menos convincentes e desenvolvidos com o mesmo senso crítico e racional.

É isso, pois, que quero dizer quando procuro fazer a distinção entre evidência e prova. No meu entender, há *evidência* suficiente para me convencer de que a teoria do conhecimento espírita não é somente aceitável, mas indispensável, se é que desejamos interpretar, de maneira racional, as complexidades da psicologia humana.

Isso não quer dizer, vamos insistir bem neste ponto, que é indispensável ser espírita para entender os mecanismos da mente, em particular, e do ser consciente como um todo, ou para ajustá-los quando desafinam, ou consertá-los quando se desarranjam, mas quer dizer, sim, que a familiaridade com a fenomenologia mediúnica e com a teoria espírita do conhecimento são fatores decisivos na abordagem racional a esses aspectos do ser humano.

Admitindo esse quadro geral básico, estaremos em condições de prosseguir com as nossas especulações, mesmo que o leitor – se assim o desejar – resolva conservar sua postura de reserva, tomando tais conceitos apenas como um conjunto engenhoso de hipóteses de trabalho.

Freud

1) Gênese da doutrina

Na introdução deste capítulo quero deixar documentada a expressão mais viva de respeito e admiração pela obra genial de Sigmund Freud (1856 – 1939), ainda que discordando de certos aspectos particulares dela, como tentarei evidenciar.

Surpreende-me até o fato de que tantos e tão ilustres pensadores espíritas hajam rejeitado praticamente em bloco as estruturas básicas da doutrina freudiana, aparentemente por causa de alguns aspectos realmente inaceitáveis ou suscetíveis de reparos, ou até mesmo de reformulações mais amplas.

Não estou aqui cometendo nenhuma heresia, de vez que a psicanálise é doutrina em permanente processo de reformulação, ainda que conservando certos conceitos fundamentais. As dissidências internas começaram quando Freud ainda trabalhava no seu desenvolvimento e aperfeiçoamento.

Com a finalidade de tornar mais nítida a postura que estamos propondo demonstrar aqui, vamos tentar uma exposição muito sumária, mas tanto quanto possível racional (e ortodoxa), do que pretendemos considerar para exame neste estudo em relação às ideias de Freud.

O prof. Almir de Andrade queixa-se da ausência, à época em que escreveu seu livro, de uma sistematização da doutrina freudiana. Para suprir essa falta elaborou ele próprio o resumo que vai da página 78 à de número 137 de sua obra. Ainda veremos isso. Prefiro, para o momento, fixar-me no trabalho que o próprio Freud escreveu em 1926 para a *Enciclopédia Britânica*, que o imprimiu sob o verbete '*Psychoanalisis*' e que figura pelo menos até a edição de 1963 – a que possuo.

Vamos tentar resumi-lo.

Freud começa relembrando a descoberta de Josef Breuer (1842 – 1925), aí por 1880 – 82, segundo a qual os sintomas aflitivos de uma jovem "desapareceram para sempre", após o tratamento daquele médico. Como foi que isso aconteceu? Ocorreu a Breuer que os sintomas que a moça manifestava tinham algo a ver com uma situação estressante pela qual ela passou enquanto cuidava do pai doente. Pela importância do que se segue, prefiro transcrever Freud diretamente:

> Ele, portanto, induziu-a, em estado de sonambulismo hipnótico, a *procurar tais conexões em sua memória e reviver as cenas* 'patogênicas' sem inibir

os sentimentos suscitados pelo processo. (Encyclopaedia Britannica, 1963) (destaques meus).

Apressa-se Freud em lembrar que a descoberta de Breuer é anterior às investigações de Charcot e Janet sobre a gênese dos sintomas da histeria, não tendo sofrido, portanto, nenhuma influência dos cientistas franceses nesse particular.

2) Histeria e catarse

Façamos, porém, uma pausa para comentário suplementar. O que é realmente, histeria? Durante muito tempo o termo foi um tumultuado depositório das mais estranhas ideias e dos mais desconexos fenômenos, inclusive mediúnicos. Tanta coisa foi atirada ali que a palavra exorbitou de suas origens semânticas – que autorizavam seu uso apenas para fenômenos psicossomáticos observados em mulheres (em grego *hustera* = útero) – para acolher inúmeras manifestações incompreensíveis, inclusive em homens. O eminente dr. Charcot contribuiu decididamente para que assim fosse. A visão científica da histeria está hoje mais ajustada à realidade. Já é reconhecida como uma forma de sensibilidade (muitos ainda preferem considerá-la como uma neurose), que provoca a somatização de distúrbios emocionais.

Escreve o dr. G. R. Rager:

> A histeria é, como já vimos, uma linguagem metafórica, hermética, da qual o doente não possui as chaves, mas que nem por isso deixa de ter significado simbólico real. (Rager, G.R., 1975)

E citando Brisset, prossegue Rager:

> Tudo se passa entre o histérico e o interlocutor escolhido como se o inconsciente houvesse elaborado uma linguagem codificada com estruturas e leis que permitem que essa linguagem seja decifrada sem ser descodificada. (Idem)

Prossigamos.

Breuer parece não ter atribuído grande importância à sua notável descoberta. Somente cerca de dez anos após, ao mencionar ocasionalmente sua experiência a Freud, deu a este a oportunidade de identificar ali um dos grandes achados da medicina do espírito. Em 1895 saiu o primeiro trabalho sobre a temática da histeria: *Studien über Hysterie* de autoria de Breuer e Freud. À teoria elaborada para explicar os fenômenos foi proposto o nome de *catarse*, ou seja, uma *purgação* ou purificação psíquica. Haveria uma *conversão* em sintomas histéricos, quando problemas emocionais eram sutilmente subtraídos da influência do consciente, que inibia a liberação das emoções suscitadas, levando estas a procurarem outros canais de manifestação. Paradoxalmente, porém, era o mesmo consciente inibidor que, dominada e racionalizada a situação, provocava a cura do paciente.

Escreve Freud no já citado verbete:

> O tratamento catártico produziu excelentes resultados terapêuticos, mas verificou-se que eles não eram permanentes e que dependiam do relacionamento pessoal entre o paciente e o médico. (Idem)

Achou ele necessário, em consequência, alterar a técnica, substituindo a hipnose pelo processo da livre associação de ideias. Certamente que esperava, com isso, melhorar o relacionamento paciente/terapeuta a fim de consolidar os resultados que considerava excelentes.

Mesmo nessa fase inicial da psicanálise – termo, aliás, criado por Freud – já se pode perceber o esboço de algumas das suas ideias futuras: censura, catarse, consciente, inconsciente, transferências, recalques, entre outras de menor relevância e que vão constituir as estruturas da sua doutrina do psiquismo humano.

"A divisão do psiquismo em psiquismo consciente e psiquismo inconsciente" – escreveria ele em *O ego e o id*, *apud* Almir de Andrade – "é a premissa fundamental da psicanálise".

Prossegue o prof. Almir, traduzindo com suas palavras o pensamento de Freud:

> A consciência é apenas um instrumento de percepção e de adaptação, e as atividades que lhe têm sido reconhecidas como próprias são, em grande parte, manifestações de impulsos inconscientes. (Andrade, Almir de, 1932)

É na elaboração posterior desses conceitos básicos aceitáveis que, a meu ver, perdeu-se a psicanálise num tremendo emaranhado de teorizações e hipóteses e acabou prisioneira de seus próprios dogmas. Nada mais radical e eficaz para paralisar um corpo de ideias ou até mesmo destroçá-lo por completo do que um punhado de dogmas. É a experiência dos séculos, cuja implícita lição lamentavelmente ainda não aprendemos.

Não quer isso dizer que todo o desenvolvimento posterior da teoria psicanalítica tenha que ser condenado sem apelo. Seria sacudir na face de Freud e de seus eminentes continuadores o fantasma de mais um dogma inibidor – o da impossibilidade de aperfeiçoar a metodologia da investigação em torno da natureza humana.

3) O sonho

São de considerável importância seus estudos pioneiros sobre o sonho, por exemplo, não apenas pelo que ele conseguiu extrair da atividade onírica para enriquecer seu aprendizado, como também pelo que não quis ou não pôde entender.

Escreve ele em *Interpretação dos sonhos* que o "comportamento da memória nos sonhos é seguramente dos mais significativos para qualquer teoria da memória em geral". Ele nos ensina que "nada que uma vez possuímos psiquicamente está completamente perdido para sempre" (Scholz). (Freud, Sigmund, 1920)

Admitia, por outro lado, que o conteúdo do sonho revela, com frequência, material que "não podemos reconhecer depois, em vigília, como integrante do nosso conhecimento e experiência".

É inegável que suas interpretações de sonho são quase sempre engenhosas e, não raras vezes, positivamente brilhantes, sempre que ele conseguiu superar seus próprios dogmatismos. Freud ousou propor a doutrina de que os sonhos eram cientificamente interpretáveis e não meras fantasias inconsequentes, absurdas e até ridículas. Sua teoria de que o sonho veicula mensagens do inconsciente é válida, naturalmente. Que ele *pode* representar a satisfação de um desejo, idem.

Tomemos estes dois aspectos particulares para expor o que entendo por dogmas nas posturas de Freud ante os fenômenos que ele estudou com tamanha acuidade.

Em primeiro lugar, é preciso reconhecer a validade incontestável da sua identificação de duas áreas no psiquismos humano – o consciente e inconsciente. Que o consciente é o instrumento através do qual criticamos o nosso próprio procedimento e manipulamos os recursos que contribuem para nossa adaptação ao meio em que vivemos, creio também ser ponto pacífico. Como o sono fisiológico proporciona certa autonomia do ser em relação ao dispositivo biológico inibidor do cérebro físico, o acesso à memória integral – inconsciente em grande parte – fica facilitado. Como já vimos, porém, os eventos da nossa vida (diríamos nossas vidas) não são uma narrativa verbal numa fita magnética – são um 'vídeo-teipe' multidimensional que captou não apenas o diálogo, mas cenas inteiras das quais participamos ou que presenciamos, bem como as emoções que vivemos. Quando algum material desse emerge no sonho, é compreensível que se apresente sob aspectos que nos pareçam incongruentes, não somente porque é fragmentário, mas porque tem que se compatibilizar com as estruturas e os conhecimentos da nossa experiência de vigília. E esta é apenas uma fração diminuta de todo o acervo que trazemos nos arquivos da memória integral, onde se depositam lembranças indeléveis de muitas existências. Ainda pouco não ouvíamos Freud dizer que tudo aquilo de que nosso psiquismo se apossou é para sempre? Só faltou, portanto, estender esse conceito às existências pregressas, para as quais ele continua integralmente válido. Freud, porém, não admite a existência de um princípio inteligente sobrevivente no homem e muito menos que esse princípio possa retomar o fio da existência terrena em outro corpo físico gerado com a sua participação programada. Sem isso, não pode ele admitir que podem apresentar-se, sob aparência de sonho, atividades reais do espírito desdobrado, provisoriamente afastado do seu corpo físico em repouso, mas ainda ligado a este. Vimos, na experiência de de Rochas, como a consciência emigra do corpo físico para o corpo perispiritual durante o processo do desdobramento. Primeiro o sensitivo contempla a formação externa do seu corpo sutil, como se aguardasse até que este esteja em condições de assumir a consciência. Em seguida, é de lá, do corpo perispiritual, que o ser contempla o corpo físico, pois é ali que está, agora, a sua consciência.

Nesse estado de relativa liberdade, o espírito se desloca no tempo e no espaço, visita locais, encontra-se com outros seres, aprende, ama, sofre, vive, enfim, uma porção importante de sua vida, que é contínua.

O sonho não deve, pois, ser sistematicamente (e dogmaticamente) interpretado como um 'recado' do inconsciente, ou como satisfação de um desejo. Pode não ser nem uma coisa nem outra. É o caso, por exemplo, do sonho profético, ou seja, aquele que antecipa eventos que depois se realizam com precisão assombrosa, como já vimos, especialmente na dra. Louise Rhine. Muitas vezes vamos reconhecer na vigília locais visitados nesse estado de desdobramento, bem como pessoas com as quais mantivemos conversação lógica, e que a confirmam. Não existe, aí, mensagem alguma do inconsciente e nem desejo, no sentido que Freud lhe atribui, a não ser, é claro, que se entenda o fenômeno como um desejo do sonhador (parece melhor o termo *sonhante*, mas, infelizmente, não está autorizado) de ir ao encontro daquelas pessoas e discutir com ela ideias que traz no inconsciente.

É preciso ressalvar, porém, que estas especulações não têm por objetivo invalidar a teoria da satisfação de um desejo proposta por Freud que é, certamente, correta; apenas que, a nosso ver, numa faixa mais estreita de ação. Essa faixa seria predominantemente fisiológica. O indivíduo que adormece com sede, muito provavelmente vai sonhar que está bebendo água, porque o sonho funciona, com muita frequência, como dispositivo protetor do sono. A não ser em casos mais extremos em que o indivíduo acaba despertando para satisfazer a uma urgência de natureza fisiológica, o sonho leva-o à satisfação ilusória, na tentativa de mantê-lo adormecido, porque isso é importante para a sua saúde física e mental.

Há, porém, uma ressalva a fazer dentro da ressalva. Dissemos que o sonho--satisfação é gerado dentro de uma faixa 'predominantemente fisiológica', mas é claro que pode estender-se a aspectos não-fisiológicos, como, por exemplo, pode satisfazer um desejo de vingança ou ansiedades amorosas. Como iremos, porém, distinguir quando as imagens do sonho são sonho mesmo ou são reflexos de uma atividade objetiva do espírito desprendido? Admitida a realidade do desdobramento suscitado pelo sono comum, nada impede que o indivíduo, com seu corpo em repouso, quando suas necessidades são mínimas, possa ir ao encontro daqueles a quem odeia ou ama.

O ponto que desejamos aqui destacar, contudo, é este: o sonho não é, *invariavelmente*, a satisfação de um desejo como dogmatizou a teoria freudiana. Há outros aspectos da atividade onírica para os quais o pesquisador deve manter-se alertado, caso esteja honestamente em busca de uma visão mais abrangente e balanceada dos fatos que testemunha. Há até mesmo regressões espontâneas, durante as quais o sonhador se revê em situações de uma vida anterior.

Freud, no entanto, continuou vendo no sonho a mera realização de desejos, até mesmo nos sonhos de pavor e de perseguições, aos quais chamou de "sonhos de ansiedade", no seu já citado e clássico livro. Aliás, é com tais sonhos que ele procura exemplificar melhor a sua teoria do sentido latente do sonho, em contraposição ao sentido manifesto e, por conseguinte, a teoria da *distorção* onírica. Freud é ágil e brilhante argumentador. Seus clientes frequentemente se rebelam contra a sua dogmática interpretação do sonho como realização de desejo, mas, usualmente, ele consegue emergir com uma engenhosa explicação, muitas delas perfeitamente admissíveis.

Seus conceitos básicos, no entanto, podados os exageros e as fixações mais ou menos dogmáticas, foram e continuam válidos. Aí vão dois exemplos, catados mais ou menos ao acaso no seu livro sobre o sonho: a utilidade de dormir-se pelo menos uma noite sobre um problema particularmente difícil, antes da decisão final. Ele não diz o porquê, mas é óbvia a razão: é que nesse ínterim teremos condição de recorrer à memória integral, consultar o arquivo geral, para resolver a questão após a manipulação de um conjunto muito mais amplo de dados, o que empresta à solução uma segurança muito maior e, por conseguinte, dotada de melhores condições de êxito. Já vimos aqui mesmo, no presente estudo, a elaboração inconsciente de soluções para problemas científicos ou artísticos. Idêntico é o critério para questões de natureza emocional.

O segundo dos pontos colhidos, como disse, ao acaso, é este: o sonho é sempre significativo, ainda que não consigamos, de pronto, saber com precisão o que ele quer dizer, sendo válida, como é, a teoria de que o sonho protege o sono. "Nunca nos permitimos" – escreve Freud – "ser pertubados em nosso sono por assuntos irrelevantes".

Não obstante, ao lado de legítimas demonstrações de bom senso como essas, de repente, Freud surge com um conceito dificílimo de digerir. Vamos ao exemplo?

No capítulo intitulado "O material dos sonhos", do livro justamente considerado um de seus melhores, ele diz que o sonho vale-se, usualmente, do material mais à mão, por assim dizer, ou seja, acontecimentos marcantes do dia anterior, o que é lógico, muito embora esses acontecimentos sejam, às vezes, apenas o fio que ajuda a costurar e a tornar plausível certa mensagem inconsciente. É como se o inconsciente se utilizasse daquele material mais facilmente disponível para dizer com ele o que deseja dizer.

Lá pelas tantas, contudo, Freud posiciona, como um dos mais frequentes materiais de construção onírica, o impulso do sexo.

Vamos 'ouvi-lo' em suas próprias palavras:

> Se, com meus pacientes, destaco a frequência do sonho de Édipo – de manter relações sexuais com a mãe – tenho a seguinte resposta: "Não me lembro de tais sonhos". Imediatamente após, contudo, surge a lembrança de outro sonho disfarçado e neutro que tem sido repetidamente sonhado pelo paciente, cuja análise demonstra esse mesmo conteúdo – isto é, outro sonho de Édipo. Posso assegurar ao leitor que os sonhos velados de relacionamento sexual com a mãe são muito mais frequentes do que os abertamente explícitos nesse sentido. (Freud, Sigmund, 1920)

E para concluir:

Há sonhos acerca de paisagens e locais nos quais existe a enfática convicção: "Eu já estive ali". Neste caso o local é *sempre* o órgão genital da mãe; em verdade, de nenhum local pode-se dizer com tanta certeza que "se esteve lá antes". (Idem) (destaque meu)

Esse é um trecho que revela aspectos importantes da doutrina freudiana e por isso se torna necessário demorarmo-nos um pouco mais nele.

4) Sexo

Em primeiro lugar, a controvertida teoria pansexualista de Freud, responsável, aliás, por algumas dissidências importantes, como a de Jung, entre outros. Em segundo lugar, a doutrina não menos indigesta – ainda que mais respeitada até hoje – dos complexos de Édipo, no relacionamento mãe/filho, e o de Electra, no relacionamento pai/filha. Ambos os conceitos constituíram dogmas que Freud formulou, cristalizou e defendeu até o fim, sem recuar um milímetro.

Entendo que aqui também há verdades pela metade, como um fruto bom e maduro de um lado e bichado do outro. Seria ridículo negar ou ignorar a força quase cósmica das energias sexuais. Elas estão na raiz mesma do ser vivo, pelo seu tremendo poder criador. A vida começou a consolidar-se, como diz Lyall Watson, quando aprendeu o processo da duplicação, ou seja, da reprodução de suas primeiras formas de manifestação. O resto é evolução. É admissível até a concessão de que o instinto sexual seja o *instinto* por excelência, porque mesmo o de alimentar-se com ele se confunde a tal ponto que se torna difícil identificar qual deles tem precedência sobre o outro. E, no fundo, o ser vivo alimenta-se basicamente porque precisa viver o suficiente para reproduzir-se, a fim de que a vida siga o seu rumo e o psiquismo continue a buscar-se através das formas, como escreveu Teilhard de Chardin. Não há, pois, como questionar a validade e a relevância da sexualidade no ser vivo. Daí, porém, fazer dela o eixo em torno do qual orbitam quase todos os impulsos de natureza psíquica, vai um abismo que não vejo como transpor. Como também não vejo como justificar a fixação freudiana no conflito pai/filho que ele considera inevitável, tanto quanto o consciente ou inconsciente desejo de posse física entre filho e mãe ou entre pai e filha. Casos esporádicos de tais situações são, evidentemente, uma realidade indiscutível, aos quais os postulados espíritas estão em melhor condição de oferecer abordagem racional. Os espíritos vivem em grupos ligados por interesses de afeição ou de rancor, porque o ódio pode amarrar mais fortemente do que o amor. O posicionamento familiar entre os componentes desses grupos pode variar bastante e assim de fato ocorre a fim de que seja possível a todos aprender lições importantes e aceitar correções severas pela própria vivência de suas dificuldades emocionais. Não é, pois, de admirar-se que o filho desta vida haja sido o amante de uma das anteriores, ou que o pai tenha sido esposo em outra vida. Por que renascem em tais posições? Uma boa e frequente razão é para que aprendam a sublimar o sentimento de posse exclusiva ou de sexualidade exacerbada e doentia. Assim, o amante possessivo de outrora aprende a conter-se e a respeitar, na figura de sua mãe ou de sua filha, aquela de quem no passado abusou e aviltou, tanto quanto a mãe que porventura se haja extraviado nas deformações do amor desvairado passe a ver no ex-amante um filho que lhe compete aprender a amar e a respeitar como um companheiro de jornada evolutiva e não como mero objeto de satisfação sensorial.

Mas Freud jamais admitiria tais conceitos, nem mesmo como hipótese; para ele, quer o filho manifestasse ou não qualquer inclinação ou preferência pela mãe, inconscientemente ele sempre a desejava como objeto sexual, mesmo sabendo ser ela sua própria mãe, o que, aliás, não aconteceu ao Édipo 'real', personagem de Sófocles, que amou Jocasta sem saber que era sua mãe.

É possível, pois, que ocorram impulsos velados entre filho e mãe ou entre pai e filha, mas a generalização e a dogmatização desse conceito de exceção é um dos elos mais frágeis da brilhante formulação freudiana.

São dogmatismos como esses que levam a afirmativas tais como a que vimos há pouco, segundo as quais a sensação do *déjà vu*, ou seja, a de já haver estado ali, é *sempre* maneira simbólica de referir-se ao órgão genital da mãe. Isto constitui uma enormidade inesperada para uma inteligência genial como a de Freud.

Diferentemente do que supunha o ilustre e eminente criador da psicanálise, a sensação de *déjà vu*, ou de ter estado lá, usualmente, traduz uma realidade espiritual importante, ou seja, a faculdade que tem o espírito desdobrado pelo sono ou pela hipnose de deslocar-se no tempo e no espaço. Em tais situações ele é capaz de reviver cenas inteiras do seu passado nesta ou em outras vidas, bem como visitar locais onde viveu ou onde tem interesses não identificados. Se depois, na vigília, em viagem, dá com um desses locais, tal como foi visto no sonho – episódios bem mais frequentes do que supõem muitos – como explicar que aquele local "é *sempre* o órgão genital da mãe?" Como dogmatizar que de nenhum outro local poderemos afirmar com tamanha certeza que já estivemos lá? Mesmo porque tais sensações de já ter estado ali podem ocorrer fora do contexto onírico. A pessoa nunca sonhou e nunca viu – naquela existência que está vivendo – aquele local e, no entanto, tem uma certeza íntima, inabalável, de conhecer o lugar com todas as suas minúcias. A literatura psíquica é riquíssima em relatos dessa natureza.

Já que abordamos o problema da sexualidade no contexto da doutrina freudiana, aprofundemos um pouco mais o tema em vista da importância de que se reveste.

5) Instinto

Vemos aqui, novamente, a imagem do fruto maduro de um lado e bichado do outro. Não há como ignorar ou tentar minimizar a magnitude da questão no âmbito da psicologia humana, tanto quanto na contraparte meramente biológica. De posse de achado de impacto incontestável, Freud parece ter-se deixado fascinar pela temática e quanto mais elaborava sobre ela, mais se perdia em teorizações que ia, simultaneamente, convertendo em leis indisputáveis. Ao retirar os andaimes que armou durante o período de elaboração das estruturas sexuais do ser humano, tal como ele as entendia, o edifício era espantoso.

É preciso esclarecer preliminarmente que Freud identificou, com acuidade, a importância que os instintos representam no conjunto da individualidade humana. Acertadamente, sem dúvida. Foi em algumas premissas e no desdobramento posterior desse achado que, a meu ver, ele se perdeu. Achava ele, por exemplo, que os instintos evoluem em paralelo com a morfologia do indivíduo, mas a tese é de difícil sustentação se prestarmos um pouco mais de atenção à mecânica evolutiva. Ao que tudo indica, o instinto *não evolui*; é como se ele apenas acabasse por aceitar, relutantemente, certos controles da vontade, resignado a um processo civilizador interno. Basicamente, porém, ele continua ali, com todo o seu potencial primitivo e às vezes até consegue romper as 'conveniências', escapar aos controles precários da racionalidade e manifestar-se em toda a sua pujança primitiva, mesmo em seres razoavelmente 'civilizados'. É isso, aliás, o que se confirmaria no conhecido processo de recapitulação biológica, e até psíquica, que assinala as fases iniciais da vida na carne. O que vemos na formação do feto? O pequenino germe da vida recém-fecundado a desdobrar-se pelos mesmos processos de antanho, percorrendo fases evolutivas de há muito ultrapassadas para o novo ser, mas que é indispensável recapitular, pois, como diziam os antigos, a natureza não dá saltos. Pouco a pouco o ser vai saindo daquela área primitiva, na qual todos se parecem, e começa a diferenciar-se até que os aspectos particulares que o distinguem como um gato ou um ser humano se manifestem segundo os comandos genéticos programados com fantástica precisão. Ali estão, pois, no corpo físico em formação – elaborado, aliás, segundo o perispírito, ou modelo organizador biológico, para utilizar a expressão proposta pelo cientista brasileiro, Hernani Guimarães Andrade –, todos os dispositivos básicos através dos quais os instintos vêm funcionando na sua tarefa de preservação da vida física. A troco de que segurança ou garantia a natureza iria abrir mão de tais dispositivos preservadores já testados e consolidados ao cabo de um infinito número de experiências? A biologia nos ensina hoje que as mutações que melhoram as condições de adaptação do ser ao meio ambiente são consolidadas, enquanto as outras são descartadas. A lei da economia de esforço é uma constante universal. Para que iria o ser vivo sobrecarregar a sua programação biológica com dispositivos inúteis? É preciso considerar, por outro lado, que, a qualquer momento, mesmo no âmbito de evoluidíssima sociedade civilizada, a sabedoria infalível dos instintos primitivos pode ser convocada a uma ação pronta e energética, como fugir de um cataclisma, resistir a condições adversas que ameacem a integridade física, utilizar-se de opções incomuns nos processos de alimentação ou buscar, incansavelmente, meios de se reproduzir para que a espécie não se extinga. Aliás, há boas razões históricas para pensar que isso já aconteceu mais de uma vez. No momento em que catástrofes cósmicas provocam o arrasamento de sofisticadas civilizações, o ser humano fica praticamente entregue ao robusto mecanismo dos seus instintos, o que, afinal, garante a continuidade da vida e a retomada das conquistas mais além, a partir de novas ou renovadas premissas.

Isso nos leva a supor, assim, que o instinto não evolui e nem pode evoluir. Ele constitui a última instância da vida quando todas as conquistas posteriores vierem a falhar. É o seguro de vida da humanidade. Se ele se modificasse, estaria perdida, numa emergência maior, toda a estrutura do ser, erigida quase que átomo por átomo, ao longo de um tempo que nem podemos imaginar. A natureza não comete imprudências como essa.

Até mesmo aqueles como eu, que só conhecem as noções mais elementares da biologia, podem ver que os dispositivos cerebrais onde se assentam os comandos instintivos continuam a figurar com todo o seu primitivismo originário, sob as estruturas sofisticadas das construções mais 'modernas' do cérebro.

Admitamos, contudo, seja aceitável a expressão *evolução dos instintos*. Contemplemos o quadro ordenado pelo prof. Almir de Andrade:

6) Sexualidade infantil

Sob o aspecto tópico – diz ele – o ser humano atravessaria cinco *fases*: oral, anal, fálica, de latência e genital; sob o aspecto dinâmico, haveria quatro *manifestações*: autoerotismo, narcisismo, homossexualismo e heterossexualidade; sob o aspecto econômico, duas manifestações principais: fixação e regressão.

Não me parece necessário para os objetivos deste livro desdobrar o detalhamento de todo esse esquema, familiar a qualquer estudioso razoavelmente bem informado. É preciso estarmos alertados, porém, para certas peculiaridades da terminologia freudiana, cujo conteúdo nem sempre é o habitual, como homossexualidade, por exemplo, que, segundo Almir de Andrade:

> ...quer dizer, (aqui) que a criança não dá conta da diferença dos sexos e que busca, alternadamente, em um ou em outro, o objeto dos seus impulsos eróticos. "A oposição entre masculino e feminino não desempenha, ainda, nenhum papel". (Andrade, Almir de, 1932)

A citação é de Freud, na sua *Introdução à psicanálise*. Já os termos *sexo* ou *libido* também se revestem em Freud de conotações bastante nuançadas em relação ao sentido habitual, e disso o leitor sabe.

O que mais impressiona neste contexto, contudo, – e a impressão tem o impacto de um choque – é a fantástica elaboração teórica, a partir do esquema acima exposto. Tomemos um exemplo apenas, já que a demora nesta temática seria lamentável concessão ao mau gosto. Permita-me o leitor transcrever pequena amostra colhida no livro do prof. Almir de Andrade:

> Gases intestinais. Pelo seu aspecto, de qualquer coisa invisível, que se transporta para longe, estão, os gases intestinais em correlação com as teorias espiritualistas e o espiritismo. Pelo cheiro que espalham, podem gerar o prazer de lidar com objetos nauseabundos, como acontece com os lixeiros, ou ainda com os químicos, que se dedicam às análises dos laboratórios. Pelos sons que emitem e pelo interesse em apreciar esses sons, fazer surgir mais tarde a vocação dos músicos etc. (Idem)

Não dá para comentar, mas é incrível que uma inteligência brilhante como Freud haja concebido coisas dessa ordem para 'explicar' fenômenos como a genialidade de um exímio virtuose de violino, oboé ou flauta doce! Não iríamos ao extremo de deblaterar, como o prof. Almir de Andrade, que "só a debilidade mental de um Freud..." poderia ter criado isso, como diz, à página 386, em relação a certos aspectos da problemática sexual da criança. Freud não foi um débil mental, longe disso, mas não há dúvida de que prestou-se à elaboração de algumas das mais esdrúxulas teorias a partir de preciosos achados que acabaram abandonados no meio da lama.

7) Dogmas

O que contribuiu para as deformações mais severas dos seus conceitos básicos, porém, foi o seu obstinado dogmatismo quanto a determinados aspectos. Qualquer problema de relacionamento pai/filho *tinha que ser* gerado e explicado pelos complexos de Édipo ou de Electra. O filho é sempre hostil à figura paterna e está sempre desejando possuir sexualmente a mãe, da mesma forma que a filha abriga idêntica atração pelo pai. A mulher, aliás, é vítima do complexo de castração, porque se sente frustrada por não ser dotada de órgãos genitais masculinos. O sonho é sempre a realização de um desejo. A sexualidade explica qualquer disfunção emocional ("Dada uma vida sexual normal", escreveu Freud em *A sexualidade na etiologia das neuroses*, *apud* Almir de Andrade, "é *impossível* uma neurose".) Tendências específicas ou preferências estão relacionadas com uma ou outra das fases evolutivas do instinto: fixação, quando o indivíduo não consegue superar ou ultrapassar uma delas, ou regressão, quando, depois de havê-la ultrapassado, recai nela ou em outra.

Foi provavelmente pensando em coisas dessa ordem que o eminente prof. Wagner von Jauregg, chefe do Departamento de Psiquiatria da Universidade de Viena e futuro prêmio Nobel, um dia deixou escapar este desabafo em relação a Freud:

– Um louco!

Ou que Alfred Adler, discípulo dissidente, afirmou:

> O complexo de Édipo é disparate. Apenas indica que uma criança "estragada" tenta enfrentar o mundo da mesma maneira que enfrentou o pai ou a mãe que a mimou.

"O mundo inconsciente não existe" – proclama taxativamente o prof. Almir de Andrade, que alhures, como vimos, chega ao extremo de considerar Freud um débil mental.

Já para o prof. A. A. Brill, discípulo, tradutor e amigo de Freud, o eminente médico de Viena é um semideus e seus escritos um evangelho dos distúrbios emocionais, ante os quais o dr. Brill desempenha, vigorosamente e com inegável competência, o papel de apóstolo fiel.

A questão é que um homem não pode ser ao mesmo tempo imbecil e gênio; louco e equilibrado formulador de teorias brilhantes. A verdade há de estar em algum ponto entre esses dois polos. Essas posturas extremadas revelam mais das pessoas que as assumem do que do objeto sob análise. Busquemos, pois, a verdade nas próprias estruturas do pensamento freudiano e não entre suas inúmeras, controvertidas e contraditórias interpretações. Será impossível conseguir-se uma visão balanceada da sua doutrina? Não; creio que é não apenas possível, como desejável e até urgente, porque, inquestionavelmente, há muito ouro bom na lama que o criador da psicanálise recolheu na sua bateia. O mais grave problema que vejo na dinâmica da elaboração de sua teoria é que, em várias oportunidades, ele se deixou fascinar pela contemplação da lama, em vez de catar as pepitas que brilhavam no fundo.

8) A moça do travesseiro

Antes de prosseguirmos, desejo que o leitor me conceda a oportunidade de demonstrar, especificamente, uma vez mais para fixar bem, o que entendo por interesse pelo secundário em prejuízo do principal, tanto quanto pelo dogmatismo que inibe, de início, qualquer interpretação opcional.

Mesmo correndo o risco de alongar um pouco a exposição, pois o caso é extenso, sua importância demonstrativa justifica a pausa. O relato original consta do *Introdução à psicanálise*, de Freud, obra bastante conhecida do mestre vienense.

A cliente era uma bela jovem de 19 anos, filha única, inteligente e culta, mais bem dotada do que seus pais. Mostra-se permanentemente irritada com a mãe, descontente, deprimida, indecisa e sofre de agorafobia (medo de lugares amplos). Entre seus vários problemas emocionais, poderíamos dizer que um deles se destaca: um processo obsessivo (não espiritual, mas no sentido de mania, ideia fixa). Sente-se obrigada, toda noite, a um minucioso ritual antes de deitar-se para dormir. Justifica-se, dizendo que é preciso evitar qualquer tipo de ruído que venha perturbar seu sono, mas essa não é a verdade absoluta. Primeiramente, ela faz parar o relógio da parede e o tira do lugar, bem como qualquer outro porventura existente no quarto de dormir, até mesmo o seu pequeno relógio de pulso, usualmente guardado numa caixinha de joias. A seguir, põe sobre a mesinha de trabalho todos os vasos e jarros de flores, para que nenhum deles venha cair durante a noite. Ela sabe que o tique-taque dos relógios não pode perturbar o sono; ao contrário, um ruído ritmado e monótono até facilita o adormecimento. Sabe também que, dificilmente, aconteceria caírem ao chão os vasos. Outra providência indispensável: a porta de comunicação com o aposento onde dormem seus pais tem que ficar entreaberta e para isso ela a fixa em determinada posição, utilizando-se de alguns objetos. Não parece preocupada, pois, com os ruídos que possam vir do quarto de seus pais. Ou será essa a preocupação maior? O ritual no próprio leito tem também suas peculiaridades. O travesseiro maior não deve ficar encostado na cabeceira da cama e o menor precisa ser colocado por cima desse, atravessado, em posição de um losango, para que ela possa colocar a cabeça no sentido do eixo maior. Quanto ao edredom, tem que ser sacudido de modo que o lado mais espesso lhe fique aos pés. Feito isso, ela desmancha o arranjo e volta a aplanar as dobras da coberta.

Há outros detalhes desse ritual que Freud nem se deu ao trabalho de citar para não cansar o leitor.

Segue-se um resumo da imaginosa interpretação de Freud, que começa a aplicar ao ritual a sua teoria dos símbolos. O relógio, por exemplo, embora possa ter outras interpretações simbólicas, represente, no caso, o "órgão genital feminino, por causa da periodicidade do seu funcionamento". A preocupação da moça, porém, era mais voltada para o seu tique-taque. "Esse tique-taque" – prossegue Freud, imperturbável – "pode ser considerado como representação simbólica das titilações do clitóris, por ocasião da excitação sexual". Daí em diante, parece que a própria paciente interpreta e "traduz" os símbolos, sob orientação de Freud, naturalmente, pois ela escreve isto: "... o travesseiro é *sempre* mulher (?) e a parede vertical da cabeceira do leito é *sempre* homem". Ela queria assim, digamos, por uma espécie de ação mágica, separar o homem da mulher, isto é, impedir os seus pais de terem relações sexuais. Quanto ao edredom, a sacudidela que lhe dava e da qual resultava a acumulação da penugem que o enchia na parte inferior tinha também sentido: "significava tornar a mulher grávida". Como o travesseiro grande "é o símbolo feminino", o travesseirinho "não podia representar senão a filha". E prossegue: "Por que este último devia ser disposto em losango, e por que a cabeça da nossa doente devia ficar colocada na linha mediana do losango? Porque o losango representa a forma do aparelho genital da mulher, quando aberto. Era então ela mesma que desempenhava o papel do macho, e a sua cabeça substituía o aparelho genital masculino".

O caso desta moça parece feito sob encomenda para Freud, que vê nele a confirmação de algumas das suas mais queridas teorias, na preferência da moça pelo pai, acoplada a uma obstinada aversão à mãe. Se há nisso um componente erótico? Sim, seria tolo negar. Que esse componente seja de natureza inconsciente, também é admissível. Que constitua o núcleo de um complexo conjunto de sentimentos contraditórios, também é óbvio. Que tais conflitos íntimos resultem em disfunções emocionais é igualmente certo. O que não vejo aí é a necessidade de montar um andaime tão grande de fantasias a partir de símbolos para construir uma interpretação que é óbvia por si mesma, ou seja: trata-se de uma jovem que tem fixação no pai, da qual decorre a hostilidade pela mãe. Isso não quer dizer, porém, que o complexo de Electra esteja manifesto ou em potencial em *todas* as filhas, ou que o complexo de Édipo seja componente obrigatório do arcabouço psíquico de todos os rapazes. Há filhas que, ao contrário, hostilizam o pai e se dão otimamente com as mães, e rapazes que se entendem melhor com o pai do que com a mãe. Isso, porém, não perturba Freud, dado que ele explica tudo pelas suas fixações ou regressões. A preferência do filho pelo pai ou da filha pela mãe seria homossexualismo, ainda que não manifesto.

Monteiro Lobato conta que Hans Staden, um europeu muito vivo, perdido na selva brasileira, salvou a sua pele diagnosticando qualquer doença nos índios que o mantinham prisioneiro como distúrbios provocados pela ingestão de carne humana. Eram um veneno terrível aqueles assados e cozidos de gente, especialmente de gente branca. Dor de barriga? É carne de gente. Dor de dentes? Dor de cabeça? A causa era uma só.

Para Freud, era tudo sexo, ainda que tivesse que montar as mais complexas e fantásticas estruturas para 'demonstrar' sua tese.

Suponhamos, porém, uma hipótese alternativa. Admitida a doutrina das vidas sucessivas, não fica mais racional explicar a fixação da jovem pelo pai por uma ligação real entre eles, como marido e mulher ou como amantes, em existência anterior?

Vamos em frente.

Uma vez podados os excessos e exageros, rejeitados os dogmas, eliminadas certas elaborações desnecessárias e excluídas algumas óbvias fantasias, como poderíamos ordenar a doutrina freudiana utilizando apenas as pepitas de ouro que ela contém?

Seria algo como isto:

9) Inconsciente

O caudaloso rio da psicanálise começa a fluir a partir da teoria do inconsciente. Ali e nas suas imediações concentra-se o esforço maior na tentativa de decifrar os enigmas da mente. Teria sido essa a primeira pepita dourada que Freud resgatou da lama, ao vê-la brilhar no fundo de sua bateia. Seria exagero afirmar que Freud criou ou formulou a sua teoria a partir do nada. Enfoques bastante lúcidos sobre memória, esquecimento e recordação encontram-se em inúmeros pensadores desde Platão e Aristóteles. Seria profundamente injusto, contudo, ignorar a contribuição de Freud na recombinação dos elementos preexistentes e na consequente formulação de sua teoria. É inegável que existe em nós intensa atividade mental e emocional inconsciente. Para onde iria toda essa multidão de eventos vividos e esquecidos senão para um depósito ordenado da memória integral? Onde estariam quando, movidos pela hipnose, por exemplo, vamos buscá-los em todas as suas minúcias, seja apenas recordando-nos deles, seja revivendo-os?

O esquecimento é um processo seletivo, mas nunca destrutivo, porque tudo o que um dia sabemos está guardado, ainda que não facilmente acessível aos dispositivos da consciência. O reparo que teria, pois, à doutrina do inconsciente consiste basicamente em ampliar o seu escopo a fim de acomodar também a realidade das vidas sucessivas. O exame retrospectivo revela que a memória não termina (ou não começa) na infância.

É perfeitamente válida, pois, a formulação básica da psicanálise quanto à dualidade consciente/inconsciente, bem como a de que a consciência é apenas um dispositivo de percepção. Brill chama-a "órgão de percepção". Também aceitável é a noção de que tendemos a esquecer, ou seja, a bloquear ou inibir a lembrança do que para nós está associado a algo penoso ou desagradável. Esquecer foi sempre um forma de fuga para minimizar o sofrimento: esquecer um amor fracassado, a perda de um ente querido, a oportunidade mal aproveitada, em suma, a frustração amarga.

O êxito completo na tarefa de esquecer é alcançado quando conseguimos aprisionar tais lembranças nos porões do inconsciente. É como se deixassem de existir.

Não vejo, pois, como aceitar a tese central do livro do ilustre prof. Almir de Andrade que consiste em demonstrar – sem êxito algum, a meu ver – que o inconsciente é uma ficção imaginada por Freud, não tendo a menor possibilidade de existência real.

Episódios irrelevantes ou não, especialmente penosos, podem ser relegados, sem grandes complicações, para os arquivos do inconsciente. Se, porém, insistimos em *recalcar* – outra expressão freudiana válida – eventos de maior intensidade dramática ou aflições mais severas, isso poderá constituir o núcleo em torno do qual começa a formar-se um aglomerado de desajustes não solucionados, e que Freud conceituou como *complexo*, (de culpa, de inferioridade etc.) e que continua a funcionar como um "espinho na carne", no dizer do apóstolo Paulo. Ali está qualquer coisa que dói psiquicamente. Freud rotulou tais disfunções com o nome de *neurose*.

10) Neurose

Não me parece que essa palavra tenha sido uma escolha feliz. Semanticamente, neurose seria uma ação (do grego *osis*) dos nervos. É certo que o tecido nervoso pode enfermar de várias maneiras, mas que problemas emocionais, no contexto dos quais os nervos seriam, no máximo, condutores de impulsos psicossomáticos, possam ser catalogados como neuroses, parece-me incongruente. Teria também alguns reparos à conceituação de neurose – admitido o termo – como "resultado de um conflito de infância não resolvido entre o id e o ego", como informa Rachel Baker (Baker, Rachel, 1955).

Abstração feita aos termos *id* e *ego*, sobre os quais ainda diremos algo, não me parece adequado dogmatizar quanto às origens do conflito, localizando-o, invariavelmente, na infância. Essa postura testemunha contra a própria concepção da teoria do inconsciente que durante toda a vida do ser continua a receber ideias e emoções, rejeitadas ou não. Ou seja, um complexo e, portanto, uma neurose, podem ser criados até a mais avançada velhice, se é que a teoria é válida em todas as suas implicações.

Segundo Brill, em cuja finalidade de interpretação podemos confiar, a neurose representaria "uma luta entre o ego e o id", enquanto na psicose a luta seria entre o ego e o ambiente. Ou, para dizer a mesma coisa em linguagem não-técnica: neurose é a resultante de um luta íntima, interna, ao passo que, na psicose, a luta é com forças externas; a primeira seria uma revolução, a segunda, uma guerra. Pelo menos é o que nos dizem os doutos, mas, valendo-me do sagrado direito da ignorância, continuo a achar que a sutileza das diferenciações propostas não é suficiente para caracterizar, com nitidez, o problema. No meu entender, é tudo briga interna que, às vezes, extravasa. Termo por termo, prefiro psicose, porque identifica o fator psíquico na gênese da disfunção. Neurose, a meu ver, ainda é termo de conotação predominantemente materialista. Esse conjunto de desarranjos emocionais catalogados sob a denominação genérica de neurose não se caracteriza como *doença de nervo*, mas como problemas mentais, emocionais.

Não estamos aqui esquecidos dos reflexos físicos, para os quais inventou-se, afinal, uma palavra muito bem achada: somatização; ou seja, a tradução dos desarranjos mentais ou emocionais em sintomas orgânicos no corpo físico. Nesse contexto, emergiu outra palavra adequada: psicossomático; ou seja, perturbações orgânicas suscitadas por impulsos mentais.

Certamente que não é a terminologia adequada que vai resolver os problemas por si mesma. É inegável, contudo, que a ordenação do problema e a clara conceituação dos seus termos é fator preponderante no acertado encaminhamento da solução, quando menos, por uma questão de metodologia.

No caso específico da nossa discussão aqui, não creio no encaminhamento inteligente para o problema da psicose e da neurose enquanto a pesquisa ficar condicionada pela semântica, a buscar no campo fisiológico (nervos, por exemplo) a etiologia do mal, essencialmente psíquico nas suas origens, ainda que fisiológico nas suas consequências ocasionais.

Acho também – e continuo no exercício do meu sobredito direito – que as definições e conceituações de tais distúrbios são ainda nebulosas, pouco objetivas. Que dificuldade para se encontrar uma boa explicação do que realmente constitui uma neurose, por exemplo! Bem sei que os dicionários nos socorrem neste passo. Mestre Aurélio, por exemplo, nos ensina que neurose é uma "perturbação mental que não compromete as funções essenciais da personalidade e em que o indivíduo mantém penosa consciência de seu estado". Mais do que isso, em explanação e minúcias, somente numa enciclopédia poderíamos encontrar, ou melhor ainda, num tratado científico.

Vejamos, por exemplo, a definição da *Britânica*:

> Neuroses são desordens psicológicas geradas pela fracassada tentativa de uma pessoa em controlar seus conflitos íntimos e situações estressantes da vida. Constituem esforço de adaptação naquilo em que visam à resolução de forças opostas dentro da personalidade, ao descarregarem tensões e ansiedades internas acumuladas. A ansiedade pode ser sentida diretamente ou manifestada sob a forma de mal-estar físico, fobias, pensamentos obsessivos, atos compulsivos, moderada depressão, estados alterados de cons-ciência ou queixas de males físicos sem nenhuma condição patológica, orgânica ou estrutural. As neuroses representam tentativas de obter satisfação parcial de impulsos e pressões que, nos estágios iniciais do desenvolvimento, eram mais ou menos bem sucedidos. Tais desordens são distúrbios benignos dentro da personalidade e devem ser diferenciadas das psicoses, no sentido de que não ocorre uma total desorganização ou perda de contacto com a realidade.

Creio que isso nos dá uma visão mais clara da psicose, mas, por outro lado – e precisamente por isso – nos deixa com mais perguntas do que respostas, porque rasgou horizontes muito amplos. Exemplo? Sim. Não é difícil concordar com o postulado de que a psicose resulta de um conflito íntimo mais ou menos descontrolado. Mas, e esse conflito, onde, como e por que está ali? A psicanálise pode dizer-nos que ele foi gerado por um desejo secreto de que o pai, a mãe ou o irmão morresse, por exemplo. O que leva, porém, certas criaturas ao desejo de eliminar tudo aquilo que consideram obstáculo, em lugar de se esforçarem por observar o obstáculo e tentar entendê-lo para contorná-lo? Qual a diferença entre a esposa sofrida que suporta o marido difícil ou o filho rebelde e ingrato, durante uma vida inteira, e o marido impaciente que, ao primeiro desentendimento doméstico, abandona o lar para seguir, alhures, os seus impulsos? Sim, tais atitudes podem ser explicadas pelo grau de maturidade de cada pessoa. Isso, porém, somente faz recuar para outro plano o problema: que é maturidade emocional, intelectual, espiritual?

A explicação padronizada da psicanálise é sempre a mesma: a infância e seus conflitos. Novo recuo: por que temos crianças que não se neurotizam, a despeito de um ambiente altamente estressante, enquanto outras se descontrolam com dificuldade mais ou menos irrelevantes para qualquer pessoa normal? E o que é ser normal?

O samburá de perguntas parece não ter fundo, mas o problema é um só, a meu ver: *o grau de maturidade espiritual de cada indivíduo*. E se também as crianças já revelam, desde a mais tenra idade, diferentes posturas ante a vida, ou melhor, níveis diferentes de maturidade, é porque há de se admitir experiência anterior. De outra forma não haveria condição de explicar os chamados dons inatos. A doutrina dos arquétipos de Jung é dos grandes achados da psicanálise dissidente; a do inconsciente coletivo renteou a realidade espiritual. O conteúdo desses dois conceitos não é para ser desprezado, mas cada ser humano é único na sua contextura psicológica, porque cada um tira de suas experimentações com a vida os ensinamentos e as conclusões que lhe parecem adequadas. Se emergíssemos todos do inconsciente coletivo – mais uma ideia do que um bem caracterizado conceito – a visão retrospectiva do homem nos mostraria uma padronização que não existe, pois, desde os primeiros albores da consciência, o ser humano se desenvolve como indivíduo, e não como fragmento de um *pool* de memórias e de conhecimentos.

Estamos, porém, indo mais longe do que o previsto. A finalidade dessa digressão era apenas a de suscitar o problema da insuficiência do conceito de uma só existência para resolver os conflitos de que resultam as neuroses. E por isso, a maioria delas fica sem solução, ou seja, aquelas para as quais nenhuma causa pode ser identificada no contexto da vida atual.

Enquanto isso, há neuróticos por toda a parte e tanta neurose quanto resfriados. Aliás, é precisamente o que escreve Marie Beynon Ray:

> Que é um neurótico? Uma pessoa que não está desesperadamente doente da mente, mas algo indisposta. Talvez se possa comparar a neurose ao resfriado comum, que atinge praticamente todos, uma vez ou outra, e muitos de nós, frequentemente; que faz vítimas, mas é menos fatal do que a pneumonia; que não nos incapacita completamente para a vida, mas, de certa forma, reduz nossa capacidade de fazer as coisas. A neurose não nos imobiliza num hospital para doenças mentais, mas às vezes nos torna menos desejáveis na sociedade. (Ray, Marie Beynon, 1950)

A psicanálise, contudo, tem provado consistentemente que a neurose tem cura. Não todas, em qualquer indivíduo; mas certas neuroses em alguns indivíduos com alguns tipos de neurose. Isso indica que a metodologia, senão perfeita, infalível e imediata, tem algo no seu direcionamento geral que está certo. Creio que é hora de fazer isso, mesmo à custa de romper com alguns dogmas dos mais queridos às chamadas "ciências da alma" – usualmente as mais desalmadas das ciências... O primeiro dogma a cair terá que ser o de que o ser humano é apenas um conjunto cibernético-biológico contido nos estreitos limites de uma só vida.

Não antecipemos, porém. E por ora, chega de neurose...

11) Ego – Id – Superego

Suponho que, para fins meramente didáticos, Freud propôs dividir o indivisível, ou seja, o psiquismo humano. Chamou de ego (eu) a parte da mente (eu chamaria de espírito) que pensa e ordena. Achou que essa parte – é difícil falar em parte daquilo que é um todo – reporta-se ao homem primitivo e representa seu esforço em se tornar civilizado.

Escreveu Freud:

> O ego representa aquilo a que chamamos de razão e sanidade em contraste com o id, que contém paixões.

O ego é, pois, a censura, o indivíduo 'cabeça fria', o bem comportado, o disciplinador, enquanto o id, no entender de Freud, é a "parte da mente" (sob protesto), onde se teriam abrigado os sentimentos primitivos e os impulsos cegos. Lógico, portanto, que o id seja dominado pelo que Freud chamou de "o princípio do prazer" – "um caldeirão de excitações revoltas". A tarefa do ego está em harmonizar nossas necessidades orgânicas com o ambiente em que vivemos. Isto é, as necessidades não podem ser sumariamente ignoradas ou comprimidas além dos seus limites de tolerância, mas também não podem ser liberadas para que se expressem com toda a força dos impulsos primitivistas. O ser civilizado com fome não ataca para matar e comer o primeiro animal que passar ao alcance de suas mãos – ele é capaz de controlar até limites extremos a gritaria dos seus sentidos, até que possa ir a um restaurante, sentar-se à mesa, escolher o prato e esperar ser servido. Segundo Freud, essa tarefa civilizadora cabe ao ego.

Mas ele achava também que, mesmo o ego pode falhar, cometendo erros maiores ou menores de avaliação. Para isso, Freud desdobrou mais uma vez a mente, dividindo a já separada parte reservada ao ego em duas: uma o ego próprio, e a outra que funcionaria como uma espécie de juiz quanto à eficiência do ego. A essa parte ele chamou de superego. Dentro desse esquema, a mente ficou, portanto, caracterizada como o campo onde se processa a luta entre o homem primitivo e o ser ético, no dizer de Brill. O superego, o supremo tribunal desse universo íntimo, Brill não hesita em identificar com a consciência.

Não estamos, pois, em terreno desconhecido, por mais estranha que seja a terminologia proposta por Freud. Façamos uma tentativa de interpretação menos técnica.

O id corresponde ao núcleo dos instintos. Segundo o nosso providencial dr. Brill, Freud ensina que "a criança traz consigo, ao nascer, uma mentalidade não-organizada, a nosso ver, que Freud chama de id". Não concordo com o conceito de uma mentalidade não-organizada para a criança, mas deixemos isso, por enquanto. Veremos isso quando comentarmos as experiências da dra. Wambach.

O ego seria, portanto, um desenvolvimento do sentido ético, num escopo mais genérico do que pessoal, e não uma "parte" ou uma "camada" da mente, como querem Freud e Brill. Explico o que entendo por contexto ético-genérico. Certos atos nossos – e podem ser de uma variedade muito ampla – podem ser considerados perfeitamente aceitáveis no contexto de uma ética ideal e coletiva e, no entanto, serem discutíveis como soluções apropriadas à nossa ética pessoal. Complexo? Não tanto.

Se, por exemplo, você passar a integrar, a partir da semana próxima, uma comunidade no seio da qual a poligamia fosse norma de vida e até sinal de *status*, você não estaria cometendo erro algum do ponto de vista da ética coletivamente aceita em tomar umas tantas esposas a mais. O ego, em tal caso, não levantaria, em princípio, nenhuma objeção. No contexto da sua ética pessoal, no entanto, a voz secreta do superego – a consciência – lhe diria algo como isto: "Mas você não viveu até agora tão bem com uma só esposa? Por que adotar um procedimento que, embora sancionado pelos costumes locais, representa *para você* regressão a uma fase já superada?"

Qualquer metodologia, pois, que resulte em uma correção de rumos de comportamento pela convicção e esclarecimento – e não pela violência ou imposição – será bem vinda. Não teríamos dúvida, pois, em subscrever, neste ponto, o pensamento de Freud, assim expresso: "A psicanálise é um processo que facilita ao ego a conquista progressiva do id". A citação é de Almir de Andrade, extraída da tradução francesa de *Ensaios de psicanálise*. (Edição Payot, 1927)

Em outras palavras: o 'arejamento' e racionalização de certos conflitos íntimos, por meio de qualquer metodologia aceitável, resultam em processo educativo.

Cabem aqui, porém, alguns reparos. Freud sempre deu preferência aos procedimentos liberadores, ou seja, a uma desinibição, que nem sempre poderiam ser caracterizados como inquestionavelmente éticos ante os padrões normais de procedimento naquela época e naquele contexto. Que mal havia, por exemplo, em teoria, em Anna O. desejar divertir-se num baile nas vizinhanças de que ouvia a música, em vez de estar ali, presa, junto ao leito do pai doente? Que mal havia em certa moça admitir que, a despeito de todas as convenções, amava um homem a quem a ela não era suposto amar?

Freud adotava em tais casos – possivelmente a maioria – a técnica de "doutrinar" o superego (leia-se consciência) para que ele concordasse em aceitar uma situação que, em princípio, rejeitara, suscitando a neurose. Analisando sob esse ângulo, uma suspeita se levanta diante de nós. Mas, afinal de contas, a neurose não surgiu precisamente porque o indivíduo estava relutando em praticar um ato que, a seu ver, era inaceitável do ponto de vista ético? Se em vez de buscar razões mais profundas, contornarmos o obstáculo e convencemos o superego a levantar a interdição, frustramos a própria razão geradora da neurose que "está no esforço da consciência em domesticar, civilizar os impulsos primitivos" ou, no dizer de Freud, facilitar "a conquista progressiva do id" pelo ego.

Isso nos leva a questionar não propriamente a técnica empregada, mas o seu produto final, ou seja, a cura por uma sutileza processual que frustra a razão de ser da consciência, que é a de vigiar os atos questionáveis do ponto de vista ético.

O caso Anna O. oferece outros aspectos muito interessantes que tentaremos encaixar alhures, neste trabalho.

12) Ab-reação

Há sempre risco nas definições muito sumárias – o de suscitar uma visão enganosamente simples do objeto definido. Pesquisando uma definição razoável para ab-reação, encontrei, na obra de Rachel Baker, essa enganadora simplicidade. Vejamos: ab-reação – levantamento de uma experiência originariamente muito penosa para ser lembrada, por expressar emoções que não foram, à época, expressadas, libertando assim a pessoa do dano causado. (Baker, Rachel, 1955)

Ditas assim as coisas parecem simples demais, o que está longe de ser verdadeiro. Não basta você recordar-se de uma experiência penosa e expressá-la para que você se libere das aflições que ela lhe acarreta. É claro que não podemos exigir muito mais do que isso de uma definição de duas, três linhas, mas é preciso estar bem alertado para o fato de que as coisas não se passam com tal simplicidade, eficiência e rapidez, ainda que o mecanismo seja aproximadamente esse.

Tentemos, contudo, aprofundar mais o conceito. Em primeiro lugar, a palavra em si. Ab-reação. Que vem a ser isso? Como a gente costuma dizer na infância com os brinquedos, o melhor é desmontá-la para ver como ela é 'por dentro'. Ab – reação. Por pouco que a gente saiba de gramática, dá para identificar o *ab* – às vezes acompanhado de um 's' eufônico – como uma partícula que significa afastamento, separação, privação, ou seja, uma partícula mais para o lado da negativa, como se pode ver de um exemplo fácil: abster-se, isto é, abs-ter (-se), deixar de ter, renunciar à posse de alguma coisa. Ao que se depreende, portanto, a ab-reação seria uma reação normal e até salutar, mas que as conveniências nos levaram a reprimir, recalcar, sufocar. O patrão dá uns berros sem muita razão com o empregado, mas este 'engole em seco' e se cala para não perder o emprego, do qual depende para viver. Aliás, 'engolir em seco' e 'engolir um desaforo' são expressões adequadas, de vez que em tais situações estamos realmente absorvendo com as nossas estruturas psíquicas um 'caroço' altamente indigesto que, certamente, vai fazer mal e causar distúrbios. Freud, homem da liberação total, aconselharia, por certo, a devolver o desaforo ao patrão, perder o emprego e arcar com as consequências. Essa ideia, aliás, tem sido posta em prática por muita gente. Há fábricas e escritórios com uma salinha à prova de som e de murros à qual o empregado ofendido pode recolher-se por alguns minutos para *descarregar* a sua frustração. Para facilitar o processo, há até retratos do patrão ou do contramestre desaforado, sacos de areia para ele dar seus murros e, naturalmente, privacidade para berrar à vontade os desaforos que teve de calar para salvar a pele.

Recorramos, porém, ao providencial e infalível mestre Aurélio. Começa que ele separa a palavra em duas, o que já facilita a abordagem: ele escreve ab-reação, indicando que não se deve pronunciar abre-ação, e sim, ab-reação. Explica que ela vem do alemão *Abreaktion*, e define: descarga emocional mais ou menos intensa, na qual o indivíduo revive um acontecimento traumático que o libera da repressão a que estava submetido, e que pode ser espontânea ou ocorrer no curso de certos processos psicoterápicos, por ação deles.

Agora a coisa está mais clara. Vemos ali uma expressão-chave: descarga emocional. Vemos que o núcleo do conflito é um acontecimento traumático (veremos, daqui a pouco, o problema do trauma) e vemos a palavra repressão. Não se iluda, porém, o leitor que a coisa é mais fácil de definir do que de conseguir. Os conceitos básicos, não obstante, estão bem colocados. Reparos eu poria apenas na tal liberação. Continuo vendo no conceito freudiano da liberação de instintos, de impulsos e de emoções uma contradição intrínseca com a sua própria doutrina quanto ao papel civilizador do ego. Uma liberação indiscriminada dos impulsos e dos instintos se choca de cabeça com os objetivos claramente evolucionistas do ego. Enfim, como não sou psicanalista, o problema não é meu. Estou certo de que eles têm as suas explicações e justificativas para isso tudo, mas, que doutrina não as tem? A que não souber justificar-se nas suas reais ou aparentes contradições está condenada à extinção. O problema básico da psicanálise, a meu ver – e para isso é bom ser leigo descompromissado – está no casulo de dogmas que seus formuladores teceram em torno de conceitos muito lúcidos e achados de grande valor teórico e operacional. Sem os tais dogmas – o pansexualismo, a sexualidade infantil, a rigidez teórica de alguns complexos (Édipo, Electra, castração), e outros de menor porte – a psicanálise é uma doutrina muito inteligente.

Da destilação disso que aí ficou dito, podemos, portanto, encontrar no fundo da proveta o conceito de que a ab-reação é irmã gêmea ou prima em primeiro grau da catarse, ou seja, um dispositivo de purificação interna. Chega-se a isto por uma racionalização do problema, o posicionamento do núcleo traumático numa perspectiva que não o elimina da memória, mas o situa em escala hierárquica de valores que minimizam ou eliminam a sua ação deletéria sobre o psiquismo. Algo assim como isto:

"Realmente, aquele contramestre me humilhou com a sua gritaria e seus desaforos, mas ele que se lixe. Eu sei o que estou fazendo na minha profissão, não é o seu mau humor que vai me forçar a fazer a loucura de dar um pontapé na sorte e perder o emprego que conquistei com o meu trabalho e o meu esforço. Não vou dar a ele a oportunidade de me destruir. Afinal de contas, ele pode ser até um bom sujeito que não sabe controlar bem os seus impulsos de agressividade, como eu aprendi a controlar os meus. É possível que seja até infeliz com a família, sei lá. Ou então, é uma besta! E não vou permitir que ele me ponha para fora de uma posição que não me foi dada de presente."

Isso até poderia ser uma ab-reação pacífica, uma liberação inteligente que se recusou a descer ao nível da violência que acarretou o conflito. Logo, uma vitória do ego, que deve saber sempre o que é melhor para nós. Se ele não souber, o superego saberá, infalivelmente, e se incumbirá de ditar as correções que se fizerem necessárias.

A ab-reação é, pois, basicamente, um processo de reviver o episódio traumático e abrir algumas válvulas para aliviar a pressão interna que já pode haver alcançado o estágio da somatização das tensões, ou seja, a conversão delas em sintomas orgânicos – dores, úlceras, distúrbios cardiovasculares e coisas dessa ordem. Quando as causas do conflito não estão facilmente ao alcance do consciente, ou, no dizer de Freud, mergulharam no inconsciente, a tarefa é bem mais difícil. Quais são elas? Onde estão? Por que desencadearam o processo traumático? Como trazê-las à tona para explodi-las?

Freud achava, e isso mesmo dizem ele e Breuer no famoso *Estudo sobre a histeria*, que, revivendo e dando livre curso em palavras e atos às emoções originalmente excluídas do consciente, a pessoa se cura.

Escreve Brill que:

> Esse processo não difere das situações da vida diária. Aristóteles expressou o mesmo ponto de vista quando observou a função do drama na catarse mental. (Brill, A.A., 1944)

Não parece, pois, tão despropositada a teoria do psicodrama como reconstituição do passado traumático para que possamos analisá-lo de uma posição em que somos favorecidos por melhor senso de perspectiva, melhor equilíbrio emocional. A essa altura, já 'assentou a poeira' das emoções mais fortes. As aflições daquele momento, que parecia tão arrasadoramente trágico, se colocaram hierarquicamente não como a montanha que parecia, mas como uma simples colina ou, talvez, um monte de areia perdido na praia imensa dos nossos valores permanentes. O psicodrama seria, pois, válido não apenas como mera técnica de 'reconstrução do crime', usualmente empregada pela polícia para estudar detalhes importantes e esclarecedores, mas como a revivescência das emoções num momento de cabeça mais fria, em contexto diferente, em que a nossa capacidade de aferição dos valores íntimos não estaria mais sobre a terrível pressão de emoções em descontrole.

Nesse sentido, e não sei se os doutos concordariam comigo – o psicodrama tem também aspectos e características de ab-reação.

13) Trauma

Como o leitor está cansado de observar, minha principal dificuldade com as doutrinas religiosas, filosóficas ou científicas em geral está na dogmatização de certos aspectos. Qualquer pessoa razoavelmente inteligente admite o fato evidente de que há conceitos mais ou menos permanentes e até mesmo definitivos em muitos e importantes setores do conhecimento. Estou convicto de que a realidade espiritual é um desses conceitos finalistas e cristalizados. Qualquer teoria racional da vida a exige como sustentação e qualquer abordagem pragmática aos problemas existenciais – biológicos ou psíquicos – evidencia aquilo que as teorias vislumbram de há muito. Mesmo aí, porém, eu condenaria a dogmatização. A verdade sustenta-se por si mesma. Se ela é mesmo o que diz ser – verdadeira – fica de pé, contra qualquer embate; se é apenas parcialmente verdadeira, então não há dogma ou escora que a sustente. É essa a conclusiva e indisputável lição dos milênios. Para que me convençam, no entanto, de que aquilo a que designamos pela expressão genérica de *realidade espiritual* é falso, está incompleto ou mal formulado, é preciso que me exibam e demonstrem outra doutrina melhor, mais racional e que explique *todos* os fatos que esta explica e não apenas alguns, pois um dos critérios da verdade é, precisamente, a sua universalidade. O outro é a economia de esforço. Para que preciso eu de uma complexa e nebulosa doutrina do inconsciente coletivo, por mais brilhante que seja, se disponho da doutrina das vidas sucessivas, muito mais simples, racional, e demonstrável?

Explicada, mais uma vez, essa posição antidogmática, focalizemos a atenção sobre a definição de *trauma*, proposta por Rachel Baker, no seu elogiável esforço de divulgar, da maneira mais simples possível, o pensamento do eminente prof. Sigmund Freud:

> Trauma (é) uma chocante ferida; em psicanálise, uma experiência emocional de natureza prejudicial *sofrida na primeira infância*, e que *deteve* ou *fixou* o desenvolvimento emocional do indivíduo. (Baker, Raquel, 1955)

A definição está dentro da melhor dogmática freudiana, e os destaques são meus. O trauma (em grego, ferida, prejuízo, perda, derrota) é um episódio emocionalmente desagradável, e como buscamos, em princípio, nosso bem-estar físico e mental, a tendência natural é rejeitar, esquecer, ignorar a humilhação, a derrota, a perda, o prejuízo, a dor, enfim. Acontece que a dor é um dos mais eficazes mecanismos de reajuste do espírito, e se lhe fechamos as portas da prisão, ela consegue escapar pelas frestas para exercer a missão que lhe foi confiada, ou seja, a de mostrar que ali há uma enfermidade a ser diagnosticada, tratada e, eventualmente, curada. Daí a sua vitalidade, os mil disfarces de que se reveste, os artifícios de que se vale.

Por que razão, então, o conceito do trauma só é válido para os problemas da primeira infância? Por que não para os demais estágios evolutivos do indivíduo? Estaria o adulto livre de novos traumas, preso exclusivamente aos que se originaram na sua primeira infância? E por que não se pode ter trazido uma boa carga deles de existências anteriores, uma vez demonstrada essa realidade?

O indivíduo se revela imaturo não porque se fixou num episódio da infância, mas porque o seu espírito é ainda imaturo, veio ainda imaturo para a vida. O grau de maturidade de cada um é aferido não apenas pela riqueza da sua experiência pregressa, mas pela utilização ética do conhecimento adquirido.

Mais uma vez convém ressaltar: essa dogmatização desnecessária e prejudicial não invalida o conceito do trauma, mas o imobiliza, fixa-o, isto sim, num contexto de exíguas limitações temporais e espaciais, num ser que traz em si insuspeitadas amplidões. Estamos ignorando toda a vastidão da paisagem, achando que ela está toda ali, naquela estreita fatia que contemplamos por uma fresta diminuta. Estamos olhando a marca do segundo por onde passa o ponteiro, completamente desinteressados do resto do mostrador e da folhinha, e dos relógios cósmicos a circularem pela amplidão do universo.

14) O ouro na ganga

Creio, pois, que já dá para tentar uma síntese daquilo que estamos pretendendo dizer até aqui.

Comecemos pelas exclusões. Não dogmáticas, pelo amor de Deus! Não estamos propondo jogar fora certos conceitos. Podem ser válidos para outras situações. Estamos desejando afastar o secundário para poder ver melhor o principal; roçar o mato mais alto para poder descobrir o caminho que passa por aqui; limpar o vidro da janela para poder ver melhor a paisagem. Ou, para dizer de outra maneira, catar o ouro que está ainda misturado à lama no fundo da bateia. Dispensar o acessório, em busca da essência.

Separaremos, de início, o conceito do pansexualismo e o da sexualidade infantil.

Ouço já a gritaria de protesto: Mas isto é da essência da doutrina de Freud! Será que é mesmo? Proponho questionar esses conceitos e reavaliar a doutrina sem eles, observar como ela se porta e proclamar honestamente se ela ficou mutilada ou não.

Busquemos algum apoio na autoridade de outro médico, o dr. Arthur Guirdham. Escreveu ele uma série de livros interessantíssimos, principalmente a respeito dos cátaros. No momento, estamos consultando a sua obra *Obsession*.

O dr. Guirdham caracteriza o processo obsessivo (não espiritual, mas no sentido de manias, ideias fixas) como exagerada tendência perfeccionista no indivíduo já predisposto por certas faculdades psíquicas. Teríamos aí algo a questionar, mas a essência é aceitável, e este não é o ponto para discutir o assunto. O que nos interessa, no momento, é a sua abordagem crítica precisamente à doutrina pansexualista e à da opressão dos pais.

Escreve ele:

> Nada é mais primitivo do que a batalha externa entre o bem e o mal. Essencialmente, as teorias de Freud explicam a gênese dos sintomas, a maneira pela qual eles se apresentam ao mundo. Seu sistema explica frequentemente por que a tendência obsessional se revela sob a forma de exposição indecente, ou certo ritual compulsivo apenas para apagar as luzes. Mas, porque o temor e o mal são reações mais básicas do que a culpa, não se pode dizer de Freud que ele haja descido às raízes do problema. Ademais, ele teve a desvantagem de um avançado agravamento de seu próprio estado obsessional. Sua preocupação com o sexo pode muito bem ter sido útil em atrair sua devotada atenção para o assunto e na elucidação de muitos de seus mistérios. Mesmo assim, porém, sente-se que, nas suas mais indisputáveis contribuições, ele meramente definiu em palavras o que a maioria dos camponeses sabia por instinto. Sua espantosa rigidez na defesa de sua principal obsessão, contudo, foi, em si mesma, uma desvantagem que o impediu de ver em profundidade

suficiente no seu próprio tema. Havia nisso todos os sinais de um fanatismo religioso. (Guirdham, Arthur, 1972)

15) Freud e a sua família

Isso nos leva de volta a Rachel Baker. Conta ela algo sobre o destino dos filhos de Freud. Martin foi para o jornalismo; Oliver, quietarrão, tornou-se engenheiro e Ernest interessou-se pela arquitetura. Das moças, Mathilda, casou-se bem e ficou em Viena. Sophie casou-se e foi para Hamburgo. Restou Anna. Estudou psicologia e acabou mergulhando fundo nas doutrinas de seu genial pai. Era bonita, afetuosa, inteligente, culta. Em suma: uma atraente personalidade. Nenhum candidato a marido, contudo, parecia ser bastante bom para ela. Freud certamente dispunha de algumas das suas mais queridas doutrinas para explicar a rejeição de Anna pelo casamento, mas foi Martha Freud, a dedicada esposa, que ofereceu a melhor e mais brilhante explicação, numa só frase: Anna nunca se casará a não ser que encontre alguém como seu pai! (Apud Baker, Rachel, 1955)

Complexo de Electra? Sim, diria Freud. Frustrações de natureza sexual? Claro, responderia o mestre.

Não é esse o quadro que vejo. Admiração pelo pai, é certo. É até possível que Martha tenha alguma razão. No confronto com a figura olímpica de seu pai, que sacudira os alicerces da medicina do espírito, poucos seriam os que pudessem resistir à 'pigmeutização'. Entendo, porém, que Anna não quis casar com qualquer um, apenas para casar, no que fez muito bem. Faltou-lhe aquela alma específica que quando a gente encontra acendem-se todas as luzes, ilumina-se tudo por dentro e por fora, o ser e os caminhos da vida; e as luzes se fundem numa só para que brilhem mais na união do que separadas. Ou talvez, vamos admitir, fosse o próprio Sigmund aquele companheiro espiritual de muitas vidas, não obrigatoriamente como esposo, mas como irmão, como pai, como filho. Naquele momento cósmico que viviam, ele estava unido a Martha (Bernays) Freud. E daí? O amor não é possessivo, dizia Edgar Cayce, o amor simplesmente é. O amor maiúsculo, amadurecido, purificado no lento e longo correr dos milênios não é uma especialização estreita – paterno, materno, fraterno, matrimonial, filial; o amor não tem qualificativos senão na visão estreita e incongruente de uma só vida.

Nesse contexto, que é o sexo? Um mero – ainda que importantíssimo – mecanismo de duplicação, que garante a continuidade das oportunidades de estágio na matéria. Por conseguinte, traumas, neuroses, complexos têm que ser buscados nas deformações do amor, nas tentativas de aviltá-lo, no tumulto da paixão. Nesse contexto mais amplo, sexo é uma grosseira forma de expressão sensorial de emoção muito mais refinada, cujo estado transcendental ainda não alcançamos.

Anna Freud não cobiçava o pai como objeto de sua sexualidade, nem odiava a mãe, porque lhe roubasse a oportunidade de estar com ele. Ela simplesmente o amava e o admirava. Para que ela concordasse em casar-se precisava encontrar um homem assim como seu pai. Isso não quer dizer que ela se angustiasse na frustração de desejá-lo sem poder possuí-lo. O amor não é a posse física; é questão de sintonia, não de erotismo.

16) Espírito e matéria

Freud recusou-se a olhar além da fresta acanhada de alguns postulados limitadores. Via o ser humano como um mecanismo biológico movido por um conjunto de instintos rebeldes, inconformados, prontos a saltarem os limites da conveniência. Essa visão estreita levou-o a inevitáveis deformações estruturais na sua doutrina. "No caso de Freud", escreve o dr. Guirdham, "isto era inevitável, porque ele não reconheceu a existência da alma, ou psique". Paradoxalmente, contudo, foi a contribuição de Freud decisiva em fazer pender o prato da balança do lado psicológico, em contraposição à abordagem estritamente materialista aos problemas da mente.

Vê-se bem a interação desses fatores no livro de Marie Beynon Ray, já citado, e ao qual continuaremos a recorrer, muito embora ela esteja mais dirigida para a psiquiatria do que à psicanálise. Mas, afinal de contas, como diz Almir de Andrade, a psicanálise nasceu no gabinete de trabalho de um psiquiatra.

Escreve a sra. Ray:

> Ainda que a psiquiatria, por definição, inclua ambos os métodos de abordagem à mente enferma: o psicológico e o fisiológico, cada psicólogo pende, ligeiramente que seja, para um lado ou para outro. Assim, certo antagonismo existe, com as suas raízes implantadas no passado. (Ray, Marie Baynon, 1950)

A guerra continua e há queixas de parte a parte, mas, que fazer? Há revolução também dentro das fileiras de cada uma das tendências. A sra. Ray, por exemplo, 'torce' pelo quadro dos fisiológicos. E acha que nenhuma ciência psiquiátrica de verdade poderia ter existido *enquanto* o trabalho básico de pesquisa no *cérebro* não estivesse avançado.

Escreve ela:

> A psiquiatria não pretende estudar a alma incorpórea. Ela estuda a mente como *manifestação* da matéria. (Idem) (destaque meu)

Aí está, pois, o dogmatismo apriorístico, o pior deles. Ainda não tem os fatos, ou, se os tem, a interpretação é, no mínimo, ambígua, para não dizer controvertida ou equivocada, e já está decidido abordar a mente como manifestação da matéria. E se não for, como não é?

Seu grande herói é o dr. Wagner-Jauregg, homem realmente de muitos méritos. De etapa em etapa, desde a descoberta do parasita da malária, em 1895, dois pesquisadores, Noguchi e Moore, chegaram à seguinte conclusão:

> "Paresis (paralisia geral) é um amolecimento do cérebro devido ao ataque daquele mesmo *Spirochoeta pallida*, causador da sífilis. Paresis é o quarto estágio da sífilis, na verdade, a sífilis do sistema nervoso central". (Idem)

Esse foi um grande dia para os fisiológicos da mente. Ali estava, afinal, pelo menos uma forma de insanidade mental comprovadamente originária de uma lesão no cérebro.

Wagner-Jauregg testou em doentes de paresis o famoso 606, que Ehrlich havia criado precisamente para destruir o renitente parasita, mas alojados como estavam, no cérebro, a posição deles revelou-se inexpugnável. Wagner-Jauregg retomou a sua ideia de que um violento surto de febre seria capaz de realizar a proeza.

Na primeira oportunidade ao seu alcance ele deu o salto mortal: injetou sangue infectado de um doente de malária recém-admitido ao hospital em alguns doentes de paresis. Deu-se a cura! Até então ninguém conseguira realizar aquela façanha: a cura de uma forma incurável de insanidade. Ou seja, havia o dogma de que a paresis era uma insanidade incurável e Wagner-Jauregg explodiu o dogma.

> ... ele conquistou a maior vitória até então para a escola patológica. Provara que uma doença mental, pelo menos, tem suas origens na avaria do cérebro e pode ser curada por métodos fisiológicos. (Idem)

Trocou-se, portanto, um dogma por outro.

Dogma número 1: A paresis é doença incurável. O dogma saiu demolido da experiência de Wagner-Jauregg. Como já disse, não é preciso provar que nem todos os urubus são pretos – basta exibir um urubu branco.

Dogma número 2: A paresis é doença mental causada por uma avaria no cérebro.

Às vezes não há como uma boa historieta para ilustrar uma ideia. Com todo o merecido respeito pelo genial dr. Wagner-Jauregg e pela não menos inteligente autora do livro *Doctors of the mind*, o dogma número 2 faz lembrar a historinha da aranha. Alguém quis provar a teoria de que a aranha ouvia através das pernas. Arrancou-lhe uma ou duas, e lhe disse – com um empurrãozinho, talvez: "– Anda, aranha!" Ela saiu um tanto trôpega, mas conseguiu caminhar. Arrancou mais uma ou duas e, ante novo comando, a aranha ainda se arrastou alguns centímetros. Arrancadas as últimas pernas, ela não mais obedeceu ao comando... estava surda!

Seria ridículo contestar que a lesão cerebral provocada pelo espiroqueta da sífilis resulta na paralisia geral. Mas, por que bloquear saídas para outras opções? Por exemplo: por que razão a mente não pode mais movimentar o corpo físico uma vez danificado o cérebro em determinadas áreas? Como provou outro gênio da topografia cerebral, o dr. Paul Broca, destruída a área que comanda a fala, o paciente emudece, embora o aparelho fonador permaneça intacto. Ele não deixou de conhecer o valor da palavra e sua utilização gráfica ou auditiva, mas não consegue traduzir o seu pensamento em palavra falada, como dantes.

Na experiência de Wagner-Jauregg podemos também teorizar que o paciente recuperou o *instrumento de manifestação* dos seus movimentos, anteriormente bloqueados pela enfermidade causada pelo espiroqueta da malária, da mesma forma que a aranha da historieta não anda não é porque haja esquecido – os comandos continuam a sair normalmente – é porque não tem pernas.

Experiências mais recentes nessa área robustecem a hipótese, ao converter ínfimos impulsos cerebrais em esforço útil, capaz de movimentar membros semiparalisados, ou até aparelhos ortopédicos feitos de material estranho à economia orgânica do indivíduo. Ou seja: a vontade está ali, os impulsos mentais continuam a ser expedidos, mas o membro afetado não pode executá-los por causa de suas lesões, ou porque foi decepado. Um dispositivo superior ao membro danificado continua a funcionar normalmente, da mesma forma que um dispositivo superior continua a funcionar além do cérebro danificado pelo espiroqueta. Assim que são restabelecidas as condições do instrumento de manifestação, volta a operar normalmente o sistema, pois a programação permanece intacta e pronta a entrar em ação logo que sejam refeitas as ligações nos circuitos apropriados.

Se retirarmos as barras que sustentam os tipos, a máquina de escrever se inutiliza, mas não a vontade consciente daquele que até então a acionava para comunicar-se pela palavra escrita.

A esta altura sabe o leitor que estou convicto dessa realidade: há no ser humano um princípio inteligente que se sobrepõe à matéria e que, de certa forma, depende dela para manifestar-se no plano físico, mas que não lhe está irremediavelmente subordinado. Esse princípio dispõe de autonomia relativa enquanto está ali, atado ao corpo físico, recuperando-a toda ao desprender-se pela morte. Insisto que não desejo doutrinar ninguém – pretendo, contudo, mostrar que há opções dignas de exame onde todas as portas parecem irremediavelmente fechadas para sempre.

Freud foi um desses gigantes do pensamento criador que, em vez de meter a chave que trazia nas mãos e abrir a porta que tinha diante de si, preferiu abaixar-se e ficar espiando pelo buraco da fechadura. Por isso viu apenas uma parte da realidade, sujeita a limitações que lhe pareciam insuperáveis, mas que somente serviram para deformar importantíssimos aspectos das suas descobertas.

17) O enfoque psicológico

Freud é um pensador de ideias controvertidas e, como usualmente acontece em tais casos, é tão errado rejeitá-lo em bloco, como aceitá-lo por inteiro, sem exame crítico. É certo que ele demonstrou, reiteradamente, sua coragem em romper com os conceitos que considerou superados, por melhor que fossem seus apoios oficiais. Não hesitou em demolir edificações, por mais sólidas que parecessem, e até em afrontar tradições e preconceitos que pareciam inatacáveis e indiscutíveis. Ele precisava de espaço mental para montar as novas estruturas que ia criando no dia-a-dia de suas observações clínicas e de seus estudos teóricos. Começou, aliás, por romper com as bases da sua própria formação profissional. Depois de se tornar profundo conhecedor de fisiologia nervosa, recusou-se a subir no prato da balança no qual se haviam instalado os fisiologistas da mente. Não que ele fosse espiritualista convicto – muito pelo contrário, manteve-se fiel ao seu materialismo até o final de sua longa vida na carne. Teve, no entanto, a coragem de entrar em dissonância com a opinião predominante entre seus colegas – tão materialistas quanto ele – ao considerar as disfunções da mente como problemas de natureza psíquica, muito mais que orgânica. Via o ser humano em crise como um joguete de profundas emoções em conflito. As mazelas orgânicas eram reflexos, eram efeito e não causa, consequências e não fator gerador dos desarranjos. Em suma, os distúrbios do comportamento não eram um problema exclusivamente bioquímico ou cirúrgico, como pensavam tantos, mas uma questão emocional. Não é, pois, sem razão que, ao criar um nome para o novo campo de pesquisa e conhecimento, marcou a presença da mágica letra grega da alma – psi. Com isso caracterizou a psicanálise como mergulho analítico nas profundidades da natureza humana como um todo, e não como uma estrutura celular. Que essa estrutura possa ser afetada pelas disfunções psíquicas, não há dúvida. Que tais disfunções tenham que ser tratadas, é óbvio, mas sempre atento para o fato de que o problema é, predominantemente, psíquico, embora não exclusivamente. É claro que um cérebro lesado não pode responder aos impulsos e comandos da mente, como também é claro que, se for possível restaurar a sua funcionalidade, a programação ali localizada voltará a funcionar. Não é outro o sentido da valiosa descoberta de Wagner-Jauregg: ele conseguiu por um processo bioquímico restabelecer os circuitos cerebrais por onde fluíam os comandos mentais.

Se destruirmos num receptor de rádio AM/FM o circuito incumbido da captação e reprodução das ondas em frequência modulada, claro que o aparelho se calará nessa faixa, mas não as estações que transmitem naquelas frequências. Restabelecido o circuito, tudo volta ao normal. Ninguém poderia afirmar, contudo, que a onda é gerada ali, nas malhas do circuito por onde ela simplesmente circula ou não, segundo as condições que ali encontra.

Freud não conseguiu 'dobrar' a opinião dominante, em favor da tese básica que lhe serviu de ponto de partida, principalmente porque ele próprio foi uma contradição viva – um materialista irredutível, trabalhando no pressuposto de um princípio não-físico no ser humano, ainda que não explicitamente admitido. Sua falta de convicção nesse campo não impediu, contudo, que ele usasse a tese como valiosa e fecunda hipótese de trabalho. Teria avançado muito mais se aceitasse uma expansão da sua própria doutrina, admitindo a existência, ainda que hipotética, de um princípio espiritual autônomo e sobrevivente no ser humano. Paradoxalmente, faltou a esse corajoso demolidor e desinibido inovador a audácia de arrostar também as correntes materialistas que ainda hoje se opõem tenazmente à libertação da psicanálise e da psiquiatria. É que ele próprio era um deles. Por isso Carl G. Jung foi mais longe, pois, embora timidamente e com muitas ressalvas e reservas, pelo menos admitiu o exame de alternativas como a sobrevivência e a reencarnação. Foi lamentável que se houvessem desentendido, porque havia em ambos conceitos complementares preciosos que, por um mecanismo de fecundação cruzada, poderiam ter produzido uma doutrina da alma consideravelmente mais avançada. Mais do que Jung, Freud deixou-se dominar por alguns preconceitos. É sintomático o fato de que, mais para o fim da vida, haja lamentado não ter prestado maior atenção aos fenômenos de natureza psíquica. Achou mesmo que, se fosse possível retornar ao passado, retomaria seus estudos a partir dali. Mas, como nada se perde daquilo que se conquistou em termos de conhecimento e moral, ele que não pode retornar ao passado poderá retomar, no futuro, a ponta solta que deixou pendida e abandonada.

18) Sobrevivência, uma questão básica

Enquanto isso, porém, todo o conhecimento dos problemas da mente atrasou-se cerca de um século. A questão da sobrevivência do espírito, por exemplo, um dos elementos básicos à nova abordagem à psicanálise, continua bloqueada por uma postura obstinadamente dogmática da parte da maioria dos pensadores da ciência.

Essa postura está expressa de mil maneiras diferentes, mas é, em essência, a mesma em todos os que sobre ela se pronunciam. Tomemos, para caracterizá-la, as palavras de um biólogo ilustre que dedicou uma vida à pesquisa do 'fenômeno humano': o dr. J.B. Rhine:

> Que parte de uma pessoa poderia sobreviver – e funcionar – sem um corpo orgânico para servir-lhe de base? Memória? Mas um narcótico, um choque ou uma lesão cerebral interferem com a memória na pessoa viva normal, e isto indica que a memória depende de sua base orgânica. Emoções? Mas elas se fixam nas memórias, surgem e desaparecem com elas. Inteligência? No ser vivo ela depende de um equilíbrio muito delicado e complexo de operações fisiológicas. Como *poderia* ela ser "liberada" da ação cerebral sem simplesmente cessar? Como, então, chegar-se a um conceito racional da sobrevivência, ainda que como possibilidade? (Rhine, J.B., apud *The Journal of Parapsychology*, junho, 1956)

Por uma questão de justiça ao dr. Rhine, é preciso ressaltar que essa posição era a de 1956, e ele viveria mais 24 anos para estudar o assunto. Mais ainda: no artigo do qual extraímos a citação, a sobrevivência de um princípio inteligente no ser humano está longe de ser para ele questão irrelevante. Ele estaria em contradição com toda a sua obra se o fosse; mas, qual a dominante de seu pensamento nesse contexto? Parte ele – como inúmeros outros cientistas tão brilhantes como ele – do pressuposto de que não existe corpo humano após a morte. Mas, e se existir, como afirmam as doutrinas espiritualistas em geral, e o espiritismo em particular?

Aliás, não é preciso ir buscar suporte naquilo que para muitos ainda é mero problema da fé – a realidade e a necessidade de um corpo sutil, ordenador e mantenedor estão hoje claramente explicitadas no pensamento de Lyall Watson, como já estavam nos estupendos escritos de Harold S. Burr e Edward Russell. Aí estão, ainda, as pesquisas do casal soviético Kirlian, que levaram à documentação fotográfica o que se convencionou chamar de corpo bioplásmico, e que o cientista brasileiro Hernani G. Andrade chama de MOB (Modelo Organizador Biológico). No contexto da doutrina dos espíritos esse corpo sutil é chamado de perispírito. Aí está o corpo humano de que precisam os pesquisadores para uma abordagem mais racional ao problema da sobrevivência. Se o que está faltando é um corpo sobrevivente com cérebro, órgãos e sistemas funcionais, aí está ele. Ou desprovem para sempre a sua existência, e não teríamos alternativa senão nos conformar ante uma realidade puramente materialista, ou tomem-na como hipótese de trabalho e proclamem honestamente as conclusões a que chegaram. Garanto que não haverá pânico algum entre os espiritualistas convictos e bem informados. Pelo contrário, o desafio está lançado há mais de um século.

Seja como for, essa abertura espiritual, que Freud recusou admitir deliberadamente, teria dado outro conteúdo e mais consistência à sua doutrina, inquestionavelmente válida em muitos e importantes aspectos. E talvez o levasse também a minimizar ou colocar em perspectiva mais adequada o problema do sexo, que o levou a uma cristalização inibidora perfeitamente evitável. O problema que se coloca aqui, a meu ver, não é o do sexo em si, que se reduz à simples manifestação ou aspecto de uma realidade infinitamente mais ampla que é o amor.

19) As quatro emoções

Nesse ponto, aliás, Emilio Myra y Lopez viu mais claramente, ao propor quatro emoções básicas para o ser humano: o medo, a ira, o amor e o dever. Talvez pudéssemos acrescentar outras se as considerássemos como paixões: a ambição, a vaidade, o orgulho, a sede de poder, de riqueza e outras. Fiquemos, porém, com a proposição de Myra y Lopez. Teremos, assim, quatro núcleos poderosos no âmbito psíquico, todos potencialmente capazes de gerar conflitos bastante graves, e não apenas o sexo, que, aliás, nem sempre é manifestação do amor, mas a rude face de um instinto não dominado ou não domesticado. Todos nós, porém, sabemos das agonias que se aglutinam em torno de núcleos de atração como o ódio, o medo e a dor, além do amor.

Dessa maneira, sem rejeitar sumariamente o sexo como um dos componentes geradores de perturbações emocionais, negaríamos a ele não apenas a exclusividade, mas até mesmo a prioridade. Nada há de intrinsecamente errado em buscarem os seres através do amor *também* a domesticada satisfação de instinto que está nas raízes mesmas da vida. Isso, porém, está longe de identificar todos os problemas emocionais do ser com deformações ou distorções de natureza meramente sexual. O ser humano é mais do que isso, e maior do que isso. O amor é um sentimento ricamente matizado, no qual o sexo está na faixa inferior, mas que se apresenta sob inúmeras camadas e facetas mais nobres até ao devotamento superior, completamente assexuado, desvestido de conotações biológicas. Admitida a mecânica evolutiva suportada pela realidade espiritual, não é difícil imaginar situações, diríamos terminais da faixa elevada, na qual o sexo não faria o menor sentido em seres descompromissados com a matéria. Sim, claro, estariam tais seres, como estão, a salvo de disfunções mentais. Seria, contudo, porque livraram-se das cadeias do sexo, ou porque, por natural processo evolutivo alcançaram estágios de inabalável equilíbrio emocional? Uma vez que a evolução do ser possa desenvolver-se em plano mais sutil e aperfeiçoado, onde a matéria bruta, como a que conhecemos, é inexistente, para que e por que o sexo, da maneira pela qual o conhecemos? Se o ser evoluído aprende a manipular energias em estado livre, para que recorrer à matéria densa que André Luiz chamou de "luz coagulada"?

Para substituir o conceito dogmático de sexo proporíamos, pois, o do amor – suas deformações, suas taras, suas frustrações, os ciúmes, os conflitos ódio/amor, os choques com as convenções, as limitações naturais que devem contê-lo, as agonias que pode suscitar, bem como as alegrias e inspirações que pode proporcionar.

Amor, sim, nele incluído o aspecto sexual – seria um dos fatores, um dos núcleos em potencial de coconflitos emocionais, não o único, nem mesmo o maior deles, embora de discutível importância. Em muitos as disfunções psíquicas nascem de ódios irracionais, de temores infundados, de angústias inexplicadas, que nada têm a ver, ou só muito indiretamente, com amor e, muito menos ainda, especificamente com sexo.

Insisto, pois, em ressaltar em Freud o aspecto altamente criativo da abordagem psicológica aos problemas da mente, em contraposição à abordagem bioquímica e/ou meramente fisiológica. Com toda a sua obsessiva aversão pelos aspectos espirituais do ser, ele teve lucidez bastante para adotar uma atitude realista, construtiva e positiva, ao assumir como hipótese de trabalho – e que provou ser funcional – a existência de dispositivos psíquicos capazes de atuar, inequivocamente, sobre o corpo físico do ser humano. E, se distúrbios mentais são somatizados sob forma de doenças reais, com sintomatologia própria, é igualmente certo que, ajustada a mente pela aceitação e racionalização de uma postura que ela rejeita, nada impede – pelo contrário – que as mazelas também desapareçam, não por passes de mágica, mas porque houve uma troca de sinais nos comandos mentais. Em vez de atitudes negativas, depressivas, perniciosas, que deslancham a produção de substâncias bioquímicas de natureza destrutiva, muda-se a programação e a mensagem psíquica enviada aos centros energéticos do corpo físico passam a ser positivas, construtivas, equilibradoras. Começa aí o processo de somatização de uma atitude mental saudável, em lugar das doentias. Nada há de fantástico ou esotérico nisso, meu Deus! Se o poder da mente é capaz de gerar energias suficientes para mover, sem contacto físico, um objeto inerte, de atuar sobre uma planta ou animal para beneficiar ou para prejudicar, por que razão estaria impedido de atuar – também num sentido ou noutro – na estrutura e nas funções do próprio corpo físico ao qual está ligado? Aí estão milhares de experiências documentadas de fenômenos de efeitos físicos, aos quais a parapsicologia classificou como efeitos *psikapa*, que, no dizer de Jayme Cerviño, seriam "mediunidades de expressão subcortical": somatização ou somatoplastia, telergia e teleplastia. Ou seja, a somatização de sintomas mórbidos tanto quanto a somatização da saúde, através de adequada postura mental, são atividades que, no espiritismo, se classificam como anímicas, isto é, desencadeadas pela alma ou espírito encarnado. É preciso que se relembre com insistência que mediunidade não é mecanismo de expressão exclusiva de espíritos desencarnados, mas, também, instrumento de manifestação do ser encarnado, através de seu próprio corpo, ou de corpos alheios, ou ainda, de outros objetos, até inanimados.

Em Jayme Cerviño vamos encontrar, aliás, o seguinte esquema básico: consciência e inconsciente. A primeira situada no "córtex, particularmente as *zonas silenciosas*, e, de modo especial, as áreas associativas pré-frontais". Quanto ao inconsciente, divide-o ele para fins didáticos, em cortical e subcortical. Este último "inato, incondicionado – o id de Freud, os arquétipos de Jung", e o cortical, adquirido, que corresponde aos condicionamentos pavlovianos, ao polígono de Grasset e inclui os 'recalques' da escola psicanalítica.

No contexto do esquema básico que vimos estudando neste livro – ou seja, os princípios da realidade espiritual – não há dúvida de que a mente tanto pode criar, quando desarranjada, sintomas mórbidos, como, em equilíbrio, condições de saúde orgânica. Freud estava, pois, no caminho certo ao iniciar a sua jornada científica, acreditando na talking cures (na cura pela palavra), ou ainda, pela análise crítica e racional dos problemas psíquicos do indivíduo. Essa premissa é indiscutível. Lamentavelmente, porém, com o giz de alguns preconceitos que não conseguiu superar, traçou círculos limitadores que inibiram a plena expansão da sua doutrina.

Podemos, assim, afirmar que, corrigido para uma posição de menor relevo o seu onipresente e onipotente conceito da sexualidade, a doutrina do eminente professor vienense fica bem mais desobstruída para uma visão crítica inegavelmente construtiva.

É o que vamos tentar empreender a seguir.

20) Reavaliação

O primeiro aspecto positivo do pensamento de Freud é, pois, o da ênfase psicológica na abordagem aos problemas emocionais do ser humano, em contraste com a abordagem meramente mecanicista, biológica, orgânica.

É válido o seu conceito de inconsciente como "aquela parte da mente e dos processos de emoção, desejo e memória que permanecem velados para nós", segundo resumiu Rachel Baker. O reparo aí seria mínimo, não passando de um retoque, ao configurarmos o inconsciente como depósito ordenado da memória integral. Não acrescentaria o qualitativo *velado*, porque poderia implicar conotação de *inacessibilidade*, o que não é verdadeiro. Há vários dispositivos de acesso à memória inconsciente. Freud utilizou-se de dois deles: o da livre associação de ideias, e o sonho. Experimentou, a princípio, e logo abandonou, o da hipnose, pelas razões que conhecemos. Identificava ele na hipnose um "elemento místico"(?). A informação é de Brill, seu discípulo americano que também depõe, no seu livro, que o mestre recorria a procedimentos que chamaríamos francamente de passes.

Havia dificuldade em vencer o obstáculo da amnésia pós-hipnótica – os pacientes despertavam sem de nada se lembrar. Convicto do valor da hipnose, Bernheim ensinava que era bastante sugerir ao paciente que ele se lembrasse de tudo, "ao mesmo tempo em que ele colocava uma de suas mãos na testa dos pacientes". Freud adotou o procedimento, raciocinando que os pacientes "tinham que *saber* tudo aquilo que se tornava acessível por meio da hipnose". Dava as sugestões adequadas, "apoiadas, ocasionalmente, por uma pressão na testa do paciente com a sua mão". Era bastante para que "os fatos esquecidos e as conexões, afinal, aflorassem à consciência". Mesmo depois de abandonar a hipnose, ele continuou por algum tempo a usar o que Brill chama de "pressão da mão, a fim de ajudar o paciente", mas abandonou, posteriormente, o procedimento. Entendia que a hipnose não era instrumento confiável, porque nem sempre se consegue alcançar a fase sonambúlica. Se ele tivesse insistido um pouco mais com a hipnose teria, provavelmente, se tornado mais proficiente nela e descoberto que o estado de hipnose profunda não é absolutamente indispensável ao êxito terapêutico. Resultados igualmente satisfatórios são obtidos a partir de estados hipnóticos de relaxamento, durante os quais o paciente se torna mais receptivo a uma reformulação de valores e, com frequência, em condições de colher na rede sutil da consciência fatos e episódios guardados no inconsciente.

Em suma, qualquer metodologia aceitável que provoque o desprendimento parcial do perispírito de sua prisão orgânica é potencialmente válida para se alcançar os depósitos da memória e ler ali as informações desejadas para elaborar novas combinações salvadoras.

Nesse contexto, os conceitos freudianos de *id* e *ego* também não são de se rejeitar sem mais exame. Nas profundezas do inconsciente está o núcleo primitivo dos instintos básicos que, por milênios incontáveis, garantiram a continuidade da vida, enquanto não se desenvolvia a inteligência consciente. Se Freud deseja identificar "esse caldeirão de excitações em ebulição" com a etiqueta de *id*, nada há a objetar.

Quanto ao *ego*, é igualmente legítimo aceitá-lo como concebido por Freud, como o aspecto (continuo a rejeitar o termo *parte*) "pensante e ordenador da mente". "O ego", escreveu o mestre, "representa o que chamamos razão e sanidade, em contraste com o id, que contém paixões". Os conflitos humanos em geral – e não apenas os aspectos da natureza sexual, como queria Freud – não giram precisamente em torno do *querer* e do *dever*? "Tudo me é lícito", escreveu Paulo de Tarso, "mas nem tudo me convém". O ego é, portanto, elemento civilizador no âmbito da personalidade humana. Ele critica, censura, rejeita ou interfere diplomaticamente para resolver um conflito menor, no esforço de evitar que ele azede em guerra intestina. Acima dele, a autoridade suprema do superego. No fundo, portanto, tudo se resume em decidir entre o que é permitido e o que convém, tal como colocou Paulo.

Freud inclina-se pela liberação mais ampla, mesmo arranhando ou traumatizando convenções e conveniências. Seria, no seu entender, uma fórmula para evitar ou, em última análise, curar uma neurose. Suas doutrinas resultaram em tremendo impacto sobre a moral moderna pela influência incontestável que passaram a exercer sobre a educação das crianças. Era preciso liberar para não criar futuros neuróticos e psicóticos, sobrecarregados de complexos e fobias, fixados em algum período da sexualidade infantil. Milhões de mães e pais foram logo persuadidos a cancelar métodos mais convincentes ou veementes de educação, como uma palmada ocasional, um castigo no canto da sala ou a suspensão do cinema ou dos passeios. Nada disso. Tolhia o desenvolvimento normal da personalidade dos filhos. A ser isso tudo legítimo, três ou quatro gerações depois – ou seja, agora – estaríamos praticamente livres de neuroses, complexos e fobias. Seríamos todos, ou pelo menos uma boa maioria, muito bem ajustados, felizes e com excelente relacionamento humano.

O que vemos, porém, é um quadro muitíssimo diverso, até mesmo oposto. A liberação alcançou níveis dantes inconcebíveis de liberalidade, se me permitem o pleonasmo, e explodiu tudo numa permissividade ilimitada que, em vez de extinguir neuroses, gerou multidões de neuróticos e desajustados de toda sorte.

21) Reformulações necessárias

Isso nos leva a concluir que, embora estejam corretas muitas premissas básicas da doutrina de Freud, a metodologia terapêutica não encontrou ainda o seu caminho, porque aquelas premissas precisam de corajosas reformulações. No conceito de inconsciente, por exemplo, falta um elemento vital ao seu entendimento: o das vidas sucessivas. Freud partiu aqui de um princípio válido, aliás, inescapável – o de que a gênese de nossos problemas emocionais está em nós mesmos ou, melhor ainda, em nosso passado. Em verdade, *somos* o passado, a soma de todas as experiências vividas. Por outro lado, o esboço do futuro está igualmente contido nas estratificações do passado. É lá, portanto, que temos de buscar as peças que, em arranjo diferente, poderão nos dar a solução dos nossos enigmas emocionais.

A intuição de Freud passou pertíssimo. Ele usou até palavras-chaves como regressão e fixação, repressão e trauma. Não há como recusar o conteúdo dessas noções básicas. E quando o núcleo da problemática individual não se encontrar nas memórias da vida presente? Onde buscá-las? Como? Se a premissa metodológica de buscar a solução do conflito emocional no passado é válida – e creio que isto é inquestionável – por que agarrar-se tenazmente ao dogma de uma só existência, se há, pelo menos como hipótese explorável, a noção de que o passado que necessitamos pesquisar *pode estender-se* além dela? Não são poucos os psicanalistas e psiquiatras que se surpreendem ante a inesperada eclosão de autênticas revelações de problemas que preexistem à vida que supõem uma só.

Isso me faz lembrar o impacto causado por uma simples e quase perdida frase de Edgar Cayce, o sensitivo americano que, ao fazer, em transe, algumas recomendações a uma pessoa que o consultava, declarou casualmente:

– Ele foi um monge...

Nem Cayce, nem seus companheiros mais chegados e nem o seu consulente haviam até então considerado a possibilidade da doutrina das vidas múltiplas. Cayce ainda relutou em aceitá-la por algum tempo, por entender que ela se chocava com os preceitos bíblicos que ele vivia estudando meticulosamente. Que fazer, porém? Lá estava a frase incômoda. No correr dos anos que lhe restavam – e foram muitos –, Cayce fez milhares de identificações com as conexões reencarnatórias, perfeitamente lógicas e aceitáveis no contexto das personalidades atuais. Acabou tendo que aceitar a doutrina que involuntariamente enunciava e substanciava em transe.

Por outro lado, quantos psiquiatras e psicanalistas ou psicólogos não têm deixado passar excelentes oportunidades de se aprofundarem no assunto, a partir de uma referência assim, ocasional e inocentemente atirada no correr de um relato?

Vemos isso na narrativa de Morey Bernstein sobre a sua pesquisa que tamanho impacto causou na opinião pública nos idos de 1956. O sensitivo em transe hipnótico lhe pergunta quem é ele. E pouco adiante deixa cair uma frase reveladora que ele não entendeu e por isso não explorou:

– *We have travelled* before. (Já nos conhecemos no passado.)
Pelo menos àquela altura, ainda que relutantemente, Bernstein já se convencera da realidade da reencarnação. E os que a rejeitam por princípio, teimosia, dogmatismo, por acharem que isso é coisa de ocultistas ou objeto de crendice e ignorância? Por incrível que pareça, são muitos os que evitam *envolver-se* nisso por temerem pelas suas nobres e dignas pessoas...

O dr. J.B. Rhine, ao justificar o que identifica como desinteresse da ciência pela pesquisa em torno da sobrevivência do espírito, diz, a certa altura, que tais pesquisas não devem ser encetadas modernamente "sem graves considerações", porque...

> Uma das razões é a de que há um clima intelectual menos favorável a esse tipo de estudo; e essas circunstâncias climáticas podem afetar enormemente o andamento da pesquisa tanto quanto o *destino daqueles que a realizam*. (Rhine, J.B., *apud The Journal of Parapsychology*, junho, 1956).

O destaque é meu e serve para evidenciar o temor da pressão social e profissional que pode facilmente botar um cientista de prestígio no *índex* inflexível na sua comunidade, da qual ele depende para viver e estudar. Chama-se a isso medo da verdade, simplesmente porque a verdade impacta aqueles que se acham acomodados num contexto bem arrumadinho de teorias falsas, mas engenhosas, que nos poupam da obrigação de pensar e romper com as estruturas de conhecimento e as sociais que nos remuneram com prestígio, *status* e aceitação. É sempre algo incômoda a posição do herético. Geralmente só lhe vão bater palmas quando ele não estiver mais por aqui para ouvi-las e não se incomodar com elas de onde se encontra.

Que opção resta, porém, excluída a do conformismo? Ainda mais nesse território denso e virgem da mente, onde há tanto por fazer e tão pouca gente disposta a fazê-lo... A psicanálise é ave que ainda está dentro do ovo. Depois de dar as primeiras bicadas e trincar a casca, parou, temerosa, algo assustada com a luz da realidade que brilha lá fora. Estaria à espera de que alguém rompesse por ela a casca, de fora para dentro? Não é essa, pelo menos, a regra geral da natureza..

22) Proposta de uma estrutura básica

Tentemos um resumo para concluir este bloco do livro.

Em confronto com os conceitos da realidade espiritual que a psicanálise tem rejeitado obstinadamente, chegaríamos, por um processo de eliminações, reformulações e aproximações, à seguinte estrutura, reduzida à sua essência.

O ser humano é basicamente um princípio inteligente apoiado em um corpo sutil energético, organizador e mantenedor das estruturas biológicas de matéria mais densa. Esse princípio inteligente preexiste e sobrevive ao corpo físico e pode, portanto, prescindir dele ocasionalmente ou definitivamente. O inconsciente é o arquivo geral das vivências espirituais na carne e fora dela. O ser humano desenvolve-se ao longo de lento processo evolutivo, durante o qual vai se tornando progressivamente mais consciente de si mesmo e do universo que o cerca. Conhecimento e moral seguem esse processo evolutivo autônomos entre si, em paralelo, mas não no mesmo ritmo – um deles pode adiantar-se consideravelmente em relação ao outro. A dor física e/ou moral é indício de conflitos emocionais, mais ou menos sérios e resulta de atos antissociais, ou seja, cometidos em prejuízo alheio. Isto não é pregação mística – é fato óbvio por si mesmo; basta ouvir o que nos diz a voz inarticulada do que Freud chamou de superego, e que conhecemos pelo nome de consciência (no seu sentido ético, e não psicológico). Erro e sofrimento constituem um binômio tão intimamente acoplados como estímulo e reflexo. Se estendermos um pouco o conceito veremos erro/sofrimento/correção, da mesma forma que estímulo/reflexo/condicionamento. O fator condicionante que nos leva ao reajuste e, consequentemente, a melhores padrões de ética não é estranho à reflexologia: a dor. Da mesma forma somos estimulados a desenvolver certos aspectos éticos, ante o estímulo do prazer na sua mais elevada e pura conotação – a da paz espiritual. No longo correr dos séculos, acabamos por descobrir que é bom ser bom e que a maldade em nós acarreta estados de angústia, de vez que a dor é um dos recursos naturais para nos indicar que o órgão que dói está doente, pois a vida não dói, nem a paz interior.

Não nos iludamos, porém, esperando mais do que podem dar as diferentes metodologias terapêuticas. A doutrina dos espíritos tem as respostas básicas aos grandes problemas humanos, mas não soluções mágicas ou milagreiras para todos os conflitos emocionais. O esquema que estamos propondo incorporar à tecnologia terapêutica não é uma receita mística para elaboração de uma panaceia universal que cure desde o 'mau-olhado' até a apendicite. É um roteiro assinalado por certos marcos e setas a indicarem perigos a evitar, rumos a seguir, por onde começar, onde parar e que metas alcançar.

E, uma vez mais, é bom insistir: não estamos propondo que os terapeutas da mente se tornem adeptos teóricos ou praticantes do espiritismo como doutrina e como movimento – estamos sugerindo que a teoria do conhecimento contida na doutrina dos espíritos está montada em cima de princípios que aí estão ao alcance de qualquer inteligência razoavelmente observadora. Sob nomes e condições diferentes, esses mesmos princípios figuram em outras doutrinas surgidas ao longo dos milênios. São eles comuns a sistemas aparentemente díspares, como o budismo, a filosofia de Sócrates, o conhecimento esotérico dos iniciados egípcios, caldeus e babilônios e o Evangelho de Jesus. São esses os mesmos princípios que começam a reemergir agora no silêncio de consultórios de médicos, de analistas e de psicólogos, que resolveram quebrar a casca do ovo.

Quando, porém, advertirmos que o esquema sugerido não é uma panaceia infalível para qualquer mazela psicossomática, é porque há dispositivos reguladores nas leis morais que não admitem a burla. Seria incongruente, por exemplo, que neuroses e psicoses resultantes de crimes horrendos praticados anteriormente – nesta vida ou em existências anteriores – fossem curadas com uma simples regressão de memória, sem que os conflitos que geraram os crimes e os ódios suscitados tenham sido igualmente ajustados. A dor, como temos visto, é a indicadora do erro. Não dói aquilo que está bem, e sim o que está mal. A dor é sintoma, é efeito, não causa;

é reflexo negativo de um estímulo invertido. Seu papel é o de educadora. Uma vez aprendida a lição, sua missão está cumprida. Enquanto, porém, for necessária, ali estará como sinal de alarme, como uma lâmpada vermelha suspensa sobre o abismo a indicar que ali há perigo, há risco, há pontos fracos a reforçar, há erros a corrigir. Por isso, há também doenças físicas e mentais incuráveis no contexto de uma só vida. São problemas cármicos ainda pendentes de solução, no aguardo de decisões reajustadoras que ainda não foram tomadas ou que não foram testadas e achadas válidas na prática.

Ao leitor familiarizado com esses aspectos da vida não estou dizendo novidade alguma; ao agnóstico rogo um crédito de confiança; a ambos solicito tempo para uma digressão mais ou menos longa, porque o assunto é de vital importância ao entendimento da tese central deste livro.

23) Psicanálise em espíritos

Sem a necessária formação médica, não me aventurei, em minhas pesquisas e estudos, pelo vasto território da problemática dos seres encarnados. Tive, contudo, o privilégio de dispor de amplas oportunidades de estudar os problemas da mente em conflito em inúmeros espíritos desencarnados no decorrer dos trabalhos de doutrinação, aos quais me dediquei por muitos anos. Desse trabalho, aliás, surgiram alguns livros escritos para relatar esse tipo de experiência: *Diálogo com as sombras, Histórias que os espíritos contaram, O exilado, A dama da noite, A irmã do vizir*. Que estruturas divisamos no trato com espíritos atormentados por conflitos morais milenares, às vezes? O mesmo mecanismo de sempre: a dor moral resultante de abusos do livre-arbítrio, a inquestionável responsabilidade pessoal de cada um pelos seus erros, a necessidade do reparo, do reajuste, da conciliação. Em poucas palavras: o amor como contraveneno para o ódio.

A experiência no longo e íntimo trato com os espíritos me autoriza afirmar que há tantos neuróticos e psicóticos no mundo póstumo quanto neste da matéria densa. Também isso não é novidade para os que se acham familiarizados com essas realidades.

Tomemos de nossos arquivos um caso vivo para exemplificar e ilustrar as teses aqui debatidas. Continuo a contar com o crédito de confiança do leitor agnóstico e honesto. Não lhe estou pedindo fé, mas confiança na minha sanidade mental, por mais que a coisa lhe pareça fantástica.

É necessário explicar para os que não conhecem o assunto que nosso diálogo com um espírito desencarnado se dá quando ele, segundo a terminologia doutrinária, se *incorpora* ao médium. O termo talvez seja questionável sob certos aspectos, porque poderia implicar posse total do corpo físico do médium, o que não é estritamente verdadeiro. Digamos, porém, que o espírito desencarnado assume o controle da instrumentação mediúnica, como se dono fosse do cérebro físico de onde partem os comandos para falar, gesticular, movimentar-se, enfim.

Ligado, como está, ao médium, o espírito se coloca ao alcance dos nossos recursos hipnóticos ou magnéticos, ou seja, torna-se suscetível de ser hipnotizado ou magnetizado e, consequentemente, de ser regredido no tempo em busca de suas perdidas memórias do passado mais recente ou remoto.

É preciso ainda acrescentar que, tal como no ser encarnado, ele também tem o seu inconsciente e também procura deliberadamente esquecer ou ignorar tudo aquilo que o perturba e o mantém conflitado ou, ainda, o que deixaria de justificar algum procedimento irracional a que esteja entregue no momento. É este um processo de fuga como outro qualquer. Freud diria que se trata de repressão ou de recalque, segundo a natureza do problema. Muitos de nós temos o hábito de varrer o lixo para debaixo do tapete e imaginar que ele não existe mais e que, portanto, não nos incomoda mais.

Um desses espíritos me disse certa vez que era como se ele tivesse aprisionado todas as suas memórias desagradáveis num cômodo contíguo, que trancou à chave. Partiu dali como se nada houvesse deixado para trás, como se sua existência espiritual começasse dali em diante, na soleira daquela porta fechada. Tentara passar a limpo a sua vida ignorando erros e aflições vividas, as folhas rabiscadas, os borrões, os garranchos, os rasgões, tudo. De certa forma a coisa funcionava; pelo menos funcionou por algum tempo, porque ele fizera uma espécie de lavagem cerebral. No fundo, porém, ele sabia que lá estava o cômodo secreto onde deixara aprisionados seus fantasmas. Se parava um pouco para pensar, ouvia, através das paredes, o ruído que faziam ao arrastarem suas correntes de um lado para outro.

Se tinha neuroses? Claro, como qualquer ser vivo em conflito. Problemas gravíssimos lá estavam retidos e contidos, insolucionados a remeter insistentes mensagens ao seu consciente, mas ele teimava em ignorá-los.

Tomemos para exemplo um caso concreto que retiro do livro *Histórias que os espíritos contaram*. O episódio ficou com o título de "A Filha de Ho-San".

O espírito, em estado de angústia e revolta, buscava vingar-se de um companheiro que em passada existência na Espanha raptara-lhe a filha única, depois de induzi-la a roubar-lhe joias e dinheiro, e mais tarde abandonou-a à prostituição e à doença que acabou por matá-la. Disso tudo ele se lembrava com nitidez doentia. Tinha um só pensamento fixo: encontrar aquele bandido. Procurava-o como "um louco, para matá-lo, para picá-lo, para fazê-lo sofrer". A história podia ser assim resumida: ele vivia com a mulher e uma filha muito jovem – Inés – na sua rica propriedade senhorial. Era um nobre titulado, cumpria seus deveres, amava a família, vivia em paz. Um dia acolheu na sua mansão um jovem que viera fugido de cidade próxima, onde se metera em complicações de natureza política. Deu-lhe proteção e afeto, admitindo-o na intimidade de sua família. Conseguiu-lhe até um título nobiliárquico, o que era importante para a época. Pois foi esse jovem que lhe roubou a filha e os haveres. Disse-me ele:

> Minha mulher murchou que nem uma flor à qual você tira a água, o sol, e foi secando, e foi secando... até que já não restava mais nada senão entregar a alma a Deus. (Miranda, Hermínio C., 1980)

Era esse, portanto, o quadro de angústias que ele trazia em si, um tormento sem fim que ele acreditava poder eliminar com o exercício de minuciosa e implacável vingança. Se estivesse encarnado, todo esse drama aflitivo estaria sepultado nas profundidades de seu inconsciente, mas não menos perturbador. Seria um mostruário vivo de angústias indefiníveis, de perturbações psicossomáticas inexplicáveis, de desajustes mentais, e talvez de sonhos e visões incompreensíveis. Diagnósticos prováveis? Escolha o leitor à sua vontade: neurose de ansiedade, demência precoce, depressão ciclotímica, obsessão compulsiva, psicose maníaco-depressiva, esquizofrenia. O catálogo é amplo, e mais amplo fica se recorrermos à terminologia pansexualista proposta por Freud que, como sabemos, proclamou dogmaticamente a impossibilidade de neurotização no indivíduo que leve uma vida sexual normal.

Que fazer ante um caso destes? Que setores de sua alma pesquisar, que rumo indicar, como converter aqueles impulsos negativos de ódio em fatores construtivos, senão de amor, pelo menos de relativa serenidade, a fim de que ele pudesse reordenar o seu pensamento e, por conseguinte, a sua vida?

Tínhamos um ponto de partida no princípio de que nenhum sofrimento é gratuito ou inocente. A dor resulta sistematicamente do desrespeito à mecânica das leis morais do universo. Se isto é também um dogma? Tome-o como quiser – a realidade pode ter muitos nomes sem perder a sua identidade. Havia, portanto, naquele ser humano em crise uma dor muito aguda, para a qual teria que haver explicação, razão, causa, pois a dor é efeito e só se converte em causa quando começa a gerar o reajuste emocional corretivo. Que teria ele feito no passado mais remoto para suscitar, durante a sua vida na Espanha, tantas aflições, quando tudo parecia ir tão bem? Por que razão seu gesto de bondade em acolher um jovem e protegê-lo resultara em tão angustiante drama? Era o que nos competia mostrar-lhe.

Iniciamos, pois, o procedimento da magnetização com o objetivo de levá-lo à regressão da memória. (Teríamos que estudar em separado o mecanismo desse procedimento. No ser encarnado, a separação parcial entre corpo espiritual e corpo físico é condição preliminar para se alcançar os arquivos da memória integral. Isso, porém, não é tudo, porque, mesmo desdobrados, podemos ter bloqueados os acessos à memória inconsciente. O êxito da tarefa depende, pois, de conseguirmos ou não vencer tais bloqueios. Em indivíduos, nos quais eles não existem ou são mais frágeis, não é difícil alcançar as lembranças sepultadas nos arcanos da memória integral)

Pouco a pouco ele vai mergulhando num estado de torpor. Depois de longo silêncio, interrompido aqui e ali por vagos gemidos inarticulados, começa a desenrolar-se a história, a partir de uma palavra-chave: Laos.

Em suma, o nosso companheiro espiritual ali regredido no tempo vivera uma remota existência no Laos. Fora acolhido pela família de um plantador de arroz que, para os padrões locais, era bastante rico: tinha propriedades, moedas e, talvez, algum ouro. O velho Ho-San era viúvo e com ele vivia sua única filha. A paixão foi inevitável da parte do pobre trabalhador que gozava de certas regalias no lar de seu protetor. A jovem recusou, pelo menos inicialmente, sua proposta de casamento, alegando ser a única pessoa em condições de cuidar do pai. O rapaz, aparentemente conformado, acabou perdendo o controle certo dia. Ao tentar forçá-la na plantação de arroz, foi infeliz – ela caiu e morreu ao bater a cabeça numa pedra. Antes de fugir, ele foi à casa e quando estava já se apossando de alguns valores (dinheiro? joias?), o velho Ho-San apareceu e o olhou, perplexo. O jovem assassinou seu protetor com um punhal e fugiu, deixando atrás de si a tragédia consumada e uma família destruída.

Vejamos, agora, as simetrias com o episódio espanhol. Novamente os mecanismos misteriosos da vida conseguiram reunir as personagens do remoto drama do Laos. O jovem assassino era agora um rico e nobre senhor; a filha de Ho-San que um dia ele matara – ainda que involuntariamente – era agora sua esposa. Também ele tinha uma única filha. Estavam em paz. Os problemas cármicos, contudo, não estavam resolvidos, pois havia resgates, ajustes e restituições a fazer. Nesse ponto, entra em cena o velho Ho-San, agora encarnado no jovem que fora pedir asilo no castelo, fugido de complicações políticas. Foi acolhido e acabou sendo considerado como alguém da família. Toda a situação estava armada para as reconciliações e as compensações. Como se desencadeou nova tragédia, em lugar do esperado e desejado final feliz? O ponto crítico foi uma questão de orgulho. Depois de narrar essa história em regressão e de confrontar o episódio do Laos com o da Espanha, nosso irmão espiritual informou:

> Eu não lhe disse tudo. Ele quis casar com a minha filha, mas... ele não tinha, para mim, posição e qualidade. Talvez se eu tivesse concordado, nada teria acontecido. (Faz uma pausa, e prossegue:) Ela lhe teria restituído os bens; ela era a minha única herdeira. (Idem)

Aí está, pois, o dramático emaranhado de conflitos. O freudiano ortodoxo não hesitaria em imaginar logo um complexo de conotação nitidamente sexual no relacionamento pai/filha: ele deseja guardá-la para si; o cofre de onde ela subtraiu os haveres seria, provavelmente, um símbolo sexual, tanto quanto o dinheiro – que representa, na doutrina de Freud, importante papel simbólico. Enfim, seria montado um esquemático jogo de símbolos tão inócuos quanto fantasiosos.

Se a regressão resolveu o problema? Claro que não, se você considera solução passar a borracha em tudo o que ficou e começar tudo de novo numa página em branco. A vida não tem dessas interrupções e hiatos. Ela é um processo contínuo, segundo o qual os episódios se engastam uns nos outros, produzindo uma rede interminável de causas e efeitos, costurada ponto por ponto pela doutrina da responsabilidade pessoal de cada um.

Não, a regressão não resolveu o problema do querido companheiro espiritual em crise, nem foi necessário fazer-lhe nenhuma pregação moral, porque a moral da sua história é óbvia por si mesma. Mostrou-lhe, porém, o porquê de seus conflitos. Ele, que se julgava com todo direito à mais dura das vinganças, entendeu que, se a tivesse conseguido, iria apenas reabrir o ciclo de dores, porque ao sofrer as agonias de ver seu lar destruído na Espanha estava respondendo por crimes semelhantes que praticara em passado remoto no Laos. Não era, pois, um inocente que busca punir o culpado, mas um criminoso também. A conscientização de situações como essas não repõe tudo nos seus lugares, nem apaga com um sopro mágico as dores, mas reordena ideias, dá uma nova arrumação em conceitos e ajuda a tomar deliberações mais sensatas no futuro, de modo a evitar situações semelhantes, sempre extremamente penosas.

Não é, pois, sem razão que nos dizia o Cristo esta sábia recomendação: "Reconcilia-te com o teu adversário enquanto estás a caminho com ele". Alguns séculos se consumiram até que fosse possível montar na Espanha situação simétrica à do Laos, reunindo todas as personagens de uma tragédia antiga. E, no entanto, em vez de encaminhar-se para um desfecho feliz, programado com todo o cuidado, degenerou tudo em nova tragédia angustiante. Os inimigos trilhavam juntos o mesmo caminho, mas recusaram-se à reconciliação. O pai da moça, ao recusar a mão dela ao jovem que a seu ver não tinha suficiente status, e o jovem, ao induzi-la ao furto e à fuga, em vez de procurar contornar a situação e conquistar aos poucos e com bons modos a confiança da família, pois certamente havia clima para isso, em vista da predisposição do rico senhor em aceitá-lo, já que o acolhera com simpatia. Perdeu-se a oportunidade. Ficou a experiência.

A regressão da memória colocou os fatos no seu contexto próprio e permitiu o confronto que levou ao entendimento. O resto é trabalho individual, é autoeducação, é aprimoramento moral. O processo da regressão nada tem de mágico – é apenas uma técnica de pesquisa "laboratorial" nos dispositivos da memória.

24) Psicanálise e psiquiatria sem psique

Para os que estudam com atenção as estruturas da doutrina dos espíritos e que a observam na dinâmica dos fenômenos de natureza psíquica, é difícil entender como possa alguém dedicar-se ao tratamento de distúrbios mentais sem um mínimo de conhecimento de certos mecanismos espirituais. Afinal de contas, inteligência, memória, emoções, tudo, enfim, quanto constitui o que entendemos por psicologia do ser consciente, são manifestações do princípio inteligente; são atividades espirituais. Como abordar inteligentemente esses fenômenos sem admitir sequer a existência do espírito, mesmo como hipótese de trabalho?

Como temos procurado demonstrar aqui, o esquema básico da terapia analítica não se choca irremediavelmente com os postulados da realidade espiritual do ser – ele precisa apenas de correções de rumo e de certa desdogmatização. Em confronto com esses postulados, a psicanálise está certa em sua abordagem psicológica na busca das chaves perdidas no passado, nos mergulhos no inconsciente, na utilização do material onírico, na atenção aos núcleos traumáticos e quanto à somatização de certos sintomas, bem como na inteligente tentativa de descobrir conexões para poder racionalizar os problemas e situá-los em nova hierarquia de valores, na qual muitas vezes suas dimensões aparecem consideravelmente reduzidas.

Tudo isso, porém, é feito não porque os teóricos da psicanálise se achem convencidos da realidade espiritual, mas porque o esquema, malgré tout, dá certo em muitos casos. Pelo menos em número suficiente de casos para justificar a continuidade do procedimento clínico. Invertamos, porém, a ótica da postura: o esquema dá certo porque, a despeito de clamorosas distorções conceptuais, ele se enquadra em aspectos importantes do que estamos chamando de realidade espiritual. Ou seja: o indivíduo que está sendo tratado – embora o clínico não saiba disso ou não queira admitir – é um ser espiritual, envolvido por emoções em conflito. Seus desajustes emocionais não se reportam exclusivamente à infância de uma só vida, não representam fixações ou regressões a períodos de uma fantasiosa sexualidade infantil. Ele é um vasto e complexo depósito de memórias milenárias, de responsabilidades não assumidas, de erros não compensados. Seu núcleo familiar é composto de outros seres como ele, emocionalmente mais ajustados ou em desequilíbrio, e que, via de regra, guardam com ele relacionamentos anteriores sob outras condições, em outras existências. É precisamente no lar que vamos reencontrar antigos desafetos com os quais ainda não nos consertamos, como sugeriu o Cristo, muito mais do que antigos amores, com os quais há muito estamos em paz.

Nisso tudo entra ainda o complicador inevitável da mediunidade descontrolada. Seguem nossos passos, da invisibilidade em que se encontram, desafetos impiedosos que nos atormentam em tudo a que se julgam com direito. Em quantos casos, portanto, não estarão ocorrendo efeitos puramente mediúnicos em fenômenos nos quais a estreiteza da visão clínica vê apenas alucinações visuais ou auditivas, amnésia, dissociação da personalidade, manifestações xenoglóssicas subliminares, fantasias esquizóides e coisas desse porte?

Até onde uma abordagem dessas teria modificado o entendimento do clássico e famoso caso Anna O., ponto de partida de toda a psicanálise? Em suma, Anna O. seria neurótica ou médium? Ou ambas as coisas? Parecem singularmente familiares aos estudiosos da mediunidade suas "amnésias", seus estados de estupor (*stupor or hypnotic state*, no dizer de Brill), durante os quais mantinha os "*olhos fechados e pronunciava palavras sem sentido*". Seriam mesmo sem sentido? E as fases ditas alucinatórias, nas quais somente entendia e falava inglês, que apenas estudara na escola, em vez do alemão, que era a sua língua materna? Até onde essa riqueza fenomenológica denunciava interferências espirituais e/ou sugeriam manifestações puramente anímicas?

Atenção, porém. Não estamos propondo aqui que qualquer distúrbio emocional tenha conotações mediúnicas ou se explique como manifestação espírita. Muitos deles realmente denotam, pelo menos, uma predisposição, um estado potencial, porque a faculdade mediúnica resulta precisamente de uma exacerbada sensibilidade. Antes, porém, de optar por essa alternativa, é preciso esgotar as demais, da mesma forma que antes de concluir apressadamente que qualquer trauma tem seu núcleo formador em existência anterior, vamos primeiro examinar e analisar os arquivos da vida presente. O bom senso e a lógica indicam, obviamente, que é mais provável que estejam mesmo no volume maior dos arquivos secretos da mente do que na estreita faixa das memórias da vida presente, mas vamos por partes. Uma coisa de cada vez.

Pelo menos esse foi o procedimento do dr. Denis Kelsey, que ainda estudaremos.

25) Presença da mediunidade

Está fora das nossas cogitações aqui um estudo mais aprofundado da mediunidade, mesmo porque o assunto é tratado com riqueza de informações em trabalhos especializados, a partir, naturalmente de *O livro dos médiuns*, de Allan Kardec, e os de Gabriel Delanne, de quem há duas obras de considerável importância, infelizmente ainda não traduzidas em português: *Recherches sur la mediumnité* e *Les apparitions materialisées des vivants et des morts*. De grande valor neste contexto será também um exame cuidadoso da obra do dr. Gustave Geley, especialmente seu livro *De l'inconscient au conscient*.

A referência à mediunidade, porém, não é meramente incidental neste trabalho, porque o analista e o psiquiatra informados sobre tais aspectos da psicologia humana estarão sempre em melhor condição de interpretar os fenômenos corretamente, mesmo sem aderir à doutrina dos espíritos como um todo. É que nas manifestações da mente, sob hipnose ou em simples estados de relaxamento, podem eclodir fenômenos de natureza mediúnica, ou seja, vidências, clariaudiências, psicografia, efeitos físicos, e até incorporação de espíritos desencarnados. Trocar o nome de tais fenômenos para alucinações, escrita automática, telecinesia ou dissociação da personalidade é mero processo de fuga. É cômodo para o analista dar de ombros e dizer para si mesmo: "Isto já sei o que é – é uma alucinação visual". Que é, porém, alucinação visual ou auditiva? O termo em si já conceitua uma situação de distorção psíquica: ilusão, devaneio, desvario. No contexto da terminologia médica, alucinação, segundo Aurélio, é "percepção *aparente* de objeto externo *não presente* no momento, algumas vezes sintoma de desequilíbrio mental". Os destaques são meus, naturalmente. O fato de outras pessoas presentes não perceberem o que o vidente percebe não significa, necessariamente, que a visão seja apenas aparente, e que o objeto visto não esteja presente, podendo perfeitamente significar que os outros circunstantes não percebem a realidade que o vidente tem diante de si, e que capta porque dispõe de faculdades inexistentes nos demais. Isso não exclui a possibilidade de haver ilusão, devaneio, desvario da parte de pessoas desequilibradas, mas dá-se um conteúdo mais denso ao termo alucinação ao admitir-se que a visão pode estar sendo captada por uma faculdade extrassensorial.

Por outro lado, lembranças de vidas anteriores podem ocorrer – e o fazem com maior frequência do que se pensa – em estados de hipnose mais profundos, ou mesmo em simples estado de relaxamento, bem como sob forma aparente de sonhos. Não nos esqueçamos que os vídeo-teipes das nossas vivências estão todos guardados ordenadamente nos arquivos secretos da memória integral. A qualquer momento, ante estímulo próprio, podem ser localizados e 'lidos' pelos dispositivos de *playback*. Que estímulo? Uma palavra-chave, um reencontro inesperado, a visão de um local específico, onde parece que já estivemos, uma situação peculiar que parece reproduzir vivências passadas...

O dr. Arthur Guirdham conta episódios assim, principalmente em dois dos seus livros, que ainda examinaremos.

26) O 'ocultismo' como fábrica de loucos?

Como ficou dito, porém, não está nos objetivos deste livro estudar em maior profundidade esse tema – nosso propósito aqui é o de especular sobre tempo e memória. Aspectos subsidiários e complementares, como fenômenos de natureza mediúnica ou recordações espontâneas de vidas pregressas, estão sendo suscitados apenas como lembrete, para que aqueles que consultam a memória alheia para fins terapêuticos saibam que podem ocorrer, e ocorrem com frequência, manifestações desse tipo. É tolice ignorá-las ou rejeitá-las sumariamente, porque há grande probabilidade de estar precisamente aí a chave de graves conflitos emocionais. Não é sem razão que lembranças remotas, ou vidências sugestivas, ocorrem, precisamente, no momento em que o indivíduo em crise está sendo tratado pelo analista ou psiquiatra. E se ele estiver mesmo vendo algo que os outros não veem? Admitida a hipótese da existência de um corpo sutil que sobrevive à morte do corpo físico, o que impede que tais manifestações visuais ocorram naqueles que dispõem da faculdade apropriada?

Sei que os céticos podem retrucar: "Mas isso cheira a ocultismo..." Que é ocultismo, porém? Por que o preconceito ainda predominante em certas áreas do conhecimento humano de que o trato dessas questões pode levar ao desequilíbrio mental?

O dr. Paul Schiff, citado pelo dr. Philippe Encausse, que por sua vez não pode ser acusado de ter suas simpatias pelo espiritismo, diz o seguinte:

> Não creio que, por si mesmas, as ciências ditas ocultas possam conduzir ao desequilíbrio mental, não mais que qualquer outro ramo da ciência. Toda ciência é 'oculta' no sentido de que visa à descoberta do que nos está escondido e à codificação e harmonização das descobertas do homem. As ciências ocultas não merecem o título de ciências senão na medida em que, revolucionárias como sejam, se integrem no conjunto de nossos conhecimentos. A descoberta das propriedades radiantes de certos corpos subverteu toda a física, mas a vertigem do infinito que essa descoberta suscitou nos físicos da matéria não levou nenhum deles, que eu saiba, ao desequilíbrio mental.
> (Encausse, Philippe, 1958)

Onde o dr. Schiff vê inconvenientes é, precisamente, nas práticas pouco científicas de certos ocultistas, ou seja, na manipulação incompetente de fenômenos da mais alta importância.

Tudo isso é perfeitamente válido no estudo do binômio memória/tempo. O paciente está tendo visões ou ouvindo vozes? Estudemos tais fenômenos com o espírito crítico alertado, é certo, mas igualmente desarmados de preconceitos inibidores. Se o operador está preparado com certo conhecimento teórico e um mínimo de experiência nesse campo, ele terá muito melhores condições de interpretar corretamente os fenômenos que observa, ainda que eles venham subverter a ordenada e disciplinada arrumação de seus conceitos acadêmicos mais queridos. Quem tem um fato – já se disse – não está sujeito a quem dispõe apenas de um argumento. E se não podemos mudar a realidade do fato, temos que mudar a nossa postura diante dele. Não há como fugir disso. E como chegar ao fato se não observarmos tudo com critério seletivo e crítico, mas de mente aberta?

Muito tempo levou o ser humano para inventar a roda, simplesmente porque achava que a única maneira de transportar coisas era carregá-las às costas, no lombo das bestas domesticadas, ou arrastá-las, quando possível. Ainda estaríamos voando em balões dirigíveis se Santos Dumont não insistisse teimosamente em provar que o mais pesado do que o ar podia também voar.

27) O gene – mensageiro da ética

Em termos de distúrbios psíquicos ou emocionais estamos ainda na era dos balões. Temos uma estrutura doutrinária mais ou menos adequada, necessitando de correções, naturalmente, mas uma dinâmica ainda muito precária, pois continuamos curvados a espiar os pacientes pelo buraco da fechadura do quarto de dormir. Eles são pouco ou jamais observados na sala de estar, no pátio, no escritório, na rua, no colégio. O ser humano não é apenas sexo. O sexo é um dispositivo duplicador de vital importância; não mais que isso. A gênese e a matéria-prima das crises vivenciais são as emoções desarmonizadas, em choque. Distúrbios estritamente sexuais, ou seja, do aparelho gerador, não passam de somatização neurótica. Na sua esmagadora maioria os conflitos emocionais têm suas raízes implantadas na realidade espiritual do indivíduo. É fácil, por exemplo, fugir de certos aspectos, invocando os mecanismos da genética, mas isso apenas muda o enfoque, desloca o problema de uma área para outra, deixando-o intacto como problema, ou seja, não resolvido. Por que razão os dispositivos genéticos fabricaram um corpo destinado, por exemplo, a sofrer de anemia falciforme? Erro da natureza? Que é isso? De pergunta em pergunta, vamos chegando às causas mais remotas, aos impulsos de natureza espiritual e conotação ética, a criarem correções de rumo necessárias ao ajuste emocional do ser.

Em que área do ser encarnado irá a lei universal do equilíbrio ensinar que não se deve derramar sangue alheio, senão no sistema circulatório do culpado? Durante a vida em que, por sua culpa, correu sangue alheio, ele poderá escapar, mas numa das próximas existências, inexplicavelmente para quem não sabe ver, uma específica mensagem corretiva será veiculada por um grupo de genes.

Entende o dr. Jorge Andréa, por exemplo, que:

> Os genes devem ser elementos mais sutis do que a matéria comum. Seriam uma substância de transição, uma ponte de união entre os dois elementos conhecidos, matéria e energia – uma substância com possibilidade de ser percebida e definida por futuros métodos científicos, fazendo parte dos decantados 'organizadores celulares'. Isto é, seriam blocos de energia em processo de densificação, confundindo-se com a matéria cromossômica. Assim, os genes poderiam ser as terminações energéticas de uma 'essência vital' existente na intimidade celular, e os responsáveis pelos chamados 'organizadores celulares'. (Santos, Jorge Andréa dos, 1975)

E mais adiante, no mesmo livro:

> Resumindo, podemos dizer que o código genético, com seu maravilhoso mecanismo, seria a consequência da *informação espiritual*, através dos filtros perispirituais nos organóides celulares, obedecendo a harmoniosa sequência. (Idem)

Ou seja, o gene seria um terminal energético nas fronteiras espírito/matéria. Através dele é que fluem as instruções para elaboração do corpo físico, obedecidos certos dispositivos hereditários, é certo, mas sem fugir aos impositivos perispirituais necessários à programação do ser vivo para cada existência que se inicia. Essa programação é sempre coerente e compatibilizada com as necessidades evolutivas do ser.

Jorge Andréa, a meu ver – e já lhe disse isto pessoalmente – está lançando as bases da biologia do espírito. Seus livros não são leitura fácil para o leigo, mas contêm extraordinária densidade de ideias novas. Relaciono, na bibliografia, alguns de seus títulos, recomendando-os enfaticamente ao leitor interessado, como fascinante leitura ilustrativa.

A tese de que comandos espirituais possam ser transmitidos ao corpo físico em formação não parece tão repugnante à doutrina freudiana, que prega a da somatização dos distúrbios emocionais. Aliás, a tese adquiriu, nos últimos tempos, alarmantes conotações com o aparecimento das primeiras experimentações no campo da engenharia genética. Ver, por exemplo, David M. Rorvick ou Jane Goodfield, que exploram importantes aspectos científicos e éticos das manipulações genéticas.

Nesse setor, porém, ainda há muito que aprender, a despeito da velocidade alcançada em termos de progresso tecnológico nos últimos anos. Ainda está valendo a palavra de Edmund W. Sinnott escrita em 1955:

> A atitude mais razoável a tomar-se não é nem a de um tímido vitalismo nem de um rude mecanicismo, mas sim o que se poderia muito bem chamar de agnosticismo biológico, um reconhecimento de que há fatos nos seres vivos que temos que aceitar, mas que, de forma alguma, podemos ainda explicar, uma confissão de ignorância, sim, mas de nenhum modo a admissão de que o problema final ficará para sempre insolúvel. (Sinnott, Edmund W., 1955)

Quase meio século depois que tais palavras foram escritas, a pesquisa chegou mais perto da solução, mas não fará mal algum a ninguém um pouco de humildade intelectual para a confissão de ignorância proposta por Sinnott. O ignorante receptivo aprende mais do que o sábio fechado sobre si mesmo.

A 'ideia diretora' que Claude Bernard previa, como uma necessidade para explicar certos fenômenos biológicos, demorou cerca de um século até aparecer nos estudos de Harold S. Burr ou nos de Lyall Watson, mas aí estão, afinal. Quando é que os estudiosos da mente vão se dar conta de que ela tem implicações importantes tanto na gênese, quanto no tratamento de algumas das mais graves disfunções mentais?

Há de chegar o tempo em que a ciência perceba que o ser humano é bem mais do que uma espécie de máquina biológica. Nesse dia a psicanálise e a psiquiatria descobrirão que o psi grego não é letra morta, e sim célula viva de uma língua imortal.

Experiências e Observações Pessoais

1) Primeiras explorações

Após reunir respeitável biblioteca especializada e muito estudar o atraente problema da memória, era natural que eu desejasse realizar minhas próprias experimentações com a fenomenologia. Cautelosamente, dei início à tarefa, estudando os fenômenos ao vivo com alguns companheiros igualmente interessados. Não era nosso propósito realizar prodígios, nem invadir, atabalhoadamente, território clínico, tentando curar mazelas físicas ou espirituais. Também não nos interessava a hipnose de palco, com as suas manifestações bordejando pelo ridículo e, não raro, pela temeridade. Queríamos saber um pouco mais a respeito da memória e de seus mecanismos. Queríamos, enfim, estudar os fatos do ponto de vista já bem consolidado nos postulados da doutrina espírita, ou melhor ainda, informados pelos seus conceitos básicos, verificar o espírito encarnado em ação, no uso de faculdades que o espiritismo nos assegurava. Não que partíssemos de posições dogmáticas, com o inconfessado intuito de vestir nas observações a camisa de força de conhecimentos teóricos. Estávamos – e estamos – convencidos, é certo, da validade das estruturas doutrinárias do espiritismo – e quem adotaria uma filosofia de vida como essa sem estar convicto da sua autenticidade? – mas estávamos igualmente preparados para aceitar correções e reformulações que os fatos observados viessem a indicar. Em suma: confiantes nas estruturas teóricas, mas dispostos a reexaminá-las se e quando necessário. Qualquer outra postura seria incompatível com o ânimo da pesquisa e contraditória em si mesma. Atenção, porém, para um detalhe: existência, preexistência e sobrevivência do espírito, bem como evidências reencarnacionistas não nos tomariam de surpresa e nem seriam sumariamente rejeitadas, ou confundidas, como subprodutos fantasistas de uma fisiologia nervosa em desarranjo. Era como se seguíssemos para estudar uma região desconhecida coberta de neve, munidos de óculos que não só nos protegessem da ofuscação, como nos ajudassem a ver melhor. Estudáramos, antes, a região em mapas, livros e depoimentos pessoais que nos mereciam fé, mas tínhamos que ver por nós próprios se a informação de que dispúnhamos era consistente com a realidade. Era.

2) Márcia

Lembro-me das emoções e expectativas da primeira experiência. A sensitiva era uma jovem senhora do nosso círculo de amizade. Sensata, inteligente, culta. Chamemo-la Márcia, para facilitar. Tanto ela como o marido participavam, com outros amigos, de um pequeno grupo mediúnico que se reunia uma vez por semana no confortável apartamento de um de nós. Laços fortes de amizade e confiança nos uniam a todos nas tarefas e nos debates que entretínhamos quase sempre em torno de aspectos da doutrina dos espíritos.

Sou muito grato à Márcia e a outros companheiros daquele grupo pela oportunidade que me proporcionaram. Esquecia-me de dizer que ela era dotada de bem desenvolvidas faculdades mediúnicas: incorporação (psicofonia), vidência, audiência e, ocasionalmente, psicografia. Disciplinava bem as manifestações, mas concedia ao espírito manifestante suficiente autonomia e liberdade para expressar seu pensamento e até mesmo certos impulsos de irritação ou agressividade. Sabia, contudo, impor-lhes limites à expansão de seus desajustes.

Combinados dia e hora, ela se estendeu num sofá e começamos o trabalho. Lembro-me que tentei, inicialmente, o método Braid de fixação do seu olhar em pequeno objeto brilhante, suspenso à pequena distância de seus olhos. Ela mesma sentiu que a técnica não era apropriada para ela. Recorri aos passes longitudinais. Em poucos minutos ela estava mergulhada em transe, olhos fechados, respirando profunda e serenamente. Não houve grande dificuldade em fazê-la falar.

Realizamos com Márcia muitas experiências interessantes e instrutivas. Ela era capaz de deslocar-se com relativa facilidade no tempo e no espaço, assim que desdobrada do corpo físico em repouso. Podia visitar locais distantes, que descrevia. Ao observar as pessoas do seu privilegiado ponto de vista da invisibilidade, era capaz de localizar regiões do corpo de tais pessoas afetadas por distúrbios mais ou menos graves: via ali sombras escuras, manchas, áreas desarmonizadas, enfim, com relação às que lhe pareciam normais. Recusamo-nos a fazer diagnósticos ou propor tratamentos, que não eram da nossa competência. Não era esse nosso objetivo e ela foi a primeira a compreendê-lo.

Também não nos atiramos sofregamente à pesquisa indiscriminada, com a finalidade de identificar reencarnações anteriores dela, ou as de outro qualquer componente do grupo. Ela própria me pediu, já em transe, logo no início de nossos trabalhos, que não tocasse nas suas memórias anteriores, desejo que foi escrupulosamente respeitado. Por certo guardaria na memória integral problemas e conflitos que ainda não se sentia encorajada a enfrentar.

Aliás, essa foi sempre uma das tônicas do nosso trabalho: nada forçar, para não provocar roturas, cujas consequências poderiam ser imprevisíveis. Se a regra geral em questões atinentes à memória é esquecer, é porque há razões bastante sólidas para isso, como já discutimos alhures, neste livro. Já em outros casos, revelações dessa natureza são recebidas com serenidade e até contribuem para explicar certas incongruências íntimas, mediante nova arrumação de conceitos.

Esse tipo de revelação, aliás, não é válido somente quando a gente é posto frente a frente com a realidade das vidas sucessivas, mas com qualquer convicção inquestionável que nos chegue inesperadamente. Os casos de 'morte provisória', por exemplo, hoje muitíssimo bem documentados, mas que são tão velhos como a vida – de pessoas que 'morrem' clinicamente e conseguem voltar para contar suas experiências.

Voltemos, porém, à nossa Márcia.

Ela não quis informações sobre suas vidas anteriores. Nem mesmo discutimos suas razões, considerando-as liminarmente válidas, quaisquer que fossem elas. O território das lembranças sempre foi para nós região que não se deve jamais tomar de assalto, mesmo porque o sensitivo terá condições de opor tenaz resistência, se não for de seu desejo expô-lo à curiosidade alheia ou enfrentá-lo quando ainda não está preparado para fazê-lo.

Quanto ao mais, conversávamos livremente, gravando sempre o diálogo para que depois pudéssemos ouvir em conjunto, criticar os resultados e programar o prosseguimento da tarefa de esclarecimento.

Sua vidência em transe nos indicava que nossos trabalhos eram assistidos por alguns companheiros espirituais (desencarnados) que ela descrevia e dos quais recebia, quando necessário, instruções. Estabeleceu-se, por isso, um curioso mecanismo de comunicação. Para evitar mistura de fenômenos mediúnicos com os ânimicos, ou seja, manifestações do espírito de Márcia através de seu próprio corpo com manifestações de outros espíritos – pois ela era médium em atividade –, esses companheiros desencarnados nunca se incorporavam nela quando precisavam dizer algo. Por processos que desconhecemos, surgia ante seus olhos perispirituais, naturalmente, porque os olhos físicos permaneciam fechados todo o tempo, um rolo de papel ou pergaminho, no qual uma só linha da escrita ali contida era iluminada de cada vez, para que ela pudesse ler. Ela ia lendo à medida que o 'papel' se desdobrava. Certa vez apresentou-se um problema inesperado: a escrita que se apresentava aos seus olhos fora produzida em caracteres árabes, língua que ela desconhecia. Disse-lhe eu, então, que o texto que ela via era a expressão gráfica de pensamentos emitidos por alguém; ainda que ela não conhecesse a língua em que vinham eles expressos, era possível a ela, na condição em que se encontrava, captar a essência do que lhe estavam tentando transmitir. Isso ela fez, conseguindo reproduzir as ideias ali representadas.

3) Ana e a 'xenótica'

Esse mesmo dispositivo da projeção visual de um texto, funcionou em várias oportunidades, com vários sensitivos, sendo que uma vez em grego, que nos foi possível decifrar – não com Márcia – mas, com Ana.

Esta, também jovem, dinâmica, dotada de lúcida inteligência e boa cultura, sofria de persistente enxaqueca. Tentamos minorar seus sofrimentos com passes, com a mera intenção de acalmá-la e relaxar seus músculos, mas, inesperadamente, ela entrou em transe magnético e se pôs a falar. As experiências foram poucas, porque não havia o menor interesse da parte dela, e não me cabia insistir. Ante a oportunidade do mergulho na memória integral, gostaria de ter chegado às raízes da tensão que lhe criava aquela dor de cabeça, embora suspeitasse das suas razões.

Como usualmente acontece em tais circunstâncias, ela analisava seus problemas vivenciais com notável lucidez e serenidade. A dificuldade, como também ocorre com frequência, estava em pôr em prática, na vida de vigília, as decisões que tomava em estado de desdobramento. Ou seja, ela diagnosticava com segurança seus males, mas não se empenhava, posteriormente, em tomar o 'remédio' um tanto amargo de certas atitudes reconhecidamente difíceis.

Ana me identificou no seu passado em mais de uma oportunidade, quando circunstâncias das nossas mútuas trajetórias nos colocaram em caminhos paralelos ou cruzados. Conhecera-me numa existência no século XVI, na Alemanha, durante a qual Lutero, ainda jovem e impetuoso, teria sido amigo de seu pai de então, homem modesto e digno. Houve aqui, aliás, um dos fenômenos de anacronismo, porque, ao rever Lutero jovem – aí pelos seus 25 anos, ou coisa assim –, ela já falava do reboliço que iria suscitar mais tarde, com o ímpeto das suas ideias. Naquela ocasião, ela me teria visto passar e me reconhecera, comentando com a mãe: "Aquele ali é fulano".

Identificou-se, noutra oportunidade, como filha de um dos famosos escultores gregos da antiguidade. Foi nessa ocasião que ocorreu o fenômeno de vidência de duas palavras em grego. (Sinto-me tentado a dar-lhe um nome: xenótica – vidência de caracteres estranhos ou desconhecidos). Vale a pena contar esse episódio.

Falava ela das minhas ligações com Aristóteles, de quem teria sido amigo pessoal e discípulo – aliás, segundo ela, o discípulo predileto. Pouco depois, ela foi despertada. No intervalo entre essa experiência e a subsequente, sem que ela soubesse, realizei minhas pesquisas. Informavam-me os textos consultados que Aristóteles tivera dois discípulos mais chegados: Teofrastos e Dicearco (*Dikaiarchos*, em grego), sendo que o primeiro é o que assumiu a direção da famosa academia, quando o mestre morreu. Esta era fácil, portanto, de decifrar. Na experiência seguinte, Ana já em transe, voltamos ao assunto. Como era mesmo aquela história de Aristóteles e seus discípulos? Ela repetiu tudo certo e coerente. "E o nome do discípulo?", perguntei. Ela parou um instante e disse que o via diante dos olhos, mas que não conseguia lê-lo porque estava escrito em caracteres desconhecidos. Perguntei-lhe se a primeira letra se parecia com o 'O' maiúsculo, com um tracinho no meio: teta, a primeira letra de Teofrastos. Não – disse ela. Era um triângulo, ou seja, um delta maiúsculo. Logo, era o outro. Ditei-lhe as demais letras e ela as foi confirmando. Tratava-se, pois, de Dicearco, e não de Teofrastos, como eu pensava. Cabia agora, uma pergunta, para conferir.

– Mas você não disse que ele era o discípulo predileto? Como é que o outro é que ficou com a escola?

Era isso mesmo. Ao que ela informou, Dicearco era um tipo meio 'desligado', como se diria hoje. Não tinha o gosto pela parte administrativa, o comando, a chefia. Gostava de estudar, lecionar, debater, aprender – nada de dirigir gente... Enfim, se é uma fantasia, está muito bem elaborada, pois tudo isso faz sentido, até mesmo no temperamento do nosso Dikaiarchos, que não mudou grande coisa em vinte e três séculos... Pesquisando mais tarde, vim a saber que esse pensador é, segundo Will Durant, o autor da primeira historia da Grécia (*Bios Hellade*).

Começamos a falar de Ana por causa do episódio de xenótica (gostei do neologismo). Se os entendidos o aceitarem, ficará servindo para caracterizar a impressão visual de palavras e textos em língua desconhecida do vidente, da mesma forma que na xenoglossia a pessoa fala língua que em estado de vigília desconhece, um dos fenômenos de maior força comprobatória da sobrevivência por via mediúnica. Ver, a respeito, Ernesto Bozzano, na sua excelente monografia (*Xenoglossia*).

4) A múmia

Voltemos a Márcia, para encerrar. Certa vez, já no fim da nossa conversa habitual em transe, ela me disse que se sentia toda enfaixada e imobilizada. Lembrei-me de observações que havia feito junto a Luís Rodriguez, de quem traduzi um livro para o português, e comecei a sondar a situação em que Márcia se apresentava naquele momento. Sem que ela revelasse nenhum pormenor identificador, verificamos que numa existência no antigo Egito, a sensitiva tivera seu corpo mumificado e, às vezes, no desprendimento, era atraída pela múmia que, certamente, estaria depositada nalgum museu ou tumba, no Egito. Era muito forte, como sabemos, a imantação daqueles ambientes e daqueles cadáveres, e o objetivo da mumificação, ao que parece, era precisamente o de preservar a lembrança da personalidade no contexto global da individualidade.

Propusemos a Márcia que se desenfaixasse e depois foi despertada. Levou algum tempo para reassumir o controle do corpo físico, pois ainda trouxera um pouco daquela rigidez milenar da múmia nos condicionamentos da sua memória. Por alguns minutos, só teve consciência da cabeça, como se o resto do corpo não existisse. Por meio de passes apropriados restabeleceu-se o comando e ela começou a movimentar os dedos das mãos, depois os braços, as pernas etc.

O marido, presente às experiências, havia-me pedido que não contasse a ela o que se passara para não impressioná-la. Ao voltar completamente a si ela perguntou o que ocorrera. Desculpei-me como pude e ela contou que se sentira toda enfaixada, como se um longuíssimo lençol a envolvesse toda. De repente, foi como se alguém puxasse uma das pontas do lençol e ela saiu a rodopiar pelo espaço, completamente tonta. Agora, porém, estava se sentindo maravilhosamente bem. Ao que eu saiba, nunca mais foi atraída pela múmia que um dia, há milênios, fora seu corpo físico no remoto país dos faraós. O que não sei é se ela tomou conhecimento disso, pois, fiel ao compromisso com seu marido, nunca lhe falei da sua curiosa experiência.

5) José

Nesse mesmo grupo de amigos experimentamos com outros companheiros; uns mais suscetíveis, outros menos. O trabalho mais extenso e profundo foi com o meu querido amigo e verdadeiro irmão espiritual, a quem chamo aqui de José. Ainda hoje, creio, tenho todas as gravações ou transcrições de nossas maravilhosas conversas. Sem que ele jamais houvesse pedido, havia entre nós um acordo tácito em não remexer os seus 'arquivos secretos da memória', com o objetivo de identificar qualquer encarnação anterior.

Éramos praticamente de mesma idade, com diferença de cerca de três meses apenas, e tínhamos inúmeros interesses em comum em música, literatura e estudos filosóficos e doutrinários. Meu amigo era (e é, pois apenas desencarnou, deixando-nos, porém, enorme saudade) uma inteligência fulgurante. Sabíamos – não por ele, que insistia em rejeitar a identificação – de experiências suas no campo da arte, especialmente na música, na qual brilhou como poucos durante uma larga fatia do século XIX. Aí estava, precisamente, seu ponto mais sensível e, por conseguinte, onde doía mais, ao mínimo toque desatento. Certa vez, numa experiência que começara mais como teste conduzido por experimentador sem dúvida credenciado, mas um tanto afoito, ele revelou certos dados que nos levaram a identificar sua personalidade no século passado. A revelação causou-lhe inesperado impacto, do qual levou algum tempo para se refazer.

Dotado de várias faculdades mediúnicas, exercia-as com muita segurança e senso crítico extremamente vigilante. Preferia pôr em dúvida ou rejeitar qualquer coisa que cheirasse a fantasia do que aceitar uma verdade duvidosa.

Relutou muito em concordar com a retomada das experiências, porque a primeira lhe fora traumática, mas como confiava em mim, resolveu estudar junto comigo os fenômenos. Foi com ele que, pela primeira vez, exploramos a ideia de um levantamento histórico com base nas memórias das pessoas que os haviam vivido ou testemunhado. Seria uma espécie de psicoarqueologia. Reuniríamos um grupo de pessoas afinizadas pelos mesmos interesses e convicções para buscar na memória de cada um os depoimentos que pudessem dar sobre o que viram ou viveram aqui, em remotas existências, especialmente com o objetivo de esclarecer aspectos obscuros da história. Chegamos a levantar um plano, uma espécie de roteiro preliminar para estudar, por exemplo, um pouco das origens do cristianismo. Ele me dissera, certa vez, que estivera entre os romanos e eu entre os cristãos. A ideia está de pé, mas transferiu-se no tempo a sua realização. Estou convencido de que um dia teremos condições de realizá-la para reescrever episódios históricos que nos interessam conhecer melhor, bem como algumas interessantíssimas multibiografias, contando não apenas a estreita faixa de uma vida, mas um longo desfiar de experiências de um mesmo espírito na carne e fora dela.

Tentei isso da maneira mais precária possível num livro ainda a esta altura inédito (*Mecanismos secretos da história*), estudando vidas como as de Alexandre, César e Napoleão; José Bonifácio e Rui Barbosa. Espero que o amigo José não esqueça do nosso compromisso, pois aí estão, em nossas memórias – a dele, a minha, a sua, leitor e a de milhões de pessoas – tudo aquilo que desejaríamos saber para conhecer melhor as lições imortais da história. Dizem que a história se repete e isso não sei; mas que os nossos erros se repetem nela, disso não há dúvida.

Como dizia, porém, o ponto sensível do querido amigo estava nos bloqueios que ele sempre sentiu ao tentar expressar toda aquela música maravilhosa que se agitava dentro dele. Passara pelo menos uma existência a compor e tocar obras suas e alheias, das mais belas. Tivera oportunidade de sentir o reconhecimento, o respeito e, principalmente, o aplauso de mais de uma geração de admiradores capazes de perceber o vulto do seu gênio musical. Regressara à carne para uma vida no anonimato, pois precisava esquecer, por um pouco, o tumulto da glória, as inquietações da fama, os problemas humanos da projeção. A decisão fora livremente tomada, por certo, e ele a entendia necessária à recomposição de sua vida, a uma retomada a partir de novas experiências. Era como o virtuose que deliberadamente partisse o arco do seu violino para não tocar mais ou que amarrasse as mãos para não dedilhar o piano, mas fora impotente para estancar a fonte da criação que continuava a fluir dentro dele, buscando expressar-se, manifestar-se, sair para a luz do mundo.

As agonias eram, às vezes, tão pungentes que, mesmo sem conhecimento da teoria musical, ele se sentava ao piano e deixava fluir – sem a técnica, que não desenvolvera nesta existência, é claro – as belezas que transbordavam do seu espírito eminentemente criador. Mas aí angustiava-se mais ainda, porque o que conseguia reproduzir no instrumento era apenas pálida imagem sonora da música maior que ele 'ouvia' dentro de si mesmo. Vencendo resistências, que só a afeição muito grande conseguiu superar, consegui capturar no meu gravador algumas dessas peças, que ainda hoje, decorridos bom punhado de anos, ouço com emoção e enlevo.

Um amigo espiritual – seu companheiro na encarnação precedente –, com quem comentei a beleza de uma peça que ele ainda há pouco parecia ter 'improvisado' ao piano, me disse: – Você precisava ouvir a peça como ela realmente é – não o pobre arremedo que ele conseguiu tirar aí, ao piano.

Ante esses problemas todos, perguntei-lhe um dia, já em transe magnético, porque ele não estudava um pouco de música, pelo menos para expressar melhor aquilo que trazia acorrentado nas profundezas do ser. Com a serenidade e a visão ampla e clara do espírito, ele respondeu lucidamente que isso não era de seu interesse maior. Precisava do silêncio e do anonimato para se refazer. Se estudasse música, correria o risco de novamente projetar-se. Estava cansado de glórias, de vaidades, de se sentir endeusado. O caminho era aquele mesmo... Teve uma família maravilhosa, recursos suficientes para viver confortavelmente e partiu inesperadamente. É um dos meus irmãos geniais, pois tenho muitos deles por aí...

6) Outros casos

Os estudos prosseguiram. Tivemos Luíza, que tinha um bloqueio para a matemática que a mantinha retida nos últimos estágios da faculdade. Numa experiência anterior, na França, procurara projetar-se como matemático, descobrindo algo novo, grandioso e original, que lhe desse fama. Não o conseguindo, criou a frustração, que transbordou para a vida atual. Racionalizando esse episódio, colocando-o em perspectiva mais ampla, reduziu-o às proporções normais e acabou vencendo a inibição, pois em tudo o mais sua inteligência era bem acima da média. Um dia telefonou-me felicíssima: conseguira o número mágico de pontos necessários.

Tivemos Suzana, que descobriu a razão de inexplicável e exagerada fobia por cobras e tudo que fizesse lembrá-las – até o espaguete cozido que despejava na travessa, ao se acomodar, deslizando uns fios sobre os outros. Em tempos outros, vivendo num dos países árabes, sofrera a pena máxima pelo crime imperdoável do adultério: foi atirada ao poço das serpentes, onde morreu, envolvida nelas, picada, sem socorro, por elas.

Tivemos Regina, que sofria de estranha inibição intelectual que lhe bloqueava o cérebro para qualquer esforço concentrado. O medo do fracasso sempre esteve presente em todas as ocasiões em que se viu na contingência de demonstrar sua capacidade: testes, provas, exames ou entrevistas. Daí disfunções psicossomáticas de toda sorte: cansaço, inapetência, enjoo, vômitos, insônia, angústias inexplicáveis, problemas ovarianos, medo de altura, enfim, tensões por todos os lados, especialmente agudas quando ela assumia posições de maior relevo ou destaque, onde quer que trabalhasse. Os sintomas, porém, não enganaram ao seu espírito desdobrado: o temor não era do fracasso, era do êxito! Já falhara tantas vezes e cometera tantos desacertos em posições de relevo no passado que agora entrava inconscientemente em pânico cada vez que começava a galgar posições de destaque. Parece que mente e corpo começavam a defender-se produzindo toda espécie de sintomas e sinais de alarme, como se acendessem luzinhas vermelhas por toda a parte a indicarem os buracos onde ela já havia caído ou as pedras nas quais já tropeçara.

Aspectos relevantes para os objetivos deste estudo ressaltam do caso Regina e, por isso, conto com a boa vontade do leitor para uma digressão a mais. É que foi ela um dos exemplos mais vivos que encontrei de rejeição de sua própria reencarnação, ou melhor, de uma dificuldade muito grande em aceitar as condições da vida que, embora livremente aceitas, como é de praxe, não se eximiam do caráter impositivo ditado pelos compromissos cármicos que ela desejava resgatar.

Vômitos e enjoos, por exemplo, costumavam ocorrer pela manhã, pois era sempre penoso retornar à prisão celular, após a liberdade, ainda que relativa, proporcionada pelo desprendimento do sono. A rejeição daquele corpo, cuja posse tinha que reassumir todas as manhãs, traduzia-se em inconfortável mal-estar. Mecanismo semelhante explicaria a inapetência: se ela conseguisse forçar a extinção do corpo pela desnutrição, estaria livre dele!

De outras vezes, desprendia-se durante a vigília – conservando plena lucidez e, ao contemplar, a certa distância, seu próprio corpo físico, surpreendia-se a perguntar "o que estaria fazendo ali aquela mulher feia, sem graça e burra..." Se não tivesse recebido ajuda a tempo, é bem provável que a sua problemática acabasse desaguando num caso de dupla ou múltipla personalidade. Aliás, tinha ela o hábito de usar a terceira pessoa do singular – ela – quando se referia a si mesma.

Quanto ao medo das alturas, o mecanismo parece mais complexo e sutil, mas ainda explicável no mesmo contexto de seus temores e de suas rejeições. Tendo vivido experiências anteriores em elevadas posições sociais, a vertigem da altura seria não apenas a lembrança da *queda de status* que sofrera, como, paradoxalmente, o medo inconsciente do sucesso (estar em lugar alto) que a expunha, no seu caso particular, à possibilidade de fracasso, ou seja, provocaria a sua queda em termos espirituais.

Depois que esse mecanismo ficou esclarecido por ela mesma, aliás, durante algumas sessões de desdobramento, os sintomas desapareceram para sempre.

Além desses temores e fobias, Regina tinha também um procedimento de natureza obsessiva – não na sua conotação espírita, de influenciação mediúnica, mas no sentido de mania, ou seja, prática de gestos compulsivos e inexplicáveis. Ela não ia deitar-se, à noite, enquanto não se certificasse de que todas as portas da casa, inclusive as internas e de seu próprio quarto, estavam bem fechadas a chave. A rotina era, às vezes, repetida e ela chegava a levantar-se, depois de recolhida, para conferir o que já verificara. Havia nela um medo inconsciente de ser surpreendida no sono.

Um dia ela teve uma das suas 'regressões espontâneas', durante a qual se viu na personalidade de uma jovem americana à época da Guerra de Secessão, nos Estados Unidos. Ela pertencia a uma família sulista e seu pai era personalidade importante, politicamente falando, mas antigovernista. Em consequência da traição de uma serva, que abriu as portas da casa em que ela se refugiara, sozinha, numa de suas propriedades do sul, ela fora atacada e morta por soldados nortistas.

Revivido o episódio e explicada a razão de seus temores, ela se tranquilizou e o procedimento obsessivo desapareceu.

Tivemos Roberto que, no seu próprio dizer, era um espírito feminino em corpo masculino. Para a sua consciência de vigília e seus padrões morais, o homossexualismo compulsivo lhe era, senão repugnante, pelo menos muito penoso. Além do mais, somatizara suas neuroses de tal forma que nos estados mais agudos não podia dar alguns passos sem cair ou apoiar-se em algo. Sua memória integral acusava longo inventário de erros graves no passado. O núcleo de suas aflições atuais, porém, parecia ser um episódio em que, como verdadeiro brutamontes, causara a morte de seu próprio filho, em práticas homossexuais. Mesmo volvido um tempo considerável, ele ainda sentia a enormidade do seu desvairamento.

Estou convencido de que em casos de melhores possibilidades de recuperação não seria difícil implantar na mente do sensitivo comandos apropriados – e vontade – para ativar as glândulas correspondentes e suscitar nelas a produção dos hormônios necessários à melhor definição do sexo. Ao cabo de algum tempo, contudo, percebia-se que, embora desejando no estado de vigília assumir característica nitidamente masculina, o nosso Roberto, como espírito, revendo os seus arquivos secretos da memória, temia essa condição pelos riscos em potencial que ela representava. Já falhara muitas vezes no sexo em sua posição bem definida e parece que, no fundo, preferia a condição humilhante, mas que o preservava de reincidências lamentáveis.

Eu já tinha visto mecanismos semelhantes a esse em José, que não queria estudar música ou em Regina, que temia não o fracasso, mas o êxito. Para que correr o risco de reverter a uma posição em que sempre faliam?

Tivemos Eduardo, com o qual exploramos algumas vidas interessantes mas que, segundo nos pareceu, começou a fantasiar a partir de certo ponto, ao que supomos, no açodamento de contar mais e mais histórias. Com este ocorreu-nos também um fato insólito. Fazia parte de um pequeno grupo de jovens interessados em examinar conosco trabalhos no campo da memória. Logo nos primeiros testes mergulhou fundo no transe e começou a relatar uma existência vivida aqui, no Brasil colonial, na qual teria sido monge. Como de costume, gravamos a narrativa. Terminada a reunião, retrocedemos a fita ao princípio do carretel a fim de que pudéssemos ouvi-la e comentar o episódio, como de nosso hábito. Para surpresa geral, porém, o gravador somente reproduzia um chiado sibilante e contínuo. Como sempre acontecia, eu não deixara de testar o aparelho, gravando no início da fita a data e o nome da pessoa com a qual experimentávamos. Lá estava, em perfeitas condições, a gravação-teste; daí em diante, só o chiado... Entreolhamo-nos algo perplexos, mas não havia nada a fazer, pois a gravação estava perdida mesmo, como um filme velado inexplicavelmente.

Aquele grupo de jovens, contudo, realizava uma sessão mediúnica semanal e, na reunião seguinte, um deles me esclareceu o mistério da fita muda. Um amigo espiritual mandava me dizer que o defeito não era do gravador – um Sony de boa qualidade, que tenho até hoje – 'eles' resolveram interferir porque *não convinha ao sensitivo tomar conhecimento daquela vida*, por enquanto, o que fatalmente ocorreria ao ouvir a gravação.

Assim, aprendemos mais uma.

Aliás, de outra vez ocorreu-me observar que certos fluidos magnéticos – chamem-nos bioenergia, se assim o desejarem – realmente interferem com as gravações, produzindo uma espécie de estática, truncando palavras e reduzindo o volume gravado a mero sussurro incompreensível. Isto aconteceu numa sessão mediúnica, durante a qual minha mão ficou, por alguns minutos, muito próxima ao microfone, sem no entanto vedar-lhe a grade ou abafá-lo, como às vezes fazemos com o bocal do telefone para dizer algo que não desejamos transmitir.

Os gravadores de fita magnética, aliás, oferecem campo para experiências interessantes, como as de captação de vozes de seres desencarnados.

Mas, voltemos à memória.

Tivemos João, que identificou, com riqueza de detalhes, uma existência na tumultuada Igreja do Renascimento, entre os séculos XV e XVI e outra como um dos membros da família Bach, no século XVIII. Este companheiro me confirmou, sem que eu o solicitasse, algumas conexões que há alguns anos havia feito entre um dos muitos filhos do imenso Johann Sebastian Bach e o compositor Felix Mendelsohn, renascido logo a seguir, com o espaço de apenas 25 anos entre essas duas existências. Sobre este tema específico escrevi, em inglês, um artigo publicado em *Psychic Observer*, jornal especializado americano, sob o título "*Was Mendelsohn Bach reincarnated?*"

Este mesmo companheiro, a que estou chamando de João, foi o que mais longe recuou no tempo, entre os seres encarnados que pesquisamos, pois tivemos interessante experiência com as suas memórias do antigo Egito, narradas em artigo meu, sob o título: "Mergulho nos Milênios". Nossa conversa, gravada, como sempre, iniciou-se com ele falando uma língua que me era totalmente desconhecida. Suponho ser o egípcio da época, mas nunca tive oportunidade de conferir. O tempo era, segundo ele, o da construção da Grande Pirâmide. Ele teria sido um sacerdote cuja postura hierática impunha-se até aos faraós. O sumo sacerdote, explicou-me ele, representava o poder espiritual e, portanto, tinha que sobrepor-se a um mero representante do poder material. Mantinha-se à distância e não se dignava receber nem mesmo o faraó, com quem se comunicava por intermediários. Explicou-me ainda o simbolismo sagrado da pirâmide, situando-a como representação arquitetônica da estrutura da vida consciente. A pirâmide é um conjunto de triângulos postos sobre uma base quadrada. Os triângulos representariam o ternário superior do homem, e a base o quaternário inferior, ou seja, acima, o espírito e abaixo, a matéria. Já a pirâmide em degraus de Sakara fora projetada a partir de outros princípios. Discorreu também sobre o simbolismo da Esfinge, sempre dentro da constante de 3+4, perfazendo o número sagrado 7. Estava falando de um ponto a quase 5.000 anos de 'distância', no tempo.

Numa existência posterior, ainda no Egito, ele me identificou como um sacerdote iniciado nos segredos do magnetismo e da regressão da memória. – Osíris age por suas mãos – disse-me ele.

Das palavras iniciais que pronunciou na estranha e desconhecida língua, uma me ficou na memória. Ele falava, repetidamente, em algo que soava como *marê*. Como me entendia em português, mas respondia em seu idioma, insisti para que me falasse de modo que eu pudesse entendê-lo também. A muito custo, e vencendo certas resistências, começou a articular as palavras em português. Explicou-me então, que *marê* era "água grande que corre de um lugar para outro" – ou seja, um rio. Estava, ao que tudo indica, falando do Nilo, em cujo vale estão as pirâmides, como todos sabem. (Tudo isso me passou pela cabeça e pelo coração quando, no final de abril de 1977, sentado ao ar livre diante das pirâmides e da Esfinge, assisti ao inesquecível espetáculo *Son et lumière*, narrado em francês, na fria e seca noite que caía no deserto). Comprei o disco *Ici a commencé l'histoire* (Aqui começou a história), e que assim principia:

"Encontrai-vos, nesta noite, no local mais fantástico e, ao mesmo tempo, mais ilustre do mundo; este planalto de Gizé, onde se levanta para sempre o mais elevado testemunho dos homens."

Pouco depois, um declamador assume a voz da Esfinge e proclama:
"O universo respeita o tempo, mas o tempo respeita as pirâmides!"
Poder-se-á acrescentar que as pirâmides respeitam a memória, porque o espírito é a soma das memórias de muitíssimas vidas.

Diz a Esfinge no seu recitativo final:
"Não se pode destruir, no curso do tempo, senão as obras humanas! Mas o espírito que concebeu estes monumentos é imperecível!"

Porque imperecível é a memória dos seres... Ali, portanto, é que devemos buscar a decifração dos enigmas da vida, inclusive os enigmas da *própria memória*.

7) Luciano dos Anjos/Desmoulins

Tivemos, também Luciano dos Anjos. Um relato resumido das experiências com este sensitivo foi publicado em *Reformador* de agosto de 1972, sob o título "Regressão de memória", e mais tarde ampliado na obra *Eu sou Camille Desmoulins*. De 19 de maio de 1967 a 8 de setembro do mesmo ano, gravamos com ele dez sessões de pesquisa, num total de cerca de doze horas. Em sua narrativa, na qual surgem largos trechos vividos e outros apenas rememorados, conta ele, principalmente, sua vida como Camille Desmoulins, o jornalista e revolucionário francês. Ali estão suas lembranças, suas emoções, suas agonias e até suas fanfarronices, traçando um perfil inquestionavelmente realista da personalidade histórica que conhecemos. Mas não apenas isso, porque acrescentou traços que, embora não registrados na história, são coerentes com a sua personalidade. Identificou entre seus amigos atuais alguns companheiros ou conhecidos da época, como seu inseparável amigo Danton, um obscuro sacerdote por nome Charles Bossut – professor de matemática e física; Jean-Paul Marat; sua esposa Lucille Desmoulins; outro prelado da época – o abade Bérardier; e até alguém que ele conhecera ocasionalmente, num rápido encontro e ainda criança – Robert Browning, futuro pai do famoso poeta do mesmo nome.

Não será necessário reproduzir aqui o caso Desmoulins. O leitor poderá recorrer ao já mencionado resumo publicado em Reformador, ou melhor, ao livro Eu Sou Camille Desmoulins (Miranda, Hermínio C. e Anjos, Luciano dos, 1989).

Convém ressaltar, contudo, para os objetivos deste estudo, que a pesquisa oferece um acervo de evidências convergentes.

As simetrias históricas começam pelo seu nome, que era Lucie (Lúcio) – detalhe, aliás, que ignorávamos ao iniciar as experiências, porque pensávamos que ele se chamava simplesmente Camille. Sua filha atual, seria a reencarnação de Lucille Desmoulins, cujo nome, aliás, segundo ele, era Anne Lucie (Ana Lúcia), e que teria nascido no mesmo dia e mês da atual, com uma diferença de cento e muitos anos. Seu amigo A.I.M. teria sido o obscuro abade Charles Bossut, professor de matemática e física, para quem Desmoulins teria conseguido um salvo conduto precioso, que lhe poupou a vida. Em existência mais recuada, novamente na França, os papéis estavam invertidos: Luciano/Desmoulins era um anônimo vendedor ambulante de vinagre – atividade que realmente existiu, como verificamos posteriormente – e o futuro Bossut era o poderoso cardeal Charles de Guise, que com seu não menos poderoso irmão, duque, manipulava importantes cordéis da política francesa ao tempo da temível Catarina de Médici. Esta seria, posteriormente, segundo informação do cultíssimo dr. César Burnier, o tremendo Maximilien Robespierre, que guardou traços um tanto femininos, mas também vultosas ambições políticas e uma fria determinação em afastar sumariamente todos os que se punham no seu caminho. César diz ter reencontrado esse mesmo espírito numa reencarnação no Brasil, novamente como mulher, inteligente e culta, mas extremamente conflitada. Respeitemos seu anonimato e suas dores.

Em César Burnier, aliás, convidado inesperadamente para uma das reuniões finais, sem que o conhecêssemos – nem eu, nem Luciano – este identificou seu velho e querido amigo Danton. Vivemos, naquela noite, intensa emoção; tanta que, na afobação do momento, deixou de funcionar nosso gravador, e assim não capturamos, na fita, o impacto do reencontro dos dois velhos companheiros e amigos.

Vale a pena referir aqui o ponto alto daquela noite. Como sabe o leitor, os franceses de longa data têm o hábito de se beijarem na face, nos momentos mais solenes. Desmoulins e Danton desejaram cumprir esse ritual afetivo momentos antes de cair sobre seus pescoços a fria lâmina da guilhotina, mas o carrasco não o permitiu.

Danton, o grande fazedor de frases de efeito, orador genial, disse mais uma: "Que importa, se nossas cabeças, dentro de alguns momentos, se beijarão na cesta?" (Havia uma cesta para recolher as cabeças decepadas...) E o beijo de despedida ficou na frustração. Cerca de cento e oitenta anos depois, ou mais precisamente, 175 anos depois, Desmoulins/Luciano se encontra com Danton/César; e que me pede Luciano em transe?

"Peça ao Danton que me dê um beijo..."

César curvou-se e depositou um beijo emocionado na testa do amigo de outrora. O silêncio dava até para cortar com faca, como se fosse um bolo. Talvez por isso, tínhamos todos um pedaço dele na garganta...

O episódio Luciano dos Anjos/Desmoulins oferece inúmeras conotações impressionantes. Certa vez, criança, Luciano – jornalista como Desmoulins – teve uma perna quase totalmente descarnada, num acidente infeliz, com uma peça de louça. Sem que ligássemos um episódio ao outro, revelou ele, uma noite, que vivera também a controvertida figura de um dos duques de Orléans, contemporâneo de Joana D'Arc. Este duque foi primo de Carlos VII – o delfim – que a menina de Orléans coroou rei dos franceses, em Reims, e pai do futuro Luís XII. O duque, embora poeta – como, aliás, também Luciano – e, portanto, homem de sensibilidade, era de uma crueldade inexplicável. Certa vez – a confissão é de Luciano em transe – mandou descarnar as pernas de alguns prisioneiros, especialmente odiados, e os obrigou a desfilarem à sua frente, num espetáculo horrendo de crueldade e mau gosto, incompreensível num poeta. Daí a perna descarnada, como Luciano. Médicos dedicados conseguiram restabelecer-lhe o uso da perna que ficou apenas com cicatrizes muito profundas e um imperceptível arrastar-se. A primeira opção que ocorreu, no entanto, fora a de amputar o membro que parecia irrecuperável.

O duque caiu em poder das tropas inglesas e consumiu os seus vinte e cinco anos seguintes como prisioneiro, na Inglaterra. Foi resgatado, afinal, por verdadeira fortuna, em grande parte suprida pela sua esposa. Perguntei-lhe quem era a sua esposa, e a resposta foi inesperada: "Qual delas?" Teve mais de uma. Ao que depreendo, apesar de família nobre e poderosa, não esteve estranho aos seus propósitos pelo menos um casamento por interesse, o que, aliás, não era de surpreender-se, naqueles tempos. Coisa semelhante aconteceu-lhe como Desmoulins, posteriormente. Deixara sua vilazinha nativa, em Guise (novamente a presença dos Guises na sua vida), para aventurar-se em Paris, onde poderia dar expansão às suas ambições literárias e políticas. Viveu ali a vida difícil do estudante pobre, não porque sua família fosse das mais desprovidas – seu pai era uma espécie de notário na sua cidade natal – mas porque o velho Desmoulins, segundo dizia o filho 175 anos mais tarde, era um tanto ou quanto agarrado ao seus haveres, e parece que não era muito pródigo em fazer remessas para sustentar o filho em Paris. Em carta autógrafa que descobrimos em *fac-simile*, no livro de J. Claretie, na Biblioteca Nacional, do Rio de Janeiro, Desmoulins faz um apelo ao seu pai para que lhe mande logo certos documentos que o habilitem a casar, quanto antes, com Lucille, então pouco mais que uma menina. Argumento convincente e justificador da urgência: a família da moça era gente de boa estirpe, bem situada na política e, principalmente, bem dotada de recursos financeiros. Sejamos honestos: havia amor também, se bem que, de início, segundo se depreende das confissões de Luciano/Desmoulins, ele parecia mais fascinado pela mãe da moça, a bela senhora Duplessis-Laridon.

Mais um pormenor interessante; disse Luciano, em transe, que a sra. Duplessis era conhecida, na intimidade, pelo apelido de madame Darrone. Foi uma dificuldade para conferir esta informação, que não figurava em nenhum dos livros que passamos a consultar sistematicamente. Certo dia, porém, almoçamos, na cidade do Rio de Janeiro, Luciano, César Burnier e eu, num restaurante que já nem existe mais, ali, no antigo largo da Carioca da era A.M. (Ante-Metrô). Ao terminar, caminhamos juntos, sem rumo, a conversar, quando resolvemos entrar numa livraria (sebo) que ainda existe, numa das sobrelojas do edifício Avenida Central, na avenida Rio Branco. Ficamos os três a remexer os livros sobre uma banca. De repente, pesco um deles, em francês, sobre a Revolução e lá estava a preciosa informação: madame Duplessis-Laridon era conhecida na intimidade pelo apelido madame Darrone!

Falta-nos até hoje apurar se a data do nascimento de Lucille Desmoulins confere mesmo com a do nascimento de Ana Lúcia; se não conferir, será a primeira e única discrepância neste monte de evidências convergentes.

Vamos parar por aqui mesmo. Acrescentamos, contudo, uma informação complementar: o antigo e poderoso cardeal de Guise – tio, aliás, da legendária figura de um amado espírito – Mary Stuart – voltou como humilde sacerdote e professor de matemática, no tumultuado período da Revolução. Salvou-o exatamente aquele a quem, no passado, ele havia, igualmente, livrado de morte certa num tumulto de rua. Posteriormente – a crer-se em outras fontes reveladoras – Guise/Bossut teria sido um dos grandes matemáticos franceses de tempos mais recentes, que foi residir em Paris em uma casa, a poucos passos dos portões da majestosa mansão dos Guises, que não mais lhe pertenceria, na nova existência.

Se temos provas de tudo isso? Claro que não. Temos evidências indubitavelmente convincentes, mas que qualquer um é livre de recusar, se assim o entender. O que acontece, porém, é que todos temos os mesmos dispositivos secretos da memória integral. A qualquer momento o descrente poderá ser desafiado a provar que, diferentemente de todas as demais memórias, a sua não contém informação alguma sobre vidas anteriores. É bom avisar logo que vai ser muito difícil, o que é uma forma delicada de caracterizar o impossível.

Luís J. Rodriguez costumava regredir o sensitivo até o nascimento para então fazer-lhe a pergunta-padrão: "Você está nascendo pela primeira vez ou já viveu antes?" Em centenas de experiências a resposta foi consistentemente positiva quanto às vidas sucessivas. Às vezes – e até com certa frequência – o conceito da reencarnação chocava-se de cabeça com as crenças e preconceitos do indivíduo em vigília. Tive oportunidade de ouvir uma gravação dessas. O cavalheiro era de formação universitária, profissional liberal inteligente e de diversificada cultura humanística. Filiava-se com convicção a uma das denominações protestantes do nosso tempo, para as quais a reencarnação é quase sempre tomada com anátema, porque acham esses queridos companheiros que a Bíblia não 'fala' nada sobre ela, o que é falso.[2]

Pois muito bem; assim que o homem foi despertado e ouviu o playback da gravação, e nela reconhecia sua própria voz, não podia conter sua perplexidade. Ele, protestante convicto, falando de suas encarnações anteriores, era inconcebível! Crível ou não, o fato ali estava; não havia como ignorá-lo ou rejeitá-lo. Não soube nunca como foi que ele resolveu o problema da sua perplexidade ante aquela inesperada realidade...

8) Regina e a memória

Abro, afinal, espaço para relatar algumas experiências de minha amiga Regina, sobre a qual comentamos há pouco o problema do bloqueio mental de que sofria, temendo inconscientemente o êxito, e não o fracasso, como pensava.

Sua memória apresenta fenômenos de grande interesse e múltiplas facetas em estado de vigília, sono comum ou desdobramento. Ela é também portadora de várias faculdades mediúnicas bem desenvolvidas e atuantes: vidência, psicofonia, audiência, psicografia, efeitos físicos e outras.

Retiro de um relato que ela mesma preparou, a meu pedido, elementos informativos com os quais podemos elaborar um perfil da sua personalidade.

Regina nasceu – e este verbo deveria ser sempre usado neste contexto com o prefixo 're' – numa vila pobre, no interior do estado do Rio, em casa pobre, em família igualmente pobre. Seu pai, branco, era mascate, sabia ler e escrever, a mãe, negra, era analfabeta. Desde muito cedo ela começou a sentir que aquele não era, positivamente, o ambiente ao qual estava habituada. Não que fosse rejeitada ou maltratada pelos pais ou pelos vários irmãos ou irmãs; ao contrário, eram uma família de gente mais ou menos rude, mas afetuosa e que, sem grandes demonstrações afetivas, estimavam-se.

Entre suas primeiras angústias infantis estava a ausência de sua mãe. Sim, é verdade, tinha ali, junto dela, "uma pessoa que se dizia minha mãe, mas que para mim era uma estranha". É certo que essa pobre senhora a amava a seu jeito, ainda que não fosse de expressar-se na sutileza de um carinho. Na sua imaginação – um dos apelidos da memória – Regina via outra mãe, a *verdadeira*, como uma mulher jovem, bonita, branca, que sempre a pegava no colo e a beijava com afeto.

Com frequência, as paredes rústicas da casa e os móveis pobres, alguns improvisados, desapareciam e ela se via num ambiente requintado, forrado de belos tapetes macios, com amplas janelas e portas veladas por cortinas de veludo que vinham até o chão. As cores se combinavam com bom gosto, emolduradas por dourados imponentes.

O problema seguinte, em importância, era o da cor da sua pele e o aspecto dos seus cabelos, que a mãe mandava cortar tão rente quanto possível e penteava em trancinhas miúdas. Isso a confundia sobremaneira. Que acontecera com seus belíssimos cabelos louros, fartos e que caíam sobre os ombros? Chegava até a senti-los roçarem

---

[2] O leitor interessado deverá ler o livro *A reencarnação na Bíblia*, de autoria de Herminio Miranda (Editora Pensamento).

pelo pescoço, quando corria pelos campos; mas ao tentar tocá-los com as mãos, eles não estavam ali! Pela manhã, ao despertar, apalpava, às vezes, o travesseiro, em busca das belas madeixas douradas... Ela *era* branca; sabia disso com toda certeza. Como explicar aquela pele escura que tinha agora? Não poucas vezes esfregou a pele com água e sabão para ver se aquela cor esquisita saía dela. Era esse, aliás, um dos seus mais constantes pedidos a Nossa Senhora das Graças, que a mãe, católica não-praticante, lhe ensinara a venerar: nas suas preces pedia à Mãe de Jesus que operasse o grande milagre, fazendo-a acordar, no dia seguinte, branquinha como sempre fora, e com os cabelos louros de volta à sua cabeça. Era um conflito permanente aquela vida dupla – não entre realidade e fantasia mas entre duas realidades que se chocavam e confundiam. Sentia-se como uma criança que fora dormir branca, linda e rica, num palácio e, de repente, acordara inexplicavelmente negra, pobre e feia, num casebre no meio de gente que lhe era completamente desconhecida, ainda que não hostil.

Regina é dessas raras pessoas que se lembram de remotíssimos episódios da infância. Ou, para dizer de outra maneira: episódios que presenciara conscientemente em idade muito tenra foram preservados na sua memória, porque conscientes estamos sempre, na carne ou fora dela, a não ser quando vítimas das mais graves alienações mentais. Lembra-se, por exemplo, do seu batizado, tão pequena que a irmã e madrinha tinha que sustê-la ereta, segurando-lhe as costas, apoiada no ombro. Lembra-se do desconforto dessa postura e do incômodo que lhe causava aquele corpo mole, sobre o qual não exercia grande controle. De repente, a irmã virou-se para o padre e este meteu-lhe o dedo dentro da boca com a aquele sal horrível. Além do nojo que lhe causou os dedos do sacerdote, o horrendo sabor do sal puro! Sua memória guardou, também, um retrato do ambiente: a meia-luz da igreja; a pia batismal; o aspecto do piso.

Quando o pai morreu – ela teria 4 ou 5 anos – sua figura lhe apareceu em sonho para dizer-lhe que ele não havia morrido. Estivera apenas dormindo e fora enterrado vivo. Foi a maior dificuldade para convencer a criança de que o pai morrera mesmo. Permanecia sentada à soleira da porta, a esperar por ele, certa de que ele chegaria a qualquer momento. Das pessoas de sua família, sua ligação mais forte e afetiva era com o pai, que parecia compreender melhor suas 'fantasias' e a tratava com carinho.

Após a morte do pai, mudaram-se para outra cidade, onde, naturalmente, todos precisavam trabalhar. A vida seguia com escassas alegrias e muitas penúrias e privações. No correr dos anos acentuou-se aquela inexplicável sensação de ser um corpo estranho naquele pequeno mundo pobre, feio, inculto e difícil. Ela desejava uma casa ampla, bonita, bem decorada. Queria sentar-se para comer a uma mesa requintada, coberta com uma toalha impecavelmente limpa, com os alimentos servidos em travessas e, se possível, com alguém para servir. Para os seus, no entanto, era suficiente um prato de feijão nas mãos rústicas. Por isso, ela era também estranha a eles: achavam-na "besta", "metida a rica". E também aquela mania incompreensível para eles, numa jovem da sua condição: estudar sem parar, a custa de sacrifícios gigantescos...

Sem ser necessariamente orgulhosa, não podia jamais admitir que um rapaz de cor a pretendesse como namorada ou esposa. "Como é que ele se atreve?" pensava consigo mesma. Ao mesmo tempo, pensava: "Que estou eu dizendo? Pois não sou também uma moça de cor?" Seja como for, reconhecia-se impotente para mudar a situação, mas uma coisa podia fazer: decidiu não se casar para não passar a ninguém aquela cor, que considerava um estigma. Como diria Machado de Assis: "Não transmitimos a ninguém o legado de nossa miséria".

Embora consciente de ser também uma pessoa de cor, Regina não conseguia livrar-se de seus próprios preconceitos raciais. Achava que negros e mulatos eram boa gente, *desde que ficassem lá, no lugar deles*.

Descobriu cedo a sensibilidade musical e quis estudar piano, mas só o conseguiu erraticamente, porque os recursos materiais sempre faltavam ao cabo de algum tempo. Sabia, contudo, apreciar a música erudita, captar sutilezas estilísticas, distinguir autores, identificar passagens, o que, para os seus, era um esnobismo tremendo.

A grande revelação seria, em breve, a forte inclinação pelo estudo de línguas, especialmente pelo inglês, que aprendeu com incrível facilidade e rapidez. Já no terceiro ano ginasial sabia o suficiente para ler revistas e jornais ingleses e americanos. No período seguinte, começou a ler novelas policiais e histórias de *far-west* em edições americanas de bolso. Identificava-se extraordinariamente com a língua, os costumes, a história e ambiente geográfico dos Estados Unidos. Em pouco tempo o inglês passou a ser a língua com a qual sonhava e conversava consigo mesma, nos momentos mais solenes. "Nos meus sonhos", escreveu ela, "todo mundo falava inglês".

Vencendo barreiras que pareciam, de início, intransponíveis, passando até fome, conseguiu um título universitário e passou a lecionar.

Começa aí outro tipo de 'fantasia' (muitas vezes, mais um pseudônimo da memória); a fantasia romântica. Nesses longos e insistentes episódios de *day dreaming* – sonho acordado – , surgia uma figura ideal de homem a quem ela amava extremadamente. Ele era belo, carinhoso, bom; dizia-lhe coisas lindas... De alguma forma, porém, ela *sentia* que aquele homem existia de verdade e não era uma criação da sua imaginação exaltada. Nalgum lugar ele deveria estar à sua espera. As cenas, no entanto, não eram imaginárias como as da infância; eram reais, com movimento, cor, som, diálogos. Desenrolavam-se como numa tela cinematográfica, nas quais ela era ao mesmo tempo espectadora e protagonista.

Em contraste com as asperezas da vida diária, suas lutas, carências e renúncias, aquele mundo, no qual ela era feliz, passou a igualar-se e, depois, a tentar sobrepor-se ao outro. Eram duas realidades que se opunham, agora mais intensas, mais vivas do que nunca. Era natural que ela começasse a optar pela que lhe proporcionava prazer e felicidade, em contraposição à outra que só dores lhe trazia. As tarefas do dia eram executadas numa espécie de automatismo semiconsciente, na ansiedade pelas horas silenciosas de um sonho acordado.

Um dia ocorreu mais um choque arrasador: identificou, como que por acaso, a pessoa que desempenhava nos seus sonhos papel tão relevante. Aos primeiros momentos de fantástica emoção sucederam as agonias de sabê-lo já comprometido, há muito, com outra mulher. Perdia-o, portanto, no momento exato em que o reencontrava. Por dias esteve de cama, com febre alta. Mas a vida ali estava para ser vivida e sofrida...

Nesse ponto abrem-se mais amplas e numerosas janelas sobre o passado. Via-se casada com aquele ser – ao qual chamaremos de André – em remota existência no Egito, quase que insuportavelmente feliz para a sua lembrança. Via o marido chegar cansado, à tarde; as cenas de carinho e recolhimento, a alegria dos dois filhos, belos e inteligentes, e até mesmo certa rivalidade infantil entre eles – da parte do menor deles, em relação ao maior.

Deixemo-la narrar o conflito que daí surgiu, com sua próprias palavras:

> À medida que tais coisas aconteciam, cada vez mais eu me refugiava nesse mundo interior onde eu era feliz e vivia aquelo belo romance. Aos poucos isso começou a interferir com a vida objetiva. Eu, que antes dominava a história, vivendo-a somente quando desejasse, já me sentia numa compulsão para suscitar em mim aquelas cenas. Ou seja, elas se impunham por si mesmas. E eu cada vez mais me separava de mim. Via a mim como duas pessoas: uma – naquela história – bonita, inteligente, de cabelos longos e belos com os quais meu querido marido gostava muito de brincar; tinha um esposo e filhos, e não compreendia que era aquela 'outra' que ficava ali; aquele corpo feio; aquela estranha, feia e burra, tão diferente de mim.

Até hoje, superados esses conflitos maiores, Regina tem a tendência de chamar a si mesma pelo seu nome próprio. Assim, por exemplo: "Como é mesmo isso, Regina? Deixa ver se me lembro..."

O passar do tempo agravava o conflito entre aquelas duas realidades e ela começou a temer pelo seu equilíbrio emocional, pois era cada vez mais difícil viver fora daquele mundo que ela sabia ser real, ainda que em outra dimensão de tempo e espaço.

Nesse ponto procurou-me para debater seus problemas e agonias, a fim de ajudá-la – através da análise da situação em estado de desprendimento – a aceitar a vida tal como lhe mostrava aquele anverso de uma realidade penosa, mas necessária. Convenceu-se de que aquela "outra" era ela mesma e que tinha que aprender a conviver não apenas com "ela", mas "nela" e por "ela". Começou a recuperar-se a partir daí.

Um dia reencontrou também um dos filhos, aquele mais velho, do antigo Egito. Novo choque; novas crises de choro, de febre e de angústias inomináveis. Mais tarde, ela reencontraria também o outro, o mais jovem e ciumento que, sem saber por que, ela desconfiava que não estivesse muito bem, espiritualmente. E não estava!

Como funciona esse mecanismo de reconhecimento? Seria difícil, extremamente difícil, descrevê-lo, porque faltam as palavras apropriadas e ainda não conhecemos os dispositivos que entram em ação nesse momento. Há, porém, uma constante a observar: a intensidade da emoção que parece avassalar a pessoa e aquela certeza inexplicável ou convicção irracional, intuitiva, de uma realidade que sabemos inquestionável. A cada momento estamos nos encontrando com pessoas que pouco ou nada nos dizem como seres humanos. No minuto seguinte, mal nos lembramos delas ou do que disseram. E, no entanto, lá uma vez ou outra topamos com pessoas que nos causam verdadeiros abalos sísmicos interiores, tanto positivos e agradáveis, como negativos e penosos; simpatias e antipatias que parecem gratuitas e aparentemente inexplicáveis. É o teor dessas emoções, a profundidade e autenticidade delas, a intensidade dos choques que nos causam, que nos dão a medida da sua realidade.

Não poucas vezes isso nos acontece sob as mais estranhas circunstâncias. Duas pessoas se encontram na rua. Estaca uma diante da outra e se contemplam em muda perplexidade, como se buscassem na memória um traço, um sinal identificador, uma lembrança. Onde foi que vimos aqueles olhos; onde experimentamos aquela imponderável identidade que parece meramente vibratória e, no entanto, não menos real e convincente?

Com Regina foi algo parecido. Por mero acaso – ou assim ela achou, na época – encontrou-se certa noite numa sala de conferências, onde alguém ia falar. Ela fora ali apenas dar um recado urgente para uma pessoa e, no impulso do momento, resolvera ficar para ouvir a palestra da noite. Era um centro espírita e, na época, ela não estava ainda engajada no movimento. O orador da noite ela o conhecia apenas de nome, mas somente soube disso quando anunciaram a sua presença.

Deixemo-la narrar esse episódio:

> Ele entrou na sala e tomou lugar na tribuna. No momento que olhei para ele, senti um choque violento no coração. Deu-me uma dor e o coração disparou a bater violentamente. Meu corpo todo tremia e eu tinha a impressão de que ia cair, ante a terrível emoção. Olhando para ele na tribuna, via-o iluminado como que por um *spotlight*, tomando-lhe a cabeça e descendo até o busto. E eu o via, então, como um homem com mais ou menos 30 anos, um rosto lindo, sereno e os olhos... e eu então o reconheci. Era a pessoa do meu romance interior. Era o meu esposo do passado. E estava ali, a dois passos de mim. Por um momento pareceu-me que ia ter uma síncope. Nem sei o que ele falou, a propósito de que foi a conferência.

Só depois ela soube que chegara tarde à sua vida. Ficou com ela a mágoa de ter-lhe sido fiel por tanto tempo, enquanto ele não havia esperado por ela.

Quanto ao menino que lá no Egito havia sido o filho mais velho, o reconhecimento deu-se por processo semelhante.

Ela havia conhecido, sob grande comoção, um homem jovem ao qual imediatamente se sentira muito ligada. Havia qualquer coisa nele, principalmente na expressão dos olhos que lhe dava a certeza de o *conhecer*; de saber quem ele era. Estava ela a contemplar o seu filho mais velho certo dia, numa das suas habituais cenas de sonho acordado, quando viu, em lugar de seu rostinho de criança, a fisionomia de uma pessoa adulta – o jovem que ela conhecera. Outras vezes se via embalando seu filhinho, e o rosto dele voltava a ser o do jovem que conhecera. E então a certeza: encontrara o filho querido e chorava de alegria e emoção.

Alguns anos mais tarde identificou o outro, num encontro para o qual fora convidada apenas para conhecê-lo, pois havia um amigo comum que desejava aproximá-los.

> Olhando o rapaz, de repente senti-me como que num funil e ele foi diminuindo na minha frente, encolhendo-se, decrescendo, e eu vi nele o meu segundo menino. Ah, o esforço que tive de fazer para não dizer nada! Para parecer natural. Para não correr para ele e tomá-lo nos braços e gritar: "Meu filho! Meu filho! Meu pequenino!" Enfim, só Deus sabe como estes reencontros são difíceis, quando acompanhados assim por intensas emoções...

Em paralelo, porém, a vida tem que seguir seu curso. Seria imprudência interferir, revelar-se, identificar-se e suscitar desvios de programas próprios ou alheios ou descumprimento de compromissos muito graves. Aqueles seres ali, que um dia foram de nosso convívio e partilharam conosco momentos de muita felicidade e amor, estão agora em outros contextos, deslembrados de uma realidade da qual só a gente sabe e que, por misteriosos motivos, nos foi revelada. Tanto eles como nós temos que seguir os nossos caminhos, viver as nossas dificuldades, regatarmo-nos dos nossos problemas, recompormo-nos com outros seres aos quais também devemos atenção e carinho.

Essas revelações e identificações felizmente não desequilibraram Regina. Permaneceram nela a viva consciência de seus deveres e o respeito pelas rígidas limitações que a vida lhe impunha.

Seja como for, o reencontro com aquele ser a quem chamamos André, suscitou vários outros episódios que de repente começaram a emergir da memória integral em sonhos ou em desdobramentos conscientes, em estado de vigília. Várias vezes no passado Regina e ele estiveram juntos e viveram situações dramáticas.

Em mais de uma existência casaram-se secretamente ou se amaram clandestinamente. Parece que alguma atitude muito grave no passado remoto continuava a impedir que aquele amor pudesse expressar livremente seus anseios.

Com frequência, ela era solicitada a reviver episódios aflitivos, com todas as suas emoções, alegrias e angústias. Numa dessas vidas o casamento foi secreto, mas a família dele, gente nobre e poderosa, descobriu e conseguiu separá-los. Mais do que isso, manipulou influências no alto escalão da Igreja e obteve a anulação do casamento. Por timidez ou acomodação – talvez fosse ainda muito jovem – ele não lutou pelo seu amor. A jovem esposa abandonada teve uma filha que não conseguiu perdoar o pai nem entender como era possível à mãe continuar amando aquele que desertara de seus compromissos sob a pressão da família. A menina era orgulhosa e vaidosa. Sonhava com as coisas que, por direito, seriam suas, pela posição social de seu pai: os altos círculos da nobreza; as belas roupas; as joias; o nome ilustre. Era ainda muito jovem quando a mãe morreu, e esta se lembra de que, mesmo no mundo espiritual, tentava influenciar para que ela perdoasse o pai, o que resultou inútil. Continuava a achar que a mãe fora fraca e que não tinha nem um pouco de orgulho ou, mesmo, vergonha.

Também esta filha foi identificada no presente. É novamente filha (legítima) daquele que outrora recusou-lhe a paternidade, o nome e a condição social. Certamente foi uma criança difícil, porque traz mágoas não resolvidas dentro de si e ainda não aprendeu a força do perdão. Dispõe, no entanto, de muitos atributos positivos e há de encontrar um dia seu caminho rumo à paz espiritual.

* * *

Há, também, duas existências na França medieval, mas especificamente ao norte, na região da Normandia e Anjou. Novo relacionamento em que o amor tinha que conviver com dificuldades e pressões.

Em ambas essas existências, separadas ao que parece por um ou dois séculos, ele pertenceu ao clã dos Anjou. Numa delas, Regina fora uma jovem de modestas origens sociais, quase uma camponesa. Em vez de tomá-la como concubina, como era comum naqueles tempos, ele resolveu casar-se com ela. Parece, no entanto, que André tinha um agudíssimo senso de pudor com relação às suas emoções mais profundas, pois desejou preservar sua privacidade, não envolvendo no artificialismo da vida palaciana a pureza daquele idílico amor. Mandou construir, nos confins de suas terras, uma casa mais modesta, na qual passava com ela a maior parte do tempo, sem desligar-se de todo da vida no castelo. Aliás, ela o vê muito desinteressado daquelas formalidades, do poder que a riqueza lhe proporcionava, da posição social. Preferia estudar e meditar, caminhando sozinho pelas alamedas da sua propriedade. Segundo ela, ele era simples e caridoso. Tiveram dois filhos, aliás, gêmeos.

Nas vizinhanças vivia, porém, uma viúva e sua filha, também donas de terras e títulos de nobreza. A filha era loura, muito bonita, ambiciosa e de temperamento explosivo. Decidiu casar-se com o jovem d'Anjou, não tanto porque o amasse, mas por tudo o que ele representava. Teve o apoio incondicional da mãe, mulher voluntariosa e não menos ambiciosa. (Esta moça loura fora, numa vida anterior, ali mesmo no seio do clã dos Anjou, um dos vértices daquele mesmo triângulo amoroso: Regina, André e ela. Ainda veremos como foi isso.)

Sem afirmar logo, positivamente, que não queria casar-se com a moça, porque já estava casado, o jovem duque só dizia que não podia casar-se. Certamente não desejava revelar a realidade de sua situação civil e explodir o segredo da união idilicamente feliz com a jovem camponesa da sua escolha. Mais uma vez, porém, ele não soube resistir às pressões que sobre ele foram aplicadas por mãe e filha, e também por seus próprios amigos que queriam vê-lo casado. Certamente para livrar-se delas, sem pensar muito em consequências, concordou com o casamento, ou melhor, *resignou-se* a ele, embora sempre reiterando que *não podia casar-se*. Mãe e filha mudaram-se para o castelo d'Anjou e lá se instalaram. O jovem duque, porém, prosseguiu normalmente seu modo de vida, sem tomar conhecimento da nova esposa. Sem que a outra o exigisse, era-lhe totalmente fiel. As outras é que não se conformaram com a situação e passaram a espioná-lo, até que descobriram a razão das suas ausências diárias. No confronto que se seguiu, ele confirmou tudo. Só que a mãe de seus filhos não era uma concubina, como elas pensavam, mas a esposa legítima; concubina era a jovem loura, dado que o casamento com ela era nulo. Seguiu-se uma 'cena' terrível de raiva impotente, ameaças e desespero. A luta estava aberta pelo que ela, a jovem loura, julgava ser de seu direito: era a dona dele e de tudo o que lhe pertencia. Mais indignada ainda ficou quando soube da existência de filhos. Quanto aos bens, explicou ele, calmamente, não eram mais dele, porque pusera tudo em nome da esposa legítima, por escritura que continha cláusula segundo a qual em caso de morte da esposa e dos filhos, os bens reverteriam a alguma instituição.

A vidência se interrompe nesse ponto. Regina sabe apenas que viveu cerca de 14 anos separada de seu marido, isolada num castelo com uma torre circular muito alta. Parece que havia guerras frequentes e tumultos e ele a mandara para lá, a fim de protegê-la. Via-os, depois de morta, ele e os rapazes. Formavam uma família feliz e equilibrada. Eram amigos e muito unidos. Do mundo espiritual ela contempla, triste e oprimida, a sua solidão.

Este episódio, bem como o outro que o antecede, foi dramatizado de maneira interessante. Regina adormecera em estado de angústia muito agudo, em virtude de problemas emocionais da vida atual. Pouco depois, já desdobrada, viu-se num salão enorme, onde muitas pessoas se reuniam em torno de longa mesa de pedra, sentadas em bancos também de pedra polida. Era um clã enorme e ali estavam pessoas da família e os servos de mais elevada condição. Regina via-se como uma jovem aí pelos 14 anos, trigueira, bonita, vestida com uma túnica de linho cru, mangas compridas, presa na cintura por um cordão. Era, obviamente, a dona da mansão ou do castelo. Alguém ali contava uma história, a sua história.

Era ela, de fato, a dona do castelo. Seu marido, de apenas 29 anos, era, contudo, bem mais velho do que ela. Era hábito casarem-se cedo as moças. Guerras e conflitos de toda sorte mantinham-no em constantes e prolongadas ausências.

Escreve ela no seu relato: – Eu me ressentia muito com isso, pois ficava muito só, embora o castelo estivesse cheio de criados. Sem meu marido, era como se estivesse sozinha.

Quem contava a história era um senhor simpático, que exercia ali as funções de notário e administrador dos bens do nobre. A família era dos duques de Anjou.

Numa dessas ocasiões em que o marido retornava das suas campanhas, ela resolveu fazer-se mais difícil e buscou refúgio em casa de seus pais. Quando ele chegou e não a encontrou no castelo, decidiu, talvez, dar-lhe uma lição: tomou uma concubina, uma jovem e linda estrangeira loura que ali servia. Regina entendeu logo a gravidade da situação e voltou correndo e ele, prontamente, deixou a outra. Esta é que parece não se ter conformado com a situação, na qual fora usada como mero objeto de uma tola disputa entre marido e mulher, no que, aliás, tinha razão. A mágoa ficou e, ao voltar, na existência posterior, ali mesmo naquela região francesa, veio cobrar o que lhe parecia ser de seu direito, como vimos no episódio anterior. Novamente a figura de Regina se interpunha entre ela e André: o triângulo persistia.

Regina entendeu que a narrativa desse episódio teve o objetivo de mostrar a irresponsabilidade e o egoísmo com que agiram, a se projetarem em angustiantes consequências no futuro e que aqui não vem ao caso relatar.

Continuando a história, Regina escreveu:

> No final do relato, o notário disse uma frase que continha velada admoestação, mas que, em verdade, ele não carregava o tom, porque era muito indulgente conosco – eu e meu marido – porque nos amava muito. É como se dissesse: – Isso é coisa da juventude!

Nesse ponto do relato o sono foi interrompido e ela voltou ao corpo, sentindo-se ainda vestida com aquela túnica de linho cru. Levantou-se para tomar um pouco d'água ou coisa assim e, perfeitamente lúcida e acordada, viu, ao lado de sua cama, o notário que contava a história. Estava à sua espera. Notou-lhe os punhos da camisa e o livro grande de capa preta semelhante aos que se usam hoje nos cartórios.

Deitando-se novamente, não adormeceu. Desdobrou-se plenamente consciente e acordada. O notário levou-a ao local onde lhe narraria o segundo episódio. Vejamos como descreve ela o *décor*:

> Eram as alamedas de um belíssimo castelo. Árvores muito verdes, de um verde limão, aveludado, muito belo. Havia grande silêncio em redor. Era de madrugada. Só estávamos nós dois ali. Era uma das alamedas, ao lado do castelo. Eu estava vestida com uma túnica e tinha cabelos escuros que vinham até um pouco abaixo dos ombros. Recostei-me a uma árvore baixa, dividida em dois galhos que cresciam desde o chão, em forma de V. Fiquei ali, recostada em um dos galhos, com os pés e o corpo voltados para o meio da árvore. O notário abriu o grande livro e começou a ler. Mal tinha ele começado, cenas vivas passaram a desfilar diante de meus olhos. A alameda transformou-se num teatro vivo, onde eu via as cenas mais diversas.

Seguiu-se o episódio do duplo casamento de que há pouco falamos.

* * *

Esses dois espíritos – Regina e André – iriam viver outro episódio doloroso em Florença, na Itália. Como sempre, era um amor intenso, de difícil realização, como que proibido, clandestino. Ele era monge e ela freira. Novamente saltaram por cima das barreiras das convenções. A Igreja descobriu e ambos foram atraídos para uma cilada, onde um sinistro grupo de sacerdotes encapuzados os esperava. Haviam forjado um bilhete dele para ela e um dela para ele, marcando um encontro secreto. Falaram-lhes daquele amor pecaminoso ditaram uma sentença implacável: tinham que tomar veneno. Provavelmente desejavam dar àquela morte, resultante de uma condenação ilegal, as aparências de um suicídio pactuado entre os dois que se teriam arrependido. De nada adiantaram os apelos dramáticos da jovem freira, que tenta recusar-se a tomar o veneno: – Eu sou tão jovem! Não quero morrer!

É ele que a convence a tomar: –Toma, meu amor. Não vai doer nada!

Terminou assim mais uma vida para aquele amor frustrado.

* * *

Esse episódio teve desdobramento tão inesperado quanto curioso, para dizer o mínimo.

Um leitor que conheço pessoalmente ligou-me algo agitado e me atirou uma pergunta à queima-roupa:

– O nome... significa alguma coisa para você?

Respondi que sim, pois ele acabara de mencionar o nome verdadeiro da pessoa, à qual chamei, no livro, de Regina.

Tinha ele estranha história a me contar. Tão estranha que, em obra de ficção, poderia parecer fantástica, mas a vida não se preocupa em ser verossímil, ela se contenta em ser verdadeira. A pessoa, cuja identidade protegi sob o nome fictício de Regina, havia sido sua professora e, segundo ele, houve inexplicáveis dificuldades no relacionamento entre eles. Volvidos os anos, já pouco se lembrava o meu leitor da antiga professora. Ao ler, no entanto, nesta obra, o relato da sinistra cena do 'suicídio' do casal de religiosos, ele viu a nossa Regina na pessoa da freira e a si mesmo como um dos monges encapuzados que a julgaram e a condenaram juntamente com o seu companheiro. Telefonava-me ainda sob o impacto emocional da singular experiência. Perguntei-lhe se identificara também o companheiro dela, mas isso a memória não quis contar-lhe. Também me vejo forçado a manter o suspense para preservar outras tantas identidades. No entanto, como se diz em linguagem de cartório, o que aí está é verdade e dou fé.

Acrescento que, eu deveria estar habituado a surpresas como essa, ainda assim, mais uma vez, os mecanismos da memória me apanham desprevenido e me projetam em dimensões da realidade, que parecem ultrapassar os limites da racionalidade. O que simplesmente quer dizer que ainda não conhecemos bem onde ficam tais fronteiras.

* * *

Estamos frequentemente nos referindo ao fenômeno do desdobramento ou desprendimento do perispírito. Como é visto isso do ponto de vista do sensitivo? Regina tem algumas experiências interessantes para os objetivos deste trabalho.

Escreve ela: – Às vezes estou acordada, deitada, virada para um lado da cama e vejo duas cabeças; uma virada para um lado e outra para o outro.

De outras vezes acorda durante a noite e precisa levantar-se para alguma coisa; observa, porém, que não adianta prosseguir porque, embora sentada na cama, no seu corpo fluídico, o corpo físico continua lá, deitado.

– Então deito-me de novo, em cima do meu corpo para poder 'pegá-lo' e conseguir levantar-me de verdade.

Em outras oportunidades começa a sentir um movimento estranho, como se fosse "dentro dela", tal como se alguém a estivesse jogando para cima e para baixo, "igual a um ioiô", ela diz. – É difícil explicar. Dá a impressão de que alguém tira algo de dentro de uma caixa ou de uma forma. Nessas ocasiões ela via, por exemplo, plenamente acordada e consciente, o recosto do *sumier* ou da cabeceira da cama, subindo e descendo. Na realidade, com o tempo, ela compreendeu que era *outro corpo* seu que subia e descia, pois o corpo físico continuava em repouso, no *sumier*.

O mais comum, porém, era "sair por cima pela cabeça". Pelo menos era essa a sensação que experimentava e que, a princípio, lhe causava algum pânico. Ademais, as tentativas de regressar ao corpo provocavam desagradável sensação de queda, como se lhe faltasse o solo. Às vezes parece que o *outro* corpo, o mais sutil, 'entalava' também como um pulôver e ela sentia sufocar-se. Era frequente também cair desgovernada no chão logo que se desprendia, mas o chão parecia abrir-se, subitamente inconsistente, incapaz de sustentá-la. Em diferentes oportunidades via-se a rodar e rodar, presa à ponta de um cordão, como se alguém girasse por sobre a cabeça uma pedra presa a um barbante. O fenômeno produzia estranho zumbido, que a afligia.

Por tudo isso, preferia os desdobramentos nos quais a mecânica da separação em si era inconsciente e ela já se via "solta", a caminhar por alguma região extradimensional. À medida que foi se instruindo mais com relação à fenomenologia mediúnica, passou a entender e a controlar melhor as situações que se lhe apresentavam. Atualmente ela consegue deixar o corpo e retomá-lo sem perda de consciência, em plena vigília ou durante o sono.

Como estamos aqui particularmente interessados em fenômenos específicos da memória, deixamos de relatar episódios nitidamente mediúnicos, que ficam para outra oportunidade. Convém, contudo, reproduzir um desses interessantes fenômenos pelas implicações e consequências que desencadeou.

Exposta a toda essa fenomenologia que gerava tanta perplexidade, não poucos temores e alguns conflitos maiores, Regina começou a ficar confusa e a questionar-se em busca de respostas, de orientação, de racionalização daquela problemática.

Há muito que os espíritos davam-lhe sinais inequívocos de presença. Chamavam-na pelo nome, moviam objetos, faziam-nos desaparecer e reaparecer em plena luz, ante seus olhos bem abertos, tocavam a campainha, batiam portas e janelas, provocavam ruídos maiores, como panelas que tombavam ao chão. Às vezes puxavam-lhe os cabelos, beliscavam ou pressionavam sua pele. A princípio ela pensou que aquilo seriam ilusões auditivas ou visuais, alucinações, enfim, mas a insistência era muita.

Ao cabo de muitas preces e meditações, passou a perceber, nos momentos de recolhimento, uma voz doce e amiga que lhe explicava as coisas e parecia responder às perguntas que ela ia formulando mentalmente. Como os conhecimentos contidos nessas respostas eram estranhos à sua formação e quase sempre inesperados e até contrários ao seu próprio modo de pensar, ela concluiu que uma personalidade diferente da sua ali estava para ajudá-la.

Conta-nos ela:

> O contato com essa entidade, cujas ponderações eu passava rigorosamente pelo crivo da razão, amenizou-me bastante as dificuldades íntimas, mas não as resolveu. Eu continuava tendo crises muito agudas de angústia profunda, ficando, às vezes, até de cama. E minhas indagações eram muitas. Certo dia em que eu estava particularmente angustiada, passando um dia dificílimo, a voz voltou, à noite, e me disse: 'Fique tranquila. Amanhã vai chegar à suas mãos algo que vai lhe dar todas as respostas que você deseja. Vá dormir em paz agora. Confia.'

O dia seguinte foi domingo. Já esquecida do episódio da noite anterior, foi passar o dia com um casal muito amigo, como era de seu hábito. O calor era intenso e eles costumavam fazer uma sesta após o almoço. Naquele domingo, porém, o marido de sua amiga resolveu arrumar uns livros que estavam num caixote na garagem. Haviam se mudado recentemente para ali e não houvera tempo para acomodar tudo nos seus lugares. Logo naquele domingo, porém, com todo aquele braseiro? Houve protesto das mulheres, mas, tudo inútil. Resignaram-se a ajudar o rapaz na sua tarefa.

À medida que ele ia tirando os livros, elas os iam separando e arrumando.

> Estávamos ali há algum tempo – alguns minutos – quando, de repente, num movimento brusco, creio eu, um livro desprendeu-se da mão dele e veio 'voando' parar no meu colo. Reclamei: – Poxa, fulano, cuidado aí!

Como o livro se abrira ao cair, ela deu-lhe uma espiada. Ali estavam algumas das perguntas que ela costumava fazer a si mesma. Leu as duas páginas abertas, achou-as interessantes e fechou o livro para ver a capa. O título era simples: *O que é o espiritismo*.

A dona da casa não sabia de quem era o livro e nem mesmo como fora para lá; mas, desde que Regina gostara, podia ficar com ele.

Nesse momento, por misteriosas e insondáveis razões, o rapaz resolveu suspender o trabalho. As mulheres tinham mesmo razão – o dia era impróprio para se meter numa tarefa daquelas. Melhor era cada um tirar a sua sesta, como de hábito. Assim foi feito, exceto Regina, porque o livrinho não a deixou dormir naquela tarde. Só à noitinha, de regresso à casa, lembrou-se da promessa do seu amigo espiritual, no sentido de que, naquele dia, algo chegaria às suas mãos com as respostas que ela buscava...

* * *

Regina teve também alguns *flashes* de memória de uma existência de muito poder numa corte europeia, bem como episódios isolados de pelo menos duas vidas mais ou menos breves nos Estados Unidos. Em visita de estudos que fez a esse país, identificou alguns dos locais onde teria vivido.

Numa dessas existências, seu pai teria sido político de certa projeção, provavelmente um dos signatários da famosa Constituição de 1777.

Em outra vida, ela tem lembrança de haver frequentado a Universidade de Harvard. Foi provavelmente uma das pioneiras a buscar ensino superior naqueles tempos em que o mundo era organizado exclusivamente pelos homens e para os homens.

Em existência anterior, teria sido uma das vítimas do horrendo episódio de perseguição às bruxas, desencadeado pelos puritanos de New England, nos Estados Unidos.

Num de seus desprendimentos ela se reviu numa daquelas lamentáveis cenas, desenrolada em público, num tribunal. Ela se sentia apavorada e não desejava prestar-se ao que estava para suceder ali, mas não tinha como escapar. Parece que a situação fora armada para fazerem nela uns testes. Ela deveria tentar curar, com procedimentos espirituais, algumas pessoas doentes. Subitamente sente-se *tomada* por uma entidade feminina – o nome que lhe ocorre é Míriam – que comanda enérgica e com certo sotaque: –Tragam os doentes!

Regina via-se, em espírito, ao lado do seu corpo, momentaneamente sob o controle da entidade, bem como o espírito desta. Os doentes do corpo e da mente – havia casos de obsessão e subjugação entre eles – foram tratados e curados.

Em seguida, aquela entidade se afasta e outra se incorpora. Este é um homem; fala com sotaque ainda mais forte do que Miriam. Regina sabe – como? – que ele é um amigo espiritual do apóstolo Paulo. O homem começa a pregar e, enquanto ele fala, ela é espancada e flagelada – ou melhor, o seu corpo físico. Desdobrada em espírito, ela sente o impacto das pancadas e a dor, mas o espírito ali incorporado continua, imperturbável, sua prédica. Parece desejar demonstrar que as pancadas não o atingem, precisamente porque é um espírito estranho ao corpo daquela que está sendo julgada como feiticeira. Fala de Deus e cita algumas passagens evangélicas para mostrar também que *não é o demônio*, como aqueles fanáticos julgam. "Nem toda a carne é a mesma carne" – diz ele. "Assim como há corpos terrestres, há também corpos celestes". "Pai, perdoa-lhes porque não sabem o que fazem". "Senhor, em tuas mãos coloco o meu espírito. Senhor Jesus, recebe-me!"

Em seguida a entidade a deixa. Regina retoma o corpo sentindo-se exausta. Está sozinha no salão, agora vazio e mergulhado na penumbra. Contempla o piso de madeira escura e a mesa. As paredes também são de madeira. Sente-se desamparada pelos amigos. Desertaram. Ouve alguns desses ex-amigos a comentarem que aquilo tudo é uma farsa, porque é ela que faz aquelas coisas.

Desperta ainda assustada, deprimida, magoada e tem a impressão de que seus algozes estão fisicamente presentes ali no quarto onde dorme. Ainda ouve as citações evangélicas a ressoarem em sua mente, como um disco que se repete indefinidamente. Nesse estado, levanta-se para escrever o relato, enquanto a lembrança está bem viva na sua memória.

Há ainda outro episódio, já referido neste livro, que teria acontecido na época da Guerra de Secessão. Por causa da posição política de seu pai, latifundiário do sul, Regina foi caçada como uma criminosa e morta a tiros numa propriedade, na qual buscara refúgio em companhia de duas criadas. Uma destas foi a pessoa que a traiu, revelando seu esconderijo, talvez em troca de uma recompensa. Essa escrava, que ela chicoteou impiedosamente quando se viu traída, Regina identifica como uma de suas irmãs, na presente existência.

* * *

Há outros episódios, como o de uma existência que ela não sabe onde nem quando, na qual tentou suicídio para escapar a uma situação que parecia inexorável: sua ligação com um primo que ela abominava e que cobiçava seus bens. Saltou de uma torre ao mar, lá em baixo, mas conseguiram salvá-la. Um médico interferiu a seu favor e ela passou a desfrutar a proteção da Igreja todo-poderosa para livrar-se do parente odioso que tinha sobre ela uma espécie de tutoria, que os prelados caçaram sumariamente.

Em outra vida, embora de origem nobre, vê-se subitamente desamparada (orfandade?) e despachada para longe com algumas crianças menores, por uma duquesa rica, poderosa e voluntariosa. Um senhor bondoso, mas que cumpria ordens expressas e incontestáveis da duquesa, viajava com as crianças. Sua missão consistia em sumir com as crianças, dando-as a quem as quisesse ou, simplesmente, abandonando-as. Para dar uma conotação legal a esse verdadeiro massacre branco, a pessoa que ficasse com as crianças deveria assinar um termo. Quem, porém, iria verificar a autenticidade das assinaturas e a legalidade do termo? E ainda que tidos como falsos, quem se atreveria a contestar a vingativa mulher?

A certa altura do caminho, o grupo se detém num castelo de aparência abandonada, mas com uma parte habitável. Vive ali um solitário alquimista, ainda jovem, sereno, bondoso e bem humorado que se propõe ficar com um dos meninos. O homem lhe dá uma cópia do termo para assinar, o que ele faz. Com uma ponta de fingida malícia, ele pede que lhe deixe também a jovem (a nossa Regina) para ajudar a cuidar do menino, a quem ela parece estar muito ligada. Ela prontamente concorda no íntimo, porque a afeição por ele explode ali mesmo, espontânea e forte, como um clarão de felicidade. Não há termo a assinar, porque ela já alcançou a idade da razão. – Se você quiser ficar com ela – diz o homem que conduz as crianças — é sua. E novamente aí está o triângulo fatídico que se repete ao longo dos séculos: a duquesa, André e Regina. A duquesa parece ligada ao alquimista. Talvez sejam até marido e mulher, ela não tem certeza. Se é isto ele teria se separado dela para viver sozinho e em paz, numa das suas propriedades semiabandonadas.

Regina identifica o homem que leva as crianças como pai, na presente existência, da duquesa durona. É um homem bom e tranquilo, mas não tem a mínima condição de contestar a mulher a quem serve com fidelidade, ainda que discordando de seus métodos de ação. Como Regina sabe disso? Não me perguntem, nem a ela.

São dessas coisas que a gente simplesmente sabe sem saber por quê. Em todos esses episódios, encontra-se o selo de autenticação inconfundível das emoções suscitadas, dos impactos, das alegrias, das angústias. Não é o mero recordar-se de uma cena penosa ou feliz – é vivê-la outra vez, com as suas cores, luzes, movimentos, cenários e, principalmente, com suas emoções. Enigmas e mistérios da memória. É difícil dizer como são suscitadas essas lembranças; é mais fácil dizer por que o são. Quase sempre ocorrem em períodos de maior tensão emocional, quando situações da vida presente parecem por demais penosas, aflitivas e incompreensíveis. É como uma palavra de consolo e esclarecimento. Como se alguém viesse para mostrar certas coisas passadas apenas para poder substanciar um ensinamento. Assim: "Você está sofrendo isso agora porque, no passado, você fez aquilo. Ou seja, agiu com crueldade; foi egoísta; irresponsável; magoou profundamente pessoas que ainda não aprenderam a perdoar. Se continuar assim, vai prolongar sofrimentos e agonias. Console-se, pois, e aceite corajosamente a cobrança que a lei está exigindo de você. Isto não é vingança; é resgate; é prenúncio de libertação; é a antevéspera da paz; é a madrugada de um novo dia de esperanças. Chore a sua dor, mas levanta e continua a caminhar, sem ódios, sem rancores, sem desesperos e sem revoltas".

9) *Far memory* – a memória remota

Regina não é caso único, pois lembranças aparentemente espontâneas de vidas anteriores ocorrem com muito maior frequência do que pensamos. Acontece, porém, que são poucos os que sabem identificar com clareza os diversos fenômenos – mediunidade, premonições, recordações ou meras fantasias. Em muitos, recordações legítimas passam por sonhos incongruentes ou vidências em desdobramentos são sumariamente rejeitadas como alucinações visuais. A autenticação dos episódios está na emotividade que suscitam, mas também nos encaixes lógicos, na compatibilidade com situações reais da vida presente, na coerência de traços pessoais das pessoas envolvidas.

Dizíamos que o de Regina não é caso único. É verdade. Consciente ou inconscientemente, muita obra de ficção literária é escrita com base em recordações de vidas anteriores.

É o caso, por exemplo, da famosa romancista americana – inglesa de nascimento – Taylor Caldwell, autora de inúmeras obras de sucesso, quase todas traduzidas em muitas línguas, algumas convertidas em filmes igualmente notáveis. Ela mesma confessa que às vezes alguém parece ditar-lhe trechos inteiros, enquanto, em outras oportunidades, ela vê as cenas se desenrolarem à sua frente. O conhecimento que ela demonstra de certas épocas tem sido motivo de muitas especulações, como por exemplo, o da medicina na antiguidade grega em *Testimony of two Men* (*O testemunho de dois homens*); ou dos tempos apostólicos, com o seu não menos excelente *Dear and glorious physician* (*Médico de homens e de almas*), sobre a vida de Lucas, médico, evangelista e artista; ou dos tempos de Péricles, em *Glory and the lightning*.

Somente quem 'esteve lá' poderia descrever, com tal realismo e convicção, ambientes e costumes da época, ainda que o fio da narrativa venha enriquecido com episódios aparentemente ficcionalizados.

A propósito, vale a pena ler (ou reler) o livro em que Jess Stearn narrou a eletrizante aventura empreendida em busca das vidas passadas de Taylor Caldwell, via hipnose (*The search for a soul*). O leitor que não dispuser do livro, pode recorrer ao estudo de minha autoria publicado em *Reformador*, de julho de 1973.

Com a sra. Caldwell também há o curioso fenômeno de um triângulo amoroso a repetir-se século após século, como o da nossa Regina. Só que em vez de duas mulheres e um homem, há dois homens e uma mulher. Um dos homens parece bom, tranquilo, pacífico. O outro é impulsivo, algo violento, acostumado a comandar e a ser obedecido sem um pio. Este – que ela chama com respeito de "meu senhor Darios" – é identificado com a figura histórica de Gêngis Khan, sobre que, aliás, escreveu um dos seus excelentes romances, se é que se pode chamar tais obras de romances.

Com Joan Grant, outra notável escritora inglesa, ocorrem fenômenos idênticos. Seu estilo é sugestivo, e o relato é de impressionante vivacidade e convicção. De cada uma de suas antigas vivências, extraiu ela uma narrativa que publicou como ficção. O livro inicial é a sua história nesta vida. Chama-se *Far memory* anteriormente publicado sob o nome de *Time out of mind* (*Tempo fora da mente*).

Escreve ela no pórtico de *Far memory*:

> Nos últimos vinte anos, sete livros meus foram publicados como novelas históricas, mas para mim elas são biografias de vidas passadas que eu conheci.

Ela também fala sobre desprendimentos, visões, conhecimentos, cujas raízes não se implantaram no terreno da sua vida atual; reencontros com pessoas e locais, emoções ressuscitadas, saudades inexplicáveis, esperanças ainda não realizadas. Dos sete livros que ela menciona, tenho quatro – fora o de memória – e li mais um que encontrei numa biblioteca pública. Chama-se este *The winged pharaoh* (*O faraó alado*). Os outros são citados na bibliografia. Faltam-me, ainda, ao escrever estas notas, *Scarlet Feather* e *Return from Elysium*. Quatro desses livros narram episódios da vida no antigo Egito. Todos eles são escritos em estilo muito peculiar, intensamente dramáticos e com expressões da mais linda poesia.

Em *Life as Carola*, por exemplo, ela tem a visão antecipada de algumas experiências futuras. Via-se de pé numa vasta planície e, então... Deixemo-la falar:

> À minha direita e à minha esquerda havia uma fila de gente que se estendia pelo horizonte a fora. Era uma fila singular: mulheres velhas, moças e crianças; guerreiros e escribas; sacerdotes e fazendeiros. Suas faces me eram estranhas e, contudo, eram-me tão familiares como a minha própria. Eu conhecia até as fibras da madeira no bordão daquele peregrino; a têmpera da espada nas mãos daquele jovem guerreiro; o peso da criança nos braços daquela mulher; a ale-

gria da moça vestida para um festival. Suas peles eram de diferentes cores, pois vinham de todas as partes do mundo; alguns vestiam-se apenas com uma tanga e outros estavam coroados. Um por um, eles foram se chegando a mim e eu via que seus olhos eram um espelho no qual me via refletida. Eram todos os 'eus' que eu tinha sido na Terra. Do outro lado havia ainda muitos deles no meu roteiro. Não podia, contudo, distinguir-lhes as faces nem suas roupas, ou saber de seus países ou até mesmo se eram homens ou mulheres, porque eu ainda não havia nascido neles para fazê-los viver. (Grant, Joan, 1975)

Alhures, no livro, uma personagem diz isto: ... "não há como escapar da vida a não ser vivendo-a." (Idem)

Ou esta outra:

> Você não escapa das dificuldades. Elas são como um muro bloqueando a estrada por onde você tem que passar. Quando você vê o muro à distância, pode fechar os olhos e fingir que ele não existe e, quando não puder ir adiante, pode sentar-se na poeira e virar as costas para o muro. Você pode ficar ali centenas de anos, esperando que o tempo faça o muro desabar; mas o tempo não o faz; ele continua a construir fieiras e mais fieiras de pedras, para fazê-lo cada vez mais alto. (Idem)

Veja, por exemplo, que bela maneira de expressar o amor por uma criatura!

> Se Deus e você fossem dois pintores, Ele ficaria zangado com você porque você copiou os seus desenhos, tão perto andou de fazer na Terra o seu paraíso. (Idem)

10) Reencarnação grupal

E temos ainda, aqui, à mão, o dr. Arthur Guirdham, já citado alhures neste livro, a propósito de Freud. Vejamos outros aspectos do seu trabalho.

Em primeiro lugar, a trágica e encantadora história dos cátaros, narrada em três de seus melhores livros. Sobre o primeiro deles, *The cathars and reincarnation* escrevi um estudo para *Reformador*, de agosto de 1979.

A história (verídica, naturalmente), começa a desdobrar-se a partir de uma cliente que lhe foi encaminhada por um colega médico que desejava a sua opinião de psiquiatra sobre ela. A paciente era jovem – cerca de 30 anos – casada, bonita, inteligente, comunicativa. Tinha um pesadelo recorrente que a fazia despertar aos gritos todas as vezes. Isso, repetidamente, há vinte anos. No sonho, um homem aproximava-se dela, pela direita, surpreendendo-a deitada, a dormir, no chão. O pânico era imediato e sempre da mesma intensidade. Ultimamente o pesadelo estava ocorrendo duas a três vezes por semana.

A jovem senhora ficou radicalmente curada após a entrevista com o dr. Guirdham. Só mais tarde, porém, o médico perceberia que o seu *pesadelo* também desaparecera e que o homem que, em sonho, impunha tamanho terror à sra. Smith era o mesmo que, em circunstâncias semelhantes, atormentava-o nos seus próprios sonhos.

Aos poucos a história toda foi se desdobrando, fragmentariamente, não na sequência certa, mas como peças autênticas de um painel que pacientemente ele foi montando.

Na França do século XIII, o dr. Guirdham havia sido um certo Roger-Isarn de Mazerolles, em pleno Languedoc, onde florescia a seita dos cátaros ou albigenses. Roger era um *parfait* (sacerdote) e a sra. Smith uma jovem que ele chamava de Puerília. Viveram um belíssimo romance de amor devoção que acabou em tragédias e agonias indescritíveis. A seita foi implacavelmente perseguida pela Igreja e afogada em sangue e fogo. Em 1248 foi tomado o último reduto, no alto de um maciço rochoso em Montségur, onde até hoje, como mudo testemunho da atrocidade inominável, há ruínas e desolação.

Muito se assemelham aos de nossa Regina os processos pelos quais a sra. Smith capta suas antigas memórias de episódios que ficaram a 700 anos de distância no tempo. Ela tem visões em vigília, desdobramentos, informações escritas ou por meio de sonhos. Desde os 13 anos de idade ela vinha anotando nomes e escrevendo textos aparentemente sem sentido. O encontro com o dr. Guirdham foi ao mesmo tempo um ponto de chegada e uma retomada, porque dali em diante a história começou a emergir das suas anotações de infância, corroboradas ou suplementadas pelos novos informes que ela captava psiquicamente.

Transcrevo do mencionado artigo de *Reformador* um dos trechos mais dramáticos de suas memórias de sete séculos. É a cena trágica da sua cremação viva, numa das fogueiras da Inquisição:

> A dor era de enlouquecer. A gente deveria orar a Deus quando está morrendo, se é que se pode orar em plena agonia. No meu sonho, eu não orava a Deus. Pensava em Roger e no quanto eu o amava. A dor daquelas chamas não era nem a metade da que experimentei quando ele morreu. Senti-me subitamente alegre por estar morrendo. Eu não sabia que quando a gente morre queimada, a gente sangra. Eu sangrava que era um horror. O sangue pingava e chiava nas chamas. Gostaria de ter bastante sangue para apagá-las. O pior, porém, foram os meus olhos. Detesto a ideia de ficar cega. Já basta o que penso quando estou acordada, mas nos sonhos não posso me livrar dos meus pensamentos. Eles persistem. Neste sonho eu estava ficando cega. Tentei fechar os olhos, mas não pude. Eles devem ter sido queimados e agora aquelas chamas iriam arrancar-mos com seus maléficos dedos. Eu não queria ficar cega...(Guirdham, Arthur, 1970)

E de repente:

As chamas não eram tão cruéis, afinal de contas. Comecei a senti-las frias. Geladas. Ocorreu-me, então, que eu não estava sendo queimada, e sim morrendo congelada. Estava ficando anestesiada pelo frio e, de repente, comecei a rir. Havia enganado toda aquela gente que pensava poder me queimar. Sou uma feiticeira. Por artes mágicas, tinha transformado o fogo em gelo! (Idem)

Para uma menina de 13 anos apenas, este trecho é de incomparável dramaticidade. Fica na imaginação do leitor o sinistro chiado do sangue a pingar nas chamas implacáveis, detalhe que a menina deveria ignorar, dado que a tendência é pensar que o sangue seca logo ao contacto com o fogo.

* * *

A narrativa contida em *We are one another* é outra coisa espantosa. Pouco a pouco e, sob estranhas circunstâncias, o dr. Guirdham vai localizando, numa limitada área na Inglaterra ocidental do século XX, um grupo de pessoas que viveram juntas o drama dos cátaros no Languedoc do século XIII. Não há como fugir de uma óbvia conclusão – trata-se de trabalho pacientemente planejado e executado com todos os cuidados. Das oito pessoas identificadas, o dr. Guirdham conseguiu descobrir o nome que usaram na França medieval e o que fizeram ali, com base em documentos e estudos dignos da maior fé. Colaboraram com o dr. Guirdham, eminentes pesquisadores franceses de inquestionável probidade, como o prof. Jean Duvernoy e o prof. René Nelli, ambos autoridades especializadas na história e na geografia da heresia cátara. Não poucas vezes esses historiadores se viram forçados a rever e corrigir suas próprias conclusões e observações. Duvernoy chegou mesmo a afirmar que, em dúvida, era melhor ficar com a opinião da sra. Smith que, às vezes, contestava certos aspectos ou acrescentava informes de que ninguém dispunha documentadamente.[3]

Temos aqui narrativas semelhantes nas suas estruturas básicas às que nossa Regina reviveu. A partir de um simples episódio ocorrido aparentemente ao acaso, desdobra-se toda uma série de fragmentos vividos e com a competente carga emocional. Ao fim de algum tempo é só armar com aquelas peças esparsas o quadro geral. Cada coisa vai cair no seu lugar certinho e tudo faz sentido; e tudo é coerente!

Em *We are One Another*, o dr. Guirdham teve seu ponto de partida numa cliente inesperada. Tudo começou como um mero jogo de aparentes incongruências e acasos.

O médico, já um tanto idoso, recuperava-se de um problema cardíaco e decidiu aposentar-se. Passou a dispender longas horas no jardim da sua casa e, vez por outra, via uma vizinha sua passar para o trabalho, em seu carro. Ele já a conhecia superficialmente de encontros ocasionais em casas de amigos comuns. Certa vez ela veio pedir licença para dar um telefonema. O carro estava enguiçado e ela desejava chamar o mecânico. A esposa do dr. Guirdham ofereceu-lhe um chá... (Ah! os meus

---
[3] Para divulgar a emocionante história dos cátaros, Herminio Miranda escreveu *Os cátaros e a heresia católica* (Editora Lachâtre).

queridos ingleses!). Gostou da moça e achou que o seu alegre otimismo faria bem ao marido em recuperação. Convidou-a para outra ocasião e assim miss Mill entrou na vida do dr. Guirdham tão naturalmente quanto poderia ter sido.

Acontece que miss Mill também tinha certos pesadelos repetitivos e que nunca mais retornaram desde que ela tomou aquele primeiro chá em casa do dr. Guirdham. Com a experiência da sra. Smith, dr. Guirdham ficou de sobreaviso, pois aquilo poderia indicar mais um caso dos que ele chama de *far memory*, tal como Joan Grant.

Algum tempo depois a moça queixou-se de uma dor muscular nos quadris e pediu ao dr. Guirdham que a examinasse, mas ele, a princípio, recusou-se, porque não era clínico geral e, ademais, estava já aposentado. Ela deveria procurar o seu médico particular. Ante essa resposta, ela resolveu 'esquecer' a dorzinha que não era tanta. Foi essa atitude que levou o dr. Guirdham a examiná-la, afinal. Não é preciso dizer: a dor cessou a partir daquele momento, sem nenhum remédio. Estranho, porém, que ao examinar o lado esquerdo da paciente, o médico viu um cinturão de pequenas bolhas em relevo de cerca de uma polegada de extensão.

Escreve o doutor:

> Nunca vi na minha vida, nada que se comparasse àquilo. Algumas daquelas estruturas mediam uma polegada de comprimento. Algumas tinham a forma de vesícula e, à primeira vista, pareciam pólipos, mas não tinham pedúnculos; eram presos à pele por uma base relativamente larga. Em forma e aparência, pareciam grandes bolhas resultantes de queimadura. A diferença é que não continham fluidos internamente e eram semissólidos. (Guirdham, Arthur, 1974)

Estendiam-se tais 'bolhas' desde os quadris até o meio das costas, terminando sobre a coluna vertebral. Acontece que num dos seus pesadelos ela se via caminhando descalça para um monte de lenha onde, evidentemente, seria queimada viva, quando alguém, por trás, deu-lhe um golpe com uma tocha acesa.

Ante aquela inexplicável 'queimadura', o dr. Guirdham falou:
— Suponho que isto seja parte do seu sonho. Foi aqui que a tocha queimou você.
Por mais casualmente que ele falasse, a resposta dela foi algo inesperada:
— Yes, disse, com simplicidade.

Miss Mill foi, assim, a terceira da antiga comunidade de cátaros reencarnados na Inglaterra. A primeira foi a sra. Smith; o segundo, o dr. Guirdham, respectivamente Puerília e Roger-Isarn de Mazerolles.

Não seria prático resumir aqui todo o livro do dr. Guirdham, mas é uma extraordinária aventura acompanhá-lo no lento e paciente trabalho de reunir as peças do enorme *puzzle* vivo, sob as mais estranhas e enigmáticas circunstâncias suscitadas aparentemente por acasos e 'coincidências' inexplicáveis.

O simpático e inteligente médico inglês termina o seu livro com uma observação, que é também um conselho e uma advertência:

– O dualismo é importante antídoto à materialização da medicina. O próximo passo em nossa evolução como médicos está em reconhecer mais a influência da psique aprisionada na matéria. (Idem)

* * *

Finalmente, *A foot in both worlds* é uma autobiografia. Conta o autor as dificuldades que enfrentou, inclusive com doenças inexplicáveis, resultantes de sua obstinação em recusar-se a admitir o óbvio esforço das entidades espirituais em ajudá-lo a entender melhor os mecanismos da vida. Por muito tempo resistiu ele à ideia de que, do fundo misterioso dos séculos, alguém queria falar com ele e mostrar-lhe a ampla e incontestável realidade espiritual através dos dispositivos incorruptíveis da memória integral.

Suas experiências culminaram com a visão nítida e nada alucinatória de uma das suas antigas companheiras, que no século XIII chamava-se Braida de Montserver, queimada na fogueira em 1240. Deu-lhe, este espírito, informes tão precisos que ele rendeu-se à evidência de que a sua vida no século XX estava sendo uma retomada daquilo tudo que ele deixara para trás ao ser expulso da vida como um *parfait* (cátaro), no Languedoc medieval.

Escreve ele à página 216:

> Estou certo de que muitas das doenças de que sofri foram devidas às tentativas do meu psiquismo de fazer-se ouvir por mim e da resistência que lhe opus. (Guirdham, Arthur, 1973)

Qual seria, porém o objetivo daquele espírito que se apresentava a ele na figura remota de Braida de Montserver? Ele próprio responde:

> Seria somente para clamar justiça em favor dos Cátaros e restabelecer o bom nome de uma heresia defunta? A questão é bem mais ampla do que isso. Ela e seus amigos me conduziram de volta, não à pré-história da alma, mas aos seus primeiros sussurros, documentados na história da Europa. Eles me levaram de Pitágoras a Platão, e depois ao Cristo, a Plotino e Porfírio. Mostraram-me não apenas a indestrutível natureza da psique, mas a sua purificação em sucessivas reencarnações. Braida estimulou também um fluxo de referências que demonstraram, sem sombra de dúvida, que o catarismo partiu do cristianismo primitivo. (Idem)

De fato, a bela seita, que resistiu bravamente por dois séculos de tormentos e pressões inomináveis, desejava apenas restaurar a pureza primitiva das comunidades cristãs.

11) Memória extracerebral

Tanto quanto sobrevivência ou reencarnação, o conceito da memória integral que estamos aqui a estudar não é propriedade da doutrina dos espíritos. A Verdade é de ninguém. É de todos.

"Todos os que são realmente sábios" – diz uma personagem de Joan Grant, em *Life as Carola* – "devem dizer a mesma coisa quando falam daquilo que é imutável, mesmo que usem parábolas. Não há pagãos ou heréticos; apenas sábios e tolos". (Grant, Joan, 1975)

São muitos os que preferem permanecer ao lado dos tolos, por acharem, por exemplo, que a doutrina das vidas sucessivas *é coisa desses espíritas por aí*. Também o direito de ser tolo é formalmente assegurado pelo livre-arbítrio. E enquanto o infeliz fica ali a desejar que o muro desabe para ele passar, o tempo continua a colocar pedra sobre pedra para levantar a altura do paredão. O que se obtém com isso, portanto, é retardar a marcha e precisar de muito mais energia quando, afinal, compreender que tem mesmo de seguir o caminho, com paredão ou sem ele.

Para caracterizar o fenômeno da persistência das lembranças de uma vida para outra, o cientista indiano prof. H. Banerjee propôs a expressão memória extracerebral (ECM – do inglês *extracerebral memory*), convicto de que, embora apoiada nas estruturas do cérebro físico, ela não está na exclusiva dependência dele. Não há mais como recusar essa realidade. Não é outro o sentido do princípio formulado pelo dr. J. B. Rhine, ao cabo de longos anos de pesquisa laboratorial, ou seja, a existência de atividades psíquicas que transcendem as rígidas limitações da matéria. Depois de Rhine, ninguém mais poderá dizer que nada vai à mente sem passar pelos sentidos, um dos mais queridos dogmas que remonta a Aristóteles. Vai sim; e vem também de lá, muita coisa sem pagar pedágio aos sentidos. Aquela compactação do tempo a que alude Bergson ou os *flashes* da intuição por meio dos quais apreendemos, num átimo, profundas realidades transcendentais, não são mais do que atividades extracerebrais da memória.

Frederick Bligh Bond recorreu à memória extracerebral de indivíduos desencarnados (espíritos) para fazer o levantamento arqueológico da famosa Abadia de Glastonbury, na Inglaterra. Contava ele com apoio oficial da Igreja para as suas escavações. Os resultados alcançados foram simplesmente fantásticos, porque, secretamente, ele seguia as instruções dos seus amigos espirituais, que se intitulavam *Company of Avalon*. Eram um grupo de monges que há séculos haviam vivido ali e sabiam de todos os segredos da soterrada construção em ruínas. Bond guardou o segredo enquanto pôde. Resolveu, porém, publicar, um dia, a história completa de seus achados. Com isso explodiu o seu projeto. Em 1922, Joseph Armatage Robinson, o Deão de Welles, exonerou Bond e mandou encerrar as escavações. Segundo Jeffrey Goodman:

> Os marcos foram obliterados e as escavações recobertas. Parece que certas pessoas desejavam que Glastonbury jamais houvesse existido. (Goodman, Jeffrey, 1978)

Jeffrey Goodman teve problemas semelhantes, pelas mesmas razões, só que não com a Igreja da Inglaterra, mas com os círculos universitários americanos, ao escolher o mesmo assunto-tabu como tema de sua tese:

> Mesmo com todas essas dores de cabeça, conquistei meu mestrado e fui aceito no curso de doutorado, a despeito das minhas idiossincrasias. A faculdade não tinha outra opção: eu havia obtido nota máxima em todos os cursos de arqueologia que frequentei. (Idem)

Donde se percebe que o maior esforço exigido da inteligência não está em aprimorá-la, mas em lutar contra a sólida barreira dos preconceitos. Meu irreverente amigo substituiria tranquilamente a palavra *preconceito* por *burrice*, uma forma de obtusidade que nem foi promovida ainda a *burrose*, infecção mais branda e curável.

Sobre a memória extracerebral fala também o dr. Andrija Puharich, que tive a satisfação de conhecer pessoalmente aqui no Brasil. Num dos seus melhores livros – *The sacred mushroom* – conta ele as fabulosas experiências que realizou com a *Amanita muscaria*, o cogumelo sagrado dos egípcios. Sob o competente controle de Puharich, Harry Stone, um jovem escultor, fez sensacionais revelações acerca do antigo Egito. A voz que por ele falava identificou-se como a de Ra-Ho-Tep, um egípcio de alta linhagem que teria vivido há 4.600 anos. As informações que deu sobre o uso do cogumelo abriram para Puharich vasto panorama a explorar. O leitor interessado, se não conseguir o livro, poderá ler estudo que fiz publicar em *Reformador* de 1973.

Puharich é uma das inteligências mais amplas e multiformes que já vi. É dessas pessoas sobre as quais a gente tem a impressão de ser capaz de aprender e fazer tudo quanto desejar. A partir do momento em que suas pesquisas com o cogumelo começaram a produzir informações faladas e escritas em egípcio, ele resolveu estudar a língua para não depender de um reduzido punhado de especialistas. (Na minha opinião, não se sairia tão bem no caso Uri Geller, anos mais tarde.)

Tive oportunidade de participar de duas longas conversas com ele, em casa de um amigo, quando aqui esteve da primeira vez, há muitos anos. Naquela ocasião, Luís J. Rodriguez realizou com ele creio que mais de uma experiência de regressão da memória. Ao que me lembro, Puharich trazia conhecimentos milenares de existências vividas na China dos pensadores e filósofos.

Em lugar da expressão *memória extracerebral*, ele propôs, para caracterizar o fenômeno, a sigla MCC – *Mobile Center of Consciousness* (Centro Móvel da Consciência).

Escreveu ele ao encerrar o seu livro:

> Se o MCC não existe como realidade independente do corpo humano, então uma antiga fonte de confusões estará para sempre removida. Se a ciência afirmar a realidade do MCC – e eu acredito que a evidência indica que ela o fará – então poderemos começar a compreender inteligentemente questões que até o presente tem estado principalmente no âmbito da fé. Todas as

técnicas necessárias encontram-se agora à disposição da ciência médica, a fim de poderem ser formuladas com segurança perguntas dessa natureza. Falta apenas um pouco de entusiasmo inteligente. Talvez o sentido real de uma manifestação como a de Ra-Ho-Tep e outras semelhantes possa acender esse entusiasmo. (Puharich, Andrija, 1974)

A primeira edição do livro de Puharich é de 1959. Seja por causa do episódio de Ra-Ho-Tep e de tantos outros, seja pela força mesma dos fatos e dos tempos, o certo é que em duas décadas alguma coisa mudou e se o paredão do preconceito não ruiu, já se vê muita gente abrindo brechas nele.

É o que ainda veremos pouco adiante, neste livro. Antes disso, vou solicitar a atenção do leitor para o fato de que a memória extracerebral – *et pour cause* – é também atributo dos espíritos desencarnados, ou se você prefere, dos *mortos*.

Tomemos para isso um suporte, ainda no dr. Andrija Puharich:

> Não duvido de que inteligências desencarnadas existam, da mesma forma que não duvido da existência das inteligências finitas. Para mim, são apenas as duas faces da mesma moeda. Se um dia chegarmos ao completo entendimento de uma, creio que entenderemos também a outra. Mas, para compreensão total de uma delas, temos que enfrentar corajosamente a existência de ambas as fases e alcançar a nossa compreensão pelo estudo sério de ambas, e a partir daí prosseguir rumo à realidade que as sustenta. (Idem)

Como vimos alhures neste livro, o maior bloqueio para aceitação dessa realide póstuma continua sendo a sistDtemática rejeição do conceito de corpo espiritual, fluídico ou energético, como queiram. Parece que o fato de ser esse corpo mencionado desde remotíssimas eras – Babilônia, Egito, Índia, por exemplo, bem como nos escritos do apóstolo Paulo, em vez de facilitar a aceitação do informe – ainda que a título de mera hipótese a ser trabalhada – introduz novo fator de complexidade, porque os teóricos da matéria olham apenas o rótulo do vidro e rejeitam o conteúdo com uma palavra de desdém: "Isto é misticismo!" Será que todo o misticismo é lixo intelectual?

Aliás, a separação de uma só realidade espiritual em duas é inteiramente artificial e arbitrária. Não há duas realidades distintas e nem mesmo dicotômicas – há somente uma, que ora vemos de um lado – como seres encarnados –, ora vemos do outro – como espíritos livres da matéria. Apenas como abordagem metodológica, Puharich propõe apreensão total de uma delas em separado, mas sem perder o objetivo de que é preciso entender e aceitar ambas para chegarmos à realidade mesma.

Num sentido ainda predominantemente materialista, portanto, a expressão memória extracerebral (de Banerjee) é válida. Não podemos nos esquecer, contudo, de que *lato sensu*, não há memória extracerebral, porque, assim como há cérebro físico na estrutura material do ser encarnado, há também cérebro (físico? energético?) em outro plano dimensional, no corpo espiritual. É até possível que nos estágios últimos da evolução do ser consciente – se é que *último* serve nesse contexto – a memória exista por si mesma num ser cujo 'corpo' não seja mais do que um foco de luz, isto é, energia pura. Não está dito que a matéria é luz coagulada? Logo a luz é matéria sublimada que voltou às suas origens. Essa luz, contudo, continuará sendo alguém dotado de consciência, inteligência, vontade, livre-arbítrio.

Vamos, portanto, aceitar preliminarmente, para discussão, a ideia de que o ser humano sobrevive num corpo ainda 'físico', embora infinitamente mais rarefeito, no qual se preserva a sua memória integral.

É o que nos demonstra a experimentação com os fenômenos mediúnicos. Em espíritos desencarnados também podemos promover a regressão da memória, se empregarmos a técnica apropriada para ajudá-los a vencer seus bloqueios íntimos. Tanto quanto qualquer um de nós, eles têm um imenso colar de vidas vividas e por viver. Se os contemplamos à distância, são apenas um colar; se os vemos de perto, distinguimos as contas. O colar é a individualidade; as contas são as personalidades sucessivamente assumidas e por assumir, ao longo dos milênios. É até possível, em princípio, projetar características básicas de uma futura personalidade ou esboçar situações futuras, como sugeria Pascal, a partir de um complexo jogo de variáveis conhecidas do passado. O colar já existe na eternidade atemporal; nossa individualidade é que ainda está desfiando as contas das suas personalidades, como se rezasse um rosário em pleno cosmos...

Recorramos agora a duas obras de origem mediúnica para colocar o problema da memória espiritual. A primeira delas intitula-se *Memórias de um suicida*, psicografada por Yvonne A. Pereira. Para quem a conhece, a médium dispensa apresentação; para quem não a conhece e rejeita sumariamente a mediunidade, para que apresentar?

Como sabe o leitor, o escritor português Camillo Castelo Branco suicidou-se aos 65 anos de idade, em 1º de junho de 1890, deixando um acervo literário dos mais importantes da língua portuguesa. O livro captado por Yvonne é a sua história, e não dá para resumir aqui um denso volume de mais de 500 páginas maciças. O capítulo 2, da segunda parte do livro, traz o sugestivo título de "Os arquivos da alma".

Um dos seres que se acham em tratamento naquela comunidade espiritual, especializada na difícil problemática do suicídio, não responde à terapia habitual e permanece estacionado, quase abúlico, na sua obstinação. Ele sabe que o passo inicial para a recuperação está em, pelo menos, admitir as suas culpas e, consequentemente, assumir as responsabilidades correspondentes para que possa dar início à reconstrução do seu devastado espírito.

Os bloqueios são muitos e sólidos e, sob certos aspectos, até compreensíveis, dado que constituem mecanismos de fuga. O esquecimento deliberado do que nos é penoso recordar – especialmente crimes horrendos – é recurso que a doutrina freudiana já identificou. Pelo menos enquanto mantém tais lembranças mergulhadas no inconsciente, o espírito encarnado ou desencarnado desfruta de um mínimo de paz para continuar vivendo, como se a vida pregressa simplesmente não existisse. É, pois, um mecanismo de fuga, mas também de defesa. Não obstante, ele não pode eternizar-se porque, então, estariam burlados precisamente os dispositivos da lei cósmica que exigem de cada um de nós a reposição daquilo que tirou, provocando momentâneo desequilíbrio ético. Em alguns casos, portanto, é preciso ajudar o indivíduo a sair do comodismo em que ele se abrigou, acovardado ante a enormidade da tarefa reconstrutora que ele sabe ser inevitável. O único jeito de se livrar da vida, como disse Joan Grant, é vivê-la. Para livrarmo-nos das nossas agonias temos também que vivê-las, senti-las na pele, precisamente porque as matrizes do resgate doloroso criamos inapelavelmente quando impusemos, indiferentes ou até rindo, sofrimentos inomináveis aos outros. Não há como fugir – a cada ciclo de erro sucede-se um ciclo de dor.

No livro de Yvonne, um desses espíritos relutantes é, afinal, levado, por doce compulsão, a enfrentar a dura realidade da sua memória integral. Colocado em transe, ainda reluta e tenta negacear, apelando para a mistificação. Nega faltas de que se lembra, ignora as que reprimiu para os porões do inconsciente e justifica erros conhecidos. Assassinara uma jovem que havia seduzido. Em termos humanos, o crime ficara impune; mas, na alucinação em que vivia, acabou ele próprio suicidando-se. Uma verdadeira malta de espíritos desajustados esperava-o no mundo póstumo. Diz ele:

> ... aqueles malvados sabiam de tudo e, depois do meu suicídio, vingaram a morta... De tal forma me vi perseguido que, a fim de me libertar de tal jugo e eximir-me dos maus tratos que recebia, tive de unir-me ao bando e tornar-me um similar, pois era essa alternativa que ofereciam... Devo, portanto, ter muitas atenuantes... (Pereira, Yvonne A., 1973)

Ou seja, reverteu, no mundo espiritual, à sua condição de bandido, porque vivendo entre eles, como um deles, pelo menos livrava-se dos tormentos que lhe infligiam. Nisso estava a sua justificação.

Ante o comando enérgico e competente de entidade espiritual conhecedora de técnicas irresistíveis de regressão, ele entra em pânico e declara não estar ainda preparado para enfrentar a sua própria realidade íntima. Pede tempo. Mas a indução prossegue, inexorável, e ele acaba por mergulhar naquele poço escuro e profundo de iniquidades. É o momento da verdade. O operador converte em quadros vivos as lembranças de horrendos episódios que o infeliz vivera. No final, já vencido pela avalanche da sua própria realidade interior, ele se vê tal qual é: uma criatura infame que precisa de perdão e ajuda para recuperar-se na longa e penosíssima tarefa de reconstrução.

O outro livro mediúnico que tomamos para citação chama-se Grilhões Partidos. Fizemos dele, aliás, uma versão para a língua inglesa, sob o título Obsession. Divaldo Pereira Franco é o médium e Manoel Philomeno de Miranda, o autor espiritual.

É a história real de uma terrível obsessão que chegou ao estágio de subjugação. Uma jovem de elevada condição social tornou-se vítima de um espírito vingativo aos 15 anos de idade, em plena festa, no dia em que debutava na sociedade.

Depois de complexos trâmites, o espírito dr. Bezerra de Menezes reúne no mundo espiritual os principais protagonistas da tragédia, que se reporta a uma existência anterior, em Braga. Lá, uma trama de crimes envolveu e comprometeu uns espíritos com outros, mas, principalmente, com relação às leis do equilíbrio ético do universo. A essa reunião são levados não apenas os seres que no momento se achavam na condição de espíritos desencarnados, como os que estavam vivendo na carne. O capítulo 20 – "Incursão ao Passado" – e o 21 – "Crimes Ocultos" – revelam toda a trama dos trágicos enganos cometidos por aqueles seres. Somente assim foi possível a eles entenderem as razões de seus sofrimentos, a necessidade de um esforço pacificador, de uma trégua para pensar, ajustar-se e começar o trabalho de recuperação em cada um dos implicados.

Pela natureza mesma do meu trabalho junto ao grupo mediúnico ao qual tenho servido durante anos, foi-me dada a oportunidade de testar a validade desse procedimento e a possibilidade de levá-lo a efeito no espírito desencarnado, momentaneamente incorporado ao médium. O assunto é tratado em *Diálogo com as sombras* e em *Histórias que os espíritos contaram*, aos quais o leitor desejoso de mais amplas informações deve recorrer.

12) O erro e a dor

O que se observa, portanto, em seres encarnados ou desencarnados, é o mesmo esquema básico com o qual já atinou a psicanálise, ou seja:

1. O erro, a culpa e, consequentemente, o arrependimento ou remorso. 2. Supressão, repressão ou fuga. 3. O bloqueio. 4. Formação do núcleo traumático. 5. Sensação de angústia ou inquietação. 6. Neurose, somatização. 7. Catarse, racionalização, responsabilização.

Na primeira etapa o crime (o erro, a fraude consigo mesmo ou com outrem) é cometido, desencadeando, consciente ou inconscientemente, um conflito ou processo de arrependimento ou remorso. Daí a necessidade de repressão, supressão ou fuga, da mesma forma que antes de curar qualquer doença desejamos o analgésico que nos livre da dor. Para muitos, a doença pode até continuar com o seu processo destrutivo, desde que não sintam dor. Certos bloqueios psicológicos são, pois, os analgésicos da consciência (aqui no seu sentido moral). Em espíritos desencarnados esses bloqueios como que se concretizam e se revelam à mente do indivíduo como obstáculos de existência 'física': muros, blocos enormes de rocha, túneis, poços, abismos, volumes de água etc. Atrás desses bloqueios permanecem os núcleos traumáticos, sempre a incomodar surdamente, com suas 'mensagens' ao consciente, por meio de sonhos, visões, estados de angústia, inquietação. É o pedido de providências formulado pelas estruturas éticas do ser, sua consciência moral, seu desejo de autopacificação. Essas mensagens se convertem em neuroses e suscitam, em paralelo, sintomas orgânicos ou incômodos de natureza psicossomática, para os quais não é encontrada nenhuma etiologia no âmbito do corpo físico. Não há radiografia, exame de laboratório ou pesquisa instrumental que explique e justifique aqueles sintomas. Aliás, tais sintomas são muitas vezes móveis: hoje na cabeça, amanhã no ventre, daqui a pouco nos braços ou na região cardíaca. Para se chegar às raízes desses males, com vistas à purificação (catarse), é preciso investigar as origens, as causas, os porquês. O paciente sabe quais são, mas justamente porque teme as consequências ou se recusa assumir a responsabilidade pelas suas falhas é que criou os bloqueios. É, pois, uma pessoa em conflito consigo mesma. De um lado quer libertar-se do que o incomoda, e do outro faz tudo para não abrir as comportas, porque vai também incomodar-se com o reconhecimento de suas imperfeições. A tentativa inicial de supressão é, portanto, um esforço consciente não apenas paras *esquecer* o problema que o aflige, mas, se possível, explodi-lo, fazê-lo sumir, desintegrar-se, desaparecer, como por artes mágicas. O tumor não se cura a não ser depois de lancetado ou drenado ou, em linguagem moderna, assumido: – Sim, tenho um tumor e está doendo. Rasgá-lo e drená-lo vai doer tanto ou mais. Não há, porém, alternativa, porque não posso ignorar que tenho um tumor dolorido. Posso tomar analgésicos, botar gelo em cima dele, adormecer para tentar esquecê-lo, mas ele continua ali. Quanto mais tentar bloqueá-lo mais vai crescer e doer, e se insistir em contê-lo de qualquer maneira, um dia ele próprio virá a furo, numa alienação maior, que vai infectar outros órgãos já predispostos. Vamos, portanto, enfrentar a realidade, botar a carga às costas e seguir viagem. Muitas vezes a carga é um pesado saco de areia fina e seca que vai escorrendo por um fio pelo caminho a fora. Ao cabo de algum tempo de marcha descobriremos, agradavelmente surpresos, que só nos resta às costas a embalagem vazia, que, então sim, poderemos jogar fora.

Não vejo, pois, nada de fundamentalmente errado com o esquema terapêutico da doutrina de Freud; pelo contrário, ela oferece encaixes muito precisos e seguros para os conceitos básicos da realidade espiritual. Se até aqui não se fez a desejada junção, não é porque a matriz espiritual seja deformada e nem mesmo a matriz freudiana; é que esta última tem excrescências que estão impedindo a conjugação das duas na elaboração de um dos mais valiosos instrumentos de penetração na intimidade dos problemas da memória do ser humano e consequentemente libertação de muitas aflições perfeitamente evitáveis.

O que as leis cósmicas do equilíbrio universal exigem de nós não é o sofrimento a qualquer preço, por mais grave que sejam as nossas faltas, nem a imposição de penalidades, segundo a natureza do erro ou crime cometido, e, sim, que aprendamos a lição da fraternidade e que se incorpore para sempre às estruturas éticas do ser, que *é bom ser bom*; que não dói o órgão saudável; que não pode existir escuridão onde há luz plena. Será tão difícil assim compreender isso? Alcançado esse ponto da jornada evolutiva, o que hoje chamamos psicanálise e psiquiatria não serão tratamentos de males já instalados, mas procedimento usual preventivo para inibir, no nascedouro, a germinação do mal e, portanto, da dor.

Não é sem razão que o Cristo identifica o erro com a dor: "Vai e não peques mais, para que não te suceda coisa pior". Se o erro cria, automaticamente, a matriz do reajuste, porque insistir em amontoar matrizes de dor?

VII

A Reencarnação como Instrumento Terapêutico

1) Introdução

A utilização da doutrina das vidas sucessivas como instrumento terapêutico dos distúrbios emocionais é antiquíssima, e não apenas para curar tais disfunções por meio de uma reorientação psicológica do indivíduo, mas também, um método de profilaxia na prevenção de evitáveis complicações mentais.

Vimos, no início deste livro, a regressão da memória com o objetivo de ajudar o candidato à iniciação – já aprovado nas eliminatórias do noviciado – a ter visão mais ampla do seu passado e conhecimento consciente da programação de trabalho trazida para a vida presente.

O desdobramento, via hipnose ou magnetismo, era também praticado no antigo Egito com relativa frequência – e muita competência – por sacerdotes-médicos que, nos momentos de crises suscitadas por desarranjos mentais ou físicos, prefeririam conversar com o espírito do paciente posicionado no contexto da individualidade, e não nos estreitos limites da personalidade. Na condição de espírito em relativa liberdade e com acesso à sua memória integral, a pessoa não apenas tem uma visão mais ampla de seus problemas como conhecimentos de que nem suspeita em estado de vigília. Nessa condição ele pode, quase sempre, identificar e diagnosticar suas mazelas, recomendar tratamentos e orientar, enfim, o terapeuta para os fulcros de sua problemática. Naqueles tempos não havia exames de laboratório nem aparelhagens sofisticadas de raios-X, nem outros dos inúmeros *gadgets* da medicina moderna. Pacientes bem dotados faziam levantamentos criteriosos de seus problemas a partir de uma verdadeira autoscopia – ou seja, a visão interna dos órgãos, para localizar aqueles que estavam afetados.

Quando os pacientes não dispunham de tais recursos, sensitivos especialmente treinados para isso eram desdobrados para examinar-lhes o corpo e prescrutar-lhes a mente. Nessas tarefas havia assistência espiritual, ou seja, participação de espíritos desencarnados, antigos sacerdotes-médicos. Até mesmo contatos com os companheiros desencarnados eram mantidos por meio de sensitivos desdobrados, sem que houvesse necessidade de incorporação mediúnica do desencarnado.

Em *Romance de uma rainha*, o autor espiritual (Rochester) narra muitas dessas práticas: desdobramento, regressão e progressão da memória, contatos com espíritos, dos quais certas informações eram desejadas; vidências, materializações e tantos outros fenômenos.

2) Edgar Cayce

Edgar Cayce, o extraordinário sensitivo americano, deixou uma vastíssima documentação sobre esses e inúmeros outros aspectos da problemática do espírito. Fazendo uma digressão que julgo oportuna aqui, devo dizer que até hoje não tenho juízo formado sobre o *modus operandi* de Cayce. Que foi excelente sensitivo, não há a menor dúvida; mas seria médium de espíritos desencarnados ou toda aquela amplitude de conhecimentos vinha de seu próprio espírito?

Seja como for, em cerca de *2.500 life readings*, durante as quais discorria sobre vidas anteriores de seus consulentes e lhes dava orientação espiritual, a doutrina da reencarnação é o princípio dominante. É certo também que não lhe foi fácil essa posição. Como leitor assíduo – e assíduo mesmo – da Bíblia, achava ele, a princípio, que o conceito de sucessividade das existências chocava-se com os postulados bíblicos. Acabou se rendendo ante a evidência esmagadora, pois não havia termo de comparação entre sua sabedoria como espírito e os modestos conhecimentos que amealhara na vida de vigília.

Cayce também se referiu muitas vezes aos tratamentos médicos no antigo Egito, realizados em instituições que tinham um pouco de templo e um pouco de hospital.

O leitor interessado poderá recorrer a dois excelentes livros sobre Cayce. O primeiro, mais antigo, chama-se *There is a river* ou *The story of Edgar Cayce*, de autoria de Thomas Sugrue, e o segundo, mais recente, é Edgar Cayce, *The sleeping prophet*, de Jess Stearn. Se estiver ao seu alcance, não deixe de ler os magníficos estudos que a dra. Gina Cerminara (PhD em psicologia) realizou com base nos arquivos de Cayce, hoje em poder da *Association for Research and Enlightenment*, localizada em Virginia Beach, Virginia, Estados Unidos. Da notável psicóloga americana, meu predileto é *Many mansions*, sobre o qual publiquei um estudo em *Reformador*, de julho de 1979.

Tomemos um exemplo só, dos muitos que vêm citados no livro da dra. Cerminara:

> Outro caso: uma jovem manicura teve paralisia infantil com um ano de idade. O dano foi tão grave às suas pernas e seus pés que ela só caminhava de muletas. Em antiga encarnação na Atlântida, por métodos que Cayce não revela – drogas? hipnose? telepatia? – ela reduziu muita gente a tal estado de atrofia dos membros, que os tornava "incapazes de fazer outra coisa senão depender dos semelhantes". (Cerminara, Gina. 1950)

Continua a dra. Cerminara:

O carma é uma lei psicológica que atua primariamente no campo psicológico, sendo que as circunstâncias físicas são apenas o meio pelo qual a finalidade psicológica é alcançada. Dessa maneira, a reversão ou reação no plano físico objetivo não é exata, mas apenas aproximada; no plano psicológico a reversão é mais exata. (Idem)

Em outras palavras, a repercussão psicológica do erro guarda uma simetria muito mais exata com a causa geradora do erro do que a reação no âmbito físico. Um cidadão que no passado derramou sangue de muita gente com suas arbitrariedades, renasceu com uma anemia irreversível.

Como se vê, a finalidade do sofrimento não é punitiva, mas corretiva. O indivíduo que prejudicou o semelhante de maneira grave precisa sentir 'na própria pele' a dor que o outro experimentou a fim de reeducar-se; e, quando novamente posto numa situação em que tenha oportunidade de reincidir, ele seja capaz de resistir aos seus impulsos. É a lei, a ordem natural das coisas. Se muitos ainda encaram isso como mera pregação religiosa, que se há de fazer? É, sim, pregação religiosa. Na sua conceituação semântica de religação do ser humano com Deus – energia criadora, consciente, benevolente, pacificadora – que religião digna de seu status iria ensinar algo incompatível com os preceitos que governam a ordem cósmica?

Edgar Cayce foi, assim, um pioneiro em tempos modernos, da terapia reencarnacionista. Não que ele fosse médico ou que estivesse convicto, desde o início, da realidade das vidas sucessivas – ao contrário, a ideia se impôs a ele, a despeito de suas resistências, porque, no seu entender, a Bíblia "não falava em reencarnação", o que é inteiramente falso. Curando, melhorando ou explicando mazelas psicossomáticas sem ser médico e propagando a reencarnação a despeito de si mesmo, o seu pioneirismo merece respeito. Não foi um fanático irresponsável ou um místico desvairado – era homem simples, de instrução medíocre, bondade inata, religiosidade espontânea e evidente pureza íntima, que raiava pela ingenuidade. Um homem normal, sob todos os aspectos, apenas dotado de uma faculdade que, infelizmente para muitos, ainda é considerada *anormal* ou, no mínimo, paranormal. Que é ser normal? Se nem um conceito decente de sanidade mental até hoje foi desenvolvido, como definir – preto no branco – que é normalidade? Einstein é um anormal? E Mozart? Ou Michelangelo?

Edgar Cayce morreu em 1945, aos 77 anos de idade. Praticamente todos os seus pronunciamentos em estado de transe (espiritual, anímico ou ambos?) foram preservados, porque desde cedo, e durante toda a sua vida, a sua secretária Gladys Davis taquigrafou e transcreveu tudo com fidelidade. Toda essa fantástica documentação está hoje meticulosamente classificada e arquivada na A. R. E., em Virginia Beach, à disposição dos estudiosos. Estes são cada vez mais numerosos. Muitos vão ali desarmados, dispostos apenas a aprender, e outros vão com o deliberado propósito de "acabar com aquele farsa". Como ninguém até hoje acabou com a "farsa", e muitos tiveram corajosa honestidade de proclamar que estavam enganados nos seus preconceitos, é preciso considerar com respeito o acervo deixado pelo famoso sensitivo.

3) Dr. Denis Kelsey

Em 1938, o jovem dr. Denis Kelsey servia num hospital militar quando se viu ante a contingência de assumir o controle ocasional da ala psiquiátrica a fim de substituir um colega doente. Logo na noite de estreia, teve que enfrentar uma paciente agitadíssima, que conseguiu tranquilizar por um intuitiva técnica hipnótica.

Foi esse o primeiro esbarro com os problemas da mente, que logo suscitaram seu interesse. Começou cautelosamente a desenvolver uma abordagem hipnótica aos desar- ranjos mentais, e tão inesperado como foi seu encaminhamento para a área da psiquiatria, ocorreu também a descoberta da reencarnação. Não que a convicção lhe tenha chegado por um súbito clarão; ao contrário, ela veio por lentas etapas de aceitação gradual, à medida que os casos iam se desdobrando na intimidade de seu consultório.

Começou a admitir, em princípio, como conceito teórico, a possibilidade da doutrina das vidas sucessivas, mas acabou compelido a aceitá-la por inteiro em vista da evidência mesma que emergia de suas experiências.

A aceitação, digamos, intelectual lhe veio com a leitura de *O faraó alado*, da sra. Joan Grant que, aliás, ele não conhecia pessoalmente, apesar de residir não muito longe de onde ele próprio vivia. O livro lhe foi recomendado por um amigo com o qual ele comentara o caso de uma cliente que há pouco lhe proporcionara demonstração evidente do fenômeno do desdobramento consciente, visitando *em espírito* a casa do dr. Kelsey, enquanto ele a mantinha, sob hipnose, no seu consultório.

Em breve ficou conhecendo pessoalmente a sra. Grant, uma viúva simpática, inteligente e dotada de interessantes faculdades psíquicas. Em dois meses estavam casados, pois aquilo não era um mero encontro, mas um autêntico reencontro. Ante esse novo estímulo, dr. Kelsey não mais hesitou em utilizar-se da reencarnação como recurso terapêutico. *Many lifetimes*, hoje traduzido para o português, é um livro escrito a quatro mãos, por ele e pela esposa, escritora e médium.

Escreve ele no segundo capítulo do livro:

> Gostaria que todos participassem da minha crença na reencarnação. Acho que isso os tornaria muito felizes, muito menos assustados e muito mais sadios. É ainda bastante desusado para um psiquiatra adotar essa crença e *tomá-la como base da sua terapia*. (Kelsey, Denis, 1967) (destaque meu)

Sob o título *Psiquiatria e reencarnação*, escrevi um estudo sobre o livro de Kelsey/Grant, estando o trabalho reproduzido no volume *Reencarnação e imortalidade*.

Ao que eu saiba, o dr. Denis Kelsey, filiado ao Royal College of Physicians de Londres, é o primeiro médico psiquiatra a optar abertamente sem subterfúgios pela abordagem reencarnacionista aos problemas da mente em conflito.

Já agora, porém, a opção está se tornando mais comum e no rumo e ritmo que seguem as coisas, dentro de mais algum tempo muitos psiquiatras e psicanalistas estarão sentados na estrada esperando o muro ruir para seguirem viagem, enquanto colegas mais afoitos abriram brechas ou contornaram o obstáculo de seus próprios preconceitos e dogmatismos obstinados.

4) Dra. Edith Fiore

De tudo quanto me foi dado conhecer ao longo de muitos anos de estudos em torno do tema específico da regressão da memória para fins terapêuticos, o melhor trabalho, a meu ver, é o da dra. Edith Fiore, que conquistou o seu PhD em psicologia na Universidade de Miami, Flórida, Estados Unidos. Suas experiências estão relatadas no estupendo livrinho *You have been here before*, sobre o qual escrevi um comentário que *Reformador* publicou em Fevereiro de 1980.

Sua abordagem aos problemas emocionais é eminentemente criativa, descompromissada com dogmas e, portanto, aberta às op-ções novas. Vê-se nela boa dose de senso crítico, mas livre dos exageros que levam à inibição e à rejeição de tudo quanto não se acomoda a conceitos pré-fabricados. Quando o fato não se encaixa nas estruturas de seu conhecimento, estas é que devem ser alteradas, não o fato.

Ao escrever seu livro, a autora parece ainda não totalmente refeita dos impactos das suas descobertas: estava há apenas dois anos de distância de seus primeiros encontros com a doutrina da reencarnação, da qual se confessa "totalmente desinteressada" ao iniciar seus trabalhos profissionais.

Certo dia, quando cuidava de um paciente hipnotizado que sofria de complexas inibições de natureza sexual, ele falou, muito naturalmente: – Duas ou três existências atrás fui padre católico.

Narrou, a seguir, suas experiências como sacerdote italiano aí pelo século XVII. Ela, porém, que o sabia reencarnacionista, entendeu que a observação dele, "colorida por larga medida de emotividade, era fantasista". Surpreendentemente, contudo, o homem curou-se dos seus distúrbios e, por via das dúvidas, a dra. Fiore listou a doutrina das vidas sucessivas como um possível e novo 'instrumento' terapêutico.

Casos semelhantes surgiram, tão espontâneos como o primeiro e começaram a montar um painel coerente, reforçando a reencarnação como hipótese de trabalho digna de melhor atenção. Os fatos se apresentavam com algumas características mais ou menos constantes ou comparáveis que, aos poucos, iam se organizando como princípios confiáveis e até leis psicológicas.

Como a ilustre psicóloga dedicara-se ao trabalho sem um mínimo de preparo preliminar em termos do que chamamos de realidade espiritual, seus sucessivos *achados* traziam sempre algum impacto e levantavam mais questões do que pareciam resolver, mas ela persistiu. Cabe reconhecer, aliás, que, sob certo aspecto, foi bom que ela não partisse de posições muito bem definidas, como por exemplo seria a de um psicólogo espírita, convicto da autenticidade dos postulados do espiritismo. Não que este não tenha melhores condições de trabalho – pelo contrário – mas porque para a comunidade científica obstinadamente dogmática, para os cultores da psicologia sem psique, os resultados e observações de um profissional dessa categoria ficam logo como que 'contaminados', sob suspeita, não muito confiáveis. Vimos ainda há pouco que a primeira reação da própria dra. Fiore foi rejeitar a informação de seu cliente, simplesmente porque ele estava convicto quanto à validade da reencarnação. Ela, porém, teve o bom senso de reavaliar o conceito à medida que ele ia se impondo à sua atenção. Por isso confessa que naquela tarde "testemunhei algo que afetou radicalmente minha vida profissional e minhas crenças pessoais". Ou seja, a ideia tomou-a de surpresa, inesperadamente, quase que agressivamente, derrubou seus preconceitos e acabou por provocar uma reestruturação, não apenas na sua vida profissional, mas também no que chama de suas crenças.

Essa reformulação conceptual, que ela não hesita em catalogar como *radical*, dá bem a medida do seu caráter e da sua disposição para mudar, sem a qual nos cristalizamos em sistemas de circuitos fechados, sempre a repassar as mesmas ideias, que nos parecem mais confiáveis. Cria-se com isso um modelo automatizante, dentro do qual as situações da vida entram por um lado, circulam pelos canais previsíveis e saem do outro devidamente pasteurizadas, com um mínimo de atrito ou perturbação. É a técnica sutil da acomodação: os problemas são previamente classificados em tantas categorias – o menor número possível – e para cada um deles há uma solução-padrão. O indivíduo se choca com as estruturas familiares? Fórmula número 8: complexo de Édipo ou a de número 9: complexo de Electra. A moça é vítima de tais ou tais desajustes emocionais? Fórmula 21: complexo de castração. Tem certos problemas de natureza sexual? Fórmula 12B: fixação em tal período da sexualidade infantil. Sua vida sexual é normal? Não pode. Temos que descobrir nela alguma disfunção para aplicar-lhe a fórmula número 18. E assim por diante...

Ao que parece a dra. Fiore preferiu partir do princípio de que cada indivíduo é um universo à parte e as soluções têm que ser individuais, pois os problemas são pessoais e intransferíveis. Como boa psicóloga, está convicta de que tais soluções, ou pelo menos a chave para abrir os porões onde estão acorrentados os nossos duendes íntimos, têm que estar no passado do próprio ser, o óbvio mais gritante do mundo. Para chegar, contudo, a certas profundidades é preciso ultrapassar o círculo de giz da infância. Se a reavaliação de toda a história do indivíduo é legítima e até indispensável para se descobrir onde e porque lhe 'dói' a mente, então ela tem que se estender além, uma vez admitida a realidade das vidas sucessivas. Não há como fugir daí. Se estamos em busca de um núcleo traumático responsável pelos distúrbios emocionais do indivíduo e não o encontramos no âmbito de uma vida, vamos abandonar a busca? Ou pregar um rótulo arbitrário na situação que não conseguimos entender? Por que não descer mais fundo, ir mais além, aceitar para exame material que tantas vezes tem emergido espontaneamente? Para muitos pesquisadores e terapeutas da mente, quando alguns desses aspectos emergem no curso da busca, há outras tantas fórmulas-padrão: fantasia subliminar, alucinação auditiva ou visual, conforme o caso, dissociação etc.

É pois uma satisfação encontrar alguém como a dra. Fiore, que resolveu questionar as fórmulas-padrão e acabou gratificada com achados de surpreendente valor.

Escreve ela:

> Meus pacientes e sujeitos mergulham em existências anteriores a fim de encontrar as origens de seus talentos, habilidades, interesses, forças e fraquezas, bem como sintomas e problemas específicos. A tapeçaria das nossas vidas é tecida com fios muito antigos e o desenho é complexo. (Fiore, Edith, 1979)

Ou seja: o ser humano explica-se pelo seu próprio passado. Tudo está ali; é só ter os *olhos de ver* de que nos falava o Cristo.

Escreve ela mais adiante:

> Em meu trabalho com a teoria da reencarnação, estou observando que não há um só aspecto do caráter ou do comportamento humano que não possa ser mais bem compreendido através do exame de acontecimentos em vidas anteriores. (Idem)

Portanto, não só para resolver um problema emocional difícil e persistente – é também para entender melhor a criatura, saber de seus talentos, suas frustrações, seu grau de moralidade, o nível de seus conhecimentos, sua condição de maturidade emocional, problemas pendentes, aspirações, esperanças, desenganos, acertos e desacertos. De que outra maneira se poderia levantar uma ficha clínica tão complexa do indivíduo? Mais do que dados meramente biométricos, avultam com essa técnica os componentes psíquicos da individualidade, levantados com base em toda a sua experiência pregressa, naquilo que for relevante, e não na estreiteza de uma existência que somente vai até os limites da infância de uma só vida.

Seria alongar demasiadamente estes comentários se fôssemos aqui introduzir o relato de um de seus casos clínicos, pois todos são de grande interesse e altamente ilustrativos de sua técnica. Vale a pena ressaltar, porém, a notável segurança e competência com as quais ela vai conduzindo seus pacientes até conseguir que eles abram os arquivos da memória integral, a fim de que ela possa consultar o material necessário ao esclarecimento do problema em causa.

Em primeiro lugar, ela esclarece o paciente sobre a hipnose, explicando-lhe pacientemente sua maneira de proceder. O cliente nunca é forçado ou atraído por meio de artifícios para uma situação que desconhece. Todo o trabalho se desenrola, passo a passo, com seu pleno conhecimento e consentimento. Ela explica como funciona o mecanismo com o objetivo de remover temores infundados, pois sabe muito bem dos preconceitos e das insensatas noções que circulam sobre a hipnose. Ela assegura ao paciente que ele estará sempre no controle da situação, sabendo do que se passa com ele, do que diz ou não quer dizer, através do consciente ou do subconsciente.

Lembra ela, ademais – escrevi no artigo já citado para *Reformador* – que, ao aprofundar-se na zona crepuscular das vidas anteriores, o paciente irá reviver problemas traumatizantes e complexos, tais como severas depressões, sentimentos de culpa, desconforto físico e outras dificuldades dessa natureza. É indispensável que tais situações sejam tratadas com perícia, cabendo ao terapeuta conduzir a regressão com paciência e tato, proporcionando o conforto da sua presença, do seu apoio e da sua compreensão nos momentos críticos. Não deve, ainda, forçar o paciente a ir além do que permitam suas forças. No momento oportuno, ele dará o passo definitivo. Deve ter sensibilidade para identificar esse momento e ajudar o paciente a vencer suas últimas inibições e bloqueios sem, contudo, violentá-lo.

Para isso a dra. Fiore criou um singelo sistema de sinalização, um mero gesto do paciente traduzindo *sim* ou *não*, para saber, de tempos em tempos, se ele se sente com condições de prosseguir ou se precisa aguardar um pouco mais antes de enfrentar os seus fantasmas interiores. É preciso respeitar esses limites para que os traumas não provoquem novos abalos com a sua repercussão. Há boa razão para que eles estejam tão engenhosamente ocultos no inconsciente, tanto quanto há boas razões – no tempo certo – para trazê-los à tona, racionalizá-los e ver que, em lugar de fantasmas apavorantes, são problemas que, em nossa condição atual, já podemos compreender melhor e enfrentar com o nível de maturidade de que hoje dispomos. Como manifestação do princípio inteligente, ou seja, como espírito imortal, o ser tem condições de saber se está na hora de decifrar seus próprios enigmas. Às vezes o problema é até bem singelo, como o do apetite insaciável que leva à ingestão compulsiva de alimentos. Nada de complexos esdrúxulos – a voracidade, evidentemente de natureza e origem puramente psíquica, pode resultar de existência recente em que aquele indivíduo morreu de fome e a agonia transbordou para a vida subsequente. Veja bem o leitor que preferimos a expressão *pode resultar*. Deixemos aberto o caminho para outras opções. Nada de dogmatismos.

5) Dra. Helen Wambach

A dra. Helen Wambach, distinguida como a dra. Fiore, com o seu PhD em psicologia, trabalhava no Monmouth Medical Center, em Long Branch, Estado de Nova Jersey, nos Estados Unidos. Além do seu trabalho clínico, lecionava na faculdade local. Era uma vida profissionalmente ativa, de mulher dinâmica e inteligente, perfeitamente sintonizada com a realidade.

Certa vez foi visitar uma espécie de museu, dedicado aos Quakers. Deixemo-la contar o que se passou:

> Ao entrar no edifício, eu era apenas um turista domingueiro, em visita a um obscuro memorial. À medida que subia as escadas que levavam ao segundo andar, começou a me invadir uma sensação de que eu estava em outro tempo e em outro local. Quando entrei na pequena biblioteca, vi-me caminhando automaticamente para a prateleira de livros e apanhando um deles. Parecia que eu *sabia* que aquele livro havia sido meu e ao contemplar as suas páginas, uma cena se projetou na minha visão interior. Eu estava no lombo de uma mula que me conduzia através de um campo já restolhado e aquele livro estava aberto diante de mim, apoiado no arreio. O sol me queimava as costas e minhas roupas eram rústicas. Sentia o animal se movendo abaixo, enquanto eu ali estava, sentada no arreio, profundamente absorvida na leitura. O livro narrava a experiência de um sacerdote no estado intermediário entre a vida e a morte, num período em que ele esteve em estado de coma. Parecia

que eu conhecia o conteúdo do livro antes mesmo de virar-lhe as páginas. (Wambach, Helen, 1978)

Dentro de alguns momentos, a dra. Wambach estava de volta ao presente. A memória e o tempo acabavam de fazer-lhe pequena demonstração mágica. A experiência deixou-a um tanto agitada, pois "sempre me julguei uma psicóloga convencionalmente respeitável, sem nenhum sinal de distúrbio mental", escreveu ela.

Aí está uma reação-padrão, especialmente num profissional de formação acadêmica: algo estranho e desusado aconteceu? Prioridade A-1 para a opção mais provável: desarranjo mental. Felizmente, a dra. Wambach tem boa estrutura psíquica e, ademais, estava diante de um fato acontecido com ela e não apenas relatado de segunda mão. Que significava aquilo?

Para responder a essa pergunta de maneira satisfatória aos seus padrões científicos, ela passou os próximos dez anos a pesquisar, realizando mais de duas mil sessões de regressão da memória com milhares de pessoas.

O depoimento que estamos aqui a citar consta de seu livro *Reliving past lives*, rico acervo de fatos bem estudados e de observaçõs inteligentes e inovadoras, dignas da melhor consideração. Esta, por exemplo: poderia um caso de autismo ser explicado como rejeição do novo corpo e, portanto, da nova existência e seu ambiente e tudo o mais? Dá para pensar, especialmente em Linda, uma menina que a psicóloga teve como paciente por algum tempo, porque, no dizer da doutora, ela "conservava uma personalidade adulta anterior no corpo de uma criança". Parece que a menina recusava-se a crescer naquele corpo.

Se ao relembrar, para reavaliar, uma experiência traumática na infância, o paciente pode ficar curado de uma fobia, por exemplo, por que recordar-se de existências anteriores não pode curar fobias que resistiram a outros tratamentos?

Escreve ela mais adiante:

> Somos informados de que utilizamos apenas dez por cento de nosso cérebro. Acredito que as outras partes do cérebro que julgamos não terem funções específicas – os noventa por cento restantes – estão em contínua operação. Mas o ego – o 'ser do dia-a-dia' – funciona como uma telefonista, deixando ir ao consciente somente aquilo que tem alguma finalidade e sentido quanto aos objetivos e crenças do indivíduo, e quanto à realidade social que ele ou ela partilha com os demais naquela comunidade. (Idem)

Por isso a dra. Wambach é extremamente cautelosa com relação ao material que emerge do inconsciente. Acha, por exemplo, inconveniente suscitar lembranças em crianças e em seres ainda imaturos, sem condições para serem confrontados com certos problemas íntimos. Há que respeitar as razões do esquecimento e nisto, a meu ver, reside uma das grandes dificuldades operacionais da regressão. A dra. Fiore, por exemplo, implantou um inteligente sistema de sinalização que vai indicando, passo a passo, até onde ela pode ir e onde deve parar, a fim de fortalecer o paciente antes de prosseguir. Esse ponto é de suma importância, porque, ao mesmo tempo em que devem ser escrupulosamente respeitadas certas resistências do paciente, que não devem ser sumariamente derrubadas de qualquer maneira, é preciso vencê-las para ajudá-lo a saltar por cima dos círculos de giz que ele próprio traçou em torno de si.

O espiritismo cogita aqui, como já vimos, também do aspecto ético da questão. Deve-se curar uma disfunção suscitada precisamente para corrigir um crime anterior? A resposta é sim, positivamente, mas com algumas qualificações importantes. Em primeiro lugar é necessário considerar que as leis que regulam o universo ético não são punitivas, elas são corretivas. Uma vez corrigido o rumo, o barco seguirá normalmente a sua rota, até que novo desvio suscite automaticamente novo impulso corretivo. Não se pode, portanto, dizer que o ajuste de um roteiro é o mesmo que uma 'punição' ao navio que derivou para a esquerda ou para a direita, por causa de uma tempestade ou corrente marítima mais impetuosa. O que a lei pretende é que o indivíduo assuma a consciência de seu erro e se disponha a corrigir a tendência que o levou a falhar. Uma vez aprendida a lição, foi atingida a finalidade a que se propunha a dor.

Outra postura digna de nota que a dra. Wambach assume com apoio nas suas pesquisas:

> A experiência psicodélica (uso de drogas alucinógenas) parece ter aberto aos jovens uma percepção para a qual eles não tinham preparo cultural suficiente. (Idem)

Isso também é autêntico. Espiritualmente e culturalmente despreparados, milhões de jovens viram-se, de repente, confrontados por uma experiência cujo sentido lhes escapava totalmente. Para muitos aquilo era apenas um processo de fuga ante uma realidade que lhes parecia desagradável e até insuportável. Mas não é fugindo da vida que conseguimos superar seus obstáculos, pois as dificuldades estão em nosso caminho precisamente para corrigir desvios, abrir novas perspectivas, estimular a criatividade, fortalecer a vontade; em suma: amadurecer o espírito. A tentativa de contornar essa realidade, que desagrada, por processos de fuga só pode resultar em nos atirar face a face com outra realidade para a qual estamos ainda menos preparados.

Ademais, as experiências da dra. Wambach confirmam inúmeros achados de outros pesquisadores: a dificuldade que encontram os sensitivos em geral em responder prontamente a questões sobre datas, nomes, localizações; o desejo que muitos manifestam de agradar o hipnotizador; a irresistível compulsão de dizer a verdade, seja ela qual for, doa a quem doer; as mesmas diferenças entre estar lá e recordar-se; enfim, algumas constantes, como que a identificar, em ampla variedade de técnicas e vasta amostragem de indivíduos, alguns aspectos da mesma realidade subjacente. Sobre o *estar lá*, por exemplo, disse-lhe Anna, uma de suas pacientes:

Tudo me parecia tão real. Eu estava lá e era capaz de ouvir e até de sentir o cheiro das coisas. Engraçado! Parecia-me tão difícil responder às suas perguntas. Era como se eu tivesse que interromper a experiência e sair um pouco dela, a fim de responder-lhe. Não que fosse desagradável, mas não sei como dizer... (Idem)

E mais adiante, uma informação da dra. Wambach:

> Com Bob, explorei quatorze vidas anteriores. As datas dessas vidas são um tanto confusas, porque Bob usualmente considerava o sistema numérico e nosso conceito humano de tempo difícil de dominar, quando se encontrava naquele estado alterado de consciência. Às vezes citava algumas datas superpostas, mas, em geral, o período de tempo era suficientemente preciso para nos permitir conferir certas informações. (Idem)

Percebendo a relutância de muitos de seus sensitivos com relação ao processo hipnótico em si – temores indefinidos, receio de revelar em voz alta algum aspecto negativo das suas experiências – a dra. Wambach decidiu introduzir interessante modificação em sua técnica (ela trabalha com grupos maiores e não individualmente, com cada um).

Vejamos o que ela tem a dizer, com suas próprias palavras:

> – Descobri que é mais fácil levar meus pacientes a descrever suas experiências de uma vida anterior se eu disser que eles não precisam falar sob hipnose, mas que lembrariam vividamente, ao acordarem, de tudo quanto tenham experimentado. Dou-lhes a sugestão pós-hipnótica de que eles gostariam de discutir em detalhe tudo quanto viram, sentiram, ouviram ou experimentaram na vida passada. Esse método foi um sucesso absoluto; na verdade, o problema frequente era fazer os pacientes pararem de falar depois que despertavam da hipnose. (Idem)

A distribuição estatística desses casos não é menos interessante, embora fuja um tanto aos objetivos do nosso trabalho aqui. É curioso, no entanto, percorrer os gráficos nos quais a dra. Wambach traçou algumas curvas reveladoras: a forte expansão da raça caucasiana a partir do século VI da nossa era e sua queda atual com novo impulso para cima das raças negras e orientais; a distribuição dos sexos – 50,3% mulheres numa das amostragens e 50,9% versus 49,1% em outra, isso ao longo de 4.000 anos de história! A queda fantástica no uso de peles e tecidos grosseiros contra uma elevação não menos espetacular de vestidos e calças, também aí pelo século VI da nossa era; a súbita elevação no uso de sapatos e botas a partir do século XVI e a longa persistência dos pés descalços até hoje; o crescente uso da carne como alimento.

Enfim, o livro da dra. Helen Wambach proporciona a qualquer pessoa inteligente leitura altamente instrutiva e estimulante. Mas ela não escreveu apenas esse. Em outro livro seu, *Life before life*, o problema é ainda o da regressão da memória, mas o enfoque é diferente: ela queria saber como é o ser humano ao nascer, o que pensa, o que traz na sua bagagem espiritual, o que pretende fazer, o porquê de certas decisões e opções, quais as primeiras impressões no limiar deste mundo difícil e hostil.

Para pouparmos espaço, uma vez mais, convido o amigo leitor ao exame do livro de nossa autoria *Nossos filhos são espíritos*.

O primeiro impacto que a leitura do livro da dra. Wambach nos proporciona é a fantástica lucidez daqueles espíritos, ali, ao nascerem em seus corpos físicos. Três aspectos do mundo da matéria lhes são particularmente penosos e até agressivos: o excesso da luz, o frio e os ruídos. Fácil de explicar: estão vindo de um mundo aquoso, silencioso, escuro, tépido e, de repente, emergem ou são retirados à força para um ambiente totalmente diverso. E se queixam do desamor, da fria profissionalização, da quase industrialização do parto, com toda aquela gente – quase sempre competente – mas apressada, indiferente, cheia de problemas humanos e angústias. Em muitos casos, a rejeição que sentem na mãe ou no pai ou em ambos.

As observações da dra. Wambach – uma boa psicóloga, com um bem desenvolvido senso estatístico – são de grande riqueza e trazem muitos dados inesperados e confirmações. Conclui ela, ante a massa de depoimentos vivos, que nascer é mais estressante do que morrer. Morrer é "ir para casa"; nascer é uma espécie de jogada que pode não dar certo, cheia de incertezas e imponderáveis. Não que as vidas sejam improvisadas e a gente venha para cá de qualquer maneira, sem planos e sem programas. Nada disso. É tudo certinho, combinado, e, na grande maioria dos casos, decidido livremente. Aliás, 81% dos indivíduos responderam haver decidido espontaneamente, sem nenhuma pressão, pela reencarnação. Apenas 19% disseram não ter conhecimento da escolha ou não se lembrarem de nada, quando a pergunta foi formulada pela psicóloga. Desse total, 68% declararam sua relutância em regressar à carne, ou, pelo menos, tensos e resignados ante a perspectiva de uma nova existência. Inequívoca maioria de 90 em 100 achava morrer uma experiência maravilhosa e até agradável – nascer é que é o problema.

> Havia um grupo de pessoas dizendo que eu devia nascer, mas não gostei nada daquilo. Tinha, porém, a impressão de que eu tinha que nascer. (Caso B-76)
>
> Oh! tenho que passar por isso tudo outra vez? (Caso B-81)(Wambach, Helen, 1979)

Quanto às razões para escolha da época: outros companheiros do mesmo grupo espiritual estavam se reencarnando ou já tinham vindo; expectativas de mudanças importantes das quais desejavam participar; proporcionar oportunidades a outros companheiros e coisas assim. Uma senhora disse que seu propósito era o de gerar o corpo para um espírito que vinha exercer importante liderança social. Outra tinha que se recompor com seu marido atual, um alcoólatra. Um terceiro declarou a sua necessidade de aprender a não se agarrar possessivamente aos outros.

Escreve a dra. Wambach:

> Todos os meus pacientes contam a mesma história. Retornamos com as mesmas almas, mas em diferentes relacionamentos. Vivemos de novo, não somente com aqueles aos quais amamos, mas com aqueles aos quais odiamos ou tememos. Somente quando formos compassivos e afetuosos, estaremos livres da necessidade de viver repetidamente com os mesmos espíritos, que também são forçados a viver conosco! (Idem)

Ao que nos indicam os depoimentos, o momento da ligação com o feto é variável: desde o instante da concepção até algum tempo após o parto. Penso, porém, que aqui pode ter havido certa distorção. A ligação deve processar-se pouco após a fecundação, porque o espírito tem que estar presente para ajudar a elaborar seu corpo físico com base no modelo do seu perispírito. Em verdade, ele está presente desde muito antes de iniciada a gestação, no período em que negocia com seus futuros pais as condições de seu renascimento na carne. O que acontece, porém, é que ele não está ainda preso ao feto como se ali estivesse acorrentado e sim como um balão cativo, com bem ampla autonomia de desprendimento. Provavelmente alguns tomam essa liberdade de movimentação como indício de que ainda não estão presos.

Em muitos desses espíritos percebemos o desgosto por aquela situação crítica e até mesmo certo ressentimento por algo que se aproxima de verdadeira *indignidade*. Tentemos imaginar a situação: um espírito lúcido, experimentado, inteligente, bem informado, no qual o acesso à memória integral ainda é fácil e natural, de repente se vê delimitado, comprimido, contido na exiguidade de um diminuto e impotente corpinho animal.

> ... vi que meu espírito estava observando tudo. Juntei-me ao corpo momentos antes do nascimento. Minha impressão depois do nascimento era a de que a palmada do médico não era necessária. Fiquei indignado. Eu sabia que o médico estava numa tremenda ressaca. (Caso A-365)

> Tratou-me como se eu não existisse ou fosse uma coisa, um objeto. (Caso A-239)

> Eu tinha a inteligência de um adulto. (Caso A-23)

> Eu tinha a compreensão de um adulto, não a de uma criança. Limitava-me a ouvir e observar. (Caso B-105)

> De que maneira posso me comunicar com essa gente? (Caso A-414) (Idem)

A relutância em nascer parece persistir até a última hora, como se vê destes outros depoimentos:

> No canal do nascimento, certa força insistia em me empurrar. Eu não podia evitá-lo, porque nada havia ali em que pudesse me segurar ou pendurar. Imediatamente após o nascimento senti súbito impacto de ar frio, de luzes brilhantes, e aquelas pessoas usando umas roupas engraçadas. (Caso A-20)
> Senti-me esgotado e irritado. Sentia cruamente a luz, o ar, tudo. Eram tão *ásperos*! A atmosfera era rude. Eu esperava que as coisas fossem divertidas, mas era tudo uma comoção e eu ansiava por voltar ao espaço, onde tudo era leve. (Caso A-339)
> Eu não gostava nada daquela ideia de estar ali, espremido naquele pequeno garoto. (Caso A-234)
> Minha mente era grande demais para aquele pequeno corpo. (Caso A-443)
> Antes de me lavarem, minha pele queimava e repuxava dolorosamente, à medida que o líquido amniótico secava e coçava. Infelizmente fui lavado por um idiota com uma horrível esponja, que me arranhava. (Caso A-348) (Idem)

Enquanto tudo isso ocorria, ele *ouvia* a mãe dizer que não o queria. Era, pois, um indesejado.

Donde se conclui não ser totalmente inútil o conceito do clássico trauma do nascimento ou da rejeição materna ou paterna. Não porque a vida começou ali, mas porque ali ocorreram fatos importantes na trajetória do espírito, como o de renascer de pais que não o amam ou até mesmo o detestam ou de experimentar uma sensação de desoladora solidão e impotência ante um mundo áspero e hostil, no qual sabe que vai viver uma aventura incerta, durante um punhado de décadas. De qualquer forma, porém, o que vemos aí também é o ser preexistente, consciente de suas conquistas, programado para uma nova existência na carne, renascendo num contexto que, ainda que não seja de seu pleno agrado, é aquele que convém à sua condição espiritual e onde mais amplas serão suas oportunidades de dar prosseguimento ao seu processo evolutivo.

Como certas revelações dessa natureza podem ser traumatizantes para o ser encarnado – descobrir, por exemplo, que a mãe o rejeitou desde o primeiro instante – a dra. Wambach toma umas tantas precauções. Vejamos o que diz:

> Acho muito importante entregar o controle dessas recordações existentes na memória ao subconsciente de cada indivíduo. Eu os instruo no sentido de que seus subconscientes bloquearão imediatamente a lembrança de qualquer material perturbador e observo que isso funciona de fato muito bem. (Idem)

É possível, portanto, conhecer com bastante segurança a programação de cada pessoa, as dificuldades que traz em si, as que encontra, bem como seus propósitos, seus conhecimentos e grau de maturidade emocional. Ou seja, as informações de que necessitamos para decifrar certos enigmas pessoais estão em nós mesmos e nem poderia ser de outra maneira, não porém no exíguo espaço mental de uma só existência. Cada vida é o segmento de uma realidade ampla e contínua, bem como o seguimento de um programa que vem se desdobrando século após século.

É incompreensível que as ciências ditas da alma ou da mente, tanto se obstinem em rejeitar essa realidade. Pelo que vimos observando consistentemente, isso a que chamamos de realidade espiritual surge inesperadamente no decorrer de um processo rotineiro e se o experimentador está suficientemente preparado para admiti-la, ainda que submetendo-a a longos e rígidos testes, como convém, acaba por se tornar preciso instrumento de análise, como um submarino invisível para descer às profundezas da memória integral dos seres.

O que acontece, porém, é que, tomados de surpresa e entrincheirados numa posição de maior ou menor intensidade dogmática pela formação profissional padronizada que recebeu, dificilmente o experimentador tem aquele mínimo de conhecimento espiritual que tanto facilitaria o seu trabalho e que com tanta segurança o orientaria através dos enigmas e complexidades do nosso arcabouço psicológico. Enfim, alguma coisa está sendo feita. Eis a esperança.

6) O caso particular do dr. Carl Wickland

Ao mencionar o trabalho do dr. Denis Kelsey como pioneiro, não estou esquecendo de outro excelente e digno psiquiatra, o dr. Carl A. Wickland, médico de origem europeia radicado nos Estados Unidos. É que Kelsey foi, por excelência, o terapeuta da reencarnação, ao passo que o dr. Wickland dedicou-se a outra modalidade da tarefa. O relato de suas notáveis experiências constitui objeto do livro *Thirty years among the dead*.

O dr. Wickland, membro da Chicago Medical Society, da Illinois State Medical Society e da American Association for the Advancement of Science, além da National Geographic Society, abre seu livro com esta observação:

> Ao oferecer este livro ao público, não há propósito de promulgar nenhum ismo ou culto, mas o de apresentar relatos e deduções de trinta anos de pesquisa experimental na ciência da psicologia normal e anormal, dado que a ela pertencem os obscuros problemas da vida póstuma e sua relação com a problemática humana, os quais todas as mentes pensantes devem reconhecer como da mais alta importância. (Wickland, Carl A., 1971)

O trabalho do dr. Wickland causou considerável impressão sobre outro médico e escritor famosíssimo, o dr. Arthur Conan Doyle. Escreveu sir Arthur, no prefácio:

> Nunca encontrei alguém com tal amplitude de experiências com os 'invisíveis', como o dr. Wickland. Seu método é baseado em um grande número de experimentações e observações diretas. Se ele conseguir convencer, como creio que o fará, seu nome viverá como o de Harvey ou Lister ou de qualquer outro grande revolucionário mestre da ciência médica – e, no entanto, todo

o seu sistema não passa da retomada de um princípio que era corriqueiro nos dias do Cristo. (Idem)

Desinteressado e até hostil à ideia da reencarnação, o dr. Wickland concentrou-se em atender casos de obsessão e subjugação. Convicto de que inúmeras perturbações mentais e disfunções psicossomáticas eram provocadas por espíritos desencarnados, idealizou e mandou construir um aparelho destinado a produzir choque elétrico nos seus pacientes, geralmente na presença de sua esposa, Anna Wickland, que funcionava como médium. Desalojado da sua posição simbiótica junto ao paciente, o espírito incorporava-se na sra. Wickland e era doutrinado, ou seja, esclarecido e persuadido a deixar a sua vítima. Em muitos casos, tais espíritos nem sabiam que estavam desencarnados ou que estavam causando dissabores e distúrbios às suas vítimas. Em outros, eram detectados problemas mais sérios de vinganças, perseguições e aflições deliberadamente infligidas e bem mais difíceis de contornar.

Vencendo resistências iniciais suas e da esposa – pois ambos estavam convictos de que "não se deve mexer com os mortos" – o dr. Wickland foi, aos poucos, sendo vencido pela evidência que teve o bom senso de aceitar.

Escreve ele mais à frente:

> A humanidade está envolvida pela influência do pensamento de milhões de seres desencarnados que ainda não alcançaram integral compreensão dos objetivos mais elevados da vida. O reconhecimento desse fato explica grande parte de pensamentos indesejáveis, emoções, estranhos presságios, estados de depressão, irritabilidade, impulsos desarrazoados, explosões irracionais de temperamento, paixões e inúmeras outras manifestações mentais. (Idem)

É bom lembrar, porém, que tais sintomas podem refletir outras causas. Seria imprudência e exagero atribuir qualquer disfunção psíquica à atuação espiritual exógena, mas não tenhamos dúvida que essa atuação é uma das causas, senão a predominante, pelo menos bastante comum.

A sua atenção para esses aspectos da psicologia humana vinha sendo solicitada há algum tempo. Sabia de casos de pessoas despreparadas e invigilantes que se deram mal com 'brincadeiras' aparentemente inocentes como a do copinho ou da prancheta alfabética. Longe de atemorizar-se com isso, mais se sentiu estimulado a estudar o fenômeno. Havia, por outro lado, a mediunidade da esposa que, presa à sua fidelidade à Bíblia, temia as experimentações por julgar que estavam "é perturbando os mortos". A despeito da opinião contrária dela e da hesitante posição dele, as próprias entidades espirituais que por meio dela se manifestavam estimularam o trabalho. Diziam esses espíritos que as noções habituais acerca do mundo póstumo estavam completamente erradas.

Retiro a citação a seguir do livro *Reencarnação e imortalidade*, de minha autoria, escrito em 1976:

> Explicaram (os espíritos) que, na realidade, não existe a morte, mas uma simples transição do mundo visível para o invisível, e que muitos espíritos evoluídos se esforçavam por se comunicar com os homens a fim de os esclarecer e ajudar, como também a espíritos desencarnados. Acontece, porém, que a morte – ou seja, a libertação do espírito – é tão simples e natural que a grande maioria, por um espaço de tempo maior ou menor, nem mesmo sabe o que acontece e continua presa aos ambientes onde viveu na carne, numa atmosfera de pesadelo que não entende e da qual não consegue sair. Nesse estado de confusão e erraticidade é que são atraídos para a aura dos espíritos encarnados e neste desencadeiam toda a sorte de neuroses e psicoses. Mais ainda: que essas perturbações poderiam ser facilmente deslocadas para os médiuns, que temporariamente emprestavam seus corpos para que tais entidades se manifestassem e pudessem ser esclarecidas. Se o dr. Wickland desejasse, os amigos espirituais se incumbiriam de trazer espíritos atormentados para tratamento e observação, manteriam tudo sob estrita vigilância e controle. (Miranda, Hermínio C., 1976)

Foi assim que o médico começou a trabalhar com os seus "mortos".

Ao chegar em casa, certa vez, encontrou a esposa indisposta com inexplicável mal-estar. Pouco depois uma entidade falava por seu intermédio ao marido: – Que história é essa de me cortar?

De fato, o dr. Wickland estava estudando certos aspectos anatômicos no cadáver de um homem de cerca de 60 anos. O médico, ainda inexperiente, teve alguma dificuldade em conduzir o diálogo, mas logo entendeu que o espírito manifestante era, obviamente, o dono do cadáver que ele andava retalhando.

Para fazê-lo entender que ele estava separado do cadáver, o médico lembrou-lhe que ele estava ali e não lá, dentro do corpo morto.

> Suponha que eu estivesse agora cortando o seu corpo lá no colégio... Isso não poderia matar você, uma vez que você está aqui. (Wickland, Carl A., 1971)

O argumento era aceitável e a conclusão foi do próprio espírito:

> Acho que devo estar naquele estado a que se chama 'morto'. Então de nada me serve mais o meu velho corpo. Se você pode aprender alguma coisa cortando-o, prossiga e corte o que quiser. (Idem)

E assim o médico, que estava estudando anatomia do corpo físico, aprendeu também um pouco de anatomia da alma.

Dando prosseguimento aos seus estudos nessa direção, o dr. Wickland conseguiu acumular grande massa de dados concretos sobre certos aspectos importantes das disfunções psíquicas. Não se pode, contudo, deixar de reconhecer as limitações do seu trabalho, pois no contexto das perturbações emocionais e mentais não existem panaceias exclusivistas e mágicas – todo o arsenal terapêutico deve ser mantido à disposição. Quando um médico não produzir resultados com um paciente, é preciso recorrer a outro médico ou a outros ou a todos eles ou a alguns novos. Eis aí um setor que exige muita criatividade, tanto na interpretação dos problemas contemplados, como na técnica e na metodologia de abordá-los. Nenhuma técnica isoladamente serve para todos os casos da mesma natureza ou aparentemente semelhantes. Cada paciente é um caso específico, diferente, pessoal, único. Diferem também suas reações, tanto quanto suas motivações, ainda que sintomas mentais e somáticos se assemelhem. Em toda essa complexa problemática, porém, há umas constantes estruturais solidamente apoiadas naquilo que costumamos chamar aqui de realidade espiritual. O paciente é um espírito imortal, preexistente e sobrevivente. As raízes das suas mazelas estão realmente no seu passado mais recente ou remotíssimo, mas estão lá, na sua memória integral. Com um pouco de paciência e criatividade, elas serão localizadas. É tolice estacar obstinadamente no círculo de giz da infância, quando além daquele risco arbitrário estende-se a vastidão dos arquivos indeléveis da alma.

Reflexões de um Leigo

1) Terapia de choque

Parecem oportunas aqui algumas reflexões acerca das diversas terapias de choque, iniciadas a partir do trabalho pioneiro do dr. Manfred Sakel com os agentes convulsivos metrazol e insulina, sobre os quais publicou um ensaio científico em 1933. Em 1937, foi introduzido o eletrochoque, após as experiências do dr. Bini, dr. Kalinowski e outros.

O que realmente acontece quando se submete um doente mental ao choque elétrico?

Trabalhando com pacientes sob forte influenciação espiritual exógena, o dr. Wickland informa que o choque desalojava o espírito perturbador da sua ligação com o paciente – um termo bem sugestivo para isso, apesar de pouco científico, é *encosto* – e, atraindo-o para a incorporação mediúnica, doutrinava-o, persuadindo-o a abandonar seus propósitos.

Seriam, porém, todos os casos para os quais o choque elétrico é indicado de etiologia obsessiva, ou seja, provocados por influenciação espiritual? Se a resposta é sim, por que se retira o espírito invasor, e o do paciente nada sofre? Não encontro no dr. Wickland informações sobre o que sente este último. E o que se passaria exatamente com o espírito desalojado?

Segundo depoimentos feitos ao dr. Wickland, sentiam-se expulsos. Mas, por quê?

Por outro lado, o dr. Abraham Myerson, diretor da divisão de psiquiatria do Hospital Estadual de Boston, disse a Marie B. Ray:

> Pessoalmente não creio que jamais se possa *curar* a esquizofrenia. Não pela insulina; não pelo metrazol; não pelo choque elétrico; nem por coisa alguma. Podemos remover os sintomas: a nota esquizofrênica permanece. Contudo, remover os sintomas e proporcionar ao paciente uma vida útil e feliz, mesmo que ele fique um 'tanto tocado', já é alguma coisa – mas eu nunca chamaria isso de *cura*. (Ray, Marie Beyson, 1950)

O dr. Leon Davidoff, um dos astros desse mundo encantado da cirurgia do cérebro, explicou à mesma escritora a terrível técnica da lobectomia pré-frontal – a chamada *cirurgia das emoções*. Basicamente, a operação consiste em cortar as ligações das circunvoluções pré-frontais com o resto do cérebro.

Acontece que o cérebro é algo assim como um computador com unidades centrais de processamento e unidades periféricas que vão sendo acrescentadas ao longo dos milênios. Os dispositivos pré-frontais, segundo nos dizem os entendidos, são as mais recentes unidades, as mais modernas e, certamente, das mais sofisticadas, e se tudo continuar evoluindo, como parece, virão outras. Vale a pena 'desligar' com o bisturi uma unidade dessas? Ouçamos o dr. Davidoff:

> Bem, sou neurocirurgião. Sei o que pode ser feito com o bisturi para alterar personalidades, particularmente no caso dos tumores no dominante lobo frontal. *Mas...* a cirurgia é um processo destrutivo. Se você cortar um membro gangrenado, pode evitar que um indivíduo morra, mas vai deixá-lo aleijado. Você tirou algo dele. Ele não é mais um homem integral. (Idem)

Segundo depreendo desse agitado debate científico, tanto o choque bioquímico (metrazol, insulina), como o elétrico, destroem importantes porções do cérebro. Numa comunidade de milhões de neurônios – lembra Marie Ray – alguns milhares podem ser sacrificados. É possível, se nos lembrarmos de que a natureza é extraordinariamente pródiga em tudo aquilo que se destina à preservação da vida. Para aproveitar um só espermatozoide – mesmo assim se a parceira estiver no período fecundo – o homem descarrega 200 milhões deles numa única emissão!

Admitamos que uma destruição parcial seja, portanto, o único meio de desligar certas tomadas, passar a borracha num texto confuso e ilegível, desmagnetizar uma fita mal gravada. Em outras palavras: desligou-se o circuito cerebral por meio do qual se manifestava a disfunção, mas isso não quer dizer, necessariamente, que a disfunção deixou de existir. Assim como a memória do que ali estava apaga-se temporariamente e pode reconstituir-se alhures, o problema espiritual não foi resolvido: soltou-se a lampadazinha do local, mas a corrente está ali. Estamos de volta à historinha da aranha que 'escutava' com as pernas...

Por outro lado, que regressão é essa que, segundo os craques da psiquiatria, ocorre em consequência do choque pela insulina? Marie B. Ray chama-a de "uma jornada não no espaço, mas no tempo. Uma jornada de volta às origens do tempo", o que não deixa de ser um pouco enfático demais.

Explica à escritora o dr. Train, no Hospital Estadual de Brooklyn, em New York:

> Reprodução filogenética é uma palavra imponente, que significa apenas *recapitulação da evolução* no estado de coma insulínico. Até que você realmente assista, parece algo fantástico, não é? Uma vez observada, porém – frequentemente nem é necessário um olho bem treinado para percebê-lo – a coisa é inequívoca. Esses pacientes demonstram durante o coma reações primitivas – sim, animais – macacóides, e até como se fossem peixes. Com o córtex temporariamente apagado pela droga, eles revertem ao comporta-

mento subcortical. Em outras palavras, à medida em que afundam no coma, perdem o controle dos centros mais nobres do cérebro em primeiro lugar, e, daí em diante, sucessivamente, a cada um dos inferiores. Naturalmente o comportamento deles vai se tornando menos e menos humano. Essa é a explicação fornecida por Sakel para esses estranhos fenômenos – comportamento subcortical em escala evolucionária. (o grifo é meu) (Idem)

Teorias – especialmente as que tentam explicar o ser humano – são tão volúveis como as damas que a ópera cantou. O livro da sra. Ray é de 1950, e não sei se os 'cardeais' da psiquiatria ainda pensam assim. Seja como for, porém, para que essa *regressão* arrasadora, desencadeada por uma traumática agressão aos mais nobres centros nervosos, quando se pode fazer a coisa com muito maior eficácia e inteligência, com uma regressão da memória, via hipnose ou magnetismo?

O que se depreende desse entrechocar de tendências e de teorias é que ainda são muito fluidos e mal definidos os limites desse bravio território da mente. Mesmo aqueles que sabem que o homem deve ser abordado em sua problemática como um todo – corpo e espírito – ainda debatem aspectos secundários de metodologia, cada um desejando proclamar o exclusivismo da sua doutrina. Por isso, enquanto sofre o ser humano os horrores da mente desarranjada, discute-se e experimenta-se com ele teorias unilaterais – uns cuidam somente de seu espírito; outros somente de corpo físico. Para uns, o problema é mediunidade embotada; para outros, cérebro mutilado, sexo reprimido ou pervertido, disfunções hormonais, e que mais sei eu. Tratamento? Bioquímica; cirurgia; convulsoterapia; criogenia... Quando iremos começar a tratar do ser humano como um todo, e não de um cérebro 'enguiçado'? O espírito é um ser ético, consciente, evolutivo, em contínuo processo de autorrealização, uma fagulha do princípio inteligente, em permanente devir, como gostava de dizer o eruditíssimo linguista Rubens Romanelli. Quando isso acontecer um livro como o de Marie B. Ray, vai chamar-se *Doctors of the spirit*, e não *Doctors of the mind*.

2) A mente e o corpo

Alguns já têm a visão mais adequada de uma abordagem racional. O dr. Burlingame, por exemplo, em conversa com Marie Ray, considera errôneo chamar o doente mental de *desequilibrado*. Não há desequilíbrio intelectual, a não ser esporadicamente; mas o *emocional* ocorre *sempre*. Tais indivíduos não se tornam ininteligentes de um momento para outro. São tão inteligentes como sempre o foram. As emoções é que estão em conflito, em tumulto. "Trabalhamos aqui" – diz esse médico – "dentro do conceito de que mente e corpo são uma unidade indivisível". Isso, para ele, tem sido tão repetidamente demonstrado que não há mais espaço para dúvidas.

Insiste outro médico, o dr. Adolf Meyer:

> Não podemos dividir a natureza humana. Nossas almas têm corpos e nossos corpos têm alma. (Idem)

Pergunta o eminente dr. Zilboorg:

> Apelar para a razão com um suicida em potencial? Nunca tentaria isso. Mesmo um ser normal não é muito razoável. Nossa chance está em apelar para suas emoções. Temos que tentar opor uma emoção a outra mais forte; uma doentia a uma sadia – ou orientar a emoção destrutiva em outro sentido. Somos quase exclusivamente criaturas de nossas emoções e instintos. (Idem)

Emoções – é bom lembrar – podem *circular* pelo cérebro, e têm mesmo que fazê-lo se é que se destinam a manifestar-se como atos, mas não são *produzidas* no cérebro, como um hormônio. O fato de certas emoções suscitarem a liberação de uns tantos compostos bioquímicos não quer dizer que esses compostos *são* a própria essência das emoções; são apenas os seus *mensageiros*. O dr. Dubois – citado por Marie Ray – disse algo muito mais transcendental do que ele próprio poderia imaginar ao propor a *terapêutica racional*, a reeducação do indivíduo em crise; a *ortopedia moral*. Desligar o circuito por onde fluem suas emoções não elimina as causas, apenas atinge o efeito. Corta-se o fio do alto falante e fica-se com a impressão de que a música ou a voz calou-se.

Grande passo para chegar-se a essa abordagem do ser humano em crise como um todo será dado a partir da conceituação mais exata do que se entende pela palavra *mente*. Esses termos, que servem para muita coisa, acabam vagos e inúteis. O ser humano não é um mero corpo físico animado pela mente. É um princípio inteligente, consciente, ético, evolutivo – um espírito eventualmente vivendo dentro das limitações e condicionamentos do corpo físico.

Por muito tempo tem estado a ciência diante do corpo físico do ser humano como um silvícola diante da mesa de controle de um tremendo computador. Vamos apertar este botãozinho aqui para ver o que acontece! Ah, sim... apaga aquela luzinha verde. Se apertarmos este outro, a impressora para. Este aqui serve para ler a memória; este outro para o *input* de informações... E assim por diante.

Estamos, porém, esquecidos de que o ser humano não é mero computador, mas uma entidade ética, além de inteligente e consciente, mas principalmente emocional.

Com muita sofisticação pode-se montar para um computador um programa que o leve a arremedar reações emotivas, mas serão sempre artificiais e inteiramente previsíveis, por não poderem extrapolar os parâmetros adotados na programação.

Em *2001: uma odisseia no espaço*, o filme de ficção científica elaborado com base na inteligente fantasia de Arthur Clarke, vemos o computador programado para levar a termo a missão espacial de *qualquer forma*. Quando Hal (a inteligência do computador) percebe que os operadores humanos estão tramando algo que põe em xeque os objetivos da missão, entra em ação a opção programada pela fria tecnologia desumanizada: o computador simula um trabalho do lado de fora da nave. Assim que os dois saem para consertar o defeito, Hal fecha a portinhola de comunicação. Que os dois pilotos morram lá fora não é problema dele... Salva-os um fortuito erro de programação que passara despercebido, pois há uma portinhola que pode ser manipulada manualmente e por ali regressam, a duras penas, os pilotos. Como represália, eles resolvem *assassinar* o computador, desligando uma a uma as suas unidades *cerebrais*, ou seja, apagando a sua inteligência, eliminando sua capacidade de decisão.

Mera fantasia? Nem tanto. O dr. Davidoff – um dos gênios do bisturi na neurocirurgia, e do qual há pouco falamos – continua a sonhar em apertar botões para ver o que acontece. Convencido de que a cirurgia é um processo destrutivo, propõe outra saída.

Diz ele à sra. Ray:

> Você sabe de onde eu, um cirurgião, espero as próximas conquistas com o objetivo de produzir o super-homem? Da bioquímica. O corpo e o cérebro são fórmulas químicas. Será com drogas, hormônios e vitaminas, não bisturis, que os homens serão transformados em super-homens, se isto for possível. (Idem)

A própria autora do livro se deixou fascinar por essa visão materialista do ser humano.

Escreve ela:

> Os maiores triunfos ultimamente, como vimos, têm sido obtidos por aqueles que proclamam que qualquer coisa errada com a mente tem suas origens em algo errado com o corpo. O tratamento da paresis por meio da febre provocada; os tratamentos de choque para a esquizofrenia e psicoses afetivas; vitaminas, hormônios, dilatina, cirurgia representam vitórias para os organicistas. (Idem)

Essa, porém, é uma ótica invertida do problema. O que acontece é que o corpo físico, a despeito de sua fantástica versatilidade operacional, ainda é um rude instrumento de trabalho para o espírito que nele habita. O potencial desse espírito, como princípio inteligente dotado de ética e sensibilidade, está muitíssimo acima do que é capaz de filtrar o corpo material. Tanto é assim que, a não ser em casos de excepcional e bem treinada sensibilidade, a unidade de leitura do consciente só tem acesso às lembranças de uma vida apenas – a presente.

Qualquer desarranjo na máquina física criará dificuldades de expressão ao princípio inteligente. Claro que estimulado por substâncias bioquímicas que melhoram seu desempenho, o corpo físico expande também sua capacidade de atendimento ou de processamento dos dados armazenados na memória. Para usar linguagem industrial: a mente tem uma tremenda capacidade ociosa, em termos humanos, do ser encarnado. Ainda que ela mantenha intacto o seu potencial e o aumente a cada momento com novas aquisições – pois o *input* é contínuo e ininterrupto – não há condições físicas para que ela possa manifestar tudo o que sabe, tem e pode. Essa limitação inibidora não é maléfica, prejudicial ou negativa, mas um recurso mesmo da natureza para que não se afogue numa torrente de água o pequeno dedal no qual se despejaria um oceano. Ao dedal bastam algumas gotinhas modestas. Poderemos aumentar um tanto a sua capacidade, mas, se o submetermos ao estresse, o corpo físico explodirá nos limites da sua resistência. Da mesma forma que não podemos ligar uma corrente de alguns milhares de volts num circuito inadequado, insuficiente. Nos limites para os quais foram calculados, os fusíveis se queimam ou desarmam, interrompendo a *passagem* da corrente que, não obstante, continua ali, no terminal do cabo que a traz da fonte geradora ou transformadora.

Já o Cristo dizia que o espírito quer (e pode), mas a *carne é fraca*. O que ocorre aqui é que o estágio na carne, por mais longo que seja no fluxo dos milênios, é temporário em termos de eternidade. A destinação do princípio inteligente não é viver eternamente com as muletas da matéria, mas desfrutar da plenitude da sua condição espiritual. A partir de um desses elevadíssimos patamares evolutivos, não haverá mais no ser humano uma área consciente e outra inconsciente. Essa divisão é provisória – se podemos chamar de provisório algo que dura milênios e milênios – e invocada para meros fins didáticos. Temos em potencial, desde já, o direito ao pleno uso da vastidão de nossos arquivos espirituais. Direito potencial, bem entendido; porque a posse dessas faculdades no estágio ético em que ainda nos encontramos seria desastrosa. A era de desajustes ciclópicos que estamos vivendo resulta principalmente dessa defasagem insanável, por enquanto, entre conhecimento e moral. Para infelicidade nossa, aquele disparou na frente e em vez de se produzir com o desenvolvimento harmonioso o esperado fruto da sabedoria, gerou-se um monstrengo disforme. Conscientização total, sim, como preconizou o dr. Gustave Geley, mas somente quando soubermos como utilizá-la segundo os mais elevados padrões éticos. Para chegarmos lá temos que ir deixando pelo caminho percorrido o peso específico da massa física que nos acostumamos a identificar como o nosso verdadeiro eu, quando é apenas uma sofisticada máquina de viajar para o futuro – o corpo físico. Aos mais elevados patamares da sabedoria não podemos chegar presos ao corpo físico e a tudo o que ele representa. E ademais, para que precisaríamos dele lá? O período intermediário entre uma existência na carne e a próxima é uma pequena e imperfeita amostra do que nos reserva essa libertação espiritual. Admitida a realidade espiritual e a sobrevivência do princípio inteligente à morte do corpo físico, não é tão difícil imaginar que a qualidade de vida nesses interregnos fora da carne tem que resultar do comportamento do ser ante alguns parâmetros éticos. Vivemos num universo perfeitamente ordenado, coerente, dirigido por energias conscientes.

"Qualquer pessoa seriamente envolvida nas especulações da ciência" – declarou Albert Einstein – "torna-se convicta de que há um espírito manifesto nas leis do universo – um espírito vastamente superior ao do homem, e diante do qual, temos que nos sentir humildes com os nossos modestos poderes."

Frase de algum místico ou débil mental? Não. Do homem para o qual um cartunista propõe uma singela homenagem, num momento de feliz inspiração. O desenho, publicado na revista Time de 19-2-1979, mostra um pouco do cosmos por onde circulam astros de muitas grandezas. Sobre o planeta Terra aparece uma placa comemorativa: "Aqui morou Albert Einstein".

Que bom se ele voltasse para mergulhar na amplidão cósmica do ser inteligente com a mesma competência com que andou perto de reinventar o universo...

3) O ponto e vírgula e o devir

Creio que é chegado o momento de encerrar estas reflexões de um leigo curioso acerca da natureza humana. Convicto, no entanto, da realidade espiritual como um *devir*, ou seja, um processo em contínua dinâmica evolutiva, seria contraditório fechar tudo com um mero ponto final. A vida não tem essa notação – o máximo que poderá admitir é o ponto e vírgula. Cabe a nós a utilização do arsenal de pontos de exclamação, de interrogação e reticências. Admiramos seus mistérios, questionamos seus enigmas, suspendemos nosso juízo sobre aquilo que ainda não compreendemos. Para ela, contudo, há sempre alguma coisa além, algo para nos ensinar, algo a ser descoberto. Descoberto sim, e não inventado, porque a invenção – um dos pseudônimos da criação – é privilégio daquele espírito vastamente superior ao homem que Einstein viu manifestado nas leis universais.

Posfácio

1) Introdução

Pesquisas e estudos relacionados com a temática deste e de outros escritos meus foram iniciados aí pela metade da década de 50. A partir de 1958, passei a escrever regularmente sobre o assunto artigos que se tornariam numerosos e constantes. Em seguida, foi a vez dos livros.

As experimentações que instruem o caso específico da regressão de memória começaram em 1964, num grupo formado por amigos e companheiros de ideal e se prolongaram por alguns anos, com diferentes componentes, mas com os mesmos objetivos básicos de estudar os mecanismos da memória. Simultaneamente, confrontávamos os resultados obtidos com os postulados já de nosso conhecimento. Nunca tomamos tais conhecimentos teóricos como premissas dogmáticas das quais não desejássemos abrir mão. Pelo contrário, estivemos sempre predispostos a reexaminar as estruturas teóricas se e quando a realidade demonstrada na experimentação a isso nos levasse. Não foi o que aconteceu. O confronto entre teoria e prática manteve nossa convicção de que estávamos no caminho certo e que os conceitos básicos de preexistência e sobrevivência do ser, bem como de reencarnação, causa e efeito e responsabilidade pelos nossos atos, têm importante contribuição a oferecer na decifração dos enigmas com os quais trabalham os profissionais da saúde mental, como os da vida em geral.

As conexões eram óbvias por si mesmas. Não obstante, desconhecíamos, até então, qualquer utilização responsável e competente da teoria da reencarnação por psiquiatras, psicólogos ou psicanalistas. Por isso, o livro do dr. Denis Kelsey, escrito de parceria com Joan Grant, sua esposa, constituiu agradável surpresa. Escrevi sobre essa obra no artigo intitulado "Psiquiatria e Reencarnação", publicado na revista *Reformador*, da Federação Espírita Brasileira, em outubro de 1970 e posteriormente incluído no livro, também de minha autoria, *Reencarnação e imortalidade*, editado pela mesma Federação.

Com as pesquisas realizadas com Luciano dos Anjos, em 1967, com as quais identificamos nele a antiga personalidade histórica Camille Desmoulins, um dos artífices da Revolução Francesa, déramos por encerrada a fase de experimentação, passando a utilizar a experiência e os conhecimentos então adquiridos em trabalhos de natureza mediúnica, que iriam constituir objeto de outros escritos meus, como *Diversidade dos carismas*, *Diálogo com as sombras*, *Histórias que os espíritos contaram* e outros.

Dispúnhamos, a essa altura, de grande volume de material sob forma de anotações, transcrições, gravações eletrônicas, além de considerável acervo de livros, revistas e documentos vários, que também informavam o tema de nossa escolha e preferência. A esperança estava em que pudéssemos, um dia, aproveitar o material na elaboração de relatos que viessem a servir, ocasionalmente, de motivação para que o trabalho prosseguisse alhures, especialmente, comandado por profissionais da saúde mental, de vez que eu me ponho na posição de mero divulgador.

Nesse ínterim, dois livros importantes surgiram, em 1979, nos Estados Unidos, sobre a temática com a qual vínhamos trabalhando há quinze anos: *Life before life*, da dra. Helen Wambach e *You have been here before*, da dra. Edith Fiore.

Eram os primeiros sinais de que a reencarnação começava a chegar aos consultórios de psicologia e psiquiatria.

Foi por essa ocasião que um jovem psiquiatra brasileiro, que acompanhara por algum tempo nossas experiências e delas participara, passou a me cobrar a elaboração de um livro no qual fosse aproveitado o rico material acumulado e que ele bem conhecia pelo seu envolvimento no projeto com sua (então) noiva, posteriormente, esposa, bem como outros companheiros de estudo. Foi assim que surgiu *A memória e o tempo*.

Dez anos após o seu lançamento, creio oportuno um balanço geral, a fim de se avaliar com objetividade o que aconteceu nesse período.

2) Um novo modelo clínico

Ao iniciar-se a década de 90, que nos levará, sem escalas, ao próximo século e milênio, não é difícil observar-se que psiquiatria e psicologia mostram-se mais à vontade com o conceito da reencarnação, que, aos poucos, vai se integrando às práticas de consultório, ao mesmo tempo em que introduz sutis, mas significativas e inevitáveis, modificações no modelo clínico básico até agora adotado.

Creio demonstrado, neste livro, o fato de que a adoção do princípio reencarnacionista não inviabiliza nem destrói o modelo vigente, mas é inegável que exige importantes acomodações, deslocamentos de ênfase em alguns aspectos, tanto quanto reformulações e até abandono de outros que, de repente, se revelam obsoletos e inúteis tal como estão.

Não há como negar que a reencarnação é conceito potencialmente subversivo, no confronto com a rigidez de esquemas e posturas que desconsiderem a dicotomia corpo/espírito ou matéria/mente, como queiram.

Ante a compreensível resistência a mudanças assim radicais, é de se esperar que sejam lentos os avanços inovadores. A partir de certo estágio, contudo, o processo adquire *momentum* próprio e as novas acomodações passam a acontecer em cadência mais acelerada.

Afinal de contas, o conceito das vidas sucessivas é uma realidade que não pode ser indefinidamente ignorada num contexto como o da personalidade humana em que é da essência mesma do processo. Se a ideia é também adotada por várias das grandes religiões ou se foi durante séculos considerada como um dos aspectos do chamado 'ocultismo', é condição irrelevante, desde que determinada sua validade. A ciência não precisa temer rótulos e nem deve hesitar ante reestruturações no seu pensamento, ainda que dramáticas e até traumáticas. É da própria natureza de seu trabalho a busca de novos arranjos para os dados de que dispõe, em vista dos achados que vai revelando e na medida em que tais achados deslocam, modificam, corrigem ou invalidam conceitos vigentes.

Contudo, a doutrina da reencarnação uma vez absorvida nas estruturas do novo modelo clínico, poderemos esperar reformulações ainda mais profundas, porque ela não constitui aspecto isolado ou isolável da problemática do ser. Ao contrário, integra um bloco maciço e orgânico de princípios que operam por um mecanismo em estreita interação.

Veremos o que desejo dizer com isso.

3) Conotações éticas

De fato, a reencarnação pressupõe não apenas a existência de um princípio consciente que sobrevive à morte corporal, mas também a preexistência do ser e, por conseguinte, um instrumento ou veículo dotado de vida própria, independente daquele que encontramos manifestado e operativo no corpo físico. Por outro lado, as experiências de regressão de memória, desde de Rochas até a dra. Wambach, dra. Fiore ou dr. Morris Netherton, dão testemunho evidente de um encadeamento lógico – diríamos até inexorável – na sequência das diversas existências, após estágio mais ou menos longo na dimensão invisível, que poderemos considerar como mundo espiritual. Mais do que mero encadeamento, contudo, as buscas na memória integral revelam a existência de inquestionável componente ético conjugado com um severo mecanismo de responsabilidade pessoal, e, portanto, de reajuste e correção de rumos, com apoio na lei universal de causa e efeito, a que a filosofia orientalista chamou carma. Em outras palavras, as ações de agora serão as reações de amanhã; experimentamos hoje o efeito de causas que nós mesmos desencadeamos no passado recente ou mais remoto. Isso quer dizer que as opções de hoje, tomadas no pleno exercício do livre-arbítrio que nos é assegurado, são determinísticas quanto ao futuro que nos aguarda, seja concedendo-nos maior amplitude de liberdade – sempre responsável – se agirmos corretamente, seja bloqueando ou limitando novos exercícios de livre escolha, se as opções anteriores foram equivocadas e irresponsáveis.

A regressão para fins terapêuticos – e somente nesse sentido deve ser praticada e não por mera curiosidade – deve considerar no seu modelo clínico não apenas o aspecto mnemônico, mas também, e principalmente, o ético. Ou seja, não basta desentranhar a lembrança do erro cometido das profundezas do inconsciente, é preciso trabalhar os conflitos que tais desacertos ainda causam e poderão causar ao psiquismo desajustado, tanto quanto levar ao paciente a compreensão de que leis cósmicas que velam pela harmonia dos sistemas exigem a reparação do equívoco ou a reposição da ordem perturbada. Não importa sejam ou não tais leis consideradas no contexto das religiões. Mais do que isso, ainda, o paciente precisa entender que deve promover em si mesmo as mudanças de comportamento que, por sua vez, desencadeiam o processo da cura ou reajuste, segundo a óptica de quem contempla o processo.

Do que se depreende que o trabalho do profissional da saúde mental tem seu inevitável componente doutrinário, aconselhador, harmonizador. Não basta a cura das disfunções emocionais de seu paciente, é preciso alertá-lo para o fato de que, da mesma forma que seus erros passados suscitaram as dores presentes, novos erros produzirão fatalmente outra safra de sofrimentos e desajustes futuros.

A técnica regressiva é, portanto, dicotômica no sentido de que a intenção terapêutica deve conjugar-se com a ação profilática, objetivando, além da cura, evitar a recidiva.

Por outro lado, a regressão é apenas instrumento de busca e identificação dos núcleos traumáticos situados no inconsciente, não uma terapia por si e em si mesma.

4) Liberação

A regressão facilita o processo e lhe confere confiabilidade, porque o paciente é como que atraído precisamente pelos episódios passados que tenham algo a ver com seus conflitos de hoje, sejam eles mais recentes, até mesmo na vida atual, ou mais remotos, ocorridos há séculos e até milênios. Identificada a causa (ou causas) do desajuste, é chegado o momento de ministrar os remédios, na dose e no tempo certos. Nas disfunções orgânicas, recorre-se ao arsenal farmacêutico, nas de natureza emocional, o dr. Freud optou pela conversa, o diálogo, o debate, a doutrinação, no que esteve certo. Não, porém, que sua preocupação fosse com os aspectos éticos dos erros porventura cometidos, se é que os considerava como erros, ele preferia voltar sua atenção para outros enfoques como o da liberalização dos impulsos e instintos, por entender que repressões e renúncias geravam conflitos íntimos e recalques perturbadores. Se a paciente sofria, por exemplo, em consequência do ódio reprimido pela mãe, sua receita era o processo da ab-reação, ou seja, admitir esse ódio, descarregá-lo de alguma forma, racionalizá-lo e conhecer suas diversas maneiras de manifestação, até dominar as inquietações suscitadas pelas desconfortáveis emoções. Algo assim como o que hoje se chama 'assumir' a realidade íntima, por mais incômoda que pudesse parecer de início.

A regressão de memória, em casos assim, poderá suscitar aspectos ainda não devidamente considerados, revelando, em existências anteriores, a gênese dos desajustes a serem trabalhados, em vez do paciente apenas 'assumir' o ódio. Não é preciso, para tanto, abandonar de todo as recomendações do modelo freudiano, ou seja, é necessário identificar o ódio, admiti-lo, racionalizá-lo, estudar suas diversas manifestações, sabendo, contudo, do que se trata, de suas razões e motivações. A eventual cura da disfunção não se alcança pelo mero mecanismo catártico da ab-reação, mas pelo entendimento e aceitação da situação vivenciada e, principalmente, pela reconciliação e harmonização com a pessoa odiada num contexto de compreensão, tolerância e até perdão.

Se isto parece pregação? Não tenha dúvida: é pregação, no sentido de que a cura das mazelas emocionais está no ajuste das emoções que as suscitaram e nesse processo participa o terapeuta de maneira decisiva. O que, no fundo, é uma forma de liberação ou liberalização preconizada pelo dr. Freud.

5) Os mortos inquietos

Há, porém, outros aspectos a considerar na montagem de novo modelo clínico a partir dos conceitos que a técnica da regressão de memória tem revelado. Um deles é o do intercâmbio entre gente que vive o estágio em que estamos, o leitor e eu, ou seja, acoplados a um corpo físico, e gente que vive estágios intermediários entre uma existência e a próxima. Em outras e mais simples palavras, entre gente e espíritos ou, se você preferir, vivos e mortos.

O terapeuta deve estar preparado para a eventualidade, mais frequente do que seria de supor-se, de topar com manifestações mediúnicas em seus pacientes, ou, mais sutilmente, influenciações suscitadas por seres ditos incorpóreos (espíritos) que, de alguma forma ou por alguma razão desconhecida, estejam ligados ao paciente que procura ajuda psicológica ou psiquiátrica.

Há todo um painel de sintomas, de modalidades, de manifestações e de causação a ser levantado para que se possa trabalhar o caso. O quadro pode apresentar fenômenos de obsessão ou possessão,[4] tanto quanto de fascinação. Se o paciente dispõe de algum componente mediúnico no elenco de suas sensibilidades, pode acontecer ver-se o terapeuta a dialogar não com o seu cliente, mas com uma entidade espiritual invasora, nele manifestada. Fantástico isso? Por quê? Aí estão, ainda que sem maiores aprofundamentos ou pesquisas, os casos de personalidade múltipla a testemunharem essa realidade, ainda que praticamente nunca reconhecidos como tal.

Tenho sobre isso um depoimento pessoal ilustrativo.

Um grupo de jovens e brilhantes psicólogos e psiquiatras – maciça maioria feminina – convidou-me certa vez para um encontro. Estavam desenvolvendo técnicas de regressão da memória com vistas à terapia de vidas (ou vivências) passadas. Alguns já praticavam a TVP em suas clínicas particulares e haviam lido edições anteriores de meu livro.

Aproveitei a oportunidade do debate, que durou cerca de meia dúzia de horas, para 'vender-lhes' a tese de que a realidade espiritual deve ser admitida pelos profissionais da saúde mental como um bloco harmônico e integrado de conceitos estreitamente conjugados e interdependentes. Queria dizer com isso que não bastava à montagem do modelo clínico com o qual trabalhavam com seus pacientes a doutrina da reencarnação pura e simples, ainda que fundamental, isolada do contexto global. A reencarnação arrasta consigo todo um sistema de ideias, projeta consequências e suscita implicações tais como preexistência, sobrevivência, causa

---

[4] Possessão – estamos seguindo a terminologia utilizada pela dra. Edith Fiore, apesar de reconhecermos mais adequado o termo 'subjugação'.

e efeito, intercâmbio 'vivos' e 'mortos', obsessão, possessão e outros fenômenos paralelos.

Algumas reações esparsas, mas significativas, deram-me a entender que eu estaria ampliando demais o escopo do trabalho que os participantes estavam procurando realizar. Parece que a intenção predominante era a de limitarem-se os profissionais à área específica da reencarnação, sem envolvimentos adicionais, ainda que muitos deles, senão todos, se mostrassem dispostos a admitir a validade dos aspectos para os quais eu lhes solicitara a atenção.

Alguém comentou que, ao perceber no cliente problemas de obsessão ou possessão, por exemplo, entendia que o caso escapava às suas atribuições e deveria ser cuidado, se a pessoa assim o desejasse, em algum centro ou grupo espírita de confiança, dado que o profissional da saúde mental não deveria assumir postura de doutrinador de espíritos porventura manifestados nos pacientes.

Lembrei-lhe, então, o caso específico da personalidade múltipla, no qual a opção por uma estratégia terapêutica fica, a meu ver, na dependência de uma definição prévia da abordagem. Isso porque, consideradas segundo o modelo teórico vigente, as chamadas personalidades secundárias resultariam de outras tantas cisões, dissociações ou fragmentações da mente ou personalidade nuclear a fim de enfrentar ou fugir de situações estressantes, cabendo ao terapeuta trabalhar para que as diversas personalidades sejam refundidas, com a finalidade de reconstituir-se a integridade originária da mente.

Se, porém, consideramos as personalidades ditas secundárias como entidades espirituais autônomas invasoras, como tudo indica, reverte-se drasticamente o quadro, de vez que a terapia deve, então, empenhar-se não em refundir ou reintegrar as diversas personalidades numa só, mas precisamente no rumo oposto, promovendo completa dissociação para que cada uma delas siga o seu destino. Como, aliás, está fazendo a dra. Fiore exatamente com uma técnica de doutrinação dirigida às entidades invasoras mais do que ao seu cliente encarnado. É que, nesta visão, as entidades acopladas ao psiquismo da pessoa encarnada ali se encontram precisamente por *associação* e não por *dissociação*, como propõe a teoria em vigor.

Embora sem conhecer, àquela altura, o livro da dra. Fiore, sempre entendi que os psicólogos clínicos, tanto quanto os psiquiatras ou psicanalistas, são, basicamente, doutrinadores e conselheiros. O que, aliás, não constitui novidade alguma, dado que o dr. Freud concebeu a terapia dos distúrbios da 'mente' como uma '*talking cure*', ou seja, literalmente, cura pela conversa.

Não é outra, a meu ver, a razão do êxito alcançado em casos como o de Sybil, que se deve não ao fato de que a dra. Cornelia Wilbur tenha conseguido a refusão das diversas personalidades da sua cliente, mas ao sucesso obtido com a sua inteligente e sensata capacidade de levá-las, por consenso, a uma convivência pacífica e ordenada.

O tema da personalidade múltipla, contudo, constitui objeto de outro estudo de minha autoria, ainda inédito enquanto escrevo estas notas.

Devo prosseguir dizendo que, como não estivéssemos, na conversa com os profissionais da saúde mental, em busca de decisões e nem mesmo de recomendações, a temática ficou em aberto para que cada um a examinasse na profundidade desejada para eventual e pessoal deliberação.

Só, ao trabalhar na revisão final das provas para a terceira edição deste livro, chega-me às mãos a obra mais recente da dra. Edith Fiore, psicóloga americana repetidamente citada no meu texto em referências ao seu estudo anterior intitulado *You have been here before*, de 1979.

O novo trabalho da dra. Fiore, originariamente lançado nos Estados Unidos, em 1987, sob o título *The unquiet dead*, foi traduzido e publicado no Brasil (Editora Pensamento), como *Possessão espiritual*. (Eu teria preferido o título original: 'Os mortos inquietos').

Pela segunda vez, a dra. Fiore me proporciona a alegria de ver introduzidos no modelo clínico vigente aspectos inusitados (para a ciência acadêmica) do chamado ocultismo. Da outra vez foi a reencarnação; desta é a (ainda) incômoda realidade do intercâmbio dos 'vivos' com os 'mortos'.

A autora reconhece e proclama o pioneirismo do dr. Carl Wickland, que durante trinta anos literalmente doutrinou entidades desencarnadas acopladas ao psiquismo de pessoas vivas. Mesmo assim, seu depoimento é inovador, além de corajoso e competente e, por isso mesmo, surpreendente para aqueles que ainda relutam ante a realidade espiritual, rejeitam-na ou a ignoram.

A introdução do componente da comunicabilidade entre as duas faces da vida, ora promovida pela dra. Fiore, confirmando e ampliando experiências anteriores do dr. Wickland, não apenas reitera, mas consolida a convicção de que essa realidade precisa ser considerada em bloco, como um todo, e não fragmentariamente.

A dra. Fiore revela-se consciente dessa postura e das dramáticas consequências que disso decorrem, ainda que importantes aspectos estejam à espera de mais profundo e detido exame por parte da ciência. É que, tanto quanto a ideia da reencarnação, a da influenciação ou possessão espiritual apanhou a ilustre psicóloga de surpresa. E, da mesma forma que da outra vez, ela teve o bom senso e a coragem de admiti-la para exame, em vez de rejeitá-la sumariamente, como se tem feito. A dra. Fiore demonstra a rara virtude da humildade intelectual, disposta a aprender com os fatos em vez de impor-lhes classificações e interpretações preconcebidas.

Decidida a buscar melhor entendimento sobre seus achados iniciais no exercício da clínica, ela resolveu ampliar suas leituras em torno do que considera como metafísica.

As conclusões preliminares foram, no mínimo, estimulantes. Estaria ela lidando com espíritos nos casos em que seus clientes apresentavam alterações tão drásticas de personalidade? A ser isso verdadeiro, então essas pessoas seriam, em verdade, 'médiuns relutantes' através dos quais manifestavam-se diversas entidades. Isso, por sua vez, explicaria a razão pela qual as regressões da memória produziam, com frequência, uma aparente superposição cronológica de existências. Neste caso, ela não estaria diante de vidas anteriores dos clientes, mas de existências das entidades porventura acopladas ao psiquismo deles.

A partir dessas reflexões desbravadoras, a dra. Fiore começou a reestruturar seu modelo clínico, sempre com a determinação de aprender com os fatos, por mais que eles estivessem comprometidos com o famigerado ocultismo e por mais que contraditassem as teorias acadêmicas vigentes.

Convencida, afinal, da realidade dos espíritos possessores, ela confessa que o trabalho com essas entidades levou-a 'a rever (suas) próprias crenças tocantes à vida depois da morte e à sobrevivência da consciência'.

Creio que para apreciar melhor seus achados básicos, sem nos determos demais nos comentários, será mais prático relacionar alguns de modo ordenado:

a. Não propriamente a pessoa que marca hora com a sua secretária para a consulta, mas 'as entidades possessoras' é que são seus 'verdadeiros pacientes'. São criaturas humanas, como outras quaisquer, perdidas e sofridas. Seria uma crueldade 'enxotá-las' ainda que isso lhe fosse possível. Além do mais, poderiam escolher outro hospedeiro.

b. Além de decorrência de desajustes emocionais suscitados por intempestiva mudança de sexo de uma vida para outra, o homossexualismo pode, na opinião da doutora, resultar da possessão de entidades do sexo oposto. Ela acha também que esse tipo de 'invasão' pode afetar o sistema hormonal da pessoa encarnada, o que se afigura perfeitamente válido.

c. A possessão pode ser responsável por uma série impressionante de desconfortos psicossomáticos, como dores de cabeça (enxaqueca, inclusive), cansaço, insônia, obesidade, hipertensão arterial, asma, alergias etc.

d. O uso de drogas pesadas ou até álcool e fumo em excesso torna a aura das pessoas vulnerável à imantação de entidades desavoradas que perambulam pela dimensão póstuma. (A doutrina espírita chama-os espíritos errantes).

e. A frequência a locais desarmonizados, de baixo teor vibratório, como bares e ajuntamentos orgiásticos, facilita o acoplamento de tais entidades às pessoas que os frequentam, mesmo ocasionalmente. Invasões indesejáveis podem ocorrer, ainda, em pessoas desprevenidas, em hospitais e cemitérios, como também às que se entregam a explosões de cólera, inveja, ciúme ou depressão.

f. Uma atitude eticamente adequada de comportamento resguarda a pessoa de tais invasões. Para tornar mais clara essa observação, a doutora quantifica hipoteticamente os diversos níveis vibratórios. Digamos, por exemplo, que acima do índice 1.000 você esteja livre de possessão de qualquer entidade que não tenha pelo menos esse mesmo índice. Se você deixa cair suas defesas, fica à mercê de entidades de teor vibratório inferior, contra as quais você habitualmente estaria protegido.

g. A doutora encontra nas suas regressões a mesma diferença entre *recordar-se* e *reviver*, a que aludimos com certa frequência, neste livro.

h. Espíritos amigos estão sempre dispostos a colaborar com quem se dedique ao trabalho de resgate de entidades imantadas ao psiquismo alheio. Usualmente

são espíritos relacionados com os invasores, como mães, pais, irmãos, esposa, marido, filhos ou amigos. A doutora trabalha conscientemente com esses recursos.
i. Sob condições normais, não é difícil persuadir uma entidade invasora a deixar seu hospedeiro, depois de devidamente esclarecida. Às vezes, elas nem sabem que estão 'mortas' e ignoram que estejam prejudicando a si mesmas e ao hospedeiro. Há, contudo, entidades obstinadas que se recusam a abandonar suas vítimas, empenhando-se em processos de vingança ou de superproteção.
j. É comum ao hospedeiro sentir falta do espírito possessor depois que este é persuadido a deixá-lo. (Autores espirituais de nossa confiança conhecem essa realidade e a explicam como intercâmbio simbiótico).
k. Escreve a dra. Fiore: ..."pessoas muito sensíveis são particularmente propensas à possessão." Ela identificou corretamente a causa, como vimos há pouco, ao considerar seus pacientes como 'médiuns relutantes'.
l. Os chamados 'companheiros imaginários', muito comuns na infância, costumam ser entidades que convivem com as crianças desde cedo e podem tornar-se possessores.
m. Através dos seus clientes, a doutora fala diretamente com os espíritos a eles acoplados, faz com eles regressões e os doutrina de maneira muito semelhante ao que se faria num bom grupo mediúnico. E até os abençoa, ao despedi-los, depois de convencê-los a partirem, geralmente em companhia de entidades amigas.
n. A uma entidade possessora manifestada no corpo de um cliente seu, a doutora informa:

> ... o que nos ensinaram a respeito da morte não passa de um mito. A vida continua depois da morte, mas o corpo morre. O seu corpo morreu, mas você não morreu. Compreende agora? (Fiore, Edith, 1990)

o. Propõe a doutora mais adiante:

> Uma das razões da eficácia da anestesia, a meu ver, é que ela força a pessoa a sair do corpo, de modo que este, inconsciente, pode ser operado sem dor'. (Idem).

p. A doutora lamenta que, nos Estados Unidos, seja praticamente desconhecido o exercício da mediunidade a serviço do próximo, como no Brasil e na Inglaterra.
q. O trabalho que ela classifica como de *despossessão* deve dirigir-se especificamente às entidades possessoras, insiste ela à página 159. E prossegue:

> Para mim, são os verdadeiros pacientes e não as pessoas que os abrigam. Em lugar de pensar nesse processo como "livrar-se de" ou "chutar para longe"

as entidades, pense nisso como um método de ajudá-las da melhor maneira possível. (Idem).

Dificilmente diria melhor alguém de formação doutrinária espírita.

r. Nas instruções para despossessão a doutora recomenda reunir pequeno grupo de pessoas harmonizadas e interessadas em servir. Uma delas deve funcionar como despossessora e deverá 'virar a palma das mãos' para o corpo do paciente, sem tocá-lo. (Eis o passe). E continua: – Rezem juntos primeiro e peçam ajuda para convencer a entidade a partir. Em mais de uma referência ela recomenda o Pai Nosso como prece indicada para essas ocasiões.

s. Quando muito fortemente acoplados, possessores e possessos trazem, usualmente, algum problema não resolvido de existências anteriores, segundo observa a autora.

t. A síndrome da personalidade múltipla poderá ser, na sua opinião, um intercâmbio de entidades possessoras com médiuns descontrolados. (É reconfortante ler isto no livro de uma psicóloga com a autoridade da dra. Fiore, que não hesita em questionar a postura oficial de que a personalidade secundária resulta de cisões da mente, como vimos há pouco).

u. No seu entender, a maioria dos pacientes internados como esquizofrênicos, é de pessoas possessas. As vozes que ouvem são reais, tanto quanto as chamadas alucinações, que resultam de visão 'do plano astral'.

v. Além do corpo material que se desintegra no processo da morte, as pessoas são dotadas de 'outro' corpo que, usualmente, não está sujeito a deformações ou aleijões, mas que também pode apresentar-se com problemas 'orgânicos' que levaram para a dimensão póstuma.

A busca da dra. Fiore continua, por certo. Ela confessa honestamente, ainda não ter resposta satisfatória para o confronto possessão/livre-arbítrio, mas intui com notável precisão as razões em jogo.

Na sua autorizada opinião, o conceito de possessão precisa ser incluído nos currículos acadêmicos de psicologia e psiquiatria, em paralelo com pesquisas destinadas a 'ampliar nosso entendimento do papel que os espíritos desempenham na vida humana'. E mais, que as informações obtidas sejam divulgadas, a fim de que as pessoas possam 'proteger-se melhor, assim como compreender o que lhes está acontecendo e conseguir ajuda'.

Acrescenta que a técnica de despossessão desenvolvida por ela está sendo difundida através de mais de uma centena de profissionais da saúde mental treinados por ela nos Estados Unidos, além de cerca de sessenta no Brasil.

Não posso deixar de observar no livro da eminente autora uma nota que, aos meus ouvidos, soa um tanto dissonante. Encontro-a mais de uma vez no seu texto, como aqui, à página 174:

– Lembre-se, por favor, de que eu mesma, depois de milhares de despossessões, ainda não estou cem por cento convencida da existência de espíritos. Mas a coisa funciona! (Idem).

Essa observação assume as proporções de um anticlímax. Imagino que a ilustre psicóloga deseje ressalvar que não pretende assumir postura dogmática e irreversível, reservando-se algum espaço para eventuais revisões. Ou seria apenas uma palavra cautelar a fim de apaziguar o contexto acadêmico? Esta alternativa, contudo, não me convence, dado que a dra. Edith Fiore não hesitou em contestar o sistema, tanto na sua descoberta da reencarnação, como agora, ao testar a atuação de espíritos desencarnados sobre seus pacientes. Não sei. Sei, contudo, que ela é digna de nosso respeito e da irrestrita admiração da parte daqueles que vêm, através dos anos, trabalhando no âmbito da realidade contida na doutrina dos espíritos.

6) Tarefa para brasileiros?

A técnica de regressão, portanto, não é tão simples como poderia parecer, não na metodologia do procedimento em si, mas nas suas implicações e amplitudes. E nem fica adstrita exclusivamente ao conceito da reencarnação ou vidas sucessivas. Claro que conflitos pessoais suscitados por emoções em desarmonia mergulham suas raízes no passado. Onde mais senão aí estariam elas? E no passado essas raízes têm de ser buscadas, se não no âmbito da vida presente, então nas que a antecederam, uma vez amplamente demonstrada, como está, essa realidade. Não há como ignorar a evidência de que a reencarnação é apenas uma faceta de realidade mais ampla, orgânica, operativa e profunda. Tem de ser tomada como um dos componentes que integram essa realidade global que inclui, como estamos reiterando, conceitos como os de sobrevivência e preexistência do ser, causa e efeito, responsabilidade pessoal, direcionamento ético do processo evolutivo e até intercâmbio entre vivos e mortos.

Não é difícil perceber que nem todas essas implicações estão sendo levadas na devida conta. Há todo um trabalho de pesquisa e estudo a ser feito nessa direção, a fim de ajustar-se o modelo clínico às exigências e recursos que a realidade espiritual impõe e oferece, ao mesmo tempo.

Sempre achei que os profissionais brasileiros de saúde mental são os que se apresentam com melhores condições culturais para promover a radical reformulação de que tanto necessita o modelo clínico até aqui adotado na abordagem aos problemas das disfunções emocionais do ser humano. Assim penso, porque número considerável de psicólogos, psiquiatras e psicanalistas brasileiros aceita como válidos pelo menos alguns desses conceitos básicos, ainda não admitidos pela comunidade acadêmica. Alguns deles até mesmo integram o movimento espírita, do qual participam em diferentes níveis de adesão ou tarefas. Além disso – o que é não menos importante – o próprio contexto sócio-cultural no Brasil se tem mostrado particularmente tolerante e receptivo ao conceito da reencarnação, como o têm demonstrado confiáveis pesquisas de opinião pública, mesmo entre pessoas não ligadas especificamente a movimentos ou instituições que têm na doutrina reencarnacionista um dos seus postulados fundamentais.

Há, pois, em nosso país, clima propício ao desenvolvimento de estudos e trabalhos clínicos assentados nas estruturas da realidade espiritual a que vimos nos referindo neste e em outros escritos.

7) Pioneiros americanos enfrentam o sistema

Paradoxalmente, no entanto, após o trabalho pioneiro do dr. Denis Kelsey e de Joan Grant, na Inglaterra – o livro deles é de 1967 –, as técnicas regressivas com objetivos terapêuticos começaram a surgir com maior força nos Estados Unidos, aí pelo início da década de 70, em ambiente sócio-cultural resistente, quando não francamente hostil às conotações implícitas no conceito de reencarnação. É que a doutrina palingenésica guarda, para muitos, suspeito odor de ocultismo e sabor de misticismo oriental supostamente a chocarem-se com o pragmatismo da mentalidade americana.

Acresce que tanto Kelsey quanto duas das mais destacadas pioneiras americanas, Helen Wambach e Edith Fiore confessam honestamente em seus escritos e depoimentos que, literalmente, 'tropeçaram' no conceito das vidas sucessivas, ao qual chegaram por um jogo de circunstâncias incidentais e, portanto, quase por acaso. Destaco o verbo tropeçar, que vai por minha conta, porque, além do elemento surpresa, a inexperiência daquelas competentes profissionais em pesquisar a reencarnação criou inesperada dificuldade operacional, que pode ser resumida nas perguntas que a si mesmas propuseram, como se lê nas entrelinhas de seus relatos posteriores. O que fazer, no contexto profissional, com um modelo trabalhado, armado e como que aprovado consensualmente pelos meios acadêmicos internacionais, com a incômoda, mas evidente, realidade da reencarnação? Rejeitá-la, a fim de continuar em paz com o *establishment*? Aceitá-la secretamente e trabalhar com ela como que à margem da comunidade científica e até em oposição a ela? Ou, afinal, assumi-la, aberta e corajosamente, incorporando-a ao modelo clínico e estudando as implicações e consequências decorrentes?

Kelsey, Wambach, Fiore e Netherton optaram por esta última alternativa. Não apenas começaram a trabalhar em suas clínicas com o novo instrumento de pesquisa nos arcanos da memória inconsciente, como resolveram enfrentar a resistência acadêmica, publicando seus depoimentos que, aliás, foram acolhidos com entusiasmo, senão pela comunidade científica, pelo menos pelo público leitor em geral, que revela, às vezes, infalível intuição na identificação de publicações fadadas a provocarem mudanças e correção de rumos da maior importância.

Idêntico sucesso, aliás, surpreendeu autores e editores de obras que cuidam de temas paralelos, como as que se publicaram, também por essa época, ainda na década de 70, discorrendo sobre a temática da morte, como os da dr. Elisabeth Kübler--Ross e as do dr. Raymond Moody Jr.

É que começava a emergir uma geração de cientistas e pesquisadores que trazia um recado que o público estava ansioso por ouvir e até acolher.

8) Ampliação e consolidação

Tanto os estudos sobre regressão de memória como os de morte aparente (NDE, na terminologia americana, ou seja, near death experiencies) passavam a mesma mensagem básica de que a morte é apenas incidente de percurso, mudança de estado, migração de um plano de vida para outro ou outros, usualmente melhores, e não a extinção do ser ou a inquietante perspectiva de inexorável julgamento divino e provável despacho do indivíduo para as mitológicas regiões da punição eterna, que a tantos ainda assusta.

Assim, mesmo que da experiência de regressão não resultasse cura radical ou parcial de antigos e persistentes desajustes emocionais, o paciente emergia de sua viagem ao passado com visão inteiramente reformulada acerca dos mecanismos da vida, tal como acontecia aos que vivenciaram a dramática experiência da morte clínica de que tratou o dr. Moody Jr. De repente, a feia máscara da morte fora arrancada para mostrar a face da própria vida com outra maquilagem e expressão. E mais descontraída, serena, confiante, quase feliz.

Ao escrever estas linhas para a reedição de *A memória e o tempo*, podemos verificar que se multiplicaram artigos, estudos e livros sobre as conexões reencarnação/psicologia/psiquiatria/psicanálise, o que testemunha considerável progresso em relação à época em que estavam sendo publicados os trabalhos desbravadores de Kelsey-Grant (1967) e, posteriormente, os de Netherton (1978), Wambach e Fiore (1979). Mesmo assim, entendo que ainda há espaço – e muito – para a tarefa de ampliação e consolidação que psicólogos e psiquiatras brasileiros podem realizar na reformulação do modelo clínico adotado na abordagem dos problemas emocionais.

9) Preexistência, sobrevivência, intermissão

Assim afirmo, porque ainda se nota nos estudos sobre o assunto forte concentração no aspecto específico da reencarnação, como se ela pudesse ser isolada do contexto em que operam seus dispositivos. Insistimos em dizer que a reencarnação é um dos aspectos de uma realidade bem mais ampla e profunda que precisa ser considerada como um só bloco de conhecimento. Em outras palavras, não é somente a reencarnação que interessa ao novo modelo clínico, nem é o único conceito a determinar nele modificações estruturais e operacionais que se fazem necessárias.

Uma vez demonstrado, como está, que o ser humano se reencarna, é porque também sobrevive à morte corporal, tanto quanto preexiste ao nascimento. Não apenas isso. Há um encadeamento lógico e sequencial de vida em vida, a mostrar o traçado sutil, mas não menos evidente, de uma programação evolutiva multimilenar que, certamente, tem objetivos éticos bem definidos a curto, médio e longuíssimo prazos.

Por outro lado, as regressões revelam aspectos que ainda não estão sendo apresentados ou discutidos com a desejada ênfase, como o da existência consciente, e também geradora de *inputs* emocionais e mentais a desdobrar-se na dimensão ou realidade póstuma que se sucede a uma vida na Terra e antecede à subsequente.

Seres que aguardam, nessa fase de intermissão, nova oportunidade de reingressar no plano da matéria, por meio de mais uma reencarnação, não estão bloqueados por impedimentos intransponíveis quando desejam entrar em contacto com aqueles de nós que ainda estamos acoplados a um corpo físico, ou seja, reencarnados. Pode, portanto, ocorrer que pessoas colocadas em estado alfa para fins de regressão tenham acesso aos planos invisíveis e entrem em comunicação com os que vivem nessa dimensão. Há, portanto, que considerar o intercâmbio entre as duas faces da vida como um dos componentes do quadro geral no qual trabalham psiquiatras e psicólogos.

Disso decorrem fenômenos de interferência conhecidos como obsessão e possessão ou de influenciação por indução telepática, todos eles potencialmente geradores de distúrbios e desajustes emocionais e psicossomáticos que não devem ser ignorados. A síndrome da personalidade múltipla, resultante de invasões do psiquismo por entidades exógenas ao hospedeiro, constitui dramática demonstração de tais interferências.

10) O segundo corpo

A evidência de um corpo sutil energético, com características de duplicata do corpo físico, também constitui um dos aspectos da mesma realidade global. Esse segundo corpo, apregoado por místicos e ocultistas de todos os tempos, começa a adquirir *status* científico de uns tempos para cá, a partir de pesquisas como as do dr. Harold Saxton Burr, que identificou com instrumentação adequada de sua própria criação os campos vitais *L-fields*. Esse campo magnético ou corpo sutil ou duplo etérico ou o que queiram não apenas preside à formação do corpo físico, durante a gestação, como o mantém em operação durante toda a vida na carne, a despeito do contínuo fluxo de componentes materiais absorvidos e eliminados a cada momento.

É a partir do desdobramento desse segundo corpo que são obtidos os estados psíquicos especiais que proporcionam condições para que a entidade encarnada tenha acesso aos seus registros mnemônicos, com toda a carga emocional que neles se depositou no correr dos milênios vividos até então. É com ele que vivemos na dimensão invisível, enquanto aguardamos nova oportunidade de retorno à Terra, em outro corpo físico, para mais uma experiência na carne. Memórias do que ocorreu e foi vivenciado nessa dimensão também ficam documentadas e podem ser examinadas na regressão.

11) Perguntas irrespondíveis ou não respondidas

Não há dúvida, portanto, de que o trabalho com as técnicas regressivas oferece insuspeitadas complexidades por causa de aspectos que ainda não foram considerados com a devida atenção ou tratados com base em estruturas adequadas de conhecimento. Ninguém melhor para evidenciar tais dificuldades do que os próprios pioneiros dessas técnicas. A dra. Helen Wambach conta em *Reliving past lives* o dramático episódio de uma regressão espontânea ocorrida com ela mesma e que mudou o rumo de sua vida e o de seus interesses profissionais. A dra. Edith

Fiore, tomada pela surpresa de uma revelação reencarnatória puramente incidental num de seus pacientes, confessa-se despreparada para a situação. Enquanto procura informar-se a respeito da reencarnação, até então corpo estranho no seu acervo cultural e na sua formação profissional, observa que, verdadeiro ou não, religioso ou 'ocultista', o conceito funciona no esquema terapêutico, motivo pelo qual resolve introduzi-lo no seu modelo clínico a título experimental.

O dr. Morris Netherton escreve todo um capítulo ("Inferências, subprodutos, implicações") para tratar, ainda que de maneira sumária, de alguns desses aspectos inesperados. Esse módulo do seu livro começa com estas palavras:

> Apesar de que o objetivo da Terapia de Vidas Passadas consiste somente em ajudar as pessoas a trabalharem, aqui e agora, com a realidade de suas vidas, a prática da terapia põe-me em contacto com muitas questões de grande vulto e, em larga medida, irrespondíveis. (Netherton, Morris & Shiffrin, Nancy, 1979)

Eu não diria que são irrespondíveis, mesmo porque muitas delas já têm respostas perfeitamente formuladas em contextos culturais que a ciência como um todo não aceita sequer examinar, quanto mais acolher. Aliás, Netherton prefere concentrar-se na faixa da reencarnação, à exclusão dos aspectos complementares e subsidiários ou suplementares, que ele considera como inferências, subprodutos e implicações. Declara mesmo que escassa margem de seu tempo é dedicada à pesquisa sobre a própria reencarnação, de vez que "a veracidade ou a inverossimilhança da reencarnação é virtualmente irrelevante para o sucesso da Terapia de Vidas Passadas".

Não é meu propósito botar reparos na postura do eminente pesquisador, mesmo porque, em princípio, ele está certo nesse ponto. Tanto faz terapeuta e paciente crerem ou não, aceitarem ou rejeitarem o conceito da reencarnação, ele é válido e funciona no contexto da terapia. Não se trata aqui de ponto de fé ou descrença, dado que as leis naturais – a reencarnação é uma delas – não dependem de se crer ou descrer, elas simplesmente existem e estão em contínua operação. O próprio universo é imenso mecanismo a movimentar-se em ciclos, através dos quais o organismo cósmico se renova e, portanto, se eterniza. O leitor interessado deve ler *The cycles of heaven*, de Guy Lyon Playfair e Scott Hill. Imperdível.

12) Espaços complementares

Ao escrever estas linhas, vejo, portanto, as terapias regressivas concentradas demais no tema específico da reencarnação, não tanto à exclusão total de outros aspectos da realidade espiritual, mas ainda desinteressadas de ocuparem espaços complementares e explorar rotas paralelas que exigem melhor atenção, se é que desejamos montar um modelo abrangente e competente para abordagem dos conflitos emocionais da criatura.

Mesmo sem expandir-se, por enquanto, pelos territórios vizinhos da sobrevida ou da comunicabilidade entre vivos e mortos, bem como em implicações como obsessão, possessão e influenciações exógenas, resta ainda o vital enfoque do carma.

Alguns dos pioneiros das terapias regressivas revelam-se alertados para esse aspecto; creio, porém, que muito esforço de estudo, observação e reflexão criativa está por fazer-se nessa área.

Sim, encontramos, nos relatos publicados, especulações mais breves ou mais extensas acerca do funcionamento da lei universal de causa e efeito e das consequências que decisões passadas produzem em nosso presente e extravasam para futuras existências, mas penso que isso ainda não é suficiente. A técnica da regressão não é mais do que mero instrumento auxiliar na terapia de desajustes emocionais, no sentido de que deve completar-se na tarefa do aconselhamento ou doutrinação, orientada na sinalização de uma realidade que o Cristo resumiu há quase dois milênios em uma pequena frase de advertência pejada de implicações educativas: "Vai e não erres mais, para que não te aconteça coisa pior".

É nesse sentido que, ainda há pouco, procurava enfatizar, no trabalho regressivo, a dicotomia profilaxia/terapia. Em outras palavras, ao cuidar de disfunções geradas por desvios comportamentais ocorridos no passado, convém ao terapeuta lembrar-se de que está, simultaneamente, trabalhando para prevenir reincidências que programam nova safra de conflitos e desacertos íntimos. É como se o terapeuta revertesse à antiga e sábia estrutura em que o sacerdote era também o médico de corpo e espírito, ainda sem as sofisticações do moderno arsenal científico. Aliás, em aspectos vitais ao entendimento dos mecanismos da vida, a ciência tem sido mais um dispositivo frenador do que progressista, no sentido de que se tem recusado obstinadamente a conceder espaço nobre ao trabalho da pesquisa psíquica, que continua vivendo etapa de virtual orfandade acadêmica.

A dra. Wambach, ainda hoje, em entrevistas e conversas, costuma ser questionada, de maneira algo crítica, nos seguintes termos: – Como é que a senhora, competente PhD em psicologia, se deixou envolver por essas questões?

13) O terapeuta como conselheiro e doutrinador

Seja como for, mais do que a cura espetacular e dramática de desajustes emocionais, o terapeuta deve estar sempre atento à sua postura de conselheiro, mesmo porque são inúmeras as disfunções que resistem à terapia precisamente por causa dos severos envolvimentos cármicos que ainda não atingiram o ponto de maturação indispensável à sua resolução.

A postura conselheiral é da própria essência do procedimento psicanalítico, por exemplo, sem que isso modifique a realidade de que, na regressão, como em outras modalidades terapêuticas, é o analisado ou regredido que deve trabalhar pessoalmente seus problemas. A tarefa só pode ser realizada no seu espaço íntimo, segundo suas forças, suas disposições, seu ritmo pessoal e as informações e conselhos que recebe. Por isso, destaca a psiquiatra brasileira dra. Maria Júlia P. Moraes Prieto Peres, introdutora das técnicas regressivas no Brasil, que é o paciente que identifica o momento certo da alta, ao observar que conseguiu, com a ajuda do terapeuta, impor nova arrumação no seu mundo interior.

Na verdade, o paciente recorre a um profissional de saúde mental precisamente porque não está conseguindo resolver sozinho seus problemas, mas é preciso que ele ou ela esteja bem consciente de que nada ou muito pouco obterá o seu psicólogo ou psiquiatra, se ele, paciente, não realizar a parte que lhe cabe. O aconselhamento e a orientação virão de fora, mas as mudanças quem tem de promover é o paciente.

A faceta específica do aconselhamento começa a ser considerada quando observamos que Glenn Williston, por exemplo, que escreveu de parceria com Judith Johnstone o livro *Em busca de vidas passadas*, tem sua formação acadêmica como PhD em *aconselhamento psicológico*.

14) Ponto de maturação cármica

Falávamos, há pouco, do ponto de maturação cármica, ao lembrar que certos desajustes resistem a qualquer abordagem clínica, regressiva ou não, porque ainda não é chegado o momento da libertação emocional das cadeias criadas pelo desvio de comportamento passado. Não há como fugir ao óbvio mecanismo ético implícito e até explícito nesse quadro vivencial.

O dr. Roger J. Woolger revela-se alertado para esse aspecto, ao declarar que, quando traços de culpabilidade estão associados a determinadas partes do corpo (linguagem psicossomática), tornam-se mais difíceis de ser eliminados e podem produzir o que D. H. Lawrence classificou de "arrependimento longo e difícil".

À página 236 de seu livro, Woolger retoma o tema da resistência de algumas disfunções, ao analisar o quadro cármico de seu cliente Wayne, que vem de uma trágica série de vidas, nas quais sua vítima preferencial foi a mulher. Um dos crimes cometidos durante uma das cruzadas é assustador nos seus requintes de sadismo e alienação. Depois de matar, a sangue frio, a mãe de um menino, ele se apodera da criança e, antes de cometer com ela abusos espantosos, reproduz o seguinte diálogo:

– Você sabe por que matei sua mãe?
– Sim, senhor.
– Não acho que você compreenda. As mulheres são necessárias apenas para a gente nascer. Depois disso, devem ser jogadas fora.(Woolger, Roger, 1988)

Após essa existência, e, provavelmente, em vidas anteriores também, o cliente do dr. Woolger continuou cometendo atrocidades, especialmente com mulheres. Como é de supor-se, era dramático o seu quadro cármico e desesperadores os conflitos que o levaram ao doutor. O pêndulo cármico oscilava, assim, vida após vida, de um extremo a outro, da ação à reação, mas acabava sempre consolidando os conflitos, em vez de resolvê-los.

Sobre o que podemos caracterizar como teoria pendular do carma, constituem leitura indispensável os livros da dra. Gina Cerminara, especialmente, *The world within* e *Many mansions*. Convicto dessa realidade, escreve Woolger, sobre Wayne:

> Quanto mais suas personalidades, em vidas passadas, odiavam as mulheres, mais era ele atraído pelo ódio e pela rejeição à figura materna. Como criança, contudo, quanto mais sofria nas mãos de mães cruéis, mais passava a odiá-las como adulto. (Idem)

Eis porque lembra esse autor que, em casos assim, "não temos condições de romper o círculo vicioso". E acrescenta: "talvez seja precisamente por isso que Dante imaginou o inferno em forma de círculos", dado que essa é a figura geométrica indicada para representar "todas as espécies de tormentos que se perpetuam".

15) Limitações didáticas

Não há, pois, como curar manifestações mentais ou psicossomáticas geradas por desarranjos emocionais, enquanto as próprias emoções que produziram os conflitos estiverem em turbulência e fora do controle ético. Para dizer a mesma coisa de outra maneira: enquanto as lições não forem aprendidas e postas em prática por meio de concentrado esforço autoeducativo.

Por isso, as limitações terapêuticas impostas pelo abuso no exercício do livre-arbítrio são didáticas, no sentido de que identificam reações simétricas de ações, que, ao serem praticadas, ignoram, por completo, elementares conotações morais. A cura, em tais casos, tem de esperar um tempo que só a própria pessoa poderá determinar, de vez que sua libertação das amarras cármicas que ainda a prendem ao passado de erros fica na dependência exclusiva de suas próprias decisões e atitudes renovadoras. Daí a importância de não apenas buscar o terapeuta o melhor e mais abrangente entendimento possível quanto à operação do mecanismo cármico, como admitir, em muitos casos, que o seu trabalho junto ao cliente consiste basicamente em atenuar as angústias presentes e, literalmente, doutriná-lo para que evite reincidências dolorosas. Dessa forma, a abordagem fica com uma face tanto quanto possível terapêutica e outra profilática ou preventiva. Como se ministrasse ao paciente, ao mesmo tempo, um analgésico para reduzir o nível da dor e uma vacina para prevenir novas infecções.

Insisto em lembrar que não me parece necessário, para isso, abandonar como imprestável e superado, todo o modelo clínico até então adotado, mas nunca será demais enfatizar que ele precisa de radical reformulação com a qual se criem espaços para uma realidade que tem sido ignorada há mais tempo do que teria sido conveniente.

É certo que a pretendida reformulação tem pela frente obstáculos concretos a bloquear-lhe os caminhos que, eventualmente, levarão à aceitação. O livro de Judith Johnstone e Glenn Williston – ela, escritora consagrada e ele, apoiado em reluzente PhD em psicologia – é classificado, por exemplo, na catalogação oficial em uso, na chave básica do *ocultismo*, termo que ainda guarda forte ranço medieval, como se pode ver nos dicionários.

É bom saber que, desde que minhas especulações e reflexões começaram a vestir-se de letra de forma, há vinte anos, psiquiatria, psicologia e psicanálise estão encontrando suas próprias identidades nas estruturas da realidade espiritual.

Não abrigo a veleidade ingênua de achar que contribuí para que isso começasse a acontecer, mas reservo-me o direito à alegria de que isso esteja acontecendo.

16) Os gatos de Elizabeth

Proponho retomar, por algumas linhas ainda, o aspecto da culpabilidade suscitado pelo dr. Woolger. Entendo que não apenas quando há manifestações psicossomáticas vinculadas a problemas de consciência (no sentido ético), ocorrem bloqueios que dificultam a cura. A dificuldade, em qualquer caso, está na razão direta da gravidade do erro que motivou as desarmonias emocionais que repercutem nas vidas subsequentes. Depende, também, a cura daquilo a que estou chamando de ponto de maturação cármica, ou seja, do trabalho de reajuste já realizado ou que deixou de ser realizado em existências intermediárias. Não há como ignorar ou atropelar as salvaguardas éticas que a lei cósmica embutiu nos seus dispositivos corretivos, indispensáveis ao processo evolutivo do ser.

Vale aqui ilustrar este aspecto com um caso específico, sacado ao livro do próprio dr. Woolger. É o que ele intitulou "O caso dos gatos de Elizabeth".

O problema dessa cliente estava no seu agudo estado de ansiedade em relação aos três gatos que viviam com ela, em seu apartamento. Já não conseguia sequer tirar férias e viajar para não deixá-los sozinhos ou aos cuidados de outra pessoa. Certa vez, que os deixou com alguém durante curta ausência, um dos gatos ficou preso num armário e lá foi encontrado por ela, ao regressar, quase morto, o que agravou ainda mais seu inexplicável sentimento de culpa com relação aos animais. Em verdade, seus problemas com os bichos vinham de longa data. Sempre acontecia algo desastroso com eles.

Na conversa preliminar, o terapeuta observou, como também costuma fazer o dr. Netherton, expressões típicas recorrentes no seu modo de falar: "Não posso deixá-los, porque alguma coisa sempre acontece a eles". Ou: "A culpa é toda minha, não cuido deles suficientemente".

Na regressão, ela se viu como uma mulher, vivendo num casarão de pedra em região fria e inóspita, que imagina ter sido ao norte da Escócia. Desaba uma tempestade de neve e o marido e casal de filhos – uma menina de três anos de idade e um menino de quatro – saíram. Pouco antes, tivera uma de suas costumeiras disputas com o marido, que a acusa de negligenciar os filhos. Ela admite que ele tem razão, mesmo porque não desejara tê-los.

Lá pelas tantas, ouve o marido gritar lá fora, pedindo-lhe que abra a porta. É chegado seu momento de vingar-se. Ele que leve as crianças para onde quiser, pois ela não os deixará entrar. A tempestade cresce em intensidade, mas, de repente, ele para de gritar e, por uma hora ou pouco mais, ela só ouve a fúria do temporal, até que alguém bate à porta, desta vez mais fracamente.

Ela depreende que deve ser o menino, que o marido teria mandado bater, na esperança de convencê-la a deixá-los entrar. Mas ela continua irredutível. Está determinada a dar-lhe uma lição inesquecível.

Pela manhã seguinte, o silêncio é total. Provavelmente, pensa ela, o marido levou as crianças para a estalagem a fim de passarem a noite lá. No fundo, porém, ela sente que algo está errado. Com dificuldade, consegue abrir a porta fatídica. Do lado de fora, atravessadas na soleira, estão as crianças. A menina já morta e o menino ainda vivo, mas inconsciente, não resiste por muito tempo. Do marido nem sinal.

Sabe, depois, que ele tentara, de fato, levar os filhos, numa pequena carroça manual, até a estalagem, mas morreu de uma crise circulatória, a caminho.

Por mais dura que fosse, o sentimento de horror é inevitável. Ela chora e pronuncia, pela primeira vez, a frase que irá ultrapassar as barreiras da morte e emergir em nova existência: "A culpa é toda minha!". Estabelece-se, ao mesmo tempo, em sua mente, a conclusão que também levou para a existência seguinte: não confiava em si mesma para cuidar de ninguém. Nem mesmo de gatos. Mais do que isso, achava que não devia, sequer, confiar os bichinhos a alguém, dado que o próprio marido de outrora falhara com as crianças, assim como a vizinha atual deixara um de seus gatos quase morto de fome, por ter ficado prisioneiro no armário enquanto ela esteve ausente.

A regressão produziu o desejado efeito, trazendo à paciente "enorme alívio", segundo comenta o dr. Woolger.

Pouco depois Elizabeth tirou suas duas semanas regulares de férias, deixou os gatos com uma pessoa amiga e viajou tranquila. O cartão-postal para o clínico veio com uma nota de euforia: divertia-se bastante e nem se lembrava dos gatos.

17) Teoria e prática da culpabilidade.

Desejo destacar, não a questão dos gatos, mas o problema cármico subjacente que, de repente, parece irrelevante. Por mim, teria aprofundado mais as buscas no psiquismo dela, com a finalidade de esclarecer melhor o assunto e poder aconselhá-la. É óbvio que o inconsciente da nossa Elizabeth continuava a enviar ao consciente uma mensagem aflitiva codificada sob forma de um comportamento neurótico em relação aos gatos. Como o doutor não o menciona, acredito não haver detectado qualquer manifestação psicossomática. Algum núcleo de culpa não resolvida, porém, ainda persistia nela, não sabemos em que intensidade, mas certamente ativo. Três pessoas – curiosamente eram também três os gatos – tiveram suas existências na carne interrompidas por causa da fria crueldade da mulher vingativa e sem amor que ela fora, no passado. Ao procurar o dr. Woolger para cuidar de seu caso, Elizabeth tinha 40 anos de idade, trabalhava profissionalmente e vivia sozinha com os gatos. Decidira, portanto, evitar as responsabilidades e consequências do casamento, como filhos, por exemplo, no que não se saíra nada bem da vez anterior. Talvez, recomeçando com animais, aprendesse a cuidar de gente e voltasse a aceitar filhos futuramente. Restava, porém, a culpa na destruição de três vidas que lhe haviam sido, de certa forma, confiadas. Sua consciência (sentido ético) tinha perfeita consciência (sentido mnemônico, ainda que não manifesto) de que havia grave erro de procedimento a corrigir, de modo a dar prosseguimento ao seu processo de evolução espiritual, já que esse é o mecanismo da reencarnação. Daí a sensação de angústia e de inadaptação em relação aos gatos. Os bichinhos eram suas cobaias no laboratório íntimo de suas experimentações em busca da sanidade emocional. Aprendendo a amá-los e a cuidar deles, poderia mais tarde reassumir a tarefa de cuidar de gente. O componente neurótico trazia, portanto, em si, a mensagem da angústia e, logicamente, o tom de um compromisso não resolvido, de um desvio comportamental ainda não corrigido, de uma desarmonia ainda ativa, à espera de ajuste. Por isso, a simples recordação do episódio gerador de todo esse quadro de desarmonia não teria sido suficiente para repor as coisas no lugar certo, no sentido de que as leis cósmicas desrespeitadas se dessem por satisfeitas. Ou, em outras palavras, que sua consciência se sentisse em paz perante essas leis.

É pouco provável que entre a existência na Escócia e a atual, nos Estados Unidos, como Elizabeth, já tivesse ela tido oportunidade de reparar o grave erro cometido com o antigo marido e as duas crianças. Ao que tudo indica, o erro continuava à espera do resgate, isto é, da reposição, da pacificação da consciência, que somente o reparo pode produzir, na aplicação do antídoto do amor ao veneno do ódio.

Não quer dizer que a regressão não tenha sido proveitosa ou benéfica, dado que colocou o episódio do seu neurótico relacionamento com os gatos em perspectiva e hierarquia adequadas ao melhor entendimento dos problemas, mas isso não é tudo. Falta percorrer o caminho da reconstrução, da reposição, do reparo, o que se dará em algum momento futuro quando ela receber de volta, sob condições provavelmente adversas, nesta ou em outras encarnações, as pessoas com as quais se revelou tão insensível. Ou passar, como Wayne, por várias experiências desastrosas com mães igualmente cruéis, ou morrendo de frio e desespero ante portas que não se abrem para abrigá-la ou se fecham para não deixá-la sair para a luz e o calor. Não que a lei seja vingativa, nem mesmo punitiva, mas ela não se deixa atropelar, nem de exercer o papel educativo que lhe cabe, ainda que através da dor.

Daí porque entendo a postura do terapeuta com profundidade e amplitude bem maiores do que permite o espaço que lhe está reservado no modelo clínico vigente.

Referências

AGOSTINHO (SANTO). *Confissões*. Trad. Edward Bouverie Pusey. Chicago, London, Toronto, Genebra, Great Books, Encyclopaedia Britannica, 1952.
AKSAKOF, ALEXANDRE. *Animismo e espiritismo*. Trad. dr. C. S. Rio de Janeiro, FEB, 1978.
ANDRADE, ALMIR DE. *A verdade contra Freud*. Rio de Janeiro, Schmidt, 1932.
ANDRADE, HERNANI GUIMARÃES. *A matéria psi*. São Paulo, Ed. Clarim, 1972.
BAKER, RACHEL. *Sigmund Freud for everybody*. New York, Popular Library, 1955.
BARNETT, LINCOLN. *The universe and dr. Einstein*. New York, Harper, 1948.
BEAUNIS, H. *Le sonnanbulisme provoqué*. Paris, Baillière, 1887.
BERGSON, HENRI. *L'evolution créatice*. Paris, Presses Universitaires, 1948.
_____. *Matière et mémoire*. Paris, Félix Alcan, 1934.
BERNHEIM. *Hypnotisme et suggestion*. Paris, Doin, 1910.
BERNSTEIN, MOREY. *The search for Bridey Murphy*. New York, Pocket Books, 1978.
BOND, FREDERICK BLIGH. *The gate of remembrance*. England, Thorsons Publishers, 1978.
BOURRU, H. e BUROT, P. *La suggestion mentale et les variations de la personalité*. Paris, Baillière, 1895.
BOZZANO, ERNESTO. *Animismo ou espiritismo*. Trad. Guillon Ribeiro. Rio de Janeiro, FEB, 1951.
_____. *Xenoglossia*. Trad. Guillon Ribeiro. Rio de Janeiro, FEB, 1980.
BRAMWELL, J. MILNE. *Hypnotism, its history, practice and theory*. New York, The Institute for Research in Hypnosis e The Julian Press, 1956.
BRILL, A.A. *Freud's contribution to psychiatry*. New York, Norton, 1944.
BURR, HAROLD S. *Blueprint for immortality*. London, Neville Spearman, 1972.
CERMINARA, GINA. *Many mansions*. New York, Signet Mystic Books, 1950.
_____. *The world within*. New York, Signet Books, 1974.
CERVIÑO, JAYME. *Além do inconsciente*. Rio de Janeiro, FEB, 1979.
CHARDIN, PIERRE TEILLARD DE. *O fenômeno humano*. Trad. Léon Bourdon e José Terra. São Paulo. Ed. Herder, 1965.
CHARON, JEAN E. *L'esprit cet inconnu*. Paris, Albin Michel, 1977.
CHRISTIAN, PAUL. *The history and practice of magic*. New Jersey, Citadel Press, 1972.
DALMOR, E. R. *Quien fue y quien es en ocultismo*. Buenos Aires, Kiel, 1970.
DAUVEN, JEAN. *Les pouvoirs de l'hypnose*. Paris, Planète, 1965.
DELANNE, GABRIEL. *Les apparitions materialisées des vivants et des morts*. Paris, Leymarie, 1909.
_____. *Recherches sur la mediumnité*. Paris, Libraire de Sciences Psychiques, 1902.
DUNNE, J. W. *An experiment with time*. London, A.C. Black, 1927.
EBON, MARTIN. *Prophecy in our time*. New York, Signet Books, 1968.

ENCAUSE, PHILIPPE. *Sciences occultes et déséquilibre mental*. Paris, E. Dangles, 1958.
ESPÉRANCE, E. D'. *No país das sombras*. Rio de Janeiro, FEB, 1974.
FÉRRÉ, CHARLES e BINET, ALFRED. *Le magnetisme animal*. Paris, Félix Alcan, 1890.
FERREIRA, AURÉLIO BUARQUE DE HOLANDA. *Novo dicionário da língua portuguesa*. Rio de Janeiro, Nova Fronteira, 1975.
FILIATRE, JEAN. *Hypnotisme et magnetisme*. Paris, Genest, 1885.
FIORE, EDITH. *You have been here before*. New York, Ballantine Books, 1979.
_____. *Possessão Espiritual*. São Paulo, Pensamento, 1990.
FLOURNOY, THEODORE. *Des Indes à la planète Mars*. Paris, Félix Alcan, 1900.
FRANCO, DIVALDO P. *Grilhões partidos*. Salvador, Alvorada, 1974. (Pelo espírito Manoel Philomeno de Miranda – obra mediúnica.)
FREUD, SIGMUND. *The interpretation of dreams*. Trad. A.A. Brill. New York, Macmillan, 1920.
GELEY, GUSTAVE. *De l'inconscient au concient*. Paris, Félix Alcan, 1921.
_____. *L'ectoplasmie et la clairvoyance*. Paris, Félix Alcan, 1924.
GHISELIN, BREWSTER. *The creative process*. New York, Mentor Books, 1955.
GOODFIELD, JANE. *Playing God*. London, Abacus, 1977.
GOODMAN, JEFFREY. *Psychic archeology*. New York, Berkley, 1978.
GRANT, JOAN. *Eyes of Horus*. London, Corgi Books, 1975.
_____. *Far memory*. London, Corgi Books, 1975.
_____. *Life as Carola*. London, Corgi Books, 1975.
_____. *Lord of the horizon*. London, Corgi Books, 1975.
_____. *So Moses was born*. London, Corgi Books, 1975.
GRASSET. *L'hypnotisme el la suggestion*. Paris, Octave Doin, 1904.
GRIS, HENRI e DICK, WILLIAM. *The new soviet psychic discoveries*. New York, Warner Books, 1979.
GUIRDHAM, ARTHUR. *A foot in both worlds*. London, Neville Spearman, 1973.
_____. *Obsession*. London, Neville Spearman, 1972.
_____. *The cathars and reincarnation*. London, Neville Spearman, 1970.
_____. *We are one another*. London. Neville Spearman, 1974.
HAWKSWORTH, HENRY e SCHWARZ, TED. *The five of me*. New York, Pocket Books, 1977.
HEAD, JOSEPH e GRANSTON, S. L. *Reincarnation in world thought*. New York, Julian Press, 1967.
JOHNSTONE, JUDITH e WILLISTON, GLENN. *Em busca de vidas passadas*. Trad. J.E. Smith Caldas. São Paulo, Siciliano, 1989.
KARDEC, ALLAN. *O livro dos médiuns*. Trad. Guillon Ribeiro. 49ª ed. Rio de Janeiro, FEB, 1983.
KELSEY, DENIS e GRANT, JOAN. *Many lifetimes*. London, Doubleday, 1967.
KRELL. *Rayonnements de la vie spirituelle*. Bélgica, Union Spirite Belge, 1949.
KRIJANOWSKI, WERA. *Romance de uma rainha*. Trad. Almerindo M. Castro. Rio de Janeiro, FEB, 1974. (Pelo espírito J.W. Rochester – obra mediúnica)
LAFONTAINE, CHARLES. *L'art de magnetiser*. Paris, Félix Alcan, 1905.
LANTIER, JACQUES. *Le spiritisme, ou l'aventure d'une croyance*. Paris, Grasset, 1971.
LAPPONI, JOSÉ. *Hipnotismo e espiritismo*. Trad. Almerindo M. Castro. Rio de Janeiro, FEB, 1979.
LOMBROSO CESAR. *Hipnotismo e mediunidade*. Trad. Almerido Martins de Castro. Rio de Janeiro, FEB, 1975.
MARTIN, L. *Le magnetisme humain, l'hypnotisme et le spiritualisme moderne*. Paris, Perrin, 1907.

MICHAELLUS. *Magnetismo espiritual*. Rio de Janeiro, FEB, 1967.
MIRA Y LOPEZ, EMILIO. *Os quatro gigantes da alma*. Trad. Claudio Araujo Lima, Rio de Janeiro, José Olympio, 1957.
MIRANDA, HERMINIO C. "A cereja e a lesma". in: *Reformador*. Rio de Janeiro, pp. 147-149 e 150-160, jul. 1975.
_____. *A dama da noite*. São Paulo, Correio Fraterno do ABC, 1987.
_____. *A irmã do vizir*. São Paulo, Correio Fraterno do ABC, 1987.
_____. "A terapia do futuro", in: *Reformador*. Rio de Janeiro, pp. 47-51, fev. 1980.
_____. *Diálogo com as sombras*. Rio de Janeiro, FEB, 1980.
_____. "Entre a revolta e a dor", in: *Reformador*. Rio de Janeiro, pp. 201-204 e 212-216, jul. 1973.
_____. "Fronteiras espírito/matéria", in: *Reformador*. Rio de Janeiro, pp. 177-182, jun. 1980.
_____. "Hahnemann, o apóstolo da medicina espiritual", in: *Reformador*. Rio de Janeiro, pp. 67-70, 105-109, 151-155, mar./ abr./ maio 1972.
_____. *Histórias que os espíritos contaram*. Salvador, Alvorada, 1980.
_____. "Mergulho nos milênios", in: *Obreiros do Bem*. 1975.
_____. *Nossos filhos são espíritos*. Lachâtre, Niterói, 1993.
_____. "O cogumelo sagrado", in: *Reformador*. Rio de Janeiro, pp. 166-170, jul. 1964.
_____. "O espiritismo como curiosidade etnológica", in: *Reformador*. Rio de Janeiro, pp. 163-171, maio 1979.
_____. *O exilado*. São Paulo, Correio Fraterno do ABC, 1987.
_____. "Os Cátaros, o amor e a reencarnação", in: *Reformador*. Rio de Janeiro, pp. 261-266, ago. 1979.
_____. *Reencarnação e imortalidade*. Rio de Janeiro, FEB, 1976.
_____. "Regressão da memória III", in: *Reformador*. Rio de Janeiro, pp. 197-206, ago. 1972.
_____. "Shakespeare, um mistério multissecular", in: *Reformador*. Rio de Janeiro, pp. 327-334, out. 1979.
_____. "Sybil, o drama da possessão", in: **Reformador**. Rio de Janeiro, pp. 71-74, 78-80, 86-88, 94-96, mar. 1974.
_____. "Vida antes da vida", in: *Reformador*. Rio de Janeiro, pp. 145-151, maio 1980.
_____. "Was Mendelssohn Bach reincarnated?", *Psychic Observer*. Southern Pines, NC., Estados Unidos, pp. 8, 13, 16, jun. 1960.
MOODY JR., RAYMOND. *Life after life*. New York, Bantan Books, 1976.
_____. *Reflections on life after life*. New York, Bantan Books, 1977.
MOORE, MARCIA e DOUGLAS, MARK. *Reincarnation, key to immortality*. Maine, Arcane, 1967.
NETHERTON, MORRIS e SHIFFRIN, NANCY. *Past lives therapy*. New York, Ace Books, 1979.
PEREIRA, YVONNE A. *Memórias de um suicida*. Rio de Janeiro, FEB, 1973.
PLAYFAIR, GUY LYON. *The indefinite boundary*. London, Souvenir Press, 1977.
POTET, BARON DU. *Traité complet de magnetisme animal*. Paris, Félix Alcan, 1894.
PUHARICH, ANDRIJA. *The sacred mushroom*. New York, Doubleday, 1974.
RAGER, G. R. *Hypnose, sophrologie et médicine*. Paris, Fayard, 1975.
RAY, MARIE B. *Doctors of the mind*. London, Robert Hale, 1950.
RHINE, J. B. "Research on spirit survival re-examined", in: *The Journal of Parapsychology*. Durham, NC, USA Vol. 20, No. 2 págs, 121-131, jun. 1956.

RHINE, LOUISE E. *Canais ocultos do espírito.* Trad. E. Jacy Monteiro. São Paulo, Bestseller, 1966.
RITCHIE, GEORGE G. e SHERRILL, ELISABETH. *Return from tomorrow.* Lincoln, Va., Chosen Books, 1978.
ROCHAS, ALBERT DE. *Les vies successives.* Paris, Charconat, 1911.
_____. *L'extériorisation de la motricité.* Paris, Chamuel, 1896.
_____. *L'extériorisation de la sensibilité.* Paris, Chamuel, 1895.
RODRIGUEZ, LUIS J. *God bless the devil.* New York, Bookman, 1961.
RORVICK, DAVID. *As man becomes machine.* London, Sphere Books, 1979.
_____. *In his image.* London, Sphere Books, 1979.
RUSSELL, EDWARD. *Design for destiny.* London, Neville Spearman, 1974.
SANTOS, JORGE ANDRÉA DOS. *Energética do psiquismo.* Rio de Janeiro, Ed. Fon-Fon, 1976.
_____. *Energias espirituais nos campos da biologia.* Rio de Janeiro, Ed. Fon-Fon, 1971.
_____. *Enigmas da evolução.* Rio de Janeiro, Ed. Caminho de Libertação, 1972.
_____. *Forças sexuais da alma.* Rio de Janeiro, Ed. Caminho de Libertação, 1979.
_____. *Palingênese, a grande lei.* Rio de Janeiro, Ed. Caminho de Libertação, 1948.
SCHREIBER, FLORA RETHA. *Sybil.* Chicago, Henry Regnery Co., 1973.
SCHURÉ, EDOUARD. *Les grands initiés.* Paris, Perrin, 1956.
SHAKESPEARE, WILLIAM. *Sonnets.* (Soneto nº 64).Chicago, London, Toronto, Genebra, Great Books, Encyclopaedia Britannica, 1952.
SINNOTT, EDMUND W. *The biology of the spirit.* New York, Viking Press, 1955.
SPENCE, LEWIS. *An encyclopaedia of occultism.* New York, University Books, 1960.
STEARN, JESS. *Edgar Cayce, the sleeping prophet.* New York, Doubleday, 1967,
_____. *The search for a soul.* New York, Doubleday, 1973.
STEVENSON, IAN. *Twenty cases suggestive of reincarnation.* New York, American Society for Psychical Research, 1966.
SUGRUE, THOMAS. *There is a river.* New York, Dell, 1945.
SUMMERS, MONTAGUE. T*he geography of witchcraft.* New York, University Books, 1960.
_____. *The history of wirchcraft.* New York, Citadel Press, 1974.
THIGPEN, CORBETT H. e CLERKLEY, HERVEY M. *As três faces de Eva.* Trad. Frederico Branco. São Paulo, Ibrasa, 1958.
UBALDI, PIETRO. *A grande síntese.* Trad. Guillon Ribeiro. Rio de Janeiro, FEB, 1939.
VARTIER, JEAN. *Allan Kardec – la naissance du spiritisme.* Paris, Hachette, 1971.
WAMBACH, HELEN. *Life before life.* New York. Bantan Books, 1979.
_____. *Reliving past lives.* New York, Harper, 1978.
WATSON, LYALL. *Lifetide.* London, Coronet Books, 1980.
_____. *Supernature.* London, Coronet Books, 1974.
_____. *The Romeo error.* New York, Dell, 1976.
WICKLAND, CARL. *Thirty years among the dead.* London, Spiritualist Press, 1971.
WILSON, COLIN. *The occult.* Mayflower, Frogmore, St. Albans, Herts, Inglaterra, 1976.
WOOLGER, ROGER J. *Other lives, other selves.* New York, Bantan Books, 1988.
XAVIER, FRANCISCO C. *Nosso Lar.* Rio de Janeiro, FEB. (Pelo espírito André Luiz – obra mediúnica.)
ZWEIG, STEFAN. *A cura pelo espírito.* Trad. Alice Ogando. Rio de Janeiro, Porto, Civilização Editora, 1957.